本书受到海南师范大学中国语言文学省级 A 类重点学科、

论苏轼的
经学与文学

阮　忠　著

中国出版集团　东方出版中心

图书在版编目（CIP）数据

论苏轼的经学与文学 / 阮忠著. -- 上海：东方出版中心, 2025. 1. -- ISBN 978-7-5473-2630-5

I. B244.99；I206.441

中国国家版本馆CIP数据核字第20249B822Y号

论苏轼的经学与文学

著　　者	阮　忠
策划编辑	潘灵剑
责任编辑	刘玉伟
封面设计	钟　颖

出 版 人	陈义望
出版发行	东方出版中心
地　　址	上海市仙霞路345号
邮政编码	200336
电　　话	021-62417400
印 刷 者	廊坊市印艺阁数字科技有限公司

开　　本	890mm×1240mm 1/32
印　　张	14
字　　数	330千字
版　　次	2025年2月第1版
印　　次	2025年2月第1次印刷
定　　价	95.00元

前　言

苏轼的经学与文学充满了魅力，根本在于苏轼本人。鉴于苏轼号"东坡居士"是他四十多岁以后的事，本书还是统称其为"苏轼"。

能够把自己关于苏轼的一些论文结集，总是让人高兴的事。这些论文的跨度很长，从2008年到2023年，前后十五年。但我对苏轼的研究始于20世纪90年代，那时我在武汉华中师范大学文学院任教。

我最先研究的是苏轼诗词，然后推及散文，近年来才特别关注他的"经学三书"，写了几篇关于苏轼经学的文章，故将本书名为《论苏轼的经学与文学》。这些研究还有待深入，很想说尽的苏轼，实在让人说不尽。

我长期在高校从事古代文学教学与研究，苏轼原本是古代文学史上的一个支点，尽管他有璀璨的光芒。近五年来，因为海南省苏学研究会以及海南省政府大力推动苏轼文化研究的关系，我在自己的研究中，把它置于首要的地位，学术的关注点较多地向苏轼研究倾斜。

我喜欢苏轼，苏轼的文学成就少有人能及；特别是他流贬黄州的人生挫折，促使他从士大夫苏轼转化为居士苏东坡之后，原本在家庭里他是从不会干活的生活享受者，渐渐成了会干活的生活创造者。他的亲和、善良、旷达、洒脱，既使自己不断获得新生，又让自己宽大的人生格局感染了许多人,让人们知道在生活中怎样化艰难为快乐。

关于苏轼经学的研究,我做的工作相当有限。因为苏轼经学的研究者相对较少,故很希望以自己对苏轼"经学三书"的点滴思考作引导,让更多的人关注苏轼经学,从经学的角度认识苏轼以及蜀学在北宋经学中的地位,借此审视经学苏轼与文学苏轼的不同风貌。

苏轼的文学研究,多少年来话题太多,说的人亦多,故学界有"研究苏轼很难出新"的感叹。但时过境迁,如今苏轼的任何研究,仍存在一定的空间;任何前人研究都存在再研究的必要,难以穷尽。苏轼的文学、文化影响也在不断延伸,从海内走向海外,为人敬仰。

一代代研究苏轼的学人不断在老去,而苏轼——苏东坡永远年轻!

阮忠

2023 年 12 月 29 日

目　录

一、关于苏轼经学的相关问题

苏轼的经学,与父苏洵、弟苏辙的经学合称为"三苏蜀学",相对于他的文学研究的长盛不衰来说,他的经学研究冷清得多。其经学最重要的著作是"经学三书",又称"海南三书",想对苏轼经学有基本的了解与认知,有几个问题须作交代。

(一)苏轼"经学三书"的撰述

苏轼经学有两个重要的关注点:一是其经学著作"经学三书",即《书传》《易传》和《论语说》;二是苏轼经学的同行者苏洵和苏辙的经学。苏洵二十七岁时折节发奋读书,举进士不第后,闭门绝笔五六年,大究六经百家之说,考论古今成败之理,特别用心于《易》。嘉祐六年(1061),苏洵率苏轼、苏辙二子再度入京,他有心谋求官职,给韩琦写信,直言自己五十三岁,年老无聊,家产又遭破坏,欲乞得一官以养家。他的妻子程夫人善持家,这家产破坏一说不知具体指的什么。在这封信里,他说到了《易传》:"自去岁以来,始复读《易》,作《易传》百余篇。此书若成,则自有《易》以来,未始有也。"[①] 他死后,欧阳修为其作墓志铭,说苏洵"晚而好《易》,

---

① 苏洵著,曾枣庄等笺注:《嘉祐集笺注・上韩丞相书》,上海:上海古籍出版社,1993年版,第353页。

曰：'《易》之道深矣，汩而不明者，诸儒以附会之说乱之也。去之，则圣人之旨见矣。'作《易传》，未成而卒"①。苏洵作《易传》一年多即成百余篇。而他于治平三年（1066）死去，享年五十八岁。这表明死前五年，他在《易传》撰述上用力不足，不意天不假年，等不得他完成这部书。

苏辙受兄之托，为苏轼写了《亡兄子瞻端明墓志铭》，其中说到苏轼撰著"经学三书"的始末："先君晚岁读《易》，玩其爻象，得其刚柔远近、喜怒逆顺之情以观其词，皆迎刃而解。作《易传》，未完，疾革，命公述其志。公泣受命，卒以成书，然后千载之微言，焕然可知也。复作《论语说》，时发孔氏之秘。最后居海南，作《书传》，推明上古之绝学，多先儒所未达。既成三书，抚之叹曰：'今世要未能信，后有君子当知我矣。'"这里有四层意思：一是"三书"之作，起意于苏洵，与苏洵自言的吻合。苏洵还写了《六经论》，其中《易论》开篇说了一句很重要的话："圣人之道，得礼而信，得《易》而尊。信之而不可废，尊之而不敢废，故圣人之道所以不废者，礼为之明而《易》为之幽也。"②这也许是他作《易传》的原因，即弘扬圣人之道。苏辙曾参与《易传》写作，据说书中"蒙卦"为他所解。二是苏洵五十八岁卒于京师，《易传》未完，临终前交代苏轼续作，这成为苏氏父子治经学的开端。"三书"先成《易传》，再成《论语说》。三是《书传》是苏轼谪居海南时完成的。"三书"或发千载微言，或揭圣学秘奥，表明了苏轼对"三书"的深刻思考和表达。四是苏轼作《论语说》，关于这部书苏辙有一说法："予少年为《论语略解》，子瞻谪居黄州，为《论语说》，尽取以往，今见于书者十二三也。"③这说明《论语说》里有苏辙的研究

---

① 欧阳修著，李逸安点校：《欧阳修全集·故霸州文安县主簿苏君墓志铭》，北京：中华书局，2001年版，第514页。

② 苏洵著，曾枣庄等笺注：《嘉祐集笺注·易论》，上海：上海古籍出版社，1993年版，第142页。

③ 苏辙著，陈宏天等校点：《苏辙集·论语拾遗》，北京：中华书局，1990年版，第1216页。

成果。

依据苏洵、苏辙之说,曾枣庄在《三苏全书·导言》里,赞同《四库全书总目提要》的说法:"苏洵作《易传》未成而卒,属二子述其志。轼书先成,辙乃送所解于轼。今蒙卦犹是辙解,则此书实苏氏父子兄弟合力为之,题曰轼撰,要其成耳。"类似的表达还有舒大刚说的:"此书是苏洵打下基础,苏辙加入个人对卦辞的看法,由苏轼总其成而完成的。"[①]韩钟文说的:"《东坡易传》由苏氏父子三人共同完成,应该说是苏氏蜀学的哲学奠基之作。"[②]但苏辙《论语拾遗序》有一句话值得注意,他说苏轼《论语说》取自他少年时的《论语略解》,还说他为孙子苏籀、苏简、苏筹讲《论语》时,感于苏轼的《论语说》意有所未安,将自己所讲的二十七章记录下来,"恨不得质之子瞻也"[③]。这表明苏轼死后,他见过《论语说》。苏轼取其《论语略解》而用之,或有认同,或有不认同,而苏辙不完全赞同苏轼的《论语》解说。故苏辙参照《论语说》讲《论语》仍持己见。但《论语说》最后定稿,功在苏轼,他并不在乎与苏辙观点相左。据此可以推知,即使《苏氏易传》有苏洵和苏辙的观点,同样可以说是苏轼的观点。在难以明辨的情况下,人或以《苏氏易传》为苏氏父子所作,或认为是苏轼所作而称之为《东坡易传》或《毗陵易传》,或在《苏氏易传》下标注"苏轼著",都可以理解。另外,今传的《苏轼文集》、苏辙《栾城集》都有相同内容的《六经论》,今人已辨明,两书中的《六经论》为苏辙撰,《苏轼文集》误收。

关于"经学三书",苏轼自己也有说法。元丰三年(1080),他在给文潞公即文彦博的信中说,自己遭"乌台诗案"后,家中老少畏惧几死,以致妻王闰之责其好著书,惹祸上身,取其书尽烧之。

---

① 舒大刚等校注:《三苏经解集校》,成都:四川大学出版社,2017年版,第6页。
② 韩钟文:《中国儒学史·宋元卷》,广州:广东教育出版社,1998年版,第260页。
③ 苏辙著,陈宏天等校点:《苏辙集·论语拾遗》,北京:中华书局,1990年版,第1216页。

待案定平静下来,他重新整理所作,竟十亡八九。然读书写作,心
性未改,"到黄州,无所用心,辄复覃思于《易》《论语》,端居深念,
若有所得,遂因先子之学,作《易传》九卷。又自以意作《论语说》
五卷。穷苦多难,寿命不可期。恐此书一旦复沦没不传,意欲写数
本留人间。念新以文字得罪,人必以为凶衰不祥之书,莫肯收藏,
又自非一代伟人,不足托以必传者,莫若献之明公。而《易传》文
多,未有力装写,独致《论语说》五卷。公退闲暇,一为读之,就使
无取,亦足见其穷不忘道,老而能学也"①。这一年,苏轼四十五岁。
他自白遭"乌台诗案"贬黄州,所撰之《易传》《论语说》人必以为
凶衰不祥,恐致湮没,故托付给文彦博。类似的话他也对友人滕
达道说过:"某闲废无所用心,专治经书。一二年间,欲了却《论
语》《书》《易》,舍弟已了却《春秋》《诗》。虽拙学,然自谓颇正古
今之误,粗有益于世,瞑目无憾也。又往往自笑不会取快活,真是
措大余业。"②仍是在黄州时期,他还在给友人王定国的信中说,自
己谪居以来,"了得《易传》九卷、《论语说》五卷,今又下手作《书
传》。迂拙之学,聊以遣日,且以为子孙藏耳"③。他一再提及《易传》
《论语说》的卷数,表明两书在黄州基本完成,而《书传》撰述始于
黄州。

再说,其父苏洵死于治平三年(1066),当时苏轼三十一岁。苏
洵遗令苏轼续成《易传》,苏轼十多年都没动手。苏洵死于汴京,苏
轼送父亲灵柩归葬眉山,回京遇王安石变法,其后因政见与王安石
不合而离京,主要在杭州、密州、徐州、湖州为官,所作多为诗、词、
文,无意于《易传》。四十五岁始作,元符三年(1100)北归之际写

① 苏轼著,孔凡礼点校:《苏轼文集·黄州上文潞公书》,北京:中华书局,1986年版,
第1380页。
② 苏轼著,孔凡礼点校:《苏轼文集·与滕达道其二十一》,北京:中华书局,1986年版,
第1482页。
③ 苏轼著,孔凡礼点校:《苏轼文集·与王定国其十一》,北京:中华书局,1986年版,
第1519页。

信告诉友人李端叔："某年六十五矣,体力毛发,正与年相称,或得复与公相见,亦未可知。已前者皆梦,已后者独非梦乎? 置之不足道也。所喜者,海南了得《易》《书》《论语》传数十卷,似有益于骨朽后人耳目也。"① 六十五岁正是苏轼北归之际,"三书"得以完成,前后历二十年。苏辙作《诗集传》《春秋集传》始于筠州,时为元丰二年(1079),他本在南京签判任上。因苏轼"乌台诗案"事发,他写了《为兄轼下狱上书》,向宋神宗恳求交还自己所任官职,赎兄苏轼一命,结果被贬为监筠州盐酒税官。这一年他四十一岁。元符三年(1100),苏辙与苏轼同时从各自的流贬地北归,苏轼去了常州,而他居颍昌。崇宁五年(1106),苏辙已是六十八岁的老人;他完成诸书,并写了《颍滨遗老传》,叙说一生并交代后事。

　　如此看来,苏轼、苏辙撰著经学诸书及《老子传》,主要是在流贬期间。苏轼因言获罪,妻子王闰之怒烧其所著且不说,苏辙也说他"愚于自信,不知文字轻易,迹涉不逊,虽改过自新,而已陷于刑辟,不可救止"②。苏轼从御史台监狱释放出来,写了《十二月二十八日,蒙恩责授检校水部员外郎黄州团练副使,复用前韵二首》,其二自言"平生文字为吾累";却又感慨这场危及性命的风波仿佛一场梦,其一说,"却对酒杯疑是梦,试拈诗笔已如神",好写作的性情难改。这一事件的影响是他及苏辙流贬时都选择以治经为主要生活方式,有以此避祸之意。另一方面,他们也受到了当时治经氛围的影响。朱汉民等在论述宋代儒家经典得到重视而获得新的诠释时,说宋在庆历之后,学者对汉唐儒经的传注生疑,从而有新的思考,以复兴儒学、确定儒经的权威,"就在宋代形成疑经风气的同

① 苏轼著,孔凡礼点校:《苏轼文集·答李端叔其三》,北京:中华书局,1986年版,第1540页。
② 苏辙著,陈宏天等校点:《苏辙集·为兄轼下狱上书》,北京:中华书局,1990年版,第622页。

时,又形成了一股强大的读经、研经的热潮"①。显然,苏轼兄弟在遭贬后都传注儒家经典,走宋学的义理之路,难免有受时代学术走向裹挟的因素,好在他们能各抒己见,故有不同的宋学流派产生。

苏轼晚年一再提到"经学三书",居儋有《题所作〈书〉〈易〉传〈论语说〉》一文,其中说:"吾作《易》《书》传、《论语说》,亦粗备矣。"就他说话的口气,当是《易传》与《论语说》二书在黄州没有彻底完成,与《书传》同时成于儋州。这与他对文彦博说的在黄州完成了《易传》与《论语说》有点矛盾。可以解释为他在海南对《易传》《论语说》作了修改完善,二者初稿于黄州,定稿于海南。北归途中,苏轼在给郑靖老的信中说:"《志林》竟未成,但草得《书传》十三卷,甚赖公两借书籍检阅也。"② 这是第一次提到《书传》的卷数。他还对苏坚说:"某凡百如昨,但抚视《易》《书》《论语》三书,即觉此生不虚过。"③ 并说得闲当把《论语说》录呈苏伯固。上面还提到他对李端叔说在海南了得《易》《书》《论语》传数十卷。苏轼不惮絮烦,反反复复交代"经学三书",足见他晚年对"经学三书"的高度重视。

苏轼在解《系辞上》"鹤鸣在阴"一节时说:"夫论经者,当以意得之,非于句义之间也。于句义之间,则破碎牵蔓之说,反能害经之意。孔子之言《易》如此,学者可以求其端矣。"④ 这表明他解经重在义理,而不在句义上大做文章。他指责的"破碎牵蔓之说"指西汉的烦琐经学,那时所谓博学者"务碎义逃难,便辞巧说,破坏形体;说五经之文,至于二三万言"⑤,变"《春秋》三传"的"我注

---

① 张岂之主编:《中国思想学说史·宋元卷》,桂林:广西师范大学出版社,2008 年版,第 136 页。
② 苏轼著,孔凡礼点校:《苏轼文集·与郑靖老其三》,北京:中华书局,1986 年版,第 1675 页。
③ 苏轼著,孔凡礼点校:《苏轼文集·答苏伯固其三》,北京:中华书局,1986 年版,第 1741 页。
④ 舒大刚等校注:《三苏经解集校·易传》,成都:四川大学出版社,2017 年版,第 140 页。
⑤ 班固:《汉书·艺文志》,北京:中华书局,1962 年版,第 1723 页。

六经"为今文经学的"六经注我"。

今传"经学三书",《书传》二十卷,《易传》九卷,《论语说》二卷,较流行的有舒大刚、李文泽主编,四川大学出版社出版的《三苏经解集校》。此前曾枣庄、舒大刚主编的《三苏全书》也收录了苏轼的"经学三书"。

（二）三苏经学流播中的苏轼经学

苏轼北归渡过琼州海峡后,从海康乘船去合浦时,遭遇连日大雨。水无津涯,船行海上,他"起坐四顾太息,吾何数乘此险也!已济徐闻,复厄于此乎? 过子在傍鼾睡,呼不应。所撰《易》《书》《论语》皆以自随,世未有别本。抚之而叹曰:'天未丧斯文,吾辈必济! '已而果然"[1]。这是元符三年（1100）七月四日。那一夜的忧思都是为了"经学三书"。他战战兢兢,唯恐遭了厄难,毁了尚无别本的"三书",以致世上无传,所幸有惊无险。一年后,他在常州病重,弥留之际把"三书"托付给素有深交的钱济明。

钱济明即钱世雄,号冰华居士。苏轼贬黄州时,钱济明有信问候他;晚年苏轼在常州,钱济明常侍于侧。从北宋入南宋的何薳《春渚纪闻》卷六有一则"坡仙之终",说宋徽宗建中靖国元年（1101）,"六月,自仪真避疾渡江,再见于奔牛埭。先生独卧榻上,徐起谓某曰:'万里生还,乃以后事相托也。惟吾子由,自再贬及归,不复一见而决,此痛难堪。'余无言者,久之复曰:'某前在海外,了得《易》《书》《论语》三书,今尽以付子,愿勿以示人,三十年后,会有知者。'因取藏箧,欲开而钥失匙。某曰:'某获侍言,方

---

[1]　苏轼著,孔凡礼点校:《苏轼文集·书合浦舟行》,北京:中华书局,1986 年版,第 2277 页。

自此始,何遽及是也?'即迁寓孙氏馆,日往造见,见必移时,慨然追论往事,且及人,间出岭海诗文相示,时发一笑,觉眉宇间秀爽之气照映坐人。七月十二日,疾少间,曰:'今日有意,喜近笔研,试为济明戏书数纸。'遂书《惠州江月》五诗。明日又得《跋桂酒颂》。自尔疾稍增,至十五日而终。"[①]这则跋文对研究苏轼经学有一定的意义。它说明"经学三书"在苏轼生前未能刊行,"三书"在苏轼经学或蜀学上产生的影响并未发生。而苏轼说三十年后一定有懂得这三部书的人。这类似于孔子修《春秋》成,说"后世知丘者以《春秋》,而罪丘者亦以《春秋》"[②];司马迁撰《史记》,说"藏之名山,传之其人"[③],苏轼对"三书"是很自信的。苏辙就自己的经学等著述在《颍滨遗老传》中也说了一番话:"凡居筠、雷、循七年,居许六年,杜门复理旧学,于是《诗》《春秋传》《老子解》《古史》四书皆成。尝抚卷而叹,自谓得圣贤之遗意,缮书而藏之,顾谓诸子:'今世已矣,后有达者,必有取焉耳。'"苏轼说的"三十年后,会有知者"与苏辙说的"今世已矣,后有达者,必有取焉耳"相合,他们的自许与对后世相知者的期待自当别论,苏辙之言也表明他的经学二书在生前也未刊行。

苏轼、苏辙均说所作经学著作的刊行有待日后,话出有因。苏轼北归时,苏辙曾劝他同居颍昌,但苏轼感朝廷风波未静,即元祐党祸未了;而颍昌距汴京较近,故去了远离汴京的常州。苏轼死后的第二年,即崇宁元年(1102),元祐党人事又起,已死去的苏轼九月就被列入名单,徽宗书写了一百零二人的名字,刻碑立于端礼门;蔡京为相,犹不解恨,称元祐党人为"奸党",崇宁三年(1104),重定党籍,取三百零九人,刻石朝堂,立文德门,苏轼、苏辙及苏门

<hr>

① 朱易安、傅璇琮等主编:《全宋笔记》第三编第三册,郑州:大象出版社,2008 年版,第 237—238 页。
② 司马迁:《史记·孔子世家》,北京:中华书局,1959 年版,第 1944 页。
③ 班固:《汉书·司马迁传》,北京:中华书局,1962 年版,第 2735 页。

弟子都在其中。蔡京又令将"元祐党人碑"遍颁州郡,广为传播。这给元祐党人带来了一系列的影响,包括著作被毁、子孙不得在京城为官、不得与皇室宗亲通婚等。崇宁四年(1105)九月,大赦天下,遭流贬的元祐党人准许迁回距京城稍近的地方,但仍不得进入京畿。次年,因天象怪异,徽宗才下令撤销对元祐党人的禁令,毁掉元祐党人碑,元祐党人方得自由。这时苏轼已经去世了五年,苏辙六十八岁。大观三年(1109),恢复了一些元祐党人的官职,三年后,苏辙也告别了人世。北宋王朝也在内忧外患中走向了末路。而宋徽宗对元祐党人的开禁,为南宋褒崇苏轼及其他元祐党人奠定了基础。元人脱脱《宋史·徽宗本纪》评说徽宗,责其宠信奸妄之臣,疏斥正直之士,怠惰国政,以济其骄奢淫逸之志,致使国破身辱,实在是很痛心的。苏轼的命运随之起伏。

这里略叙这段历史,是想说明苏轼晚年及死后的处境之艰难,使读者能更深刻地理解他北归不去颍昌,以及他们的经学在北宋不兴的根本缘由。若没有苏氏兄弟的经学五书,北宋蜀学的地位何在呢?直到南宋孝宗时,颁《宋赠苏文忠公太师制》,赐苏轼谥曰文忠,称其为儒者之宗,而"人传元祐之学,家有眉山之书"①。这意味着苏轼的著作当时就在民间流传,但流传的是不是"经学三书"则无从知道。

苏轼生前,其诗文就有人编纂成集。他曾在扬州对陈传道说:"某方病市人逐于利,好刊某拙文,欲毁其板,矧欲更令人刊耶!当俟稍暇,尽取旧诗文,存其不甚恶者,为一集。以公过取其言,当令人录一本奉寄。今所示者,不惟有脱误,其间亦有他人文也。"②这话说得明白,他的诗文因世人喜爱故有逐利者刊行,但收录与校正都有缺陷。后贬黄州,他在回复钱塘主簿陈师仲的信中说自己

① 苏轼:《明成化本东坡七集》,北京:国家图书馆出版社,2019年版,第8—9页。
② 苏轼著,孔凡礼点校:《苏轼文集·答陈传道其二》,北京:中华书局,1986年版,第1574页。

的诗文："从来不曾编次，纵有一二在者，得罪日，皆为家人妇女辈焚毁尽矣！不知今乃在足下处。当为删去其不合道理者，乃可存耳！"①苏轼说的是两桩事，一是他的诗文在"乌台诗案"发生时，为妻子王闰之烧毁，十失七八；二是钱塘人为他编了《超然》《黄楼》二集，他感念钱塘人的恩德，但认为应删去二集中"不合道理"者再保存，方为稳妥。晚年在海南时，他在写给刘沔的书信中说："世之蓄轼诗文者多矣，率真伪相半，又多为俗子所改窜，读之使人不平！然亦不足怪，识真者少。"②二者说明苏轼诗文为人所爱，传播之广，他的"经学三书"不能及。

苏氏兄弟经学五书其后的流传，舒大刚在《三苏经解集校》前言里说："北宋'元祐党争'，朝廷打击'元祐学术'，使他们的著作并未在宋代全部刊行，仅有《诗集传》《易传》刊刻流传，实为遗憾。直到明代焦竑才将苏轼、苏辙的经学著作合刊编成《两苏经解》流传下来。"③焦竑是明代著名的学者，生于1540年，卒于1620年，四十九岁时中进士。他合刊《两苏经解》时苏氏兄弟死了五百年。舒大刚说的《易传》在北宋晚年已有流传，南宋陆游为《苏氏易传》作跋，说他父亲在北宋宣和年间就得到了这部书，因避时讳更名为《毗陵易传》。④但他的《书传》《论语说》没有这样的命运。舒大刚在《东坡书传叙录》⑤《论语说叙录》⑥中对二者的流传

① 苏轼著，孔凡礼点校：《苏轼文集·答陈师仲主簿书》，北京：中华书局，1986年版，第1428页。
② 苏轼著，孔凡礼点校：《苏轼文集·答刘沔都曹书》，北京：中华书局，1986年版，第1429页。
③ 舒大刚等校注：《三苏经解集校》，成都：四川大学出版社，2017年版，第4页。
④ 金生杨著《苏氏易传研究》（成都：巴蜀书社，2002年版）第一章"《苏氏易传》的撰著与流传"第二节"《苏氏易传》的版刻与流传"，对《苏氏易传》的流传有详细论述。可参看。
⑤ 参见曾枣庄等主编：《三苏全书·东坡书传叙录》，北京：语文出版社，2001年版，第425—433页。
⑥ 参见曾枣庄等主编：《三苏全书·论语说叙录》，北京：语文出版社，2001年版，第159—164页。

都有考论,大体说来,二者南宋即有刻本,明代不传。《书传》明代有焦竑编的《两苏经解》毕刻本和顾刻本,凌刻或闵刻的朱墨套印本;《论语说》亡佚不传。但从元人脱脱等主持修撰、成书于元末的《宋史》审视,元朝灭亡于元顺帝至正二十八年(1368),距离北宋灭亡的宋钦宗靖康二年(1127)有一百四十一年。靖康之难时,朝廷馆阁大量的藏书毁于一旦。南宋高宗定都临安(今杭州)后效西汉故事,重开献书之路,广收图书,方复有天下图书之盛。《宋史·艺文志》"经类"记载:苏轼《易传》九卷、《书传》十三卷、《论语解》四卷,苏辙《诗解集传》二十卷、《春秋集传》十二卷、《论语拾遗》一卷,说明苏轼在南宋重获尊崇后,兄弟二人的遗著都有刊刻;又过了一百多年,才有重刻本问世。

《三苏全书》的《苏氏易传叙录》《东坡书传叙录》,对苏轼的《易传》《书传》流传和影响作了说明。苏轼的《易传》《书传》保存完好,《论语说》明代以后亡佚,今传《论语说》为后人辑佚。舒大刚在《三苏全书·论语说叙录》里梳理了清以来的辑佚情况,在今人卿三祥、马德富辑佚的基础上,他又辑得《论语说》数十条。尽管如此,相对于《论语》的四百九十四章来说,实在太少,况且有的还不完整,尚有待辑佚者的继续努力。然而,这并没有影响苏轼的"经学三书"与苏辙治的《诗集传》《春秋集解》成为北宋以三苏为代表的蜀学的重要内容。

北宋经学有周敦颐"濂学",张载"关学",程颢、程颐"洛学",王安石"新学"并称。蜀学在这些经学流派中地位不高,影响甚微。不妨推论,如果三苏经学在南宋至明清时期深具影响,一定会在近现代的思想界或学界延续。然而从 20 世纪以来,中国哲学史、中国思想史、宋明理学的研究著作接踵问世,百花齐放,但翻检我案头的一些思想史著作,可以看到一个普遍存在的现象:许多论著有大量篇幅论述宋代理学,其中却没有三苏或苏轼。如:现代冯友兰《中国哲学史》论及北宋哲学,周敦颐、邵雍一章,张载和程颢、程颐一章;方立天《中国古代哲学》有周敦颐、邵雍、程颢、程颐、张载;何兆武《中国思想发展史》,周敦颐、邵雍、程颢、程颐、张载、王安石各有专节;侯外庐等《宋明理学史》,周敦颐、张载、程颢、程颐、邵雍各有专章;蔡仁厚《宋明理学·北宋篇》,周敦颐、张载、程颢、程颐都享专章,二程甚至各有五章,最后以一章说关洛之学及其南传;陈来《宋明理学史》,北宋理学一章,周敦颐、张载、程颢、程颐、邵雍、谢良佐都有专节。他们均未论及三苏蜀学,也没有提及苏轼。这些不会是偶然疏忽,反而共同显示出三苏蜀学的社会地位和影响在历史传播中不及濂学、关学、洛学、新学,或者说苏轼的经学影响不及周、邵、二程等人。但苏轼自己晚年不提使自己名满天下的诗、词、文,唯独系念于"经学三书",这是很值得玩味的。

三苏经学的这种状态,究其原委,与他们的学风有关。那时,濂学的周敦颐主太极、诚、静,关学的张载主气、心性、诚、礼,洛学的二程主天理人性等,各有所宗,三苏经学主什么呢? 对此,朱汉民等说道:"苏氏蜀学学风最突出的特征就是驳杂,历代不少学者曾指出这一点。朱熹认为,苏氏'早拾苏、张之绪余,晚醉佛、老之糟粕',是流于异端的杂学;全祖望亦认为,'苏氏出于纵横之学而亦杂于禅';在《四库全书总目》中,四库馆臣亦称,'苏氏之学,本出入二氏之间,故得力于二氏者特深'。这些评论拘囿于儒学正统立场,不免带有门户之见,但蜀学杂糅佛、老,具有明显的会通诸家之学的特征,却是不争的事实。"[1] 这番总结性的综述概括了前人对三苏经学的评价:就一个"杂"字。朱汉民等说得婉转,"会通诸家之学",说白了,还是"杂"。

苏洵生前最具影响的策论如《几策》《权书》《衡论》有纵横

---

[1] 张岂之主编:《中国思想学说史·宋元卷》,桂林:广西师范大学出版社,2008 年版,第 414—415 页。

家风格。他曾说殷商龙逢、比干不称良臣,是无战国苏秦、张仪之术;苏秦、张仪不免于说客,是无龙逢、比干之心。因此,"龙逢、比干吾取其心,不取其术;苏秦、张仪吾取其术,不取其心"①。这是苏洵的社会立场,为文多纵横之气的根本在这里。欧阳修在为他写的墓志铭中,两次提到他的文章写作,在夸赞苏氏父子文章擅名天下时,说苏洵的文章"博辩宏伟",而其人温和,似不善言辞;再说苏洵折节读书后,曾作文数百篇,因不能举进士,愤而烧之,重新闭门攻读,"由是下笔,顷刻数千言,其纵横上下,出入驰骤,必造于深微而后止"②。苏轼兄弟早年以父为师,苏辙为苏轼写的墓志铭言及这段往事,说苏轼为学有三个阶段:首学儒,好贾谊、陆贽之文,喜谈古今治乱;次好庄,读《庄子》觉深得己心;三学佛,深悟实相,对之孔、老,最终完成三教融通,博辩无碍。对苏轼来说,他一生最重儒学,从出川应试的《刑赏忠厚之至论》、变法时的《上神宗皇帝书》到晚年的"经学三书",都足以说明这一点。他引佛、道之学解经,是其经学被认为驳杂的依据。

既然如此,对三苏经学特征的解读是困难的。韩钟文《中国儒学史》探讨了苏氏蜀学的主导精神,他用秦观《答傅彬老简》的话,说苏氏之学最深于"性命自得",然后称道苏氏器识、人格与学问。然而除了"性命自得"外,并没有揭示三苏蜀学的内涵。朱汉民在《中国思想学说史·宋元卷》里说苏氏蜀学的三个特征为:会通儒、道、佛、纵横诸家,以儒为本;长于经史文学,理论思维薄弱;在人性、修养、认识论中汲取佛、道思想。这是怎样的特征呢?尤潇潇、舒大刚在《三苏经解集校·前言》里论述三苏经学的主要特征时说了三点:以权变入经,以人情为据;以儒为主,兼采佛、道;经史结合,严谨考证。它们是三苏经学的研究立场和方法,与三苏经学的

---

① 苏洵著,曾枣庄等笺注:《嘉祐集笺注》,上海:上海古籍出版社,1993 年版,第 244 页。

② 欧阳修著,李逸安点校:《欧阳修全集·故霸州文安县主簿苏君墓志铭》,北京:中华书局,2001 年版,第 513 页。

内涵并不完全切合,但客观表明了三苏经学的特征不够鲜明,或者说由于它的会通而难以把握。其中占有重要地位的苏轼经学,自然也是如此。这里的蜀学专指三苏蜀学,而非自古以来源远流长的巴蜀"蜀学"。这是需要说明的。

在三苏经学流播中,很难把苏轼经学剥离出来,但可以看到苏轼经学的分量和地位。虽说苏轼的《易传》《论语说》有苏洵、苏辙的参与,但经苏轼最终的修改和审定,仍然可以说《易传》和《论语说》分别代表了苏轼关于《易》《论语》的思想。

(三)苏轼"经学三书"之外的经学论说

苏轼"经学三书"之外的经学论说不多,主要有论《诗》、论《礼》、论《左传》、论《易》的文章数篇,不足以体现其蜀学的社会地位。他的经学在生前因社会情势的原因并不为人所重。这里不说他的"经学三书"以及与《易传》紧密关联的《易解》《重巽以申命论》,程试《物不可以苟合论》;与《书传》相关联的省试《刑赏忠厚之至论》;与《论语说》相关联的院试《孔子先进论》《中庸论三首》,而说其他的经学文章。

苏轼学士院试《〈春秋〉定天下之邪正论》解《穀梁传》的"成天下之事业,定天下之邪正,莫善于《春秋》",秘阁试《王者不治夷狄论》出自《春秋》何休注的"王者不治夷狄",程试《形势不如德论》出自《孟子》的"天时不如地利,地利不如人和",这些是应试时的解经之文。除此之外,他的《〈既醉〉备五福论》《问〈小雅〉周之衰》,是对《诗经·大雅·既醉》和《小雅》"周之衰"的解说,还有《论好德锡之福》《论郑伯克段于鄢》等也是经解,与他的"经学三书"逐一作解有所不同,一篇文章关注一个问题,不求解经的完整与系统。

这些涉及传统经学的《春秋》《诗经》《论语》《孟子》《左传》《穀梁传》等,这里主要就其《春秋》和《诗经》解说作一些探讨。

孔子晚年游说诸侯十四年,无获之后回到鲁国,修订《春秋》,笔则笔,削则削,书成后自言:后世知我者以《春秋》,罪我者亦以《春秋》。《穀梁传》认为《春秋》是成天下事业、定天下邪正的最重要的著作,并非偶然。其后司马迁说为君者、为臣者、为父者、为子者都应知《春秋》,否则君不君、臣不臣、父不父、子不子,只因"《春秋》者,礼义之大宗也"①。由此,本为春秋时鲁国编年史的《春秋》被提升到这样的高度,并产生了广泛的社会影响,成为当时天下的一把尺子。

苏轼的《〈春秋〉定天下之邪正论》从礼的角度审视《春秋》,他说:"夫《春秋》者,礼之见于事业者也……凡《春秋》之所褒者,礼之所与也;其所贬者,礼之所否也。《记》曰:礼者,所以别嫌、明疑、定犹豫也。而《春秋》一取断焉。故凡天下之邪正,君子之所疑而不能决者,皆至于《春秋》而定。非定于《春秋》,定于礼也。"他说这番话,是基于孔子以礼断三代之盛衰、定君臣父子之位,有礼则生、无礼则死的原则;并引上面提及的司马迁论《春秋》为证,说明《春秋》的功用和力量。而天下之事让人生疑,往往是在邪正之间。他举了宋襄公泓水之战的例子。宋与楚战于泓,宋军大败,这要归咎于宋襄公"不擒二毛、不鼓不成列"的"仁义"所引起的愚蠢战术。宋襄公假仁义以盗名欺世,《春秋》详载以贬之,故苏轼说:"苟《春秋》不为正之,则世之为仁者,相率而为伪也。"②这正是《春秋》最大的社会和道德意义。苏轼的《宋襄公论》延续了这里对宋襄公的批评,说他以不仁之资盗取仁者之名。宋襄公曾杀鄫国的国君作社祭,怎能以不鼓不成列、不重伤、不擒二毛诓骗诸侯、

① 司马迁:《史记·太史公自序》,北京:中华书局,1959 年版,第 3298 页。
② 苏轼著,孔凡礼点校:《苏轼文集·〈春秋〉定天下之邪正论》,北京:中华书局,1986 年版,第 39 页。

欺蒙后世呢？

《〈春秋〉定天下之邪正论》阐述了苏轼关于《春秋》的基本思想，兼及"《春秋》三传"即《左传》《公羊传》《穀梁传》。而所谓的《春秋》定天下邪正，是《春秋》的礼义原则，也是《春秋》之法。法正天下，故循《春秋》之法，守《春秋》之礼，自是世人的责任，尤其是诸侯君王。苏轼说："孔子何为而作《春秋》哉？举三代全盛之法，以治侥幸苟且之风，而归之于至正而已矣。"[①] 而《春秋》虽说是鲁国编年史，其实也是同时期的诸侯史，那时周天子的大权旁落，地位与诸侯相当了。所以苏轼解《春秋》多就诸侯、君王说话，以礼为尺度权衡所发生的历史事件及身处其中的历史人物。

《论郑伯克段于鄢》说的是《左传》记载的一件史事。这也是《左传》以事解经的范例。关于这件事，《春秋》中只有"郑伯克段于鄢"六字。《左传》把这个故事展开，讲述了郑伯即郑庄公与其母姜氏、其弟共叔段之间的权力之争。共叔段欲代庄公而自立，姜氏助之，结果共叔段被庄公驱逐，姜氏被流放到城颍。苏轼说共叔段失了兄弟之义；说《春秋》深讥，圣人哀伤而不忍直言，并兼及三晋赵鞅帅师纳卫世子蒯聩于戚，齐国夏、卫石曼姑帅师围戚，致使父子恩绝等故事。文章的重点是"郑伯克段于鄢"，苏轼引了《穀梁传》《公羊传》对这六字微言中的大义所作的解说，感慨："夫妇、父子、兄弟之亲，天下之至情也，而相残之祸至如此，夫岂一日之故哉！"本来《春秋》《左传》对郑庄公、姜氏和共叔段都有批评，苏轼延续了这些批评，明确地表达对人伦道德的关注。《左传》揭示共叔段之祸并非一日之故，指责郑庄公的纵容似乎是有意让共叔段走向不义不昵的境地，为自己找到了驱逐共叔段的最好理由，对庄公的失于教诲同样是有批评的，称圣人不会如此。这正是

---

① 苏轼著，孔凡礼点校：《苏轼文集·论取部大鼎于宋》，北京：中华书局，1986 年版，第 68 页。

基于儒学道德的立场。

《论郑伯以璧假许田》就《春秋》记载的另一件史事立论。苏轼称此事先儒论说甚众，未得其正解，只知道《春秋》批此事"不义"，而不知是讥此事之所起。郑庄公在鲁隐公八年（前715）图谋以郑的泰山之祊地换取鲁之许田，迟至鲁桓公元年（前711）方得完成。周是天子之国，此举不合道义，《春秋》不明言，是孔子偏私而为鲁讳，故他说"先儒皆知夫《春秋》立法之严，而不知其甚宽且恕也"①。这就对《春秋》和孔子也作了批评。而《论取郜大鼎于宋》说鲁桓公的事。郜之大鼎初得于周天子，后宋灭郜获大鼎。宋庄公即位后，为巩固自己的地位，对诸侯大行贿赂之事，其中之一便是以郜大鼎赂鲁。鼎本为礼器，相传禹铸九鼎，以之祭祀上帝鬼神，后演化为权力的象征。楚庄王兴兵至洛水，王孙满劳军，楚庄王问周鼎，王孙满说：周不爱鼎，鼎可以给楚，但我担心天下诸侯因鼎而恨楚。苏轼援引这一说法，说郜鼎入鲁，怎知秦、晋、齐、楚四国之君不动心呢？仍称"郜鼎"以正名，表示鲁国得鼎是不能让天下诸侯不动心的。鲁应将鼎归于宋，宋再将鼎归于郜，这才符合《春秋》之法。而《春秋》记载，鲁桓公取郜大鼎后"纳于太庙"，这一"纳"字有太庙原本不受而强行送入之意。关于其原因，《穀梁传》解释说："桓内弑其君，外成人之乱，受赂而退，以事其祖，非礼也。其道以周公为弗受也。"苏轼感慨三代王道兴盛时，百姓怀璧玉而千乘之君不取，如今周衰而诸侯恣行，不守《春秋》之法。

苏轼还有《论齐侯、卫侯胥命于蒲》，所谓"胥命"即诸侯相见约言而不盟誓。他就《春秋》鲁桓公三年的"齐侯、卫侯胥命于蒲"发论，批评荀子不究原委而信传言，如依其说奸人会受到鼓励。《论禘于太庙用致夫人》中的"禘"为大祭，"夫人"哀姜为鲁庄公妻，

---

① 苏轼著，孔凡礼点校：《苏轼文集·论郑伯以璧假许田》，北京：中华书局，1986年版，第67页。

性骄淫,后为齐桓公所杀。苏轼辨"《春秋》三传"之说,责其"非礼",仍然是以礼为准则。而《论会于澶渊宋灾故》说鲁襄公三十年(前543),晋、齐、宋、卫、郑、曹、莒、邾、滕、薛、杞等国大夫因宋国之灾会于澶渊,商议归其财产,既而失信不归。苏轼说,春秋时失于忠信,与西周盛时相差很远。《春秋》客观叙说此事,未作任何评议,《左传》说这是对诸国的批评,信然。他还说:"且夫见邻国之灾,匍匐而救之者,仁人君子之心也。既言而忘之,既约而背之,委巷小人之事也。故书其始之为君子仁人之心,而后可以见后之为委巷小人之事。《春秋》之意,盖明白如此。"① 言行合一,说而能行,人当为君子而非小人。

苏轼说:"天下之至严,而用法之至详者,莫过于《春秋》。"② 其法的礼义准则从上述可见,在这一点上,《春秋》有法律的意义;依《春秋》而治天下,苏轼治《春秋》的思想导向也于斯可见。苏轼还有两篇论《诗》之文值得关注,即《问〈小雅〉周之衰》和《〈既醉〉备五福论》。

《问〈小雅〉周之衰》说:"《诗》之中,惟周最备,而周之兴废,于《诗》为详。"《诗》或称"诗三百",西汉时尊奉儒学,始称《诗经》,是西周初年至春秋中叶的诗歌总集。也正因如此,苏轼说"周之兴废,于《诗》为详"。这一说法表明后世认为是文学的《诗》当时亦为史。《诗》中素来为人所认同的史诗是《大雅》里的《生民》《公刘》《绵》《皇矣》《大明》,但苏轼不限于此,进一步把《诗》的历史特质彰显出来,并作了区分:"盖其道始于闺门父子之间,而施及乎君臣之际,以被冒乎天下者,存乎《二南》。后稷、公刘、文、武创业之艰难,而幽、厉失道之渐,存乎《二雅》。成王缵承文、武之

① 苏轼著,孔凡礼点校:《苏轼文集·论会于澶渊宋灾故》,北京:中华书局,1986年版,第75页。
② 苏轼著,孔凡礼点校:《苏轼文集·王者不治夷狄论》,北京:中华书局,1986年版,第43页。

烈,而礼乐文章之备,存乎《颂》。其愈衰愈削而至夷于诸侯者,存乎《王·黍离》。盖周道之盛衰,可以备见于此矣。"这番论述本于《毛诗》大小序。关于诗,《诗大序》有三个基本观念:诗之产生,乃源于诗人言志,发乎情,止乎礼义;诗之功用,在于正得失、经夫妇、成孝敬、厚人伦、美教化、移风俗;诗之影响,能动天地、感鬼神。这一区分把《诗》视为周道盛衰的一面镜子,或者说是周道盛衰的历史,基本思想没有超越《诗序》。如《王·黍离》即《王风·黍离》,《诗小序》说"闵宗周也。周大夫行役至于宗周,过故宗庙宫室,尽为禾黍。闵周室之颠覆,彷徨不忍去,而作是诗也"①。它是否符合这首诗的实际历史背景,已难考证,但"黍离之悲"被视为亡国之悲,影响深远。又如《小雅》《大雅》,《诗小序》说"周室居西都丰镐之时诗也"②;《周颂》,"周室成功致太平德洽之诗。其作在周公摄政、成王即位之初"③,这都是视《诗》为史的例子。而他解《小雅》兼及周之盛衰;吴公子季札观周乐叹周之衰及《文中子》评周乐说周之盛,他说二者都有偏颇,但明白二人之说,方知《小雅》之道在于司马迁说的"怨诽不乱"。

　　《〈既醉〉备五福论》的《既醉》见于《诗·大雅·文王之什》,《诗小序》说:"《既醉》,太平也,醉酒饱德,人有士君子之行焉。"所言"五福"是他人所说的"君子万年"为寿福,"介尔景福"为富福,"室家之壸"为康宁之福,"高明有融"(原诗为"昭明有融")为攸好德之福,"高朗令终"为考终命之福。苏轼不以为然,认为君子功成,当与民同乐。《既醉》非美既醉者独乐,而是批评他不与人同乐。说其享有"五福",实则是不懂诗的讥刺之义,也不懂孟子说的王道。他在这里提出,解诗当因言及意,以此为学理立场与方法:"夫诗者,不可以言语求而得,必将深观其意焉。"这与孟子的"知

① 李学勤主编:《十三经注疏·毛诗正义》,北京:北京大学出版社,1999年版,第252页。
② 李学勤主编:《十三经注疏·毛诗正义》,北京:北京大学出版社,1999年版,第539页。
③ 李学勤主编:《十三经注疏·毛诗正义》,北京:北京大学出版社,1999年版,第1271页。

人论世"说、庄子的"得意忘言"论有相通的地方,但他对《既醉》的理解,落脚点不是解诗的方法或者他的诗学观,而是否定独乐而肯定同乐,寻求以王道治天下。王道之说出于孟子,他将孔子关于仁的道德思想明确地发展为仁政王道的政治理念,施行仁政王道截然不同于主张武力攻伐的霸道,核心是仁治天下。这与上述苏轼说《春秋》之礼归于仁相一致。他还有一篇《儒者可与守成论》,说夏禹、商汤、周武三代行仁义以治天下,周室衰,诸侯起,直到秦乱,天下不知仁义;宋襄公假仁而败,秦始皇不仁,二世而亡,汉高祖得天下,幸有陆贾、叔孙通进言,用儒者的仁义守成,方传数百年。由此看来,苏轼这里的经学是仁义之学,也是仁政之学,学经、解经乃为致用。

《〈既醉〉备五福论》是苏轼《三传义》里的一篇,其余还有《问供养三德为善》《问君子能补过》等文里说到《春秋》之事,也应受到关注。当然,苏轼经学的重镇还是"经学三书"。只是他这些文章生前流传,而"经学三书"生前却没有流传,对北宋蜀学地位的形成很有影响。

二、苏轼出川"道"的定位 与海南"经学三书"

苏轼出川"道"的定位与海南"经学三书"的归宿,是一个有趣的问题。人或说"经学三书"代表了苏轼经学的最高成就,或说"经学三书"杂有佛、道,称道者与批评者皆有。苏轼特别重视"经学三书",生前未传,身后"三书"相对于他的文学,可谓备受冷落,没有得到应有的关注。本文对"经学三书"略作梳理,力求对它们有一个基本的认知。

（一）"经学三书"的儒学"道统"根基

苏轼二十一岁时随父苏洵出川,与弟弟苏辙应仁宗嘉祐二年（1057）的进士试,到宋徽宗元符三年（1100）六十五岁时,心心念念的是他在海南最后完成的"经学三书":《书传》《易传》《论语说》。其间的四十余年,虽然宋仁宗曾说苏轼有宰相之才,似乎预言他可位至宰相,而苏轼终究没做成宰相;但累官至三部尚书,距宰相之位仅有一步之遥,人生也算辉煌。

苏轼人生遭遇的挫折很大。神宗元丰二年（1079）的"乌台诗案",使他从湖州太守被贬为黄州团练副使,且成为他沉重的历史旧账。后续有绍圣元年（1094）五十九岁时贬建昌军司马,惠州安置；绍圣四年（1097）贬琼州别驾，儋州安置，直到元符三年（1100）遇赦北归。这些年，他的文学与书法都臻化境，还有绘画的成就也为后人乐道。然而，苏轼晚年没有提到它们，反复说的是"经学三书"。他对友人李端叔说："某年六十五矣，体力毛发，正与年相称，或得复与公相见，亦未可知。已前者皆梦，已后者独非梦乎？置之不足道也。所喜者，海南了得《易》《书》《论语》传数十卷，似有益于骨朽后人耳目也。"① 在北归途中又对苏伯固说："某凡百如昨，但抚视《易》《书》《论语》三书，即觉此生不虚过。如来书所谕，其他何足道。"②

苏轼说的《易》《书》《论语》传或《易》《书》《论语》，即今传的《易传》《书传》和《论语说》。除三者外的"何足道"的"其他"，包括了前人统计的两千七百多首诗、三百多首词、四千八百多篇文在内。他深信"三书"将使自己不朽，尽管没有想到后世人们更喜欢他的诗文，轻忽了他的"三书"。苏轼还有"三州功业"说。他北归途中在金山寺写下六言小诗《自题金山画像》："心似已灰之木，身如不系之舟。问汝平生功业，黄州惠州儋州。"对此学人多有探究，在我看来，更多的是自我调侃。当时他已老迈，而朝廷风波未平。论平生功业即事功，他说了三个流贬地：黄州、惠州、儋州。其实他在三州均无自我所期望的功业。黄州时羡慕周公瑾而酹酒江月，感叹自己功业未成；惠州时观白水苍山，有《和陶归园田居六首》，其一自吟"以彼无尽景，寓我有限年"；离开海南之际，以《六月二十日夜渡海》高歌"九死南荒吾不恨，兹游奇绝冠平生"。因此这"功业说"更像他《洗儿戏作》自言的"人皆养子望聪明，我被聪明误一生。惟愿孩儿愚且鲁，无灾无难到公卿"③，悲愤之际，

---

① 苏轼著，孔凡礼点校：《苏轼文集·答李端叔十首其三》，北京：中华书局，1986年版，第1540页。

② 苏轼著，孔凡礼点校：《苏轼文集·答苏伯固四首其三》，北京：中华书局，1986年版，第1741页。

③ 苏轼著，孔凡礼点校：《苏轼诗集·洗儿戏作》，北京：中华书局，1982年版，第2535页。

诙谐自嘲。

苏轼的自嘲别有深意,原本在海南已经平和的内心,在这一刻忽然变得不平和了。愤激中他没有憧憬未来,而是反思自己走过的人生道路,并非真的"心似已灰之木"。然而身为一个六十五岁的老人,他除了想自己的归宿,还能想什么呢? 这且不说。苏轼生活在北宋儒、佛、道三教融合的时代,他对三教兼收并蓄,好儒、好佛亦好道,出川应进士试所作《刑赏忠厚之至论》就有对自己好儒的基本定位。其后应制举写的《应制举上两制书》,说治事不如治人,治人不如治法,治法不如治时,即因时事而治之;提出当今之患有二,一为用法太密而不求情,主张不任法而行仁;二为好名太高而不适实,主张循名责实,从儒、术两个角度强化了《刑赏忠厚之至论》仁政的定位。而好道亦好佛在他诗文中有广泛的表现,无须赘言。

苏轼被贬黄州时,务学而致力于"经学三书"的撰述,先完成《易传》和《论语说》的初稿。最后"三书"在海南完成。他渡海北归,世无别本的"三书"得以保全,当然是桩幸事。它成为苏轼晚年最惦记的著述,从根本上说,还是欲借此不朽。他居儋时为"三书"写过题记:"孔壁、汲冢竹简科斗,皆漆书也。终于蠹坏。景钟、石鼓益坚,古人为不朽之计亦至矣。然其妙意所以不坠者,特以人传人耳。大哉人乎!《易》曰:'神而明之,存乎其人。' 吾作《易》《书》传《论语说》,亦粗备矣。呜呼! 又何以多为。"[①] 这里提到,竹简会蠹坏,故古人用景钟、石鼓即钟鼎铭文、石鼓文传世,殊不知文章之奥义之所以不致丧失,特赖人们口耳相传。苏轼在常州弥留之际,将"三书"托付给钱济明,说三十年后一定有懂得这三部书的人。正如其言,"三书"在他身后得到了传播。

---

① 苏轼著,孔凡礼点校:《苏轼文集·题所作〈易〉〈书〉传〈论语〉说》,北京:中华书局,1986 年版,第 2073 页。

　　"三书"被视为"经学三书",源于《易》《书》《论语》皆为经书。《易传》与《论语说》初成于黄州,距离他于儋州写作或说"了得""三书"有二十年左右。苏轼用心拥抱"三书",固然有苏洵、苏辙的影响,"三书"中亦有苏洵、苏辙参与著述的部分;但他在海南"了得""三书",显然是达成了人生最高的追求和意愿。《易》《书》《论语》有不同的表达,《易》卜筮的卦爻辞、《书》文献的告知训诫以及《论语》孔子语录的道德教诲,各有不同的路向,同时向儒、向道、向佛的苏轼,他的"三书"会是纯粹的经学吗?

　　苏轼出川后最早为人所知的文章是嘉祐二年(1057)的科考文《刑赏忠厚之至论》。文章命题出自汉孔安国对《尚书·大禹谟》"罪疑惟轻,功疑惟重"的传注:"刑疑从轻,赏疑从重,忠厚之至。"对此,苏轼开篇说:"尧、舜、禹、汤、文、武、成、康之际,何其爱民之深,忧民之切。"这一句从尧、舜说到成、康,爱民与忧民体现出以民为本的思想,以及苏轼对刑赏的阐发:"可以赏,可以无赏,赏之过乎仁;可以罚,可以无罚,罚之过乎义。过乎仁,不失为君子;过乎义,则流而入于忍人。故仁可过也,义不可过也。"这表明君王当以君子、长者之道待天下,突显的是儒家之仁。孔子力倡儒学,核心思想是仁与礼,其仁为孟子继承,弘扬为仁政即王道;其礼为荀子继承,弘扬为礼制即礼法。韩愈在《原道》中梳理儒学道统时,用仁义界定所说的"道",并重复了两次:"博爱之谓仁,行而宜之之谓义。由是而之焉之谓道。"这是韩愈"道"统之本。他明言自己的"道",不是老与佛之道,而是尧传舜,舜传禹,禹传汤,汤传文、武、周公,文、武、周公传孔子,孔子传孟轲之道。韩愈说到孔子传道孟子后打住了:"轲之死,不得其传焉。"随后提及荀子与扬雄,批评他们于"道"择焉不精,语焉不详。韩愈深受孟子的影响,并通过孟子更深刻地认知孔子。他不认同荀子,虽说荀子被后人视为战国晚期的儒学集大成者,但荀子的儒学与孟子的儒学大有不同。

韩愈是唐代儒学道统的继承与维护者,其后继承儒学道统的是宋代欧阳修。欧阳修慕韩学韩,在《记旧本韩文后》述说自己对韩文的接受,以及效韩文再倡古文,使古文超越时文、勃然而兴的决心。他学韩文,明知其不足以追时好而取世资,所好的是其文所传之 "道"。他在这篇文章中也说了一番有关 "道" 的话:"道固有行于远而止于近,有忽于往而贵于今者。非惟世俗好恶之使然,亦其理有当然者。故孔、孟惶惶于一时,而师法于千万世;韩氏之文没而不见者二百年,而后大施于今。此又非特好恶之所上下,盖其久而愈明,不可磨灭,虽蔽于暂而终耀于无穷者,其道当然也。" 这里 "道" 的远近论、忽贵论、蔽耀论,欧阳修归之于俗与理,蕴含了事物的必然走向。"道" 的起伏跌宕,随世易时移之下的世人趣尚而动,或隐或显,或盛或衰,都属自然。他说的孔、孟、韩愈都是例子,故深信 "道" 愈久愈明,终耀无穷。欧阳修还有《正统论》上下篇,说王者大一统,正统之 "正",正天下之不正;"统",合天下之不一。他也讲传承,说尧、舜及三代得天下之正,合天下于一;其后孔子殁,异学兴而先王之道不明,只因天下溺于非圣之学,故当 "正" 而 "统" 之以归于圣。这其实是韩愈道统论的另一种表达,欧阳修作《朋党论》为范仲淹等人辩诬,讲道义、忠信、名节;作《泷冈阡表》讲述父亲欧阳观的过往孝顺与仁慈,都透着孔子儒学的精神。有人视他为宋代儒学道统的继承与维护者,很有道理。

苏轼《刑赏忠厚之至论》受制于命题本身,但格局甚大。同时应试的苏辙之作说 "罪疑者从轻,功疑者从重,皆顺天下之所欲从" [1],格局比苏轼之文小得多。从思想源流来说,苏轼在《谢欧阳

---

① 苏辙著,陈宏天等校点:《苏辙集·刑赏忠厚之至论》,北京:中华书局,1990 年版,第 1347 页。

内翰书》里说到圣上即宋仁宗"招来雄俊魁伟、敦厚朴直之士,罢去浮巧轻媚、丛错采绣之文;将以追两汉之余,而渐复三代之故",这三代两汉之说,很容易让人想到韩愈的《答李翊书》。韩愈告知李翊,说自己学古代仁义之人,非三代两汉之书不敢观,非圣人之志不敢存。他因古道而倡古文,以古文护古道。仁宗之意也在于此,与他天性"恭俭仁恕"[①]也相吻合。而苏轼从另一个角度提到韩愈:"唐之古文,自韩愈始。其后学韩而不至者为皇甫湜,学皇甫湜而不至者为孙樵。自樵以降,无足观矣。"[②]他对韩愈的认可与欧阳修的态度相与为一。苏轼承续欧阳修的《正统论》,作《正统论三首》,面对欧阳修的正统和章子的霸统,他明确表示站在欧阳修的立场上,申明欧说而三与章子辩,责章子不知名实,重实轻名,不知实之轻正是从霸统开始的。苏轼对韩愈也有评说,他在《韩愈论》中批评道:"韩愈之于圣人之道,盖亦知好其名矣,而未能乐其实。何者?其为论甚高,其待孔子、孟轲甚尊,而拒杨、墨、佛、老甚严。此其用力,亦不可谓不至也。然其论至于理而不精,支离荡佚,往往自叛其说而不知。"韩愈守儒学道统,并无系统、深刻的儒学理论,苏轼批评他好名而未乐其实,这一点并不尽然;但说他为论至于理而不精、支离荡佚还是有些道理。然而苏轼对韩愈的批评最具影响的是在《潮州韩文公庙碑》里所说的:"自东汉以来,道丧文弊,异端并起,历唐贞观、开元之盛,辅以房、杜、姚、宋而不能救。独韩文公起布衣,谈笑而麾之,天下靡然从公,复归于正,盖三百年于此矣。文起八代之衰,而道济天下之溺;忠犯人主之怒,而勇夺三军之帅:此岂非参天地,关盛衰,浩然而独存者乎?"这可以和他的《谢欧阳内翰书》参照起来读。

苏轼对五代之余的"道丧文弊,异端并起"或《谢欧阳内翰书》

① 脱脱等:《宋史·仁宗本纪》,北京:中华书局,1977年版,第250页。
② 苏轼著,孔凡礼点校:《苏轼文集·谢欧阳内翰书》,北京:中华书局,1986年版,第1423—1424页。

中所说的"文教衰落,风俗靡靡"大不以为然。审视历史进程,韩愈的力挽狂澜,"复归于正",既是韩愈古文务去陈言、文从字顺对浮巧轻媚、雕琢缛丽之文的纠改而归正,又是儒学之"道"峙立于佛、道之外而归正。他说韩愈的"文道忠勇",这里单就"文道"言,所谓"文起八代之衰,而道济天下之溺",其文在于载道、传道,是要将天下人从对佛、道的耽溺中捞出来,归于儒。韩愈甚至说对佛、道当"人其人,火其书,庐其居"①;对佛骨不是迎供于宫中,而是应"付之有司,投诸水火,永绝根本,断天下之疑,绝后代之惑"②。这种绝对排斥佛、道的态度,使他在迎佛骨入宫的问题上,坚定刚毅地站在了唐宪宗的对立面,责其佞佛坏了社会风气。唐宪宗恼羞成怒,差点要了韩愈的性命。

苏轼称道韩愈,作为评议的韩愈论与作为碑文的韩愈论,前者不似后者有较多的感性色彩,但二者对韩愈所守之道均有高度认同。他也认同欧阳修,在《居士集序》说:"自汉以来,道术不出于孔氏,而乱天下者多矣。晋以老、庄亡,梁以佛亡,莫或正之。五百余年而后得韩愈,学者以愈配孟子,盖庶几焉。愈之后二百有余年而后得欧阳子,其学推韩愈、孟子以达于孔子,著礼乐仁义之实,以合于大道。其言简而明,信而通,引物连类,折之于至理,以服人心,故天下翕然师尊之。自欧阳子之存,世之不说者哗而攻之,能折困其身,而不能屈其言。士无贤不肖,不谋而同曰:'欧阳子,今之韩愈也。'"这延续了韩愈对儒学道统的梳理,韩愈所说的孟子之后,儒学道统的继承者多了唐韩愈和宋欧阳修,他尊韩、欧,故亦尊儒学之道而好古文。

后人通述北宋儒学,有王安石"新学"、周敦颐"濂学"、张载

---

① 韩愈著,屈守元等校注:《韩愈全集校注·原道》,成都:四川大学出版社,1996年版,第 2665 页。
② 韩愈著,屈守元等校注:《韩愈全集校注·论佛骨表》,成都:四川大学出版社,1996年版,第 2290 页。

"关学"、二程"洛学"及三苏父子"蜀学"诸家,又有义理之学和性理之学的分野。但蜀学之形成,起初主要源于三苏为蜀人。三苏在儒学之外,苏洵好纵横家言,苏轼好庄子,苏辙好老子,况且还有佛学的渗入或三苏对佛学的吸纳,故蜀学曾被人视为杂学。苏洵著《易传》未就而殁,临死遗命二子续成,后来主要由苏轼承担。晚年,苏轼完成"经学三书",苏辙则有《诗传》《春秋传》和《孟子解》。而北宋末年,苏轼兄弟因是"元祐党人",著作都遭禁毁。而"经学三书"对于苏轼蜀学地位的奠定是他身后的事,因此他在《刑赏忠厚之至论》里崇尚的长者忠厚、道统之仁,生前最直接、最政治化的表达是熙宁四年(1071)二月写的《上神宗皇帝书》。就社会改革,书中坦诚直言:"愿陛下结人心、厚风俗、存纪纲而已。"这是苏轼著名的"九字策",与司马光对王安石新法的指责——侵官、生事、征利、拒谏等相呼应。苏轼说愿结人心,失人心犹鱼失水,必亡;愿厚风俗而崇道德,不宜急于有功而贪富强;愿存纪纲,以免执政用其私人,致使人主孤立,百事顿生。他特别说明这些并非诋訾新法,而是忧虑神宗求治太速、进人太锐、听言太广,故"思之经月,夜以继昼,表成复毁,至于再三","感陛下听其一言,怀不能已,卒吐其说"。苏轼"九字策"是他三十六岁时所作,距离他写《刑赏忠厚之至论》已有十四年。而他在应科考时还写过一篇《儒者可与守成论》,文中就叔孙通说的"儒者难与进取,可与守成"发论,说"武夫谋臣,譬之药石,可以伐病,而不可以养生;儒者譬之五谷,可以养生,而不可以伐病"。苏轼的"九字策"正在于守成,他与王安石思想不合,根本在此。苏轼把儒学之道政治方略化,这也是儒道外化最重要的追求。他的这一思想在王安石变法时彰显出来,方有人生三贬:黄州、惠州、儋州。

苏轼晚年在海南,就春秋的宋楚泓水之战写了《宋襄公论》,以说仁义。宋襄公和楚人战于泓水,宋襄公面临强敌,居然施行王者之仁,不击未成阵势的敌军,不重伤,不擒二毛的敌人,结果身伤兵败。苏轼说，宋襄公用鄫子（鄫国国君）祭神，杀一国君就像宰猪狗一样，何仁之有？泓水一役不过是 "以不仁之资，盗仁者之名尔"，哪里能与三代以来 "以不忍人之心，行不忍人之政" 的仁政相比呢？因仁政而有王道说，苏轼曾在论乐毅、说王道时提及宋襄公，他说："夫王道者，不可以小用也。大用则王，小用则亡。昔者徐偃王、宋襄公尝行仁义矣，然终以亡其身、丧其国者，何哉？其所施者，未足以充其所求也。"① 这倒可以用作他《宋襄公论》的注脚，所施与所求不合，必受其害。

他还写了《论孔子》。鲁定公十二年（前498），孔子对鲁定公说："大臣不藏兵器，大夫不享有百雉之城。" 当时鲁国大夫季氏三桓——季孙、叔孙和孟孙既藏兵器，又拥有百雉之城，孔子欲毁掉三桓城池，仅毁掉了季孙氏的费城。苏轼说，孔子此次失败的关键原因在于鲁国君臣猜忌，而三桓不畏孔子。他说，孔子为何不制定刑法，待机而动以制裁他们呢？在对这个故事的评述中，苏轼彰显的是法，与主张仁义礼乐的孔子有异。苏轼曾说过："孔子自少至老，未尝一日不学礼而不治其他。"② 这也可作为他自己不专于儒学的辩词。但孔门四教 "文、行、忠、信" 都是儒学的实践与道德原则；《诗》《礼》《易》亦为孔门之教。苏轼说孔子学礼亦治其他，这其他与孔门六艺礼、乐、射、御、书、数相关联。其中礼、乐即为孔门文教，而射、御、书、数则是生活的基本技能，与苏轼在儒学之外兼修佛、道全然不同。他还有《仁说》，针对孟子的 "仁者如射，发而不中，反求诸身"③，说君子求仁，不得仁则退而求诸身，这是儒学之道的内化之术；又在《刚说》里就孔子的 "刚毅木讷，近仁""巧言令色，鲜以仁" 发论，说刚者必仁，佞者必不仁。苏轼如是向仁，

---

① 苏轼著，孔凡礼点校：《苏轼文集·乐毅论》，北京：中华书局，1986年版，第99页。
② 苏轼著，孔凡礼点校：《苏轼文集·学士院试春秋定天下之邪正论》，北京：中华书局，1986年版，第38页。
③ 苏轼著，孔凡礼点校：《苏轼文集·仁说》，北京：中华书局，1986年版，第337页。

守的正是儒学的道统。他兼取儒、佛、道,三者互渗并行,但不影响他以儒学为主导及在儒学上的坚守。

苏轼的仕途遭遇与儒学思想相系,他没有时时强调儒学道统,像韩愈那样高举儒学道统的旗帜,但思想表现和政治主张都让人感到他拥有厚实的儒学根基。他"经学三书"的撰述,无论是承继父业还是独出机杼,都有思想的自觉。但他并非纯粹的儒者,在撰述"经学三书"的过程中,他的思想没有离开道与佛,这很耐人寻味。

(二)"经学三书"撰述的佛、道思想氛围

苏轼临死前嘱弟弟苏辙为他作墓志铭,苏辙倾心作了长篇墓志铭,其中说苏轼"初好贾谊、陆贽书,论古今治乱,不为空言。既而读《庄子》,喟然叹息曰:'吾昔有见于中,口未能言,今见《庄子》,得吾心矣……后读释氏书,深悟实相,参之孔、老,博辩无碍,浩然不见其涯也。'"[①]这里的"初"与"后"的时间概念不明确。他贬黄州后,还对秦观说:"吾侪渐衰,不可复作少年调度,当速用道书方士之言,厚自养炼。"[②]苏轼的思想又与道教联系在一起。苏轼一生在三教合一的大文化背景下,与儒、佛、道相伴,在海南了得"经学三书"的过程,同样是三者并行。

元符元年(1098)七月,苏辙在海康把自己的《老子新解》寄给身在儋州的苏轼。苏轼读罢,动情地写下了《跋子由老子解后》:"昨日子由寄《老子新解》,读之不尽卷,废卷而叹。使战国时有此

---

① 苏辙著,陈宏天等校点:《苏辙集·亡兄子瞻端明墓志铭》,北京:中华书局,1990年版,第1126—1127页。

② 苏轼著,孔凡礼点校:《苏轼文集·答秦太虚七首其四》,北京:中华书局,1986年版,第1535页。

书,则无商鞅、韩非;使汉初有此书,则孔、老为一;晋、宋间有此书,则佛、老不为二。不意老年见此奇特。"这话有一个假设前提:战国时如果有它,则可取代法家的商鞅、韩非;汉初如果有它,儒家和道家便是一家;晋、宋间如果有它,佛、老亦为一。据此《老子新解》融法、道、佛为一体,那么他的"经学三书"会是怎样呢?

元丰元年(1078)十一月,苏轼在《庄子祠堂记》中说,《庄子》的《让王》《说剑》《渔父》《盗跖》四篇为后人抄入,非庄子作,开了疑庄辨伪的风气。他认为庄子奉道而助孔子,《庄子·天下》论春秋战国的诸多思想家而不及孔子,意在尊孔。就老、庄论,苏轼更好庄子。在他的诗文中,庄子理论或寓言得到广泛运用。不说居儋前,单说他在儋州写的《题过所画枯木竹石三首》其二:"散木支离得自全,交柯蚴蟉欲相缠。不须更说能鸣雁,要以空中得尽年。"画中枯树也即"散木",本是《庄子·人间世》中以无用为大用的栎社树;"支离"亦出自《庄子·人间世》,"支离疏"肢体畸形,无用于社会却尽享天年,省作"支离",则又有"残缺而不中用"义;"能鸣雁"典出《庄子·山木》,不能鸣者被"故人"杀烹待客;而"空中尽年",则是庄子虚静无我以颐养身心的表达。

苏轼儋州诗常为人提起的还有《别海南黎民表》:"我本海南民,寄生西蜀州。忽然跨海去,譬如事远游。平生生死梦,三者无劣优。知君不再见,欲去且少留。"所谓"平生生死梦,三者无劣优",源于庄子《齐物论》。庄子说"梦饮酒者,旦而哭泣;梦哭泣者,旦而田猎。方其梦也,不知其梦也。梦之中又占其梦焉,觉而后知其梦也";又有"庄周梦蝶"的寓言:"昔者庄周梦为胡蝶,栩栩然胡蝶也。自喻适志与!不知周也。俄然觉,则蘧蘧然周也。不知周之梦为胡蝶与?胡蝶之梦为周与?周与胡蝶则必有分矣。此之谓物化。"梦与非梦,生与死,既交织又同一,不知梦之为梦,也不知生死之为生死,哪有劣优之说?庄子轻看生死,视之为春夏秋冬般的自然运行。但这个过程因红尘名利复杂化了,有了人世的种种纷争或纠结,少有人能像庄子这样淡泊生死,但苏轼是其中之一。六十五岁的他写这首诗时,已在获赦北归的路上,对人生看得通透,生死梦齐同,再无追求。此前,在元符元年(1098)九月十二日,他与客饮薄酒小醉之后,信笔写了札记《试笔自书》,说环视南海天水无际,于是有何日能出此岛之叹,但转念:"天地在积水中,九州在大瀛海中,中国在少海中,有生孰不在岛者?"海南是岛,四周为海水包围的九州何尝不是岛?俯仰之间,沧海桑田,也许水涸蚁出,瞬目即有方轨八达之路。他居海南能化艰难为养生,在于怀有庄子式的心态。

苏轼居儋时,还在《和陶杂诗十一首》其六里写道:"博大古真人,老聃关尹喜。"此句语本《庄子·天下》:"关尹、老聃乎,古之博大真人哉。"他说二人"独立万物表,长生乃余事",并从道家的关尹、老聃说到道教南宗的葛洪,体现出道家和道教的融合。当他说长生事的时候,显露了自己的道教思想。苏轼在儋州还追记过眉山道士陈太初趺坐而逝的事。他八岁入小学,以道士张易简为师;座下童子几百人,"师独称吾与陈太初者"[1]。元符元年,广州道士崇道大师何德顺建造了"众妙堂",请东坡写一篇记。苏轼以梦为引,作《众妙堂记》。梦中,面对苏轼"妙一而已,容有众乎"的质疑,眉山道士张易简回答道:"一已陋矣,何妙之有?若审妙也,虽众可也。"无知则无妙,懂妙方知众妙。他还把眼前手若风雨、步中规矩的洒水、除草者指给苏轼看,说他们"各怀一妙"。只见"涣然雾除,霍然云散",于是苏轼惊叹:"妙盖至此乎!庖丁之理解,郢人之鼻斫,信矣。"二人闻言,放下手中的活计,上前说道:"子未睹真妙,庖、郢非其人也。是技与道相半,习与空相会,非无挟而径造者也。子亦见夫蜩与鸡乎?夫蜩登木而号,不知止也;夫鸡俯首而

---

[1] 苏轼著,孔凡礼点校:《苏轼文集·陈太初尸解》,北京:中华书局,1986年版,第2322页。

啄,不知仰也,其固也如此。" 庖丁解牛、郢人运斤成风以及蜩、鸡故事,都见于《庄子》,由是归结为可以养生、可以长年之术,与《庄子·养生主》说的顺应自然可以养生、可以尽年相应。

苏轼对道教的成仙之术心存疑虑。他在儋州还给四川眉山的陆惟忠道士写过墓志铭,二人曾讨论过道教的内外丹之术。陆认为服丹可以不死,苏轼不以为然,讥讽陆道士修内外丹、自以为能长生不死,并引用嵇康《养生论》"守之以一,养之以和,和理日济,同乎大顺,然后蒸以灵芝,润以醴泉,晞以朝阳,绥以五弦",说自己除不用五弦琴外,其他照做,说明他和道教的修仙有一点 "隔"。他还在《天庆观乳泉赋》里说,"信飞仙之有药,中无主而何依?渺松、乔之安在?犹想像于庶几",不相信传说中的仙人赤松子和王子乔。元符元年九月,苏轼写了《书鲍静传》。鲍静曾做过南海太守,他不说鲍静的政绩,而说鲍静得了道教密诀,想成仙却死了,可见仙人之说不足信。然而,苏轼同年写的《书北极灵签》说游天庆观,拜见北极真圣,"探灵签,以决余生之祸福吉凶",签词说:"道以信为合,法以智为先。二者不相离,寿命已得延。" 这 "道" 是道教的修炼成仙,"法" 为修炼方法,守道循法,方能延年益寿。随后苏轼说,古代的真人,全以诚信入道,子思讲诚明,孟子说执中,都是诚信。"守法而不智,则天下之死法也。道不患不知,患不疑;法不患不立,患不活。以信合道则道疑,以智先法则法活。道疑而法活,虽度世可也,况乃延寿命乎?" 他强调守法要智,不智则法不活;合道要守信,无信则道不固。守信即守道,如是不仅长寿,而且可以出世成仙。类似的意思还有他说的:"丈夫贵出世,功名岂人杰。家书三万卷,独取《服食诀》。地行即空飞,何必挟日月。"[①] 他视地行犹如空飞,循道教的服食法,安虚守静,而不需要与日月一

---

① 苏轼著,孔凡礼点校:《苏轼诗集·和陶郭主簿二首其二》,北京:中华书局,1982 年版,第 2351—2352 页。

道飞行于长空,这并非真正的成仙。

再说苏轼在儋州时的佛教思想。元符三年(1100),儋州慧上人请苏轼抄写《金刚经》,经月而成。他在《金刚经报》的末尾说了一句:"非谪居海外,安能种此福田也。"佛教徒为求善报而行善积德,是谓"种福田"。苏轼二十八岁时,邻居王大年给他传授佛法,从此一发而不可收。他一生与僧人多有交往,最值得一提的是参寥子。参寥子俗姓何,法名道潜,号参寥子。两人早年以诗相交,后来苏轼被贬黄州,朋友多无音信,自己"多难畏人,不复作文字,惟时作僧佛语耳"①。而参寥子千里致问,苏轼称其"道德高风,果在世外"②。十二年后,苏轼被贬惠州、儋州时,参寥子仍旧不弃不离。苏轼曾在《八声甘州·寄参寥子》里说"算诗人相得,如我与君稀",二人交情之深,于此可见一斑。苏轼贬儋州后,时在杭州的参寥子想带着高足颖沙弥前往探望,苏轼给参寥子写了一封信,对参寥说:"转海相访,一段奇事。但闻海舶遇风,如在高山上坠深谷中,非愚无知与至人,皆不可处。胥靡遗生,恐吾辈不可学。若是至人无一事,冒此险做甚? 千万勿萌此意。颖师喜于得预乘桴之游耳,所谓无所取材者,其言不可听。切切! 相知之深,不可不尽道其实尔。自揣余生,必须相见,公但记此言,非妄语也。"③苏轼担心参寥子此行恐怕会有性命之忧,爱友而惜友;参寥子最终因以诗讥刺朝廷,被迫还俗,未能成行,但仍无妨其为佳话。

苏轼居儋常有礼佛的行为,其《书城北放鱼》记载,元符二年(1099)三月,他和友人刘某、符某、何旻、王介石、王懿、许琦等人买了二十一尾鲫鱼,到儋州城北伦江南岸的吴家洗衣石下放生。吴

① 苏轼著,孔凡礼点校:《苏轼文集·与程彝仲六首其六》,北京:中华书局,1986 年版,第 1752 页。
② 苏轼著,孔凡礼点校:《苏轼文集·与参寥子二十一首其二》,北京:中华书局,1986 年版,第 1859 页。
③ 苏轼著,孔凡礼点校:《苏轼文集·与参寥子二十一首其十八》,北京:中华书局,1986 年版,第 1865—1866 页。

家门客陈宗道念了《金光明经》的"流水长者因缘",苏轼则引用了陈宗道诵的一段"十二因缘","无明缘,行行缘,识识缘,名色名色缘,六入六入缘,触触缘,受受缘,爱爱缘,取取缘,有有缘,生生缘,老死忧悲苦恼,南无宝胜如来",说凡事有因有果,鲫鱼放生,也是缘分。苏轼说抄《金刚经》是种福田,放生鲫鱼自然也是在种福田。

其后,苏轼从民间获得了四川金水张玄画的十八大阿罗汉图,为之写了《十八大阿罗汉颂并叙》。叙文道:"轼谪居儋耳,得之民间。海南荒陋,不类人世,此画何自至哉!久逃空谷,如见师友。"见阿罗汉如见师友,如是的欣喜表达满是对佛的崇敬。他让儿子苏过将画重新装裱,用明灯、涂香、水果等供奉;还因之想起外祖父程公供奉的十六位接济过他的僧人,即真正的阿罗汉,说自己"获此奇胜",实乃"希阔之遇",不禁"各即其体像,而穷其思致,以为之颂"。苏轼不仅"颂"佛,还为佛弘道、借佛言理,如在描摹第二尊者合掌趺坐的形象后"颂"曰:"佛无灭生,通塞在人。墙壁瓦砾,谁非法身。尊者敛手,不起于坐。示有敬耳,起心则那。"其"墙壁瓦砾,谁非法身"一句,与庄子说"道"在稊稗、瓦砾、屎尿亦即无所不在相近,自在的佛性也无所不在。僧肇说佛的法身是虚空身,无生无不生,无形无不形。人能否成佛在个人修行。人的修行理应向佛,如心生妄念,法性则移,想成佛也不可能。

又如写第八尊者:"并膝而坐,加肘其上。侍者汲水过前。有神人涌出于地,捧盘献宝。"并"颂"曰:"尔以舍来,我以慈受。各获其心,宝则谁有?视我如尔,取与则同。我尔福德,如四方空。"这里受宝者与献宝者主要是心的授受,以心向佛,见宝不以为宝,即进入佛教境界。于是,人和我相似,取和予相同,彼此的福德是地、水、风、火四大皆空,现实存在都是虚无的。苏轼十八大阿罗汉的颂词大体不出佛性的无所不在和四大皆空。如颂第九尊者的"我作佛事,渊乎妙哉。空山无人,流水花开",后两句是佛性无所

不在的形象表述;又如颂第十二尊者的"佛子何为,怀毒不已。愿
解此相,问谁缚尔","怀毒"之"毒",即贪婪、嗔怪、痴迷,佛教称之
为"三毒",或称三种烦恼,修心而去三毒,方能成佛。

　　苏轼十八大阿罗汉颂词存在以道释佛的现象,如写第五尊者
"临渊涛,抱膝而坐,神女出水中,蛮奴受其书",并颂曰:"形与道
一,道无不在。天宫鬼府,奚往而碍? 婉彼奇女,跃于涛泷。神马
尻舆,摄衣从之。"神定佛见,形神同往。颂中的"神马尻舆"源自
《庄子·大宗师》子祀、子舆、子犁、子来相与为友、顺应生命自然的
寓言,苏轼以之说明修行的形神同行或形神一体。他在儋州写的
《入寺》说"我是玉堂仙,谪来海南村",把自己比拟为道教的玉堂
仙,但他此时走进佛寺,无形中使佛的修行和道的求仙相融了。接
下来的两句"多生宿业尽,一气中夜存",上句说佛教的善恶因缘、
生死轮回;下句语出《楚辞·远游》,说的是道家虚静无为的养生
法。而其后"且随老鸦起,饥食扶桑暾"所说的服食日精,也是道
家的养生法;"光圆摩尼珠,照耀玻璃盆。来从佛印可,稍觉魔忙
奔"则又讲依靠佛教修行以去"魔",即去人生的烦恼、欲望等魔
障,二者同归于"闲看树转午,坐到钟鸣昏"的安宁、平和与温馨。
所以苏轼说"仙山佛国本同归"①。

　　苏轼的佛教思想也表现在《题过所画枯木竹石三首》里,如
其一写"老可能为竹写真,小坡今与石传神","老可"是以书画名
世,尤擅画竹的文与可,苏轼与苏过的画都得益于文与可指教。苏
轼赞小坡即苏过长于画石犹如文与可长于画竹,然后说:"山僧
自觉菩提长,心境都将付卧轮。"他把自己比作山僧,说看了小坡
的画后长了菩提即佛教说的智慧,消解了内心烦恼,进入涅槃境
界。元符三年(1100)六月,苏轼北归,在惠州南华寺六祖普觉大

① 苏轼著,孔凡礼点校:《苏轼诗集·次韵子由三首·东亭》,北京:中华书局,1982年
版,第2267页。

鉴禅师的塔前,为禳灾集福,致感激佛恩之意,率全家瞻仰礼拜,并专门写了《南华寺六祖塔功德疏》,其中说:"伏以窜流岭海,前后七年;契阔死生,丧亡九口。以前世罪业,应堕恶道;故一生忧患,常倍他人。今兹北还,粗有生望。"这一番反省自责用了佛教的轮回理路,认为今日忧患全系前世罪业所导致,如今得以北还,"伏愿六祖普觉真空大鉴禅师,示大慈愍,出普光明",希求"安闲"聊度余生。①

从上述可知,苏轼在海南撰述"经学三书"时,是怎样处在佛、道的思想氛围中。这是否导致了他在解说"经学三书"时,时道时佛,从而使"经学三书"成为儒、佛、道的综合体呢?

(三)"经学三书"释经的思想走向

当代学人舒大刚感慨历代学人对苏轼"经学三书"的重视程度不及他的文学创作,这是实情。关于苏轼文学创作的研究著作、论文可谓汗牛充栋,而"经学三书"的研究则相对寥落,与苏轼本人对"经学三书"的重视完全不相称。"经学三书"在南宋传播之后,至明方有焦竑所辑《两苏经解》。舒大刚主编《三苏经解集校》,对"经学三书"有广泛深入的研究。2001年,在纪念苏轼逝世九百周年时,江苏教育出版社出版了曾枣庄等人的《苏轼研究史》,其第八章"'抚视三书,即觉此生不虚过'——历代对苏轼《易传》《书传》《论语说》的研究"为舒大刚执笔。"三书"最终定稿前后历经二十余年,且《易传》《论语说》实际上并不成于苏轼一人之手,相对来说,《书传》纯粹是他自我思想的表达。但他的"了得三

① 苏轼著,孔凡礼点校:《苏轼文集·南华寺六祖塔功德疏》,北京:中华书局,1986年版,第1904页。

书"说,其中固然有其父、其弟的贡献 ①,也得到了他的认可。况且苏轼在元丰五年（1082）居黄州时给文彦博写的《黄州上文潞公书》说:"到黄州,无所用心,辄复覃思于《易》《论语》,端居深念,若有所得,遂因先子之学,作《易传》九卷。又自以意作《论语说》五卷。"足见他所用的心力。他说文潞公读过之后,会知道他"穷不忘道,老而能学"。这"穷不忘道"之"道"具体指儒家经典《易传》《论语说》中蕴含之道,也是他本来怀有的儒者之道。《书传》作于儋州,儋州是苏轼穷极之地,此书也是"穷不忘道"之作,与《易传》《论语说》的写作动机相似;略有不同的是,撰述《易传》也是为了完成父亲苏洵的临终托付。

舒大刚以"多切人事,杂以释、老"为题,称之为《易传》特色。这里的"多切人事"一说出自四库馆臣;至于"杂以释、老",他在行文中提到了《易传》兼用儒、佛、道的特色,进而说:"三苏父子的通达之处,正在于不肯抱残守缺地死守儒学教条,而是广采博取诸家学术以补充和完善儒家理论。他们不但暗自做融通诸子、合会三教的学术再造工作,而且敢于公开承认自己对于老、庄,对于佛学的爱好,这不止一次地见于他们的诗文和歌赋之中,三教思想水乳交融于他们的经学著作中。" ②南宋朱熹也曾指出,苏洵的《易》解中掺入了些佛、老之意,并据此以"粗疏"斥之,目为异端邪说。但舒大刚说《书传》的学术价值在于"力矫时弊,驳正王氏'新学'""究心世务,言必中当世之过""善省文意,考订错简与讹文" ③,没有提到《书传》是否有以佛、道说儒的现象。而在"宋人对东坡《书传》的态度"一节里,他引了朱熹称道苏轼的《书传》解得好、文势好的评价,没有提到苏轼以佛、道说儒的问题。关于《论语

---

① 苏籀《栾城遗言》:"先曾祖（苏洵）晚岁读《易》……作《易传》未完,疾革,命二公述其志。东坡受命,卒以成书……公乃送所解于坡,今《蒙卦》犹是公解。"

② 曾枣庄等:《苏轼研究史》,南京:江苏教育出版社,2001 年版,第 509 页。

③ 曾枣庄等:《苏轼研究史》,南京:江苏教育出版社,2001 年版,第 529—534 页。

说》,苏辙批评其意有所未安,故他有《论语拾遗》。可能是《论语说》散佚,面对零碎的辑本,舒大刚没有评说,只是引了历代对《论语说》的评论,重要的还是朱熹说。粟品孝著《朱熹评议苏氏蜀学》,对朱熹称引苏轼《论语说》有小结,说他引证多达五十二处;《论语》二十篇,只有《先进》《微子》两篇没有提及。而朱熹的引证不意成为《论语说》散佚后,后人辑佚必然不能回避的材料。他的评说无论是认同还是批评,都是对《论语说》的关切。

其后,舒大刚还在《三苏经解集校》前言的第四节里说"三教合一"是三苏经学的主要特征,具体表现为三:"以权变入经,以人情为据""以儒为主,兼采佛、道""经史结合,严谨考据"。三者重在其二。他说,苏轼在凤翔任上已经关注道家思想,贬黄州时就研究佛教和道教思想;自此之后,每到遭贬未能施展政治抱负时就用道家思想自我慰藉。还说道:"苏轼看到了道家学说与儒学相通之处,极力论证儒、佛、道的契合,他认为道家的清静无为,《周易》的'不思不虑'和《论语》的'仁者静寿'是一致的。关于佛家,他也说:'宰官行世间法,沙门行出世间法,世间即出世间,等无有二。'儒与佛不谋而合,一个'行世间法',一个'行出世间法',故儒、佛也是能相通并互补为用的。苏轼对佛教典籍的大量涉猎,也始于此时。但苏轼学佛、老,并非深究佛、老之典籍,如《老子》和佛书,他都没有作过注,因此他对佛禅并未精通,正如他自己所言:'老拙慕道,空能诵《楞严》言语,而实无所得。'他学佛、老是'期于达',即借用庄禅的处世智慧来调节自己的行为并调适自己的心境。"① 这里所引苏轼文字,出自《南华长老题名记》和《与程全父书》,而非"经学三书",是苏轼对佛、道的基本体认。这是否适用于"经学三书"呢?

孔凡礼点校《苏轼文集》有五经论,即《易论》《书论》《诗论》

_____

① 舒大刚等校注:《三苏经解集校》,成都:四川大学出版社,2017年版,第13页。

《礼论》《春秋论》；曾枣庄等整理苏洵《嘉祐集》有六经论，较苏轼多了《乐论》；陈宏天等校点《苏辙集》的五经论与《苏轼文集》的五经论相同。苏氏兄弟二人文集同收五经论，今人推断为苏辙作。苏洵的六经论、苏辙的五经论均不涉及《论语》。苏洵在《易论》里说"圣人之道，得礼而信，得《易》而尊"，就"信"与"礼"做文章；苏辙的《易论》，则以卜筮说阴阳。又苏洵的《书论》说"圣人因风俗之变而用其权"，引三代之事为证；苏辙《书论》从商鞅变法、三代之治说开，落点在王道与霸道之不同。从这里可知，苏辙的经学思想即使受他父亲的影响，也有自身的特色。苏辙《诗论》还说："夫六经之道，惟其近于人情，是以久传而不废。"这种认知不像一些儒生奉六经为不刊之则，囿于其间而不及人情，他从人情审视六经，更贴近生活。六经的久传不废，有生活法则和世道人情双重因素。苏轼的经学研究也在这方面做文章。

关于苏轼《论语说》，舒大刚在《三苏经解集校》的"叙录"里说："此次整理，系在卿、马二氏辑本的基础上，复广稽宋金文献，得苏轼《论语》之说四十余条，加卿、马所辑，已达一百三十余条。"[①]这在《论语说》里只是很少的一部分。苏轼在《论语说·乡党》里批评王安石："王介甫多思而喜凿，时出一新说，已而悟其非也，则又出一说以解之。是以其学多说。"[②] 王安石经学之弊如此。由于《论语说》散佚，《论语》中孔子的诸多重要学说都不见苏轼解说，如孔子的君臣父子说、文行忠信说、博学约礼说、杀身成仁说等，令人引为憾事。而现存的《论语说》文字，虽有佛、道说儒的现象，主要是循孔说而解之。如孔子的好仁恶不仁说，苏轼说："仁之可好，甚于美色；不仁之可恶，甚于恶臭。而人终不知所趋避者，物欲蔽塞之也。解其蔽，达其塞，不用力可乎？故又曰：'自胜者强。'又

---

① 先于《三苏经解集校·论语说叙录》的《三苏全书·论语说》前有叙录，本文以其为基础，略有增益。
② 舒大刚等校注：《三苏经解集校》，成都：四川大学出版社，2017年版，第778页。

曰："克己复礼为仁。'"① 苏轼说用力去不仁，要在自我的强大，克己复礼为仁。一朝克己复礼，天下归仁焉。为仁由己，而由人乎哉？虽说 "自胜者强" 出自《道德经》第三十三章的 "胜人者有力，自胜者强"，但这是儒、道共通的理论，儒者的克己、反求诸己，都重自胜，而非唯道家所有、儒家绝无的诸如 "道" 生万物、虚静自然等典型理论。又如就孔子弟子樊迟请学稼引出的 "小人说"，苏轼说："有大人之事，有小人之事。愈大则身愈逸而责愈重，愈小则身愈劳而责愈轻。綦大而至天子，綦小而至农夫，各有其分，不可乱也。"② 这可用君臣父子说解之，君臣父子说固然有社会等级的元素，但还有这里说的 "各有其分"。孔子在许多地方都说职分，诸如君臣父子说、在其位谋其政说。从这些来看，现存的《论语说》主要表现的仍是儒家思想。

《论语说》与《书传》的性质有所不同，前者为子书，后者为史书。当《书》在西汉成为 "经" 并立《书经》博士于学官时，《论语》还是子书。关于《书》，明人何乔新说："自汉以来，书传非一，安国之注，类多穿凿；颖达之疏，惟详制度。朱子所取四家，而王安石伤于凿，吕祖谦伤于巧，苏轼伤于略，林子奇伤于繁。"③ 他说苏轼《书传》伤于略，私以为略是《书传》风格，而非《书传》之失。如 "昔在帝尧，聪明文思"，苏轼传曰："聪者无所不闻，明者无所不见。文者，其法度也；思者，其智虑也。"④ 又如 "光宅天下"，苏轼传曰："圣人之德如日月之光，贞一而无所不及也。"⑤ 这是从《书传》开篇拈取的两个例子。苏轼之解说，例一重在判断，例二重在申言。所谓

① 舒大刚等校注：《三苏经解集校·论语说》，成都：四川大学出版社，2017 年版，第759 页。
② 舒大刚等校注：《三苏经解集校·论语说》，成都：四川大学出版社，2017 年版，第787 页。
③ 何乔新：《经义考》八二，见卿三祥、李景焉编著《苏轼著述考》上，成都：四川大学出版社，2016 年版，第30 页。
④ 舒大刚等校注：《三苏经解集校·书传》，成都：四川大学出版社，2017 年版，第185 页。
⑤ 舒大刚等校注：《三苏经解集校·书传》，成都：四川大学出版社，2017 年版，第185 页。

"伤于略",是接受者的一己之见。苏轼行文重辞达,辞达的最高境界,在苏轼看来,是文思泉涌下的随物赋形,行所欲行,止所欲止,自然流畅。这本是就古文写作而言的,延及解读《尚书》,尽管古文写作与解经的语言手法与风格不尽相同,但简练明快是共同点。至于《书传》中对字词的训释,如释"将逊于位"之"逊","逊,遁也",是单字相训的通则。

《书传》弘扬儒家之仁,如《尧典》说帝尧的"钦明文思安安",苏轼传曰:"以绝人之才而安于无事,此德之盛也。夫惟天下之至仁,为能安其安。"① 这里"能安其安"的"至仁",主要是孔子德治和孟子仁政。孔子说"为政以德",孟子说"老吾老以及人之老,幼吾幼以及人之幼,天下可运于掌",都是仁安天下之方。而《大禹谟》的"文命敷于四海",苏轼解为"以文教布于四海",解"文命"为"文教"。孔门"四教"文行忠信,这"文"即为文教。孔子还说过"远人不服,则修文德以来之"。文教与文德,都以礼为教,以礼为德。礼本是礼仪,但它的内核是仁。颜渊曾经问孔子什么是仁,孔子说"克己复礼为仁。一日克己复礼,天下归仁焉"。颜渊再问克己复礼的具体做法,孔子说:"非礼勿视,非礼勿听,非礼勿言,非礼勿动。"这"四勿"指明了求仁路径:克己乃为复礼,礼复则仁至。那么以礼为内容的文教,也就是仁教。

再举一个《周书·召诰》的例子。"其惟王勿以小民淫用非彝,亦敢殄戮用乂民"一句,孔安国解道:"勿用小民过用非常。欲其重民秉常","亦当果敢绝刑戮之道,用治民。戒以慎罚"。苏轼解道:"古今说者,皆谓召公戒王过用非常之法,又劝王亦须果敢殄灭杀戮以为治。呜呼! 殄灭杀戮,桀、纣之事……季康子问孔子曰:'如杀无道就有道,何如?'子曰:'子为政,焉用杀? 子欲善,而民善矣。君子之德风,小人之德草,草上之风必偃。'夫杀无道以就有

① 舒大刚等校注:《三苏经解集校·书传》,成都:四川大学出版社,2017年版,第185页。

道,为政者之所不免,其言盖未为过也。而孔子恶之如此,恶其恃杀以为政也。"[①]崇仁,是《书传》最重要的思想倾向。从《刑赏忠厚之至论》到《书传》,中经四十余年,苏轼关于仁、仁政的思想没有改变。我在《苏轼〈书传〉儒学仁德三辩》一文中说,苏轼是儒学的卫道者,上述也是例证。

苏轼解经并非对前人亦步亦趋。苏辙说:"公……最后居海南,作《书传》,推明上古之绝学,多先儒所未达。"[②]所谓"先儒未达"者,当是苏轼自己对经义的理解。这在《书传》中比比皆是,如《皋陶谟》"无教逸欲有邦,兢兢业业,一日二日,万几",本义当是秉国者不应逸欲,宜兢兢业业,日理万机。苏轼解道:"事无不待教而成,惟国君之逸欲,莫有以教之者而自能也。位不期骄,禄不期侈,故一日二日之间,而可致危亡者至于无数。"[③]他从不教逸欲引申出逸欲自能,何须教之;又说,正所谓居位不与骄期而骄自至,享禄不与侈期而侈自来,所以一二日之间,危亡之机无数。这一句汉孔安国解为"不为逸豫贪欲之教,是有国者之常","言当戒惧万事之微"。孔安国所解也简,不像汉季今文经学"碎义逃难,便辞巧说,破坏形体,说五字之文,至于二三万言"[④]。而苏轼所解,较孔安国所解更为明确有力,含义却不相同。孔国安仍说的是"教",苏轼说的是不教自能;孔安国说的"戒惧万事之微"也没苏轼说得清晰。

又如《仲虺之诰》的"天乃锡王勇智,表正万邦,缵禹旧服",孔安国解为:"言天与王勇智,应为民主,仪表天下,法正万国,继禹之功,统其故服。"对此,苏轼主要解了"勇智"二字,他说行、仁、弟、孝、忠、信、礼、乐可学而成,惟勇智天予而后能。他用汉高祖、汉光武帝、汉武帝、唐德宗故事说勇智。以史解经,也是传统经学的解

① 舒大刚等校注:《三苏经解集校·书传》,成都:四川大学出版社,2017 年版,第 327 页。
② 苏辙著,陈宏天等校点:《苏辙集·亡兄子瞻端明墓志铭》,北京:中华书局,1990 年版,第 1127 页。
③ 舒大刚等校注:《三苏经解集校·书传》,成都:四川大学出版社,2017 年版,第 210 页。
④ 班固:《汉书·艺文志》,北京:中华书局,1964 年版,第 1723 页。

说风格,多见于解《春秋》和"《春秋》三传",他引入解《书》,更利于对抽象理论的认知,识见也不凡。苏辙说他解《书》达先儒所未达,信然。苏轼没有对经学的"痴情",也便不会沦于迂腐,人情练达与历史视野渗入解经,自是一种面貌。《说命》的"无启宠纳侮",唐孔颖达解为:"君子位高益恭,小人得宠则慢。若宠小人,则必恃宠慢主,无得开小人以宠,自纳其轻侮也。"① 苏轼解为:"小人有宠则慢其君,故启宠则纳侮之道也。"② 其意与孔解意近,但苏轼所论更能彰显生活的规律,就事论理,格局也更大。从这些来看,让人感受到更多是他对儒学之道的关怀和运用。

再说《易传》。其作始于苏洵,成于苏轼,且有苏辙参与。依前人惯例,称苏氏《易传》。苏轼总成时对其父、其弟解《易》思想的认同,理当说是苏轼自我思想的表现。《易传》之解以"卦合而言之,爻别而观之"为基本方法,有两个原则。一是用他经以解《易》。如"乾卦"《象辞》的"天行健,君子以自强不息"。王弼未解,苏轼解之为:"流水不腐,用器不蛊,故君子庄敬日强,安肆日偷。强则日长,偷则日消。"③ 这"君子庄敬"说,见于《论语·为政》。孔子曾说"临之以庄,则敬",治民庄重则会赢得百姓恭敬。其后《礼记·乐记》沿袭孔子思想说道:"致礼以治躬则庄敬,庄敬则严威。"苏轼重庄敬,反安肆即安逸放纵,仍是延续孔子的思想。二是理性思辨而彰义理。或谈阴阳,"既济卦"《象传》的"既济,亨",苏轼解为"凡阴阳各安其所,则静而不用";"未济卦"《象传》的"未济,亨",苏轼解为"未济阳皆乘阴,上下之分定"④,这些抽象的阴阳理论,因表意的不确定性而有无限的阐释空间。《易》与《老》《庄》在魏晋被称为"三玄",是玄学家的谈资,这是非常重

① 李学勤主编:《十三经注疏·尚书正义》,北京:北京大学出版社,1999年版,第251页。
② 舒大刚等校注:《三苏经解集校·书传》,成都:四川大学出版社,2017年版,第276页。
③ 舒大刚等校注:《三苏经解集校·书传》,成都:四川大学出版社,2017年版,第14页。
④ 舒大刚等校注:《三苏经解集校·书传》,成都:四川大学出版社,2017年版,第129页。

要的原因。或说刚柔,《系辞上》的"刚柔相摩,八卦相荡",苏轼解曰:"天地之间,或贵或贱,未有位之者也,卑高陈而贵贱自位矣;或刚或柔,未有断之者也,动静常而刚柔自断矣。"[①] 或说性命,如解"乾卦"《象传》"保合大和,乃利贞",苏轼说"各直其性以至于命,此所以为贞也"[②],并对性命作了长篇论述,性与情通,情无非性;而君之令、天之令、性之至无非是命。或说人生,如解"丰卦"的"虽旬无咎",苏轼说"凡人知生于忧患,而愚生于安佚"[③];解"中孚"《象传》"君子以议狱缓死",苏轼说"化邦之时,不可以用刑"[④],所谓的"化",意在礼乐教化,以仁者之术治民。除此之外,还有大量的事理,如解"大壮卦"上六爻的"羝羊触藩,不能退,不能遂,无攸利。艰则吉","睽卦"初九爻的"悔亡,丧马勿逐"之类。这里"羝羊""丧马"的叙事,都有其难以臆测的象征性,故为解经者留下了充足的"借题发挥"的余地。

金生杨称《易传》为《苏氏易传》,并对之有全面的研究。他在"提要"里说,关于《易》,"在注解中,苏氏更多地发挥义理,对王弼以老、庄解《易》,苏氏并不排斥,而颇有吸收;虽不明引佛释之文,却也暗合其理。结合《苏轼文集》,可以发现,苏轼正是在'思无邪'上完成了三教合一"[⑤]。其后,金生杨在第三章里对"思无邪"一说有具体论述,而所谓的暗合佛释之理,因佛、道在说"无""虚无"或"虚静"上本有共通之处,是需要细加审辨的;至于苏轼完成三教合一,又被称之为三教融通,上面论及"经学三书"的儒学"道统"根基,"三书"撰述的佛、道思想氛围之处,已可见出苏轼在三教上的融通性。这里不再具言。

---

① 舒大刚等校注:《三苏经解集校·书传》,成都:四川大学出版社,2017年版,第131页。
② 舒大刚等校注:《三苏经解集校·书传》,成都:四川大学出版社,2017年版,第12—13页。
③ 舒大刚等校注:《三苏经解集校·书传》,成都:四川大学出版社,2017年版,第114页。
④ 舒大刚等校注:《三苏经解集校·书传》,成都:四川大学出版社,2017年版,第124页。
⑤ 金生杨:《苏氏易传研究》,成都:巴蜀书社,2002年版,第2页。

《易传》并无以佛解说的倾向,但以老、庄之道说《易》常见。如"乾卦"的"首出庶物,万国咸宁",王弼解为"万国所以宁,各以有君也"①,他突出"君"对国家的管理,是儒家学说中的政治原则,其内涵丰厚,但君之为君不可动摇,与孔子"君君"的意识一致。但苏轼解为"至于此,则无为而物自安矣"②,这与王弼之解截然不同。苏轼的无为而物安,其实是无为而天下治的另类表达。老子说圣人处无为之事,又说无为而民自化,无为而无不治,根本上是无为而物安。"蛊卦",巽下艮上,卦辞曰:"元亨,利涉大川。"苏轼解为:"夫下巽则莫逆,上止则无为。下莫逆而上无为,则上下通而天下治也。"③上无为、下莫逆即顺从,那下也当是无为,最终归于无为而天下治。又如"坤卦"初六爻的"履霜,坚冰至",王弼有解:"始于履霜,至于坚冰,所谓至柔而动也刚。"④他从霜、冰之间的转化,看到了柔与刚之间因"动"产生的关联和变易。并说:"阴之为道,本于卑弱而后积著者也,故取履霜以明其始。阳之为物,非基于始以至于著者也,故以出处明之,则以初为潜。"而苏轼解为:"始于微而终于著者,阴阳均也。而独于此戒之者,阴之为物,弱而易入,故易以陷人。郑子产曰:'水弱,民狎而玩之,故多死。'"⑤"微著"与"阴阳"的关系,要在一个"均"字。积微成著,阴阳均和是基本要素。而苏轼引出另一重点观点,阴弱则易入,人被其害,水之溺人就是一例。随之还有对"坤卦"《文言》"坤至柔,而动也刚"的解说。苏轼曰:"夫物非刚者能刚,惟柔者能刚耳。"⑥这话与老子《道德经》七十八章的"天下莫柔弱于水,而攻坚强者莫之能胜,以其无以易之。弱之胜强,柔之胜刚,天下莫不知,莫能行"相

① 李学勤主编:《十三经注疏·周易正义》,北京:北京大学出版社,1999年版,第9页。
② 舒大刚等校注:《三苏经解集校·书传》,成都:四川大学出版社,2017年版,第14页。
③ 舒大刚等校注:《三苏经解集校·书传》,成都:四川大学出版社,2017年版,第46页。
④ 李学勤主编:《十三经注疏·周易正义》,北京:北京大学出版社,1999年版,第27页。
⑤ 舒大刚等校注:《三苏经解集校·书传》,成都:四川大学出版社,2017年版,第18页。
⑥ 舒大刚等校注:《三苏经解集校·书传》,成都:四川大学出版社,2017年版,第19页。

应。弱水为至柔,水滴石穿又是水的至坚,是柔者能刚的说明。在
以道解《易》时,苏轼也有引老、庄之言解《易》的现象。《易传》
在解说《系辞上》时引用庄子的"贼莫大于德有心,而心有眼"①,
在解说《系辞下》时引用老子的"王侯得一以为天下贞"②。尽管如
此,《易传》的主导思想也并不是道。苏轼说:"夫论经者,当以意
得之,非于句义之间也。于句义之间,则破碎牵蔓之说,反能害经
之意。孔子之言《易》如此,学者可以求其端矣。"③以意释经而不
泥于字句,不仅是《易传》的解经方法,也是《书传》《论语说》的
解经方法,可以避免碎义害经,苏轼劝学者走孔子言《易》之路。
孔子好《易》,见于《论语·述而》《史记·孔子世家》。他五十好
《易》,老而不衰,至有读《易》"韦编三绝"的故事。但孔子解《易》
多不传,人或说多见于《系辞》,难以确信。但苏轼之言,表明他好
孔胜于好老、庄。

从上述可知,"经学三书"的思想走向主要是儒家思想。人或
以佛、道解经论之,实际上"三书"的佛教思想甚弱,道家思想成分
也远逊于儒家思想。对于海南"经学三书"的认知,还有很多工作
要做,这里只想强化对"经学三书"的关注与探究,并与苏轼的诗
文研究相融,让苏学中的苏轼学本体以更完整的面貌示人。

---

① 舒大刚等校注:《三苏经解集校·书传》,成都:四川大学出版社,2017年版,第114页。
② 舒大刚等校注:《三苏经解集校·书传》,成都:四川大学出版社,2017年版,第144页。
③ 舒大刚等校注:《三苏经解集校·书传》,成都:四川大学出版社,2017年版,第140页。

三、苏轼《书传》儒学仁德三辩

苏轼谪居海南,诗歌创作有三个走向:遍和陶诗,与弟弟苏辙、儿子苏过唱和,以及吟咏自我的生活。他的文章除书信外,有一些生活、医药札记,较为系统的是关于一些历史人物的论述,如《论武王》《论管仲》《论商鞅》等,表明对人生和社会政治的思考。这些文章在他心目中的地位,都不及他的"经学三书"即《易传》《书传》《论语说》。"三书"代表了苏轼在海南及在经学上的最高成就,是他一生最重要的著作,但它们长期为苏轼的文学成就遮蔽,学界对"三书"的研究至今不足。它们涉及的问题较多,本文只就《书传》即《尚书传》中的一些问题略作探讨。

《尚书》古又称"书""书经",西汉武帝设五经博士,其中有《书经》博士,《尚书》遂成专门之学。因书写的文字和释经的走向不同,故有今文《尚书》与古文《尚书》之说,形成汉代的今文经学派和古文经学派;又因《尚书》曾遭秦火,复出后有真伪之辩,争讼不息。其篇目,班固在《汉书·艺文志》里说最早为孔子纂集,自尧讫秦,有百余篇,秦火后得济南伏生壁藏二十九篇,孔安国时又在二十九篇的基础上多得十六篇;而《隋书·经籍志》说孔安国依古文合成五十八篇,众说纷纭如此。苏轼所传的《尚书》五十八篇,其中《虞书》五篇,《夏书》四篇,《商书》十七篇,《周书》三十二篇,并以字词的训释与义理的阐述表达自我的思想。另外,苏轼有《书义》十篇,是对《书传》相关内容的择句阐发。

（一）责申、韩、老、庄以积学成仁义

苏轼对儒学见解的表达，最早见于嘉祐二年（1057）二十二岁应科考时写的《刑赏忠厚之至论》。当时以经义取士，此文取《尚书·大禹谟》"罪疑惟轻，功疑惟重。与其杀不辜，宁失不经"之意，考罢，苏轼名居第二。欧阳修之子欧阳发在《先公事迹》里提到这事："嘉祐二年，先公知贡举，时学者为文以新奇相尚，文体大坏。僻涩如'狼子豹孙，林林逐逐'之语，怪诞如'周公伻图，禹操畚锸，傅说负版筑，来筑太平之基'之说。公深革其弊，一时以怪僻知名在高等者，黜落几尽。二苏出于西川，人无知者，一旦拔在高等。榜出，士人纷然，惊怒怨谤。其后稍稍信服。而五六年间，文格遂变而复古，公之力也。"他是从古文运动的角度说的。古文本指三代两汉之文，中唐韩愈兴古文以反骈文，有柳宗元、李翱等人相并而行，故成一时风气。然晚唐骈文势起，古文渐衰，至北宋，古文之风才得以重振。当时石介的"太学体"古文以险怪风格流行，与欧阳修尚韩的平易古文相悖。而苏轼古文与欧阳修的好尚相合，他的《刑赏忠厚之至论》就是古文，他在《谢欧阳内翰书》里更是高度认同仁宗皇帝追复三代两汉之文，罢浮巧轻媚、丛错采绣之风的举措，明确反对求深至迂、故为奇僻之作。他又对梅尧臣说，为文简约，力求近古，则天下之士皆敦朴忠厚："轼长于草野，不学时文，词语甚朴，无所藻饰。意者执事欲抑浮剽之文，故宁取此以矫其弊。人之幸遇，乃有如此。"[①] 这也是欧阳修的心声，正是在这一点上，欧阳修特别垂青于他，让他名列第二。韩愈好古文，本

---

① 苏轼著，孔凡礼点校：《苏轼文集·谢梅龙图书》，北京：中华书局，1986年版，第1425页。

质是好道,欧阳修也如是。道的内核是仁义,故好道者与仁义不可分。苏轼亦然。尽管有人说欧阳修是韩愈道统的继承者,而没有说苏轼,但苏轼实际上也继承了儒学的道统,只是在儒学之外他还吸纳庄子、佛禅的影响。

宋代的省试、院试、秘阁试等,命题大多取自经。苏轼以《春秋》对义名居第一,殿试中了乙科,可见他在经学上的修养。苏辙在《亡兄子瞻端明墓志铭》里说,兄弟二人少时学通经史,属文日数千言。其后,苏洵写了《六经论》;苏辙写了《五经论》,较其父少了《乐论》。他在《书论》中对《尚书》的语言风格有"回曲宛转"的评价,说开始读《尚书》时心存疑惑,认为它濡滞迂远,疑而不决;后来才领会到"其使天下乐从而无黾勉不得已之意,其事既发而无纷纭异同之论,此则王者之意也"。苏辙乐从,并以之为议事的基本评价准则。苏辙专治《诗经》《春秋》,没专治《尚书》,这也许正是兄弟二人的分工。

苏轼省试的《刑赏忠厚之至论》可视为解经之作,他把出自《尚书·大禹谟》的"罪疑惟轻,功疑惟重,与其杀不辜,宁失不经"解为"可以赏,可以无赏,赏之过乎仁;可以罚,可以无罚,罚之过乎义。过乎仁,不失为君子;过乎义,则流而入于忍人。故仁可过也,义不可过也"。虽是顺从本文,也体现了他主张施行仁政,并因善不胜赏,恶不胜刑,故说要以长者之风待天下;天下人见贤思齐,尽归于长者之道而使天下无恶,他称之为忠厚之至。于是,在《周书·吕刑》传里,苏轼提出"刑必老者制之,以其更事而仁也"。所谓"老者制之"正在于"长者之风"怀仁。"宁失不经"后还有一句"好生之德,洽于民心",这就有助于更好地理解其意在于适合民心的"好生"。苏轼解为"皋陶忧天下后世以刑为足以治也,故推明其所自,以为非帝之至德不能至也"①。由于传、论的文体差异,传文

---

① 舒大刚等校注:《三苏经解集校·书传》,成都:四川大学出版社,2017年版,第205页。

不像论文那样富有文采和声势，但它对"好生之德"的解释就是苏轼说的仁，因宽厚而好生，治理天下当不失仁。

苏轼在《刑赏忠厚之至论》中强调以君子长者之道待天下，让天下人也归于忠厚之至；又说"《春秋》之义，立法贵严，而责人贵宽。因其褒贬之义以制赏罚，亦忠厚之至也"。应试之作，试题对苏轼来说纯属偶然，他趁此表达的刑赏忠厚思想却是求学二十多年后的集中迸发，是对仁义在社会治理上作用的坚定而执着的认知。他在为《夏书·胤征》"爱克厥威"作传时，重复了"与其杀不辜，宁失不经"的话。先王用威爱或说"刑赏"应该称事当理，不能使威胜爱，而应让爱胜威，尧、舜之道如此，以威胜爱是不可取的。他解《商书·盘庚》说盘庚是仁人，欲迁都至殷，百姓不服从，盘庚不用政令强制，而是温和地引咎自责，反复告谕。但法并非完全不用，苏轼解《酒诰》说周公因商纣沉湎于酒而作"酒戒"，令康叔施行，堪称最早的禁酒令。本来饮酒是人情所之，圣人也难禁绝，戒酒乃戒沉湎之祸，因此开德饮，饮则遵法适度。群饮则杀之，无论是百姓还是公卿大夫都当如是，"不诛吏，则无以禁民，吏民皆诛，则桀、纣之虐，不至于此矣。皆事之必不然者，予不可以不论"①。苏轼这样说有特别的用心，既以法治下，也以法治上，上下一统，皆循法而行，天下平安。这"法"指的刑罚。

在《周书·无逸》中，周公告诫成王不要贪图安逸。周公说，我听说"古之人犹胥训告，胥保惠，胥教诲，民无或胥诪张为幻。此厥不听，人乃训之，乃变乱先王之正刑，至于小大。民否，则厥心违怨；否，则厥口诅祝"。他告诉周成王，古人互相训诫，互相保护和教诲，这样就不会有彼此蒙骗的事发生。不能教而不听，改变法度或法令，否则百姓会心生怨恨和诅咒。周公希望成王听话，不要乱了法度或法令。苏轼从这里引申开去，说道："若曰不杀为仁，杀

---

① 舒大刚等校注：《三苏经解集校·书传》，成都：四川大学出版社，2017 年版，第 319 页。

为不仁,薄敛为有德,厚赋为无道。此古今不刊之语,先王之正刑也。"①这与他四十年前在《刑赏忠厚之至论》里表达的思想极其相似,为政以仁,而不动辄以刑施威。他批评一些人以法家的申不害、韩非子为师,或诵六经以掩饰奸邪的言辞,反而说多杀为仁,厚敛为德,哪有这样的道理呢?然而"其学之有师,言之有章,世主多喜之"②。苏轼不以为然,对俗儒的批评显然是逆时俗而动的。

苏轼少时"读《庄子》,喟然叹息曰:'吾昔有见于中,口未能言,今见《庄子》,得吾心矣'"③,他审视自我的人生遭际,崇尚庄子的随缘委命,在黄州《前赤壁赋》里说的"客亦知夫水与月乎?逝者如斯,而未尝往也;盈虚者如彼,而卒莫消长也。盖将自其变者而观之,则天地曾不能以一瞬;自其不变者而观之,则物与我皆无尽也,而又何羡乎",出自《庄子·齐物论》;《十拍子·暮秋》的"身外傥来都是梦,醉里无何即是乡",上句出自《庄子·缮性》的"物之傥来,寄者也",下句出自《庄子·逍遥游》的"无何有之乡",两句关乎自然和人生的体认,透露出对家国的疏离。在家国理念上,苏轼崇尚儒学而非老、庄,在《韩非论》里说,周衰之后,老聃、庄周、列御寇为虚无淡泊之言,而治其猖狂浮游之说,卒归于无有。他们放心无忧,无恶于天下,但也非圣人之道。这一批评还是平和的。

随后,苏轼说商鞅、韩非主张以刑名治天下,秦始皇用之,平定六国,但得天下后依然用之不改,故速亡。关于秦,苏轼说"教化不足,而法有余,秦以不祀,而天下被其毒。后世之学者,知申、韩之罪,而不知老聃、庄周之使然"④。他还在《六一居士集叙》里说:"申、商、韩非之学,违道而趋利,残民以厚主,其说至陋也,而士以

① 舒大刚等校注:《三苏经解集校·书传》,成都:四川大学出版社,2017年版,第340页。
② 舒大刚等校注:《三苏经解集校·书传》,成都:四川大学出版社,2017年版,第341页。
③ 苏辙著,陈宏天等点校:《苏辙集·亡兄子瞻端明墓志铭》,北京:中华书局,1990年版,第1126页。
④ 苏轼著,孔凡礼点校:《苏轼文集·韩非论》,北京:中华书局,1986年版,第102页。

是罔其上。"所谓秦的教化不足,用西汉贾谊的话来说,是秦攻天下转化为守天下之后,不施行仁义,导致二世而亡。秦亡后,又有数年的楚汉相争,生灵涂炭。申、商、韩即申不害、商鞅、韩非,三人都是战国法家代表人物。申不害曾在韩国变法、商鞅曾在秦国变法,各有政绩,唯有韩非是纯粹的理论家。秦始皇未称帝前受韩非《说难》《孤愤》的影响,向韩国强索韩非。《史记·韩非列传》记载,韩非的法家思想又吸纳、综合了申不害、商鞅等人的法、术、势思想。苏轼把申不害、韩非之罪归于老、庄,是指他们的思想本于老、庄。这种看法司马迁有过。司马迁《史记》将老子、韩非传合为《老子韩非列传》,在老子传后附了庄子传,在韩非传前附了申不害传。司马迁还说"申子之学本于黄、老而主刑名",韩非"喜刑名法术之学,而其归本于黄、老"[1]。还在传后的"太史公曰"里又一次提到老子、庄子的道德对申不害和韩非的影响。黄、老之学和老、庄之学本有差异,但在主张道德自然上趋同。苏轼沿袭司马迁的思想,表明对老、庄与申、商、韩之间关联的认知,严厉批评秦的教化不足,说是申、韩、老、庄的影响所致。苏轼还在《庄子祠堂记》中说了一个他人不曾言及的问题:庄子尊孔,阳挤而阴助即明贬而暗褒。这种观点后来有人承袭且不论,苏轼以此同样表明了自己尊孔的立场。所以他晚年思想最终归宿于儒家经学是很自然的。他还认为,自己一生最大的成就不是使他名满天下的诗文词赋,而是生前尚未刊行的"经学三书",这别有深意。

苏轼科考时对"罪疑惟轻,功疑惟重"有自己的理解和引证,终不出广恩与慎刑,其核心与罪疑惟轻的不罚、功疑惟重的过赏,都出自仁。《商书·说命》有关于仁的说法。相传傅说相商王武丁,商朝大治,《史记》里有记载。《商书·说命下》,傅说曾告诫武丁:"学于古训,乃有获。事不师古,以克永世,匪说攸闻。惟学逊

---

① 司马迁:《史记·老子韩非列传》,北京:中华书局,1959 年版,第 2146 页。

志，务时敏，厌修乃来。允怀于兹，道积于厥躬。"① 傅说重学古，他说的"事不师古，以克永世，匪说攸闻"，后来许多人说过类似的话，如秦始皇三十四年（前 213），博士淳于越向秦始皇进言时说："事不师古而能长久者，非所闻也。"② 学古需要谦逊勤勉，用于修身和"道"的积累。对此，苏轼说傅说以学勉商王，忧商王所学非道，故劝他谦逊向学，学以求道，而道是什么呢？苏轼说："志于仁，则所得于学者皆仁也。志于义，则所得于学者皆义也。若志于功利，则所得于学者皆功利而已。智足以饰非，辩足以拒谏，皆学之力也。敏于是，则随其所志而至矣。故必先怀仁义之道，然后积学以成之。"③ 他说得很清楚，"道"应是仁义而非功利，人当怀仁义，"积学以成之"，只因为仁由己而非由人，那么积学的功夫便是孔子说的"无终食之间违仁，造次必于是，颠沛必于是"④；应该深知积学"譬如为山，未成一篑，止，吾止也；譬如平地，虽覆一篑，进，吾往也"⑤，重在自我渐进式的修炼。荀子《劝学篇》也说过为学当"原先王，本仁义"，且积土成山，积水成渊。苏轼自己在解《周书·旅獒》时有类似的表达："大德，细行之积也。九仞，一篑之积也。"古往今来的积学之道皆如是，当自强不息，竞进不止。

（二）批评韩愈以维护儒学道术

苏轼《仁说》说仁，开头引用了《孟子·公孙丑上》的"仁者如射，发而不中，反求诸身"。他以射箭打比方，射而不中自然求诸

① 舒大刚等校注：《三苏经解集校·书传》，成都：四川大学出版社，2017 年版，第 277 页。
② 司马迁：《史记·秦始皇本纪》，北京：中华书局，1959 年版，第 254 页。
③ 舒大刚等校注：《三苏经解集校·书传》，成都：四川大学出版社，2017 年版，第 277—278 页。
④ 朱熹：《四书章句集注·论语·里仁》，北京：中华书局，1983 年版，第 70 页。
⑤ 朱熹：《四书章句集注·论语·子罕》，北京：中华书局，1983 年版，第 114 页。

己。为仁修身也如此,与孔子的"为仁由己"相合。"仁者如射"是
对孔子"克己复礼为仁。一日克己复礼,天下归仁焉"① 的发挥,苏
轼沿之:"君子之志于仁,尽力而求之,有不获焉,退而求之身,莫若
自克。自克而反于礼,一日足矣。"② 这话的基本精神最后归结到孔
子所说的礼。孔子告诉弟子颜回,求仁应"非礼勿视,非礼勿听,非
礼勿言,非礼不动"③,这是仁的修养的重要路径。因此,苏轼说非
礼之害甚于枉杀无辜,推崇孔子之仁。解《虞书·大禹谟》"皋陶
迈种德"时,苏轼引用了孔子的"四勿"说,然后道:"一出于礼,而
仁不可胜用矣。舜、禹、皋陶之微言,其传于孔子者盖如此。"④ 这有
两层意思,一是礼、仁相与为一,礼表仁里,行于礼则施于仁;二是
仁的传播轨迹是从舜、禹、皋陶到孔子,正如韩愈《原道》自言他的
"道"不是老子、佛教之道,而是尧传舜,舜传禹,禹传汤,汤传文、
武、周公,再传孔子之道。后人乐道之,称之为儒学道统。苏轼所
描述的仁传自孔子的轨迹与韩愈道传自孔子的轨迹相同,或者是
他受韩愈的影响,认同韩愈的道统,故勾勒出关于"仁"流传的线
索,只是没有冠以"道"之名而已。这里苏轼没有像韩愈那样提到
"尧传舜",但他在为《夏书·五子之歌》"今失厥道,乱其纪纲"作
传时说"大曰纲,小曰纪,舜、禹皆守尧之纲纪"⑤,这完全可以理解
为舜之仁得之于尧。这里虽没有提及孟子,但苏轼《孟子论》说,
孔子死后,得其思想的唯有孟子,据此可以说孟子得孔子之道。而
在《子思论》里,苏轼对荀子和扬雄"务为相攻之说"有批评,可见
苏轼"仁统"与韩愈"道统"的轨迹从尧至孟子几乎呈叠合状态,
虽说他还受老、庄与佛禅的影响,其儒学不及韩愈纯粹。

　　苏轼《论语说》对孔子"四勿"的解说中,还有"故圣人一之于

---

① 朱熹:《四书章句集注·论语·颜渊》,北京:中华书局,1983 年版,第 131 页。
② 苏轼著,孔凡礼点校:《苏轼文集·仁说》,北京:中华书局,1986 年版,第 337 页。
③ 朱熹:《四书章句集注·论语·颜渊》,北京:中华书局,1983 年版,第 132 页。
④ 舒大刚等校注:《三苏经解集校·书传》,成都:四川大学出版社,2017 年版,第 204 页。
⑤ 舒大刚等校注:《三苏经解集校·书传》,成都:四川大学出版社,2017 年版,第 246 页。

礼,君臣上下,各视其所当视,各听其所当听,而仁不可胜用也"①。他还列举了子张和梁惠王的例子。子张问何谓视明,孔子说视远,不视远不足以证实视明;梁惠王问孟子何以为利,孟子告诉他仁义。为利者是小人,为仁义者是君子,小人近则国危,君子有失则仍是君子,故听者当主于仁。他以仁为德,虽在广义上,德并非专指仁,但有德必有仁,礼之用,归于仁。他在《礼以养人为本论》一文中将礼、法对举时,强调以法为末,以礼为本,法急礼缓;为政当重礼而轻法,或先礼而后法,以此为治理天下的原则。《论语·子路》载孔子说:"名不正,则言不顺;言不顺,则事不成;事不成,则礼乐不兴;礼乐不兴,则刑罚不中;刑罚不中,则民无所措手足。"这里的"礼乐不兴,则刑罚不中",是孔子在礼、法或说礼乐、刑罚之间所取的立场,苏轼的先礼后法的思想本源于此。

礼是以仁为本的,仁是孔子哲学的核心理念。孔子说仁者爱人,还说能行五者于天下为仁。五者为"恭、宽、信、敏、惠","恭则不侮,宽则得众,信则人任焉,敏则有功,惠则足以使人"②。而修身重在"克己复礼",这正是傅说主张的学古,不仅用于自我修身,而且用于治国、治天下,故孔子说"为政以德,譬如北辰,居其所而众星拱之"③。这德的核心也是仁。孔子还说义,劝人见利思义、见得思义,"不义而富且贵,于我如浮云"④。这二者都为孟子继承。孟子把孔子的仁德政治发展成为仁政王道,孔子说"杀身成仁",孟子补充了"舍生取义",仁义相系,成为儒学道统的重要内涵和古代奉行的君子人格。孟子还说天下之路只有两条——仁与不仁:"仁,人之安宅也;义,人之正路也。旷安宅而弗居,舍正路而不由,哀

① 苏轼著,孔凡礼点校:《苏轼文集·视远惟明听德惟聪》,北京:中华书局,1986年版,第167页。
② 朱熹:《四书章句集注·论语·阳货》,北京:中华书局,1983年版,第177页。
③ 朱熹:《四书章句集注·论语·为政》,北京:中华书局,1983年版,第53页。
④ 朱熹:《四书章句集注·论语·述而》,北京:中华书局,1983年版,第97页。

哉！"①这深刻影响了韩愈,他执着于儒学,尊孔尚孟,且通过尚孟更加尊孔。

韩愈是儒学道统的坚定维护和继承者,在《原道》里,他开宗明义:"博爱之谓仁,行而宜之之谓义,由是而之焉之谓道,足乎己,无待于外之谓德。仁与义为定名,道与德为虚位。"②基于此,他强调儒学的道统,排佛非道,以纯儒的姿态大兴古文,"非三代两汉之书不敢观,非圣人之志不敢存";始终"行之乎仁义之途,游之乎《诗》《书》之源,无迷其途,无绝其源"③,故文道相与,以文载道。其后欧阳修尚韩、学韩,既好韩愈说的儒学道统,又好韩愈兴的古文。苏轼说:"自汉以来,道术不出于孔氏,而乱天下者多矣。晋以老、庄亡,梁以佛亡,莫或正之。五百余年而后得韩愈,学者以愈配孟子,盖庶几焉。愈之后二百有余年而后得欧阳子,其学推韩愈、孟子以达于孔氏,著礼乐仁义之实,以合于大道,其言简而明,信而通,引物连类,折之于至理,以服人心。故天下翕然师尊之。"④他对儒学道术的梳理,立足于孔儒,涉及的问题既是道术论,又是治国论。东汉"董卓之乱"后儒学衰微,老、庄之学兴起,三日不言《道德经》则舌根僵硬的清谈和南梁武帝的佞佛,在苏轼看来都是王朝败亡之由,"晋以老、庄亡,梁以佛亡"就是例证。

古代王朝灭亡没有这样简单。苏轼在其中揭示了儒学之道的起落,表彰韩愈对儒学道术的复兴之功,跳过了韩愈在言及儒学道统时提到的荀子和扬雄,直接以韩愈配孟子,正在于避开荀、扬择焉不精、语焉不详的传道弱点,追求纯粹和完备。韩愈希冀以儒术

---

① 朱熹:《四书章句集注·孟子·离娄上》,北京:中华书局,1983年版,第281页。
② 韩愈著,屈守元等校注:《韩愈全集校注·原道》,成都:四川大学出版社,1996年版,第2662页。
③ 韩愈著,屈守元等校注:《韩愈全集校注·答李翊书》,成都:四川大学出版社,1996年版,第1455页。
④ 苏轼著,孔凡礼点校:《苏轼文集·六一居士集叙》,北京:中华书局,1986年版,第316页。

治天下,在《原道》里讲修齐治平,当"明先王之道以道之,鳏寡孤独废疾者有养也",与孟子《齐桓晋文之事章》阐述仁政王道,提出的"制民之产"方略相吻合。他又在《论佛骨表》里指斥唐宪宗佞佛,会导致百姓弃业事佛,伤风败俗,影响社会的长治久安。然后苏轼以欧阳修配韩愈,于是有人说唐代继承儒学道统的是韩愈,宋代继承儒学道统的是欧阳修,而苏轼对儒学道统的继承则被忽略了。苏轼说儒者犹若五谷,可以养生,可与守成,在他看来,儒学之道也是政治化的,与孔子主德政、孟子主仁政一致。

苏轼对韩愈最经典的评价是《潮州韩文公庙碑》所说的"文起八代之衰,而道济天下之溺;忠犯人主之怒,而勇夺三军之帅"。这四句各有所出,指向韩愈的文、道、忠、勇四德,涉及儒学道统的是"道济天下之溺"。在天下人沉溺于佛、老思想之时,韩愈提倡的儒学之道拯救了他们,故儒学之道与载道的古文得以复兴,这对韩愈是很大的褒扬。但他对韩愈的评价不限于此。苏轼还有《韩愈论》,就韩愈对圣人之道的态度有一番批评,说韩愈好道之名,而未能乐道之实,"其为论甚高,其待孔子、孟轲甚尊,而拒杨、墨、佛、老甚严。此其用力,亦不可谓不至也。然其论至于理而不精,支离荡佚,往往自叛其说而不知"[1]。他举了韩愈《原人》的"圣人一视同仁"说为例,认为韩愈误解了孔子的"泛爱众而亲仁",孔子的仁并非墨子的兼爱。进而说,儒者之患在于论性,认为人的喜怒哀乐出于情而非出于性。他特别拎出这一点,是因为人有喜怒才有仁义,有仁义才有礼乐,这本当与人性为一,"以为仁义礼乐皆出于情而非性,则是相率而叛圣人之教也"[2]。

可以印证的是,《商书·汤诰》说商汤灭了夏桀后回到商都亳地,号令百姓:"惟皇上帝,降衷于下民,若有恒性,克绥厥猷惟后。"

---

[1] 苏轼著,孔凡礼点校:《苏轼文集·韩愈论》,北京:中华书局,1986年版,第114页。

[2] 苏轼著,孔凡礼点校:《苏轼文集·韩愈论》,北京:中华书局,1986年版,第115页。

苏轼解说道："衷,诚也。若,顺也。仁义之性,人所咸有,故言'天降'也。顺其有常之性,其无常者,喜怒哀乐之变,非性也。能安此道,乃君也。"[①] 他说人都有仁义之性,又在解《周书·君陈》时说,人有残忍之忍,有容忍之忍,不忍人之心是人的本心,古代以不忍、容忍劝人,没有以残忍劝人的。这不忍人之心的说法本于孟子,孟子的原话是:"人皆有不忍人之心。先王有不忍人之心,斯有不忍人之政矣。以不忍人之心,行不忍人之政,治天下可运之掌上。"[②]不忍人之心即恻隐之心,依孟子的理论,恻隐之心是仁的开端,是仁政的基石,所以他说齐宣王不忍心看到将以衅钟的牛在发抖,以羊易牛是仁术,能行仁政。而苏轼说的喜怒哀乐之变不是人性之变,因为人的仁义之性是天生的常性,与韩愈《原性》说的"性也者,与生俱生;情也者,接于物而生也"是一样的道理。苏轼在这一问题上的思考,更重理性的推导,也更周密。苏轼还说,安于此性为君,其实是君当以仁义之性治天下,使百姓和睦安宁,与孟子的仁政思想相与为一。

苏轼好儒,也好佛好道,儒、佛、道在魏晋时彼此渗透,入唐后三教合一渐成声势,北宋相沿不息。虽说苏轼不排佛也不非道,但不妨碍他继承儒学道统,在北宋的经学领域,与父亲苏洵和弟弟苏辙以蜀学自立。他对韩愈治儒学的批评,彰显了他是儒学的卫道者。韩愈在儒学上缺乏系统、深入的理论研究,确是他的不足之处。韩愈时儒学研究的氛围不及宋代,他本人无意深刻而系统地研究儒学,成为经学家,故在儒学理论上不像欧阳修和苏轼那样卓有成就。苏轼还为《商书·咸有一德》的"伊尹曰:'终始惟一,时乃日新'"作解:"予尝有言,圣人如天,时杀时生;君子如水,因物赋形。天不违仁,水不失平,惟一故新,惟新故一。一故不流,新故

---

① 舒大刚等校注:《三苏经解集校·书传》,成都:四川大学出版社,2017 年版,第 254 页。
② 朱熹:《四书章句集注·孟子·公孙丑上》,北京:中华书局,1983 年版,第 237 页。

不數。"这句又被他写成了专文《终始惟一时乃日新》,文中引用了《周易》的"天下之动,正夫一者也"以说明"一"的意思。按他的思想,动则不安,求安则当"一"。正如他所说的:"天一于覆,地一于载,日月一于照,圣人一于仁,非有二事也。"[1] 随之从孟子的天下定于一,不嗜杀人者方能一,推论出圣人一于仁。这是儒道之本,也是治天下之本,与"天不违仁"相合。他在《虞书·尧典》里解帝尧的"钦明文思安安"时,视"钦明文思"为才华绝人,而"安安"则是以超人才华安天下于无事之中,此德之盛也。然后说:"夫惟天下之至仁,为能安其安。"[2] 这里他把仁提升为"至仁",强调仁的纯粹与完善,用之以安天下。

(三)辩俗儒之诬以明孔子之德

苏轼《论孔子》说,齐景公时,晏婴深明礼可治国,但不及孔、孟。孔子在游说诸侯时,"能举治世之礼,以律亡国之臣"[3];在《孟子论》里,他说孟子深于《诗》,长于《春秋》,"其道始于至粗,而极于至精。充乎天地,放乎四海,而毫厘有所必计"[4]。苏轼希望儒者明孔、孟之理,明儒经之理,不要误解,失了本义。他关于《召诰》的理解就是如此。

《史记·周本纪》记述了召公建洛邑、作《召诰》事。《召诰》是周成王居洛时,召公向周成王进言,劝他效法先王敬德,"惟德是用,不用刑也"。又说:"其惟王勿以小民淫用非彝,亦敢殄戮用乂

---

① 苏轼著,孔凡礼点校:《苏轼文集·终始惟一时乃日新》,北京:中华书局,1986 年版,第 168 页。
② 舒大刚等校注:《三苏经解集校·书传》,成都:四川大学出版社,2017 年版,第 185 页。
③ 苏轼著,孔凡礼点校:《苏轼文集·论孔子》,北京:中华书局,1986 年版,第 150 页。
④ 苏轼著,孔凡礼点校:《苏轼文集·孟子论》,北京:中华书局,1986 年版,第 97 页。

民,若有功。其惟王位在德元,小民乃惟刑用于天下,越王显。"① 对此,苏轼解说道:"古今说者,皆谓召公戒王过用非常之法,又劝王亦须果敢殄灭杀戮以为治。呜呼!殄灭杀戮,桀、纣之事。桀、纣犹有所不果,而召公乃劝王,使果于殄戮而无疑? 呜呼,儒者之叛道,一至于此哉!"他批驳俗儒误解了召公之意,召公并非劝成王果断用"殄戮"治民;同时指斥俗儒浅薄叛道,远离了孔儒对德的宗尚。他批评的"俗儒"不知所指,汉孔安国作《尚书传》,对《召诰》"亦敢殄戮用乂民"的理解是"亦当果敢绝刑戮之道,用治民";唐代孔颖达疏"既言当法则贤王,又戒王为政之要"②,均未言及以殄戮治民。苏轼批评表达的是:"皋陶曰:'与其杀不辜,宁失不经。'人主之用刑,忧其不慎,不忧其不果也;忧其杀不辜,不忧其失不经也。今召公方戒王以慎罚,言未终,而又劝王以果于殄戮,则皋陶不当戒舜以'宁失不经'乎?"③ 他认为,召公不可能劝诫成王慎刑之后,又劝成王果于殄戮,自相矛盾。苏轼就此表明自己主张慎刑慎罚,一仍与"罪疑惟轻,功疑惟重"的思想一致,这一理念蕴含的是孔子的仁德观,对人理当有更多的宽容。

他引用了《论语·颜渊》季康子问政孔子的对话。季康子即季孙肥,鲁国大夫,曾三次问政于孔子。季康子问:"如杀无道,以就有道,何如?"与孔子同时代的郑国子产曾以宽猛相济来说为政之道,铸刑鼎,公布于众,以求百姓不犯法,不用刑。孔子曾称道他行己恭,事上敬,养民惠,使民义。子产死后,百姓痛哭,说"民将安归"。治国,刑可以用,但要慎用。重要的是,先当用德而不用刑。故孔子回答季康子:"子为政,焉用杀? 子欲善,而民善矣。君子之德风,小人之德草,草上之风必偃。"孔子这番话,苏轼在先于《书

---

① 舒大刚等校注:《三苏经解集校·书传》,成都:四川大学出版社,2017 年版,第 326 页。
② 李学勤主编:《十三经注疏·尚书正义》,北京:北京大学出版社,1999 年版,第 400 页。
③ 舒大刚等校注:《三苏经解集校·书传》,成都:四川大学出版社,2017 年版,第 326 页。

传》的《论语说》里就解说过："虽尧、舜在上,不免于杀无道,然君子终不以杀劝其君。尧、舜之民,不幸而自蹈于死则有之,吾未尝杀也。"百姓有不幸而自蹈死路的,但不是君王杀戮的。说到底不当用杀而当用德,君子德风,小人德草,风行草偃,皆出自然,是为政的最佳境界。孔子也用刑,他在鲁国任大司寇摄行相事时,诛少正卯就是一例,但他不好用刑,不主张战争,"远人不服,则修文德以来之"①,重仁德的感召,而不是武力的强行征服。苏轼随后援引了孟子的一句话:"以生道杀民,虽死不怨杀者。"这话出自《孟子·尽心上》。此前孟子说:"以佚道使民,虽劳不怨。"二者说的是同一个道理,为政当顺应民心民性。但苏轼说,即使这样孔子仍有顾虑,唯恐刑罚为后世的暴君酷吏利用,不当杀而借口"吾以生道杀之"。

苏轼对《书传》的解说,虽距《论语说》有近二十年,他的思想没有变,故说:"夫杀无道以就有道,为政者之所不免,其言盖未为过也。而孔子恶之如此,恶其恃杀以为政也。"②这与他在《论语说》里说的言殊意同。不得已杀无道而就有道,但孔子的本意在德不在刑,而是追求君君、臣臣、父父、子子的为政之道,把人伦道德政治化。然而,这在诸侯蜂起、战乱频仍的年代不合时宜。孔子五十六岁时,因鲁定公好齐景公送的女乐,懈怠朝政,他愤而出走,游说诸侯十四年,不为诸侯所用。苏轼还有话:"王勿以小民过用非法之故,亦敢于法外殄戮以治之,民自用非法,我自用法;民自过,我自不过,称罪作刑而已。民之有过,罪实在我;及其有功,则王亦有德。何也? 王之位,民德之先倡也。如此,则法用于天下,王亦显矣。兵固不可弭也,而佳兵者必乱;刑固不可废也,而恃刑者必亡。痛召公之意为俗儒所诬,以启后世之虐政,故具论之。"③

---

① 朱熹:《四书章句集注·论语·季氏》,北京:中华书局,1983 年版,第 170 页。
② 舒大刚等校注:《三苏经解集校·书传》,成都:四川大学出版社,2017 年版,第 326 页。
③ 舒大刚等校注:《三苏经解集校·书传》,成都:四川大学出版社,2017 年版,第 326 页。

他认为，无论百姓有过还是有功，君王均应反躬自问，民之罪过在我，民之有功则我亦有德，这也是孔子反求诸己的基本思想原则，当然不可恃刑。苏轼痛心，因为有人恃刑，故世有虐政。他就王安石变法，在《上神宗皇帝书》中提出九字方略——结人心、厚风俗、存纪纲，各有所指。所谓结人心，乃在于人主所恃唯在人心，得人心则兴，失人心则亡。他列举了子产、商鞅、宋襄公等人的例子，说明"君子未论行事之是非，先观众心之向背"①。新法创立制置三司条例司求利，致使百姓惊疑，官吏惶惑，请罢之以安天下、悦人心，并批新法下的水利法、庸钱法、青苗法、均输法，责王安石为贪功之人，行侥幸之说，实在不可。所谓厚风俗，乃因国之存亡在道德深浅，历数之长短在风俗厚薄，提出以清净为心，让奸邪无所缘，民德归厚。所谓存纪纲，当是方盛虑衰，立法救弊，委任台谏，意在折奸邪之萌，救内重之弊，容其所言未必皆是，须以此为纪纲，以尚贤斥奸，使人敢言以尽忠。苏轼的存纪纲突显了他的忠诚，然就他主张的治理天下应结人心、厚人伦而言，本质还是仁义，或说仁德。

持结人心、厚风俗的思想，苏轼解《周书·周官》中周成王所说的"制治于未乱，保邦于未危"时，说了一段治天下任人与任法的话。尧、舜时官百而天下治，夏、商时官数倍之却德衰政卑，乃因尧、舜任人而不任法，法简、官少而事省；夏、商任人与任法并行，法烦、官多而事冗。于是他说："后世德愈衰，政愈卑，人愈不信，而一付之法、吏，不敢任事，相倚以苟免，故法愈乱，官愈多而事不举。人主知此，则治矣。"②这与他当年反对王安石"熙宁变法"的思想相合，二十多年过去了，他的政治理念没有发生变化。《唐虞稽古建官惟百夏商官倍亦克用乂》一文中说，法简、省事则省官，如是清

① 苏轼著，孔凡礼点校：《苏轼文集·上神宗皇帝书》，北京：中华书局，1986 年版，第 730 页。
② 舒大刚等校注：《三苏经解集校·书传》，成都：四川大学出版社，2017 年版，第 357 页。

心守成即可。

苏轼《书传》表现出的仁义、仁德思想既是道德观又是政治观,他还在《周书·梓材》传里说:"《大诰》《康诰》《酒诰》《梓材》,其文皆奥雅,非世俗所能通……予详考四篇之文,虽古语渊懿,然皆粲有条理,反复丁宁,以杀为戒,以不杀为德。此《易》所谓'聪明睿智神武而不杀者',故周有天下八百余年。后之王者,以不杀享国,以好杀殃其身及其子孙者,多矣。"[1] 随后举了五代时后汉隐帝的例子。周太祖叛汉,汉隐帝派开封尹刘铢杀了他家百口,导致后汉速亡。而不杀背后是仁义,想享国长远,福及子孙,应该施行仁政。

苏轼在北归途中给范元长的信中,感伤同贬先逝者十人,"圣政日新,天下归仁,惟逝者不可及"[2],"天下归仁"是他最大的人生理想。《周书·无逸》说周文王享国五十年,苏轼作传称:"令德之主,欲其长有天下以庇民,仁人之意,莫急于此。"[3] 并说人皆好逸欲,但更好生命,禁所好之逸欲,是周公作《无逸》之意。苏轼顺势说,逸欲害生,有逸欲便会好色,好酒,好便辟嬖佞、台榭游观、田猎,因此短命的多有。这意思西汉枚乘《七发》说得很生动:"纵耳目之欲,恣支体之安者,伤血脉之和。且夫出舆入辇,命曰蹶痿之机;洞房清宫,命曰寒热之媒;皓齿蛾眉,命曰伐性之斧;甘脆肥脓,命曰腐肠之药。"既然危害人命如此,故苏轼说不可以一日之乐,造成百日之忧,当以恶衣食、远女色、卑宫室、罢游田及夙兴勤劳为药石,以此尽仁人之意。

苏轼解《周书·无逸》,说为君者当知稼穑艰难;解《周书·召诰》,说君臣勤恤人民,当以民心为天命,诫之曰:"民犹水也,水能

---

① 舒大刚等校注:《三苏经解集校·书传》,成都:四川大学出版社,2017年版,第323页。
② 苏轼著,孔凡礼点校:《苏轼文集·与范元长其十二》,北京:中华书局,1986年版,第1462页。
③ 舒大刚等校注:《三苏经解集校·书传》,成都:四川大学出版社,2017年版,第340页。

载舟,亦能覆舟。"他还在《惟圣罔念作狂惟狂克念作圣》一文里讲唐明皇的故事,说唐明皇开元之治,刑措与三代相近,故有大唐之盛;李林甫专权,安禄山兴兵反唐,民不聊生。为圣与作狂只在手掌反复之间,仁行天下,应善始善终。从这些来看,难怪四库馆臣说:"《东坡书传》……就其书而论,则轼究心经世之学,明于事势,又长于议论,于治乱兴亡,披抉明畅,较他经独为擅长。"①苏轼的经世之学在策论及《上神宗皇帝书》等文中有明确的阐述,虽说他在密州、徐州、杭州等地做太守时,有不俗的施政表现,却因贬谪的命运未能在政治上有更大的作为,晚年自道"问汝平生功业,黄州、惠州、儋州",一生在仕途上终究不如意。

　　话说回来,人们对苏轼著述的研究,较多地关注了他的文学作品,对他的儒家思想研究不足,特别是较少从《书传》的角度进行探索。本文期待能够引起学者对他《书传》的关注,以求对苏轼有更多、更深入的认知。

---

① 永瑢、纪昀等:《四库全书总目》,北京:中华书局,1965 年版,第 90 页中。

四、苏轼《易传》的四个问题

《易》或说《周易》自产生以后，受人关注。西汉以后，易学的路径甚明，根基甚厚。历魏晋、唐至北宋，易学之风很盛，好《易》者有范仲淹、欧阳修、邵雍、周敦颐、程颢、程颐、张载、苏洵、苏轼等，承前人易学，仍有义理派与象数派之别。苏轼承其父之易学，有《易传》传世，遗憾生前未能刊行，在北宋没有产生本应有的社会影响。

（一）关于《易》的基本理解

苏洵好《易》，作《易传》未成而殁，有六经论的《易论》说："圣人之道，得礼而信，得《易》而尊。信之而不可废，尊之而不敢废。故圣人之道所以不废者，礼为之明而《易》为之幽也。"① 他沿用《系辞上》的观点，说圣人惧其道废，忧天下因之混乱，观天地之象、通阴阳之变、考鬼神之情，分别为《易》的爻、卦、辞，用心乃在圣人之道。其子苏辙也有《易论》，开篇断言："《易》者，卜筮之书也。挟策布卦，以分阴阳而明吉凶，此日者之事，而非圣人之道也。

---

① 苏洵著，曾枣庄等笺注：《嘉祐集笺注》，上海：上海古籍出版社，1993年版，第142页。

圣人之道,存乎其爻之辞,而不在其数。"① 他与苏洵说《易》的出发点不一样,但一体二用,落点在圣人之道,又使二用重归一体。而所谓"日者之事",《史记·日者列传》说,自古受命为王者,皆以卜筮决于天命。不仅是王者,寻常人家以卜筮决疑也是常事。苏轼易学起于黄州,终于海南,他居儋时在《夜梦》诗里回忆少时受父亲教诲读书,"《易》韦三绝丘犹然,如我当以犀革编",用孔子"韦编三绝"作比,说明读《易》下过苦功。

《易》的六十四卦与三百八十四爻产生之后,随即有解经的"十翼"即《彖传》上下、《象传》上下、《系辞》上下、《文言》《说卦》《序卦》《杂卦》,对经文再作诠释,或叙,或论,或喻,赋予《易经》更多的思辨理性,也使之因复杂更显丰富。后人再注,不仅注经,也注"十翼",并将二者合称为《周易》。

苏轼说,圣人取象以作《易》,"当是之时,有其象而无其辞,示人以其意而已,故曰'《易》有四象,所以示也'。圣人以后世为不足以知也,故系辞以告之,定吉凶以断之。圣人之忧世也深矣"②。这取象作《易》的圣人与为《易》作传的圣人并非一人,前者有《系辞下》说的包牺氏王天下时,观象于天,观法于地,观鸟兽之文与地之宜,近取诸身,远取诸物,作八卦,以通神明之德,类万物之情,其后有神农氏、黄帝、尧、舜相传,至周文王(时称姬昌),司马迁说周文王为商纣王拘禁时推演了《周易》卦爻。后者所指不知是谁。

苏轼崇《易》,可从解《系辞上》"夫易,开物成务,冒天下之道"中看出来。他说:"天下各治其道术,自以为至矣。而支离专固,不适于中;易以其道被之,然后可得而行也。是故乾刚而不折,坤柔而不屈,八卦皆有成德而不窳。不然,则天下之物,皆弃材也;天下之道,皆弃术也。"③ 这"天下各治其道术",《庄子·天下》说

---

① 苏辙著,陈宏天等校点:《苏辙集》,北京:中华书局,1990 年版,第 1270 页。
② 舒大刚等校注:《三苏经解集校·易传》,成都:四川大学出版社,2017 年版,第 145 页。
③ 舒大刚等校注:《三苏经解集校·易传》,成都:四川大学出版社,2017 年版,第 143 页。

过:"天下之治方术者多矣,皆以其有为不可加矣!"①东汉班固在
《汉书·艺文志》有类似的表达。各学派水火不容、相灭相生,他引
《系辞下》的"天下同归而殊途,一致而百虑",说这些学派也是一
致百虑,同归殊途。然而,苏轼说各派之学如果不得"易"的阴阳
之道及乾、坤的刚柔,则不能行,材会成为弃材,道会成为弃术,如
此,则"易"的阴阳之道统领一切,其中最关键的是天地万物生于
阴阳。而《易》传后出,经、传合体,故苏轼《易传》既解经也释传。
在义理与象数卜筮之间,他更重的是义理。

　　《易·系辞上》说"易则易知,简则易从"②,一般解为天道平易,
地道简约,故易知易从,这是常见的事物法则,《易》也如是。《易》
作为卜筮之书,设卦观象,《系辞上》还托名孔子说"书不尽言,言
不尽意",于是"圣人立象以尽意,设卦以尽情伪"③,卦爻之象表意
的朦胧促生出卦爻之辞。其辞尽意或尽言以明吉凶,与卦爻之象
构成《易》象、辞并行的基本体系。苏轼解《系辞上》说,圣人作
《易》以拟形容、象物宜,画以为卦,刚柔相交,上下相错,六爻进退
屈伸于其间。进退屈伸虽难预测,但顺吉逆凶则是一定的。至于
其"辞",苏轼说"辞约而义广"④。正是"辞约",使其有无穷的阐释
空间,"义广"因之得到充分的体现。而"辞约"又是春秋时代文辞
表现出的重要特征,或被称为"微言",《易》之外,《春秋》《老子》
《论语》等都是如此。故其所言往往意在言外,难以情测。苏轼说,
圣人又"因天下之至刚而设以为乾,因天下之至柔而设以为坤。乾
坤交而得丧吉凶之变,纷然始起矣"⑤。《易》的设卦观象,因阴阳二
气、乾坤二卦所示的刚柔二极交感,故有天地四时、日月风雨以及
万物生成,其变通鼓舞、情伪吉凶自在其中。不仅如此,苏轼还在

---

① 郭庆藩:《庄子集释·天下》,北京:中华书局,1961年版,第1065页。
② 舒大刚等校注:《三苏经解集校·易传》,成都:四川大学出版社,2017年版,第132页。
③ 舒大刚等校注:《三苏经解集校·易传》,成都:四川大学出版社,2017年版,第145页。
④ 舒大刚等校注:《三苏经解集校·易传》,成都:四川大学出版社,2017年版,第145页。
⑤ 舒大刚等校注:《三苏经解集校·易传》,成都:四川大学出版社,2017年版,第138页。

解《系辞上》"变化者,进退之象也。刚柔者,昼夜之象也"时说,刚柔相互推移而生变化,变化生,致使吉凶之理难测。鉴于此,视事物为一律而抹杀变化,或认为事物变化、总不固定,都不妥,应当辩证地认知:"天下之理未尝不一,而一不可执。知其未尝不一而莫之执,则几矣。是以圣人既明吉凶悔吝之象,又明刚柔变化本出于一,而相摩相荡,至于无穷之理。"① 而这推移变化始于阴阳,《系辞上》说"一阴一阳之谓道",苏轼顺势阐述:"一阴一阳者,阴阳未交而物未生之谓也。"然后有"阴阳交然后生物,物生然后有象,象立而阴阳隐矣"②。阴阳交即阴阳合德,率先产生乾、坤即天地,形于《易》则是刚柔既有别又合体的乾坤二卦,方有万物相因相成。苏轼在解"屯卦"《象传》"雷雨之动满盈,天造草昧"时描述过其中的情形:"物之生,未有不待雷雨者。然方其作也,充满溃乱,使物不知其所从。若将害之,霁而后见其功也。天之造物也,岂物物而造之?盖草略茫昧而已。"③ 这"草昧"或"草略茫昧",是天地开辟时的茫然混沌状态,苏轼所解虽有太多的想象,但从中可以感受到他的自然观。

苏轼对阴阳之间关系的理解,体现在对"大过卦"的解说。他认为,阳与阴皆据用事之地,阳内出而摈阴于外,为"大过";阴外入而囚阳于内,为"小过"。二者如越本分,则非"大过"即"小过",皆不可取。于是苏轼说:"《易》之所贵者,贵乎阳之能御阴,不贵乎阳之陵阴而蔑之也。人徒知夫阴之过乎阳之为祸也,岂知夫阳之过乎阴之不为福也哉?"④ 阳对阴的驾驭,并不是阳对阴的欺凌蔑视,阳过阴与阴过阳均是祸而非福,在这一点上,理当谨慎持平。与《系辞下》说的"生生之谓易,成象之谓乾,效法之谓坤"相关,

① 舒大刚等校注:《三苏经解集校·易传》,成都:四川大学出版社,2017年版,第133页。
② 舒大刚等校注:《三苏经解集校·易传》,成都:四川大学出版社,2017年版,第135页。
③ 舒大刚等校注:《三苏经解集校·易传》,成都:四川大学出版社,2017年版,第21页。
④ 舒大刚等校注:《三苏经解集校·易传》,成都:四川大学出版社,2017年版,第66页。

苏轼说:"有生有物,物相转生,而吉凶得丧之变备矣。"这是物转变的利弊,但阴阳并非纯物质化的,还被赋予了一定的道德意蕴,苏轼在解《系辞下》的乾坤二卦示人简易时说:"刚而无心者,其德易,其形确然。柔而无心者,其德简,其形隤然。论此者,明八卦皆以德发于中,而形著于外也。故爻效其德,而象像其形,非独乾、坤也。"以易、简为德,意味着《易》的卦象、爻象及卦爻辞有普遍的道德性,如阳之摈阴,为君骄无臣;阴之摈阳,为臣骄无君;立阴以养阳,犹立臣以卫君等,它的道德化趋向显然是解读者的道德意识依附其上的结果,并因解《易》经、传者的生存环境与思想趋向而有所不同。

苏轼探究《易》之深意,又知晓《易》的象数卜筮之事。他居儋的元符元年(1098),因很久没收到苏辙的信,作《书筮》记为苏辙占卜事,时遇"涣卦",自称"吾考此卦极精详。口以授过,又书而藏之"①;在解《系辞上》时,说到乾、坤之策,具言爻的变易,如"坤卦"六三爻的"括囊,无咎无誉",苏轼说:"夫处上下之交者,皆非安地也。乾安于上,以未至于上为危,故九三有夕惕之忧;坤安于下,以始至于上为难,故六四有括囊之慎。阴之进而至于三,犹可贞也,至于四则殆矣。"② 如是的解爻之辞,为象数卜筮所用。

司马迁说文王演《周易》是放在"发愤著书"的思想构架内的,苏轼则视《易》为忧世之书,自有理论的源头和自我的认知。《系辞下》说,"天地之大德曰生,圣人之大宝曰位,何以守位曰仁,何以聚人曰财。理财正辞,禁民为非曰义"③,因此,苏轼认为,读《易》当明理财正辞,而基石是仁政。正辞即正名,他援引孔子名正方能言顺的理念,称不正名就有愧于民而生民祸。《易》的忧世为

① 苏轼著,孔凡礼点校:《苏轼文集·书筮》,北京:中华书局,1986年版,第2273—2274页。
② 舒大刚等校注:《三苏经解集校·易传》,成都:四川大学出版社,2017年版,第19页。
③ 舒大刚等校注:《三苏经解集校·易传》,成都:四川大学出版社,2017年版,第147页。

的是治世,理财正辞就是方法之一。苏轼还在《问供养三德为善》里说,《易》乃圣人所以尽人情之变,而不是求神卜筮。再说,卜筮为虚象,终须求实用,先虚而后实,由此推论出礼义廉耻与赏罚并行时,当先礼义廉耻而后赏罚,最好是赏罚设而不用,这也是治世之方。

修《易》大则治世以致太平,小则修身以成君子。《论语》记载了孔子的君子观,所谓君子怀德、君子坦荡荡、君子喻于义、文质彬彬然后君子等,以君子为理想人格、道德榜样,这对苏轼的影响很深。

(二)阴阳刚柔与穷理尽性

苏轼作《易传》前遭"乌台诗案",被贬为不能签署公事的黄州团练副使。他的黄州诗文一再表现出达观、超然的处世态度,而从作为经学的《易传》中,则能看出他对社会和人生的思考。《易》"乾卦"九三的"君子终日乾乾,夕惕若,厉,无咎",王弼解为君子修行,修上道而忧处下之礼旷,修下道则忧居上之德废,并说"居上不骄,在下不忧,因时而惕,不失其几,虽危而劳,可以无咎"[1]。这"终日乾乾,夕惕若"本无具体的思想指向,泛言君子日当勤勉,夜当戒惕,以求生避祸。王弼把它道德化了,认为君子的道德修养当以德与礼为内核。苏轼不以为然,他就这一爻辞解道:"天下莫大之福、不测之祸,皆萃于我而求决焉。其济不济,间不容发。是以终日乾乾,至于夕而犹惕然,虽危而无咎也。"[2]他就君子言,说君子处事当谨慎勤恳,求福避祸,这同样是常理。但处事成或不成,人

---

① 王弼著,楼宇烈校释:《王弼集校释》,北京:中华书局,1980年版,第212页。
② 舒大刚等校注:《三苏经解集校·易传》,成都:四川大学出版社,2017年版,第11页。

得福还是遭祸,都取决于自我的主体作用,如是说,很像是在检讨自己。他科考逢欧阳修主考,欧阳修赏识他,表示当避开一条路,让他出人头地,这实在是苏轼的福分。然而,曾被认为有宰相之才的他,在湖州太守任上遭了"乌台诗案",福与祸的转化,确是间不容发。他不太在意自我命运的跌宕,未必真的"夕惕"就能"危而无咎"。

　　苏轼解《系辞上》,就其"方以类聚,物以群分,吉凶生焉。在天成象,在地成形,变化见矣",说到"世之所谓变化者,未尝不出于一"①,进而从"乾""坤"的刚柔相摩相推,推论社会的变化亦然,不出于一而有二,以至无穷。这近于老子《道德经》第四十二章的"道生一,一生二,二生三,三生万物"论。在没有选择、没有意愿的自然变化中,人得"乾道"者成男,得"坤道"者成女,二者该为自然,并非为乾的刚强之德、坤的柔顺之道造就。然后他说:"圣人者亦然。有恻隐之心,而未尝以为仁也;有分别之心,而未尝以为义也。所遇而为之,是心着于物也。人则从后而观之,其恻隐之心成仁,分别之心成义。"②人心的道德化,不是本来就有的,而是因事因物而生,是人心附着于物产生效用的体现,与《孟子·告子上》说的"恻隐之心,人皆有之;羞恶之心,人皆有之;恭敬之心,人皆有之;是非之心,人皆有之。恻隐之心,仁也;羞恶之心,义也;恭敬之心,礼也;是非之心,智也。仁义礼智,非由外铄我也,我固有之也,弗思耳矣"③不同。因此他在解《系辞上》时批评道:"夫善,性之效也。孟子不见性,而见夫性之效,因以所见者为性。"④他还打了一个比方,说火能熟物,不曾见火,而以熟物为火,是不行的。这与性及性之效用类似,不宜认为性之效用就是性。而性是人之所以为

① 舒大刚等校注:《三苏经解集校·易传》,成都:四川大学出版社,2017年版,第131页。
② 舒大刚等校注:《三苏经解集校·易传》,成都:四川大学出版社,2017年版,第131—132页。
③ 朱熹:《四书章句集注·孟子·告子上》,北京:中华书局,1983年版,第328页。
④ 舒大刚等校注:《三苏经解集校·易传》,成都:四川大学出版社,2017年版,第136页。

人的根本,人能据此修养获得仁义,不能轻忽。

关于这一点,苏轼解《系辞上》时还有说法。他援引老子《道德经》第八章的"上善若水"及"水几于道",就其"几"即接近道而说水并非道,唯有水未生、阴阳未交、无物却不能说它无有,方可言道。他没明言这"道"是什么,而说"仁者见道而谓之仁,智者见道而谓之智。夫仁智,圣人之所谓善也。善者道之继,而指以为道则不可"①。善是道的载体,善自身不是道,与上述火熟之物非火之喻相似。而关于仁者、智者见道的仁、智说,苏轼解《系辞上》时说"仁者以道为仁,意存乎仁也;智者以道为智,意存乎智也"。然百姓日用仁智却不知,君子之道甚少,于是推论出:"君子之道,成之以性者鲜矣。"②苏轼借老子的话,以水喻善、说水近道,人当效水而为善。

说性,还有性命的问题。苏轼在解"乾卦"《象传》的"保合大和,乃利贞"时,用长篇文字谈了对"性命"的理解。他说"性"是莫知其然而然者,是人的天性。古人言性,好以物喻之,用以比喻之物非性自身。性须修养,他有一个说法:"君子日修其善,以消其不善,不善者日消,有不可得而消者焉。小人日修其不善,以消其善,善者日消,亦有不可得而消者焉。夫不可得而消者,尧、舜不能加焉,桀、纣不能亡焉,是岂非性也哉?"③君子的修善以消不善与小人的修不善以消善,乃是人性本善,不是外在的力量可以改变的,希望人们消不善而为善。命则是君之令、天之令以及性之至者,命是不可抗的,最大的是人的死生祸福不可抗,自然是命。从性与命,引申出情,三者之间的关系在他看来是:"情者,性之动也。溯而上,至于命;沿而下,至于情,无非性者。性之与情,非有善恶

① 舒大刚等校注:《三苏经解集校·易传》,成都:四川大学出版社,2017 年版,第 136—137 页。
② 舒大刚等校注:《三苏经解集校·易传》,成都:四川大学出版社,2017 年版,第 137 页。
③ 舒大刚等校注:《三苏经解集校·易传》,成都:四川大学出版社,2017 年版,第 13 页。

之别也。方其散而有为，则谓之情耳。命之与性，非有天人之辨也。至其一而无我，则谓之命耳。"①情生于性，进而至于命，相系无违。情性无善恶说，受内外因素的影响会发生变易，与韩愈"性三品"的性可善可恶说相近。

苏轼解《系辞下》"精义入神，以致用也。利用安身，以崇德也"时说："'精义'者，穷理也。'入神'者，尽性以至于命也。穷理尽性，以至于命，岂徒然哉？将以致用也。"②他又以水为喻，说知水的沉浮，尽水之变，即为穷理，而其变与水为一，自是尽性。在水中善游、操舟则是致用，用利身安，则为德高。他还在《乃言底可绩》一文中，对《易·说卦》的"穷理尽性，以至于命"作了解说，主张"穷理尽性，然后得事之真，见物之情。以之事天则天成，以之事地则地平，以之治人则人安"③。从这里更能理解他"致用"的具体指向，即治人以求天下安宁。在解《说卦》时，苏轼也谈到性命问题，"君子贵性与命也。欲至于性命，必自其所以然者溯而上之"。他以食与饥为例，饥出自渴，自然而生，与外人无涉。而"圣人既得性命之理，则顺而下之，以极其变。率一物而两之，以开生生之门，所谓因贰以济民行者也"④，济民亦为治民，与治人的用心为一。

《易》"巽卦"因上下爻象相同，《彖传》解时称为"重巽"，说"重巽以申命"。苏轼解为"君子和而不同，以巽继巽，小人之道也。无施而可，故用于申命而已"。巽代表风，他参加殿试时写了《重巽以申命论》一文，对题意解说道："圣人以为不重，则不可以变，故因而重之，使之动而能变，变而不穷，故曰：'重巽以申命。'"圣人法此而令天下，表现为"悯斯民之愚，而不忍使之遂陷于罪戾也，故

① 舒大刚等校注：《三苏经解集校·易传》，成都：四川大学出版社，2017年版，第13页。
② 舒大刚等校注：《三苏经解集校·易传》，成都：四川大学出版社，2017年版，第150页。
③ 苏轼著，孔凡礼点校：《苏轼文集·乃言底可绩》，北京：中华书局，1986年版，第165页。
④ 舒大刚等校注：《三苏经解集校·易传》，成都：四川大学出版社，2017年版，第158页。

先三日而令之,后三日而申之,不从而后诛,盖其用心之慎也"。为此,使民不测其端,知法而不违法,达到"上令而下不议,下从而上不诛,顺之至也"①的境界,上下皆顺则为至顺,仍然是怀悯民的仁心,走在社会治理的路上。况且他解《系辞上》"安土敦乎仁,故能爱"时说,"使物各安其所,然后厚之以仁。不然,虽欲爱之,不能也"。这"各安其所"也是有深意的,当是孟子说的使民有恒产而有恒心,无饥无寒,乐业乐居。

《说卦》说八卦"乾""坤""震""巽""坎""离""艮""兑",以"乾""坤"二卦为例,上及天、地、父、母,下为头、腹、马、牛,如是的比附难以尽言。因此苏轼说:"凡八卦之所为,至于俚俗杂乱,无所不有,其说固不可尽知,盖用于占筮者而已。"②当他强调卦爻之象与卦爻之辞的社会政治功用时,所谓俚俗杂乱是次要的事,但它意味着《易》涉及的内容甚多、涵盖面甚广,加上解说的人各持己见,更显得博大高深。

(三)庄敬日强与居安处正

《易》的"乾卦"言天,《象传》从天之行想到君子之行,说"天行健,君子以自强不息",以君子配天,激励其不断自强。苏轼解道,天非因刚能健,而是以不息故能健。君子也如是,当不息自强。他用流水和日用器物打比方,流水不腐,用器不蠹,皆在于不息故健,君子不要苟且求生,当知"庄敬日强,安肆日偷。强则日长,偷则日消"③。"庄敬日强,安肆日偷"出自《礼记·表记》,苏轼很看

① 苏轼著,孔凡礼点校:《苏轼文集·重巽以申命论》,北京:中华书局,1986年版,第34页。
② 舒大刚等校注:《三苏经解集校·易传》,成都:四川大学出版社,2017年版,第161页。
③ 舒大刚等校注:《三苏经解集校·易传》,成都:四川大学出版社,2017年版,第14页。

重这八个字,还在《畏威如疾》一文中引用之后说"此语乃当书诸绅",随时记取,并作此文为记。"日"为逐日,可用《礼记·大学》说的"苟日新,日日新,又日新"作注,讲求不断创新,反对溺于安逸,即在"日偷""日消"中消磨人生。然君子的自强不息,有行为规则与道德要求。

先说行为规则。《易》"习坎卦",《彖传》说"习坎"为重险,水流而不盈,行险而有信。苏轼仍以水作解,在说了只有水能习行于险之后,顺《彖传》行险有信的话,说:"万物皆有常形,惟水不然,因物以为形而已。世以有常形者为信,而以无常形者为不信,然而方者可斫以为圜,曲者可矫以为直,常形之不可恃以为信也如此。今夫水虽无常形,而因物以为形者,可以前定也,是故工取平焉,君子取法焉。惟无常形,是以遇物而无伤。惟莫之伤也,故行险而不失其信。由此观之,天下之信,未有若水者也。"[1]苏轼居儋时,喻自己作文如流水,随物赋形,且行所当行,止所欲止;北归途中,又以水为喻,评说谢民师的诗文。这里说的水因物为形,即他说的随物赋形。由此提出世以常形为信的不可信。君子当取法于水,固然源于水之有信、水遇物无伤的自全,还在于水柔而能胜刚。老子有柔弱胜刚强的经典理论,其《道德经·七十八章》说:"天下莫柔弱于水,而攻坚强者莫之能胜,以其无以易之。弱之胜强,柔之胜刚,天下莫不知,莫能行。"

苏轼以水喻君子取法,显见源于老子。但他在解《彖传》的"维心亨,乃以刚中"时说,人遇事有难易,志于行之心是"水心",水外柔不争,心通而刚,故能破解所遇之事。"方圜曲直,所遇必有以配之,故无所往而不有功也"[2],也是水的力量。苏轼希望君子如此,还说"君子平居,常其德行,故遇险而不变"[3],这并不容易,但

---

① 舒大刚等校注:《三苏经解集校·易传》,成都:四川大学出版社,2017年版,第68页。
② 舒大刚等校注:《三苏经解集校·易传》,成都:四川大学出版社,2017年版,第68页。
③ 舒大刚等校注:《三苏经解集校·易传》,成都:四川大学出版社,2017年版,第69页。

无碍他要求君子如是。苏轼先后被贬三州,是人生之险,他却能遇险不变,贬黄州乐做黄州人,贬惠州乐做惠州人,贬儋州在《别海南黎民表》里说"我本海南民,寄生西蜀州"。倘若遇险而以险为心,不免"大者不能容,小者不能忠,无适而非寇也"[①],对人生是有害的。

再说道德要求。苏轼解《易》常说到"诚",或修诚,或立诚,或至诚。孔子好以"信"代"诚",告诫弟子要重诚信,劝人言忠信,行笃敬。孟子说:"诚者,天之道也。思诚者,人之道也。至诚而不动者,未之有也;不诚,未有能动者也。"[②]《中庸》亦称"诚"为天之道、人之道。诚自成且成物,诚为物之终始,不诚无物,因此君子以诚为贵,当择善而坚执不移。苏轼解《易》说诚,如解《易》"乾卦"《象传》:"尧、舜之所不能加,桀、纣之所不能亡,是谓诚。凡可以闲而去者,无非邪也。邪者尽去,则其不可去者自存矣。是谓'闲邪存其诚'。不然,则言行之信谨,盖未足以化也。"[③] 这里,他又一次强调诚当出于本性,外在的力量不能干预;又说当去邪存正,言行诚实谨严,要在一个"真"字。《庄子·渔父》说过真是精诚之至,唯有精诚方能动人,而精诚也是自然性情外化的结果,非人不欲哭而强哭、不欲怒而强怒、不欲亲而强亲。还特别说了急于求人,则必尽其诚。这是就一般情形而言。

苏轼说至诚,如他解《系辞下》的"占事知来",援引了《中庸》的"至诚之道,可以前知。国家将兴,必有祯祥;国家将亡,必有妖孽。见乎蓍龟,动乎四体",谓"祸福将至","必先知之,故至诚如神"。这番话说国家命运因至诚会有祸福的征兆,知其于未降临之前,这是至诚的力量,故称至诚如神。人可以修诚,修诚有素方能有成;人可以立诚,"乾卦"九三说,君子修业立诚,苏轼随之说道:

① 舒大刚等校注:《三苏经解集校·易传》,成都:四川大学出版社,2017年版,第69页。
② 朱熹:《四书章句集注·孟子·离娄上》,北京:中华书局,1983年版,第282页。
③ 舒大刚等校注:《三苏经解集校·易传》,成都:四川大学出版社,2017年版,第16页。

"修辞者,行之必可言也。修辞而不立诚,虽有业不居也。"① 立诚是修辞的准则,而修辞者其言善与不善决定了能否进入立诚的境地,故修辞重在修善,这是需要注意的。还有一个"诚同"即两心如一的问题。苏轼解《易》"同人于野卦"《象传》的"利涉大川":"野者,无求之地也。立于无求之地,则凡从我者,皆诚同也。彼非诚同,而能从我于野哉! 同人而不得其诚同,可谓同人乎?"② 居上位则同者自至,是否为"诚同"存疑;居野无所求则不然,能从者为"诚同",故利涉大川,否则涉川则溃。涉川是象征,《易》多用此语说吉利,"诚同"则同心协力,诸事可成。

再则是"敬"。"敬"的外在表象是尊敬、恭敬,内涵则是儒者的仁、义、礼、智、信。儒者重"敬",视之为做人处事的基本态度,本质是人应该具备的道德品性和行为。孔子说事思敬、执事敬,让人处事有敬畏之心,孟子说:"仁者爱人,有礼者敬人。爱人者,人恒爱之;敬人者,人恒敬之。"③ 告诉人们当做一怀仁者、有礼者,敬人、爱人,也会获得相应的尊敬和爱戴。《中庸》说:"敬其所尊,爱其所亲。"它把这话挂在孔子的名下,实则为子思所言,称为政当敬尊爱亲,如是相沿而下,可以构成一条关于"敬"的历史线索,这且不多言。苏轼在解"坤卦"《文言》的"君子敬以直内,义以方外"时说:"君子必自敬也,故内直。推其直于物,故外方。直在其内,方在其外,隐然如名师良友之在吾侧也。是以独立而不孤,夫何疑之有?"④ 这"自敬"很有意味,人的自我敬重是遵从自我的内心,而非屈从于外部要求,处事执着而刚毅,故直于内而方于外,独立不孤而多有名师良友。这也是在说苏轼自己的生活。他一生因直言获罪,流贬三州却胜友如云,可谓是这一理念的印证。《象传》解"需

① 舒大刚等校注:《三苏经解集校·易传》,成都:四川大学出版社,2017年版,第16页。
② 舒大刚等校注:《三苏经解集校·易传》,成都:四川大学出版社,2017年版,第38页。
③ 朱熹:《四书章句集注·孟子·离娄下》,北京:中华书局,1983年版,第298页。
④ 舒大刚等校注:《三苏经解集校·易传》,成都:四川大学出版社,2017年版,第20页。

卦"六三爻辞的"需于泥,致寇至",说"需于泥"意味灾祸在外,如"自我致寇,敬慎不败也"①。苏轼重复了"敬慎不败"的话,说遇险仍向前为吉,唯有处事敬慎方能做到。

在苏轼看来,道德关乎吉凶,《象传》解"咸卦"的"咸其拇"为"志在外也",苏轼说了一句:"德有优劣,而吉凶生焉。"②与之相应,道德关乎祸福,《象传》解"噬嗑卦"的六五爻辞"贞厉,无咎"时,说其"得当",苏轼解道,"噬嗑卦"的九四爻居二阴爻之间,六五爻居二阳爻之间,都处于必争之地而互相咬噬,不能以德相怀。所谓的"贞厉无咎",不能安居享福,进而说"惟有德者为能安居而享福"③,人当有德才是。还就《系辞下》的"巽,德之制也"解道:"无忤于物而能胜物者风也,故德之制在巽而可以行权。"这意味着德当如风,风行怀德而胜物,这一说法源于孔子的"君子之德风,小人之德草。草上之风,必偃"④,也是苏轼道德取向的见证。

基于此,苏轼求正。他在解《易》"乾卦"初九的"潜龙勿用"时说,"乾卦"取龙,乃因龙"能飞能潜也,飞者其正也";解九二"见龙在田,利见大人",又说飞是龙的正行,天是龙的正处;解九五的"飞龙在天,利见大人"时说,"今之飞者,昔之潜者也",潜龙求用而飞,"龙之正也"。他反复用了一个"正"字,如飞龙的正道、正行、正处等,居安处正然后能有所得。这"正"是无妄而不偏邪,《象传》解"无妄卦",说无妄以正是天命。苏轼说无妄,天下方能相从以"正",正者在己,圣人能必正,不能使天下必从,故无妄为天命,而世妄则为不正,"无妄之世,正则安,不正则危。弃安即危,非人情,故不正者,必有天灾"⑤。他还解"贞"为"正"。《系辞下》"吉凶者,贞胜者也",苏轼解曰:"贞,正也,一也",并援引老子《道德经》

① 舒大刚等校注:《三苏经解集校·易传》,成都:四川大学出版社,2017年版,第24页。
② 舒大刚等校注:《三苏经解集校·易传》,成都:四川大学出版社,2017年版,第72页。
③ 舒大刚等校注:《三苏经解集校·易传》,成都:四川大学出版社,2017年版,第54页。
④ 朱熹:《四书章句集注·论语·颜渊》,北京:中华书局,1983年版,第138页。
⑤ 舒大刚等校注:《三苏经解集校·易传》,成都:四川大学出版社,2017年版,第60页。

三十九章的"侯王得一以为天下贞",说正于天下非为求胜,胜者正之衰,乃因有胜则有负,故胜也不可取。"家人卦"之"利女贞",《象传》解为男女正为天地之大义,家道正,正家才能定天下。苏轼解道:"火之所以盛者,风也,火盛而风出焉;家之所以正者,我也,家正而我与焉。"正己才能正家,正家才能正天下,这合于《礼记·大学》正心、修身、齐家、治国、平天下的思想。就个人来说,苏轼就《象传》解"乾卦"时说的"保合大和,乃利贞",先是释"贞"为"正",然后说:"方其变化,各之于情,无所不至。反而循之,各直其性以至于命,此所以为贞也。"① 如是说,既是解《易》,又是自我刚正执着性格的写照,与他在《密州通判厅题名记》里说的不慎言语、尽吐方快相应。

苏轼解《易》始终不忘社会治理,《易》"涣卦"的"利涉大川",《象传》解为"乘木有功",意在顺势而行。苏轼说:"世之方治也,如大川安流而就下,及其乱也,溃溢四出而不可止。水非乐为此,盖必有逆其性者,泛溢而不已。逆之者必衰,其性必复。水将自择其所安而归焉。古之善治者,未尝与民争,而听其自择,然后从而导之。"② 他以水的安流喻世治、溃溢喻世乱。安流是水之性,溃溢四散乃逆水性所致,顺则势兴,逆则势衰,是水的规律。从这里引申出善治者不与民争,这与老子不与民争的思想相类,所以苏轼会说"无为而物自安矣"③。继而说应听民自择,然后从而导之。他晚年这样思考,与早年在《策略》《策别》等中表明的政治主张不一样。经历人生的风浪之后,他的内心更柔软了,希望君子顺势而行,不宜在不可得时强行求取,如是非徒不得,后必有患。

---

① 舒大刚等校注:《三苏经解集校·易传》,成都:四川大学出版社,2017 年版,第 120 页。
② 舒大刚等校注:《三苏经解集校·易传》,成都:四川大学出版社,2017 年版,第 120—121 页。
③ 舒大刚等校注:《三苏经解集校·易传》,成都:四川大学出版社,2017 年版,第 14 页。

（四）施教保民与居德守中

苏轼解《易》除了上述，还有一些关于人的说法。如《象传》解"豫卦"，说"'初六鸣豫'，志穷凶也"，苏轼说："己无以致乐，而恃其配以为乐，志不远矣。因人之乐者，人乐亦乐，人忧亦忧，志在因人而已。所因者穷，不得不凶。"[1] 他说的是一般的道理，依赖他人享有快乐有很大的局限。情绪往往因人而动，当失去依赖，快乐不再时，情绪自然会恶劣起来。他又在解《系辞上》"原始反终，故知死生之说"时说："人所以不知死生之说者，骇之耳。故原始反终者，使之了然而不骇也。"[2] 其后朱熹批评他未得其旨，认为当穷其理而知人之所以生、所以死，才能真正懂得生死。这一批评很弱，苏轼是深谙生死的人，这里对生死语焉不详，朱熹也承认这一点。

相较而言，苏轼解《易》较多地提到两种人：君子和圣人。二者在上述分别有所涉及。君子在古代是普泛的世人榜样，常与小人对举；圣人则是有最高道德修养和智慧的人。

孔子就常把君子与小人相较，这在《论语》里相当普遍，如说"君子坦荡荡，小人长戚戚""君子喻于义，小人喻于利""君子和而不同，小人同而不和""君子求诸己，小人求诸人"，在这样的比较中，突显出君子、小人不同的人格与品性。苏轼也谈君子与小人，在《象传》解"剥卦"的"'剥床以辨'，未有与也"后，他说："君子之于小人，不疾其有丘山之恶，而幸其有毫发之善。"苏轼对小人很有批评，斥其灭正而行凶。因此他勾画了宽容的君子胸怀——

---

① 舒大刚等校注：《三苏经解集校·易传》，成都：四川大学出版社，2017年版，第44页。
② 舒大刚等校注：《三苏经解集校·易传》，成都：四川大学出版社，2017年版，第134页。

不恨小人的大恶,而喜小人的小善。《象传》解"大壮卦"九三爻辞"小人用壮",称"君子罔也",苏轼说:"以壮阳触穷阴,其势若易易然。而阳壮则轻敌,阴穷则深谋。故小人以是为壮,而君子以是为罔己也。"这壮阳与穷阴里有生活的辩证法。苏轼的这句话不像孔子所言,成为后世的人生格言,但他意在说明人生的基本道理,有自我对君子的认知。

苏轼在《易传》中更多是单说君子。《象传》解"夬卦"的"君子以施禄及下,居德则忌",他把这话说得更明确了:"君子之于禄利,欲其在人;德业,欲其在己。"①这是人生难得的境界,君子的品德尽在于此。修德在己,禄利则归他人。这样的济民利民思想,在"临卦"《象传》解作"泽上有地,临。君子以教思无穷,容保民无疆",苏轼把这话摊开再说:"泽所以容水,而地又容泽,则无不容也。故君子为无穷之教,保无疆之民。"泽、地之喻意在说君子的胸怀,为人一世,君子当施教保民,君子居德,意在天下。他还在"渐卦"《象传》"君子以居贤德善俗"后说:"木生于山,山能居之。山以有木为高,故君子以是居德业,善风俗。"这"善风俗"与他在《上神宗皇帝书》里说的"厚风俗"相应,说的是朝廷当"以简易为法,以清净为心,使奸无所缘,而民德归厚"②。晚年的苏轼仍怀兼济天下之心。

"益卦"《象传》释"益",说"凡益之道,与时偕行"。苏轼解道:"君子之视民,与己一也,益者要有所损尔,故时然后行。"视民若己,是君子的境界。他还希望君子见祸而救之,及其成则远之;当言之有物,行之有恒;还在解"颐卦"《象传》的"'观我朵颐',亦不足贵也"时说,"君子在上足以养人,在下足以自养",养人乃为治民,自养则是修德而自善其身。很有深意的是,"颐卦"《象传》

---

① 舒大刚等校注:《三苏经解集校·易传》,成都:四川大学出版社,2017 年版,第 93 页。
② 苏轼著,孔凡礼点校:《苏轼文集》,北京:中华书局,1986 年版,第 739 页。

解卦辞的"自求口实",说了"慎言语,节饮食",苏轼重复了这六个字,然后补充了一句:"言语一出而不可复入,饮食一入而不可复出者也。"后一句衬托、强化了前一句,话出口不可收回,这是劝人,也有暗指他好发议论、因言获罪,而自诫慎言的意味。

关于圣人,《系辞上》说圣人之道有四:言者尚其辞、动者尚其变、制器者尚其象、卜筮者尚其占。苏轼不以为然,说"圣人之道,求之而莫不皆有,取之而莫不皆获者也",言外之意是圣人之道非这四者所能尽括。他的批评放大了圣人之道,也体现了对圣人的推崇。他说君子居德业,同理,圣人也当居德业。仍然是解《系辞上》,苏轼说圣人之德业异于常人,常人有心修得,圣人无心自致,圣人居于常人之上。还有《系辞上》说"易简而天下之理得矣。天下之理得,而成位乎其中矣"①,苏轼接过这个话题说,天下自然为一,物得天理自然而生、自然而死,因此生者不会感恩,死者不会抱怨。"无怨无德,则圣人者岂不备位于其中哉!"②据此,可以理解圣人的地位和立场,圣人也因此赢得了尊敬和厚爱。他在解"观卦"的"观其生"时说:"圣人以其一身擅天下之乐,厚自奉以观示天下,而天下不怨,夫必有以大服之矣。"这让人有点费解,圣人为民,以自然设教以教化百姓,后来又有以神道设教的说法,立赏爵刑罚而不用,怎会独擅天下之乐,厚自奉而薄待人呢?其实这说的是天下无争时的自然状态,圣人与百姓彼此无争,各依所欲行而行,故会出现这样一种情形。这里,苏轼想说的是,如果"吾以吾可乐之生而观之人,人亦观吾生可乐,则天下之争心将自是而起"③。如是说,这圣人不像孔子眼中的圣人,而近似老子笔下的圣人,不见可欲,不生争心,这时代也近似老子主张的原始时代了。还有"丰卦"卦辞说"丰"为"宜日中",《彖传》说"日中则昃,月盈则

---

① 舒大刚等校注:《三苏经解集校·易传》,成都:四川大学出版社,2017年版,第132页。
② 舒大刚等校注:《三苏经解集校·易传》,成都:四川大学出版社,2017年版,第132页。
③ 舒大刚等校注:《三苏经解集校·易传》,成都:四川大学出版社,2017年版,第52页。

食,天地盈虚,与时消息",而"丰"正处于"日中"。苏轼顺势说道,"丰"为极盛之时,人们常常不忧极盛不至,而忧其已至也,问题在于自然规律彰显的是"足则余,余则溢。圣人处之以不足,而安所求余,故圣人无丰。丰非圣人之事也"①。苏轼在解"复卦"《象传》的"迷复之凶,反君道"时,也说过"极盛必衰,骤胜故败"的话,足见圣人应居德守中,以"丰"为防盛极而衰之术。这也与老子的思想相近。苏轼以老子解《易》,被南宋朱熹批之以"杂学",但他在很多时候都坚守儒家的主张,在"圣人"的问题上也如此。

关于"泰卦""小往大来,吉亨",《象传》说,其吉在于天地交而万物通,上下交而其志同;而卦象本身是内阳外阴,《象传》解为内健外顺,内君子外小人,因其为吉兆,故说君子道长,小人道消。苏轼则说,圣人安泰,是因用君子节制小人,使小人不得为非,君子之患无由而起。这是圣人的治世之道,也是泰安之道。而用君子治世,就回到孔子的圣人上来。再则是他解"家人卦"说,其卦象四阳二阴,阴不失其位,阳为政而阴听之,则家可治;"'家人'四阳,惟九五有人君之德,故称其德,论天下之家焉。君臣欲其如父子,父子欲其如君臣,圣人之意也"②。这君臣如父子说,也是儒者从孔子君君、臣臣、父父、子子的治国理念中生成的。

苏轼还有"时"的理念。"随卦"卦辞说"天下随时",《象传》曰"随时之义大矣","时"为天时。苏轼有时说人当顺天之命,进退善恶;"时"亦为"时运"。因此,"乾卦"《象传》说"'时乘六龙',以御天也",苏轼就龙飞、潜、见、跃,解为"各适其时以用我刚健之德也"③。适时是处事最佳的角度,适时而用物也易得其用。《易》的六十四卦,未有不合时者,只看善用不善用。

苏轼居儋有信给程德孺,说眼下兄弟俱窜、亲人流离,自己"但

---

① 舒大刚等校注:《三苏经解集校·易传》,成都:四川大学出版社,2017年版,第114页。
② 舒大刚等校注:《三苏经解集校·易传》,成都:四川大学出版社,2017年版,第82页。
③ 舒大刚等校注:《三苏经解集校·易传》,成都:四川大学出版社,2017年版,第12页。

随缘委命而已"①。这看似消极,其实寓有随遇而安的积极生活态度。他在儋州写了《纵笔三首》,其一说:"寂寂东坡一病翁,白须萧散满霜风。小儿误喜朱颜在,一笑那知是酒红。"又有《减字木兰花·立春》:"春幡春胜。一阵春风吹酒醒。不似天涯。卷起杨花似雪花。"欢快如斯。他最终在此完成"经学三书",也是如此。尽管他的《易传》有以老解《易》的现象,但他思想的主导还是儒家思想,其《书传》《论语说》也可作为佐证。至于《易传》的风格,明代吴之鲸在万历二十四年(1596)刻《东坡易传》批注,说苏轼解"乾卦"谈性命的一段文字"好议论,好文章,妙论快论,极深理路,以快笔行之,使人言下了然。凿凿有据,不是强圣人道理就我议论"②。这也可以用来评述苏轼其他解《易》的长篇文字。但当注意的是,"十翼"论《易》在形式上类似于"赋诗断章",多有逐句作解的现象,导致语言上各自独立,故《易传》也多为短制,少有长篇。

---

① 苏轼著,孔凡礼点校:《苏轼文集·与程德孺其一》,北京:中华书局,1986 年版,第 1687 页。
② 舒大刚等校注:《三苏经解集校·易传》,成都:四川大学出版社,2017 年版,第 14 页。

五、基于辑佚的苏轼《论语说》研究

苏轼生前"经学三书"《易传》《书传》《论语说》并未流传，在蜀学中的影响不曾产生，前面先后说了一下他的《书传》和《易传》，本文关注的是《论语说》。

（一）《论语说》的两个悬案

苏轼"经学三书"给后学留下一些悬案，其中又以《论语说》为甚，其主要有二：

一是苏轼之弟苏辙在《论语拾遗序》里所说的："予少年为《论语略解》，子瞻谪居黄州，为《论语说》，尽取以往，今见于其书者十二三也。"[①] 苏轼死后，苏辙晚年在颍昌（今河南许昌）为孙苏籀、苏筠等讲《论语》，共二十七章，后辑为《论语拾遗》。从他这话，可知苏轼《论语说》始作于黄州，这一点苏轼在黄州给文潞公即文彦博的信中说："到黄州，无所用心，辄复覃思于《易》《论语》，端居深念，若有所得，遂因先子之学，作《易传》九卷。又自以意作《论语说》五卷。穷苦多难，寿命不可期，恐此书一旦复沦没不传，意欲写数本留人间。念新以文字得罪，人必以为凶衰不祥之书，莫肯收

---

① 苏辙著，陈宏天等校点：《苏辙集·论语拾遗并引》，北京：中华书局，1990年版，第1216页。

藏。又自非一代伟人不足托以必传者，莫若献之明公。而《易传》
文多，未有力装写，独致《论语说》五卷。"①

这两段话常为人们关注。所谓苏辙少年时作的《论语略解》
见于苏轼《论语说》者有十之二三。苏轼元丰二年（1079）贬黄
州，二月抵黄州，时年四十五岁，苏辙四十二岁。这"少年"是什么
时候？苏辙有《寄内》诗称"与君少年初相识，君年十五我十七"，
又在《武昌九曲亭记》里说："昔余少年，从子瞻游。有山可登，
有水可浮，子瞻未始不褰裳先之。"这"少年"一说，当是他们第
一次出川以前。二十岁及冠前称少年最为合理，然苏轼熙宁七年
（1074）由海州赴密州途中，写了《沁园春·赴密州早行马上寄子
由》，其中说"当时共客长安，似二陆初来俱少年"，这是说他们当
年随父出川，共客汴京事。初到汴京，苏轼二十一岁，苏辙十八岁。
苏辙说的少年作《论语略解》可延至及冠后。苏轼取苏辙《论语
略解》以为《论语说》，其间有些理解是否停留在苏辙的"少年"水
平？《论语说》基本成于黄州，后在海南又有修订，苏轼曾对李端
叔说："所喜者，海南了得《易》《书》《论语》传数十卷，似有益于
骨朽后人耳目也。"②算起来，《论语说》最后成就，前后历二十年。

苏轼对"三书"很自许，他在《与滕达道书》其二十一里说，所
作"三书"，"自谓颇正古今之误，粗有益于世，瞑目无憾也"③。他一
生诗、文、词享有盛誉，他不说这些创作让自己无愧此生，却说因有
"三书"方感此生不虚过。苏辙也说过苏轼"作《论语说》，时发孔
氏之秘"④，对《论语说》是很赞赏的。但苏轼《论语说》竟然保留

---

① 苏轼著，孔凡礼点校：《苏轼文集·黄州上文潞公书》，北京：中华书局，1986 年版，
　第 1380 页。
② 苏轼著，孔凡礼点校：《苏轼文集·答李端叔三》，北京：中华书局，1986 年版，第
　1432 页。
③ 苏轼著，孔凡礼点校：《苏轼文集·与滕达道二十一》，北京：中华书局，1986 年版，
　第 1482 页。
④ 苏辙著，陈宏天等校点：《苏辙集·亡兄子瞻端明墓志铭》，北京：中华书局，1990 年
　版，第 1127 页。

了《论语略解》十之二三的内容；而关于苏辙的《论语拾遗》，四库馆臣说，辙见兄之说有未安处，而作二十七章，在经说上轼不及辙，这多少令人有点费解。

二是苏轼生前将《论语说》连同《易传》《书传》交给了友人冰华居士钱济明，并说："某前在海外，了得《易》《书》《论语》三书，今尽以付子，愿勿以示人。三十年后，会有知者。"[①]他预言三十年后有知"三书"者。"三书"在南宋渐传，可《论语说》最终却失传了，舒大刚说到这一问题：

> 明朝前期修《文渊阁书目》著录"《论语东坡解》一部二册"，傅维麟《明书·经籍志》亦有著录，作"二册"。《文渊阁书目》，杨士奇编于正统六年（1441），是清点当时明皇室内阁藏书的记录，其时苏轼《论语说》尚存。同时的叶盛《菉竹堂书目》卷一著录："《论语东坡解》二册。"反映的都是明朝前期情况。后此一百五十六年，当万历丁酉（1597）焦竑刻《两苏经解》时，已不见有《论语说》了。焦氏《两苏经解序》称："子瞻《论语解》卒佚不传。"可见此书在明万历时期已经难觅了，因此《两苏经解》中没有苏轼《论语说》。[②]

他同时说，在南宋朱熹后直到金元，对《论语说》的称道和引用不绝于书。今卿三祥、马德富、舒大刚以及谷建、许家星等人辑《论语说》佚文，得一百多条。细看诸学人所辑《论语说》佚文，主要源自苏轼其他著述，如《思堂记》《韩愈论》《书传》《东坡志林》等。对于其他文献来源，如南宋朱熹《论语或问》《朱子集注》，邵博《邵氏闻见后录》，金人王若虚《滹南集·论语辨惑》等，诸学人

---

① 何薳著，张明华点校：《春渚纪闻》卷六，北京：中华书局，1983年版，第238页。
② 舒大刚等校注：《三苏经解集校·论语说叙录》，成都：四川大学出版社，2017年版，第748页。

用力甚多,但所能辑得的条目相对于《论语》二十篇四百九十二章来说,仍旧是太少。有的辑文不是产生自黄州时期,如《论语·为政》:"诗三百,一言以蔽之,曰:'思无邪。'"下辑的苏轼《思堂录》文末明确标示"元丰元年正月二十四日记",距离他流贬黄州还有两年。这是否意味着《论语说》有的思想形成在黄州之前,而非起于黄州?是否苏轼早想解经,但许多年都在仕途上奔波,因"乌台诗案"被贬黄州,做一个只有空衔的团练副使,方得闲暇为《周易》《论语》作解?

　　班固说:"《论语》者,孔子应答弟子时人及弟子相与言而接闻于夫子之语也。当时弟子各有所记。夫子既卒,门人相与辑而论纂,故谓之论语。"[1]"论语"二字的解释还有其他说法,姑且不论。《论语》一书多为孔子及弟子或再传弟子之言[2],孔子的伦理哲学、道德政治理念及教育思想尽在其中。清代孙星衍在嘉庆年间归田卧病时,在宋人薛据、清人曹庭栋所辑《论语》外的孔子语的基础上,邀堂弟孙星海、侄婿龚庆遍检子史之书,采录孔子语,成《孔子集语》"劝学""孝本""五性"等十七卷,其孔子语多为后人托孔子言,自当别论。《论语》之后,为之作解者众。西汉时有《古论语》《齐论语》《鲁论语》,魏徵说:"张禹本授《鲁论》,晚讲《齐论》,后遂合而考之,删其烦惑。除去《齐论·问王》《知道》二篇,从《鲁论》二十篇为定,号《张侯论》,当世重之。"[3]东汉郑玄以《鲁论语》为底本,集三家注成《论语注》,后有三国曹魏何晏等人的《论语集解》等。今又有定州汉墓出土的六百二十多枚"论语简",是现存最早的《论语》抄本,惜乎只有七千五百七十六个字,残损过多。

---

[1]　班固:《汉书·艺文志》,北京:中华书局,1962 年版,第 1717 页。
[2]　因《论语》定本成于汉,有些孔子言论疑经汉儒修饰或改动。李振宏《〈论语〉"四十而不惑,五十而知天命"章献疑》(载《清华大学学报》2020 年第 1 期)就认为孔子"吾十有五而志于学,三十而立,四十而不惑,五十而知天命,六十而耳顺,七十而从心所欲,不逾矩"为伪作。
[3]　魏徵等:《隋书·经籍志》,北京:中华书局,1973 年版,第 939 页。

辑佚不能复原，失了《论语说》的本来面貌，不知苏轼对《论语》的解读除辑文外还会说些什么，辑文是否与原《论语说》相吻合也是一个问题。其后，苏辙对苏轼的《论语说》有不同的见解，这表明苏轼把"三书"托付给钱济明之后，"三书"或者至少是《论语说》曾传至苏辙之手，为苏辙亲见过。

尽管如此，我们也不妨基于辑佚对《论语说》作点探讨，看它能给人们怎样的启示。这也是本文的用心。

（二）亲仁好仁而不违仁

《论语》的核心思想是"仁"，苏轼《论语说》不会回避。他出川后，一考即名满京城的应试文《刑赏忠厚之至论》，命题之下的刑赏论"罪疑惟轻，功疑惟重"，他申言为"可以赏，可以无赏，赏之过乎仁；可以罚，可以无罚，罚之过乎义"，过仁为君子，过义为忍人，并说君子止乱的要术是仁。仁的思想就此可说贯串了苏轼一生。针对王安石"熙宁变法"，苏轼有《上神宗皇帝书》，其九字方略"结人心、厚风俗、存纪纲"，放在首位的"结人心"就是行仁义。这些想法都在他贬黄州、撰《论语说》之前。而晚年他在海南作的《书传》里，就召公劝成王不要乱了法度说道："不杀为仁，杀为不仁，薄敛为有德，厚赋为无道。此古今不刊之语，先王之正刑也。"[①] 与他《刑赏忠厚之至论》里尚仁的主张相似。

关于"仁"，孔子因材施教，导致有很多不同的说法，如爱人为仁，恭、敬、忠为仁，更复杂一些的是能行恭、宽、信、敏、惠五者为仁。仁涵盖和规范了人的基本道德行为。惜苏轼解说已佚，不知

---

① 舒大刚等校注：《三苏经解集校·书传·无逸》，成都：四川大学出版社，2017 年版，第 340 页。

他对此的具体理解。在所辑的苏轼《论语说》中，与孔子释仁相系，苏轼有如下解说。

《论语·子路》里孔子说："刚、毅、木、讷近仁。"这涉及刚强、果决、朴实、寡言。苏轼有《刚说》一文，被辑来解说其中之"刚"，恰到好处。他说好刚者本好其仁，恶佞者本恶其不仁。苏轼从这里想到自己，说道："吾平生多难，常以身试之，凡免我于厄者，皆平日可畏人也；挤我于险者，皆异时可喜人也。吾是以知刚者之必仁，佞者之必不仁也。"① 这既在说救他于厄难中的刚强之人是仁者，而物以类聚，人以群分，隐隐透露出他自己也是刚强的仁者。这是苏轼关于仁的最简单的表达，证实了孔子说的刚则近仁，或说刚外柔内。

《论语·颜渊》里颜渊问仁，孔子说："克己复礼为仁。一日克己复礼，天下归仁焉。为仁由己，而由人乎哉！"颜渊再问具体该怎么做，孔子说："非礼勿视，非礼勿听，非礼勿言，非礼勿动。"舒大刚从苏轼的《视远惟明听德惟聪》中辑了一段文字，专说"非礼勿视，非礼勿听"。视听期于聪明，和礼、仁有什么关系呢？苏轼说："视听不以礼，则聪明之害物也甚于聋瞽。何以言之？明之过也，则无所不视，掩人之私，求人之所不及；聪之过也，则无所不听，浸润之谮，肤受之诉或行焉。此其害，岂特聋瞽而已哉！故圣人一之于礼，君臣上下，各视其所当视，各听其所当听，而仁不可胜用也。"② 这番解说十分透彻，看似与礼、仁无关的视听其实与礼、仁大有关系。不以礼制约视听，必然导致他所说的视听越礼，从而有害于仁。他还说，听言观行，言出于利即为小人；言出于德，即使有失，还是君子。这可谓是对"非礼勿言，非礼勿动"的解说，他希望人们做君子不做小人。

---

① 苏轼著，孔凡礼点校：《苏轼文集·刚说》，北京：中华书局，1986 年版，第 338 页。
② 苏轼著，孔凡礼点校：《苏轼文集·视远惟明听德惟聪》，北京：中华书局，1986 年版，第 167 页。

　　《论语·雍也》里孔子说："回也,其心三月不违仁,其余则日月至焉而已矣。"苏轼对"其心三月不违仁"的理解是："其颠沛造次,无不一出于仁者,是以知其终身弗叛也。"这一理解出自孔子。《论语·里仁》有一句："君子无终食之间违仁,造次必于是,颠沛必于是。"以孔子之说来解孔子,是文献与阐释学的内证法,他借此把三月不违仁梳理清楚。孔子主仁的最基本态度——不违仁方有仁,他从这里引申,说到观察人的方法。察人有法,历来如此,苏轼从孔子对弟子颜回的观察,提出观人不当从其有备而观之,当从其无备而观之。有备则难免有伪,无备方得其真。如是说基于"三月"之久,其间定有无所备者而不失仁。苏轼重的是真仁而非伪仁,遇利害其仁也不改。他说了三种人,一是仁出乎本性的尧、舜,二是仁出乎践行的汤、武,三是借仁而求霸道的春秋五霸。五霸不同于尧、舜,关键是本性的差异。苏轼笑言,如果孔子观之,不用一天就知道了。怀仁当有常性,苏轼细化了孔子的说法,警醒人们当有真仁而非伪仁。

　　苏轼在解说《论语·学而》的"弟子入则孝,出则悌,谨而信,泛爱众,而亲仁。行有余力,则以学文"时,又提到仁。他说孔子以孝、悌、仁、信为本,孔子弟子有子说过孝悌为仁之本,是本于人与人之间的血缘之爱,推及人与人之间的道德之爱。苏轼所解不同,并将孝、悌、仁、信提升为做人之本,较之有子所说有更广泛的意义。至于学文,他与孔子一致,视之为学做人之后的事。苏轼不止于此,而是将今之教人与孔子教人进行对比,说孔教下学而上达,不像今之人行于上而不及下,"引之极高,示之极深。未尝养之于学、游之于艺也,而遽告之矣。教者未必能,而学者未必信,则亦妄相从而已。少而习之,长而行之,务以诞相胜也。风俗之坏,必自此始矣"①。这

① 舒大刚等校注:《三苏经解集校·论语说》,成都:四川大学出版社,2017年版,第749页。

话很有意味。他没有进一步说明"高""深"是什么,但他说了教人要做基础功夫,养于学,游于艺。"艺"为六艺,礼、乐、射、御、书、数,这另当别论。至于"学",就孔门四教文、行、忠、信来说,文的诗、书、礼、乐,行的射、御、书、数或说社会实践,主要是知识教育;而忠、信则是道德教育,其中隐含了"仁"的教育。《论语·八佾》里孔子说过:"人而不仁,如礼何?人而不仁,如乐何?"苏轼还在孔子的"泛爱众而亲仁"后评价了一句,说他以仁者为亲,可见不"兼爱"。"兼爱"是墨家不分等级差别的爱,墨子以此寻求社会一统,与孔子之主仁爱而寻求社会一统,在终极目的上有一致的地方,但具体的主张和策略存在很大的不同。

《论语·里仁》里孔子说:"我未见好仁者,恶不仁者。好仁者,无以尚之;恶不仁者,其为仁矣,不使不仁者加乎其身。有能一日用其力于仁矣乎?我未见力不足者。盖有之矣,我未之见也。"苏轼说:"仁之可好,甚于美色;不仁之可恶,甚于恶臭。而人终不知所趋避者,物欲蔽塞之也。解其蔽,达其塞,不用力可乎?"[①]孟子曾说,世间只有仁与不仁二道,朱熹理解这二道是行仁的尧、舜君臣之道和不行仁的慢君贼民之道。朱熹上升到这样的高度,不及孔子说仁与不仁更具有普泛的意义。苏轼也是从普泛意义理解的,他以美色和恶臭打比方说好仁与恶不仁,同时对孔子批评的人皆可用力为仁,只是不用力而已有深刻的理解。人知仁如美色、不仁如恶臭而不趋避,是为"物欲"所蔽,解蔽达塞则当去欲。这是孔子说的去不义之欲,还是庄子说的去名利之欲呢?虽然都有可能,更多的当是前者,因为他随后复述了孔子的一句话:"克己复礼为仁。"人好仁且为仁,对不仁是需要避开的。

《论语·雍也》说孔子弟子宰我问仁,说有仁人掉进水井里,

---

① 舒大刚等校注:《三苏经解集校·论语说》,成都:四川大学出版社,2017年版,第759页。

如告诉另一个有仁德的人,这人是否应随后跳下井呢?孔子说:
"何为其然也?君子可逝也,不可陷也;可欺也,不可罔也。"孔子
不赞同宰我的假设,说对仁德者可让他远离而不可陷害,可欺骗
不可愚弄。苏轼面对孔子师徒的问对,他说:"拯溺,仁者之所必
为也。杀其身,无益于人,仁者之所必不为也。惟君父在险,则臣
子有从之之道。"他提出仁者的行为三原则:拯溺必为,当悲悯勇
敢;无益不为,当有事功;君父在险则臣子相从,当怀忠孝。而《论
语·宪问》里子路问,齐桓公杀了其兄公子纠,公子纠之臣召忽
为他而死,管仲却不死,是不是管仲不仁呢?孔子说,齐桓公多次
会盟诸侯而不用武力,都是管仲之力,这就是管仲的仁德。然而
苏轼说,召忽为君而死是仁,管仲"量力而行之,度德而处之。管
仲不死,仁也"①。苏轼有《管仲论》,称道管仲以德绥诸侯,与之
相应。

苏轼对"仁"的理解,围绕孔子之"仁"有诸多变通和申发,但
有一点没变,就是他在《仁说》一文中,援引孟子的名言"仁者如
射,射者正己而后发,发而不中,不怨胜己者,反求诸己而已矣"②,
说君子当志于仁,求而不得则如孟子所说反求诸身,这也是孔子说
的为仁由己。至此,似乎又走到孔子克己复礼的路上去了。但孔
子所复的是周礼,苏轼尚仁,是以仁为人的基本道德,重视仁在现
实社会中的表现与运用,与孔子把仁与复古拴在一起全然不同。

苏轼还有《论语义》两篇。其一《观过斯知仁矣》的题名见于
《论语·里仁》,苏轼引了全句:"人之过也,各于其党。观过,斯知
仁矣。"他就孔子所言,道出人之难知,不妨观人以术:"委之以利,
以观其节;乘之以猝,以观其量;伺之以独,以观其守;惧之以敌,以
观其气。"他举了晋文公与赵衰、郭林宗与孟敏的例子,并说以功观

① 舒大刚等校注:《三苏经解集校·论语说》,成都:四川大学出版社,2017 年版,第
794 页。
② 焦循著,沈文倬点校:《孟子正义·公孙丑上》,北京:中华书局,1987 年版,第 239 页。

人不及以过观人,春秋时晋国鉏麑违反灵公之命不杀贤臣赵盾而自杀,就是仁的表现,与他尚仁的思想一致。

（三）兴礼乐行中庸而说狂狷

孔子说仁,因仁而及礼。孔子是好礼的人,学者说他的思想,仁之后排第一位的就是礼。司马迁《史记·孔子世家》记载,孔子十七岁时鲁国大夫孟釐子就认为他好礼,说他将来必能有所成就,弥留之际嘱咐儿子孟懿子向他学习。孔子之后,孟子把孔子以仁为核心的德政演化为仁政王道,荀子把他的礼演化为礼制。孔子在春秋晚期较多地从礼的角度谈社会治理也是事实。

《论语·八佾》说鲁定公问孔子:君使臣,臣事君,应该怎样做才好呢? 孔子回答:"君使臣以礼,臣事君以忠。"这里辑佚用了苏轼《论语义》其二的《君使臣以礼》,在其中,苏轼作了这样的阐释:君以礼使臣,那么所任之臣都是君子;君以利使臣,则臣都是小人。至于朝廷的爵禄刑罚,苏轼说:"以爵禄而至者,贪利之人也,利尽则逝矣。以刑罚而用者,畏威之人也,威之所不及,则解矣。故莫若以礼。礼者,君臣之大义也,无时而已也。"[①] 礼在那个时代有社会规则甚至法律的基本效用,其间的伦理道德理念,要求世人遵循,不仅无时而已,且无地不有,不似爵禄、刑罚有尽,难以长久。他讲了汉高祖刘邦的故事。刘邦打天下,待臣无礼,且用了嗜利之徒;等到守成之时,则用制礼的叔孙通、陆贾,否则王朝危殆。他还批评汉武帝懂礼却不能用之,令人叹息。

《论语·八佾》里孔子评价管仲,说他"器小"即格局太小,尤

① 苏洵等:《宋婺州本三苏先生文粹》卷十七《论语解·君使臣以礼》,上海:上海古籍出版社,2017 年版,第 332 页。

其不懂礼。国君殿前树塞门、两楹之间有反坫,他竟和国君一样。孔子斥责道:"管氏而知礼,孰不知礼？"苏轼解说:"自修身、正家以及于国,则其本深,其及者远,是谓大器。扬雄所谓'大器犹规矩准绳,先自治而后治人'者是也。"① 这里"修身、正家以及于国",完整的表述是《大学》里的修齐治平,正心诚意,格物致知;而本深及远,在于自我修身完善,方能走向治国。他引用了扬雄的话,称"大器犹规矩准绳",以之喻礼,以礼修身,是前面提到的孔子说的礼之"四勿"。所以孔子在《论语·先进》里说:"先进于礼乐,野人也;后进于礼乐,君子也。如用之,则吾从先进。"苏轼有《学士院试孔子从先进论》,被辑来解说《论语》这一章。

孔子说他好先进于礼乐,不在于出身,而是礼乐教化。苏轼的理解相当深刻。君子欲有为于天下,当重先进,他称为"始进",这里有一个重要理念:"始进以正,犹且以不正继之,况以不正进者乎！"② 孔子很强调人的言行正确,"始进"的"大节"决定了终至的目标。他列举了王者、霸者、强者,始进强者不能霸,始进霸者不能王,历史上有很多这样的例子,其中有孔子。孔子之时,诸侯战争频仍,礼乐之于社会,犹方圆冰炭不相合,孔子之说不得其用,"是人也,以道言之,则圣人也;以世言之,则野人也。若夫君子之急于有功者则不然。其未合也,先之以世俗之所好,而其既合也,则继以先王之礼乐。其心则然,然其进不正,未有能继以正者也。故孔子不从"③。他举了伊尹、管仲、商鞅的例子。伊尹以滋味说汤,管仲以霸道说齐桓公,都进之不正;尤其是商鞅,怀诈术欺君,三说而后命,结果被车裂于秦,身首异处,是其进不正的缘故。苏轼为孔子

---

① 舒大刚等校注:《三苏经解集校·论语说》,成都:四川大学出版社,2017年版,第758页。

② 苏轼著,孔凡礼点校:《苏轼文集·学士院试孔子从先进论》,北京:中华书局,1986年版,第36页。

③ 苏轼著,孔凡礼点校:《苏轼文集·学士院试孔子从先进论》,北京:中华书局,1986年版,第37页。

辩,同样强调先当修以礼乐,方能入治国正道;相反,先事功后礼乐,欲归于正途也是难的。在这个意义上,有许多问题需要注意,苏轼《论语说》说了三点。

一是《论语·子路》的子路问政,孔子说了三条:先之、劳之、无倦。苏轼解说道:"凡民之行,以身先之,则不令而行;凡民之事,以身劳之,则虽勤不怨。"[1] 身先者不令而行也是孔子的话。《论语·子路》记载孔子说:"其身正,不令而行;其身不正,虽令不从。"正身在于礼乐。孔子说过"天下有道,则礼乐征伐自天子出"[2],又有"远人不服,则修文德以来之"[3] 的主张,这"仁德"就是以仁义为内涵的礼乐。苏轼还在《论孔子》中说鲁之三桓不臣、齐之田氏僭越事,礼赞孔子在鲁"得政期月,而能举治世之礼"[4],并欲以《春秋》为法,治列国之君臣。司马迁为孔子作传,说孔子曾去齐国,齐景公问政,孔子说"君君、臣臣、父父、子子"[5],景公悦,欲以尼溪之田封孔子,为晏婴制止。晏婴说孔子的繁礼缛节,累世不能尽学,当年不能穷礼,故景公再见孔子,不问以礼治齐之事。

二是《论语·子路》里子路问孔子,卫国国君用老师施政,老师先做什么呢? 孔子说正名,因为"名不正,则言不顺;言不顺,则事不成;事不成,则礼乐不兴;礼乐不兴,则刑罚不中;刑罚不中,则民无所措手足"。舒大刚辑了苏轼的《周公论》《论取郜大鼎于宋》《书传·虞书》里的文字作解说。如《周公论》里的"儒者之患,患在于名实之不正",苏轼认同孔子说的正名,他名实俱正的思想不及孔子在"名不正"下的一番逻辑推演明确;而所辑《书传·虞书》

---

① 舒大刚等校注:《三苏经解集校·论语说》,成都:四川大学出版社,2017 年版,第786 页。
② 朱熹:《四书章句集注·论语·季氏》,北京:中华书局,1983 年版,第 171 页。
③ 朱熹:《四书章句集注·论语·季氏》,北京:中华书局,1983 年版,第 170 页。
④ 苏轼著,孔凡礼点校:《苏轼文集·论孔子》,北京:中华书局,1986 年版,第 338 页。
⑤ 司马迁:《史记·孔子世家》,北京:中华书局,1959 年版,第 1911 页。

的文字表明,苏轼说的"名之以仁,固仁矣。名之以义,固义矣"①,与孔子的"正名"意义并不一样。孔子在正名之下,兴礼乐是关键,礼乐兴,社会才会得到治理。

三是《论语·先进》子贡问政,如果足食、足兵、民信三者,要去其二当如何?孔子说,先去兵,再去食,"自古皆有死,民无信不立"。苏轼就此说了孟子比较礼与食之轻重,礼重食轻去食,反之去礼;而孔子的去食取信,是因信可得食。如果按孟子所说,礼有时可去取,则礼废无日。道德至高无上,乃因其为做人根本。苏轼少年时深受其母程夫人影响,程夫人教子做人要重气节,如儿因气节而死,母亦不悲。苏轼对孔子信为做人之本的理解,根本即在于此。为政,礼必不可少。《论语·子路》中樊迟问稼、问圃,孔子说自己不如老农、不如老圃,这话本可就此打住;当樊迟离开后,孔子又说了:"小人哉!樊须也。上好礼,则民莫敢不敬;上好义,则民莫敢不服;上好信,则民莫敢不用情。夫如是,则四方之民襁负其子而至矣,焉用稼?"苏轼在《礼义信足以成德论》里说到这事,他认同君子以礼治天下,却为樊迟辩,说他学稼有三忧:谷食不足,民慢其上;人君安乐,而民劳苦;人君不肯躬耕,空言不足以劝农。他话题一转,说这是世俗的私忧过计,君子以礼治天下之分,使尊卑各安其位;以义处天下之宜,使人各得其所;以信一天下之惑,使人各得其实,三者成德,何忧之有?这礼、义、信仍然是孔子的基本理念。

《论语说》辑佚用苏轼的《思治论》,解说《论语·子罕》中孔子说的"麻冕,礼也;今也纯,俭,吾从众",他说"从众"当是"彼众之所不言而同然者"。同然者出于心,而能够同然的必然有行于世的礼乐。而他的《礼以养人为本论》先是引用了西汉刘向的言论,即"礼以养人为本","刑罚之过,或至杀伤";进而说法为末,天下却以

---

① 舒大刚等校注:《三苏经解集校·论语说》,成都:四川大学出版社,2017 年版,第 786 页。

为急；礼为本，天下却以为缓。他认为，礼缘人情，和平简易，故易行，只是情安而礼节，不过即使用礼过度也无大患，呼吁王者明此而兴礼乐。这可作为他解说孔子礼乐思想的结论，最终归于仁义，也彰显仁义。

所辑苏轼《论语说》还有中庸说。"中庸"说起于孔子，《论语·雍也》记载，孔子说："中庸之为德，其至矣乎，民鲜久矣。""中庸"为至德，"中"为折中，即俗说的中间道路。《论语·先进》有一个常被用来解释"中庸"的故事：子贡问孔子，子张和子夏谁贤？孔子说，子张行为过分，子夏行为不及，"过犹不及"。最好是无过也无不及，或者说处在过犹不及之间，即为中庸。

"中庸"传为孔子心法，南宋朱熹把《礼记》的《大学》《中庸》抽出来，与《论语》《孟子》一起编为"四书"，成为理学的代表著作和其后士人科考的重要读本。孔子弟子曾参传道给子思，《中庸》据说是子思所作的。"中庸"之意，朱熹引北宋二程说"不偏之谓中，不易之为庸。中者，天下之正道；庸者，天下之定理"，随后他解释得更加浅易，"中者，不偏不倚、无过不及之名。庸，平常也"①。苏轼有《中庸论》上中下三篇，他也说《中庸》为子思所作，并说是孔子没完成的遗书；始论诚明所入，次论圣人之道所始，三论圣人之道所终，如此，圣人之道即明。其上篇说诚明，诚明谓之教，以诚为乐且自信，明为知之而达，当以知之为先，乐之为主，与孔子说的知之不如好之、好之不如乐之相应。如此，君子当重先入者，为学慎始；诚明谓之性，是人的好好色、恶恶臭，圣人好善如好好色，恶恶如恶恶臭。中篇说"君子之欲诚也，莫若以明……使吾心晓然，知其当然，而求其乐"②。进而说五常之教的"礼"好像是在强迫人。他说，人情好逸恶劳，而礼必欲使其磬折百拜；人情乐富贵而羞贫

① 朱熹：《四书章句集注》，北京：中华书局，1983 年版，第 17 页。
② 苏轼著，孔凡礼点校：《苏轼文集·中庸论中》，北京：中华书局，1986 年版，第 61 页。

贱,而礼必欲使其揖让退抑等。反本思之,人之安逸,以裸袒不顾为最;但如真的裸袒不顾,则世人耻之;不想如此,则磬折百拜,这就回到礼的路上,也是中庸之道。下篇则说君子乐道,不知中庸则道穷。但中庸难知也难行,"君子见危则能死,勉而不死,以求合于中庸。见利则能辞,勉而不辞,以求合于中庸"①,君子当无循其迹而求其味。《中庸论》三篇是苏轼对中庸的全面解说,他还在《问供养三德为善》里说:"以中庸之道,守之以谦抑之心,而行之以体仁之德。"说明他关于中庸的基本用心,守谦抑是态度,行体仁是实践,本质还是为仁。

《论语说》里也有一些解读。《论语·阳货》载孔子说:"乡原,德之贼也。""乡原"也作"乡愿"。孟子《尽心下》释"乡原",说曲意逢迎、阿谀处世者是乡原。苏轼说,乡原之所以是德之贼,以其看似中庸却不中庸,"与中庸相近,必与狂狷相远。狂者进取,狷者有所不为。乡原者,未尝进取,而无所不为者也。狂狷与中庸相远,而孔子取其志之强,可以引而进于道也。乡原与中庸相近,而夫子恶之,恶其安于陋而不可与有为也"②。苏轼提到的"狂狷",见于《论语·子路》,孔子说:"不得中行而与之,必也狂狷乎!狂者进取,狷者有所不为也。""中行"即行于中,特别容易让人想起《庄子·养生主》不近名不近刑、缘督为经的中间道路,庄子说自然行于中,游刃有余是最高境界;而孔子的中行有权衡的成分,不得中行则狂狷。苏轼取意于孔子,认为孔子在狂狷与乡原中,宁取远离中庸的狂狷,不取近于中庸的乡原,在于狂狷有所进取,不似乡原急惰地随流俗而动。

在这一点上,苏轼更愿在中庸不能的情况下,像孔子一样做一个进取的狂狷者。他说古人的中庸尽万物之理而不过,今人的中

---

① 苏轼著,孔凡礼点校:《苏轼文集·中庸论下》,北京:中华书局,1986年版,第63页。
② 舒大刚等校注:《三苏经解集校·论语说》,成都:四川大学出版社,2017年版,第805页。

庸因循而为众人之所为。这虽与孔子中庸的本义有所不同,但就孔子个人来说,他尚中庸,实际上却有很不中庸的地方。譬如上述颜渊问仁,孔子说应"非礼勿视,非礼勿听,非礼勿言,非礼勿动",哪里有中庸的立场呢? 苏轼没有给人中庸感,也算不上狂狷的人,只是平和地坚持自己的品性,一生性情不变,不讳言自己的不同意见,也不阿谀奉承。他曾在《密州通判厅题名记》里说:"余性不慎语言,与人无亲疏,辄输写腑脏,有所不尽,如茹物不下,必吐出乃已。"① 在仕途上,他既不依附新党的王安石,又不依附旧党的司马光,遭贬始终保持"一蓑烟雨任平生"的处世态度,乐观旷达,依然故我。

(四)思无邪与辞达的至境

今辑苏轼《论语说》中,所存稍多一点的是关于孔子说《诗》的解说。《诗》一称"诗三百",今名《诗经》。《史记·孔子世家》有孔子删诗说,谓古诗三千余篇,经孔子删定为三百篇(实为三百一十一篇)。此事素有争议,因先于孔子的吴公子季札观乐于鲁,所见《诗》之篇目已成,故后代学者多不认同孔子删《诗》,但孔子说《诗》在文学史与文学批评史上都很有影响。

《论语·为政》记载孔子说:"诗三百,一言以蔽之,曰:思无邪。""思无邪"本出自《诗·鲁颂·駉》,苏轼说:"夫子之于《诗》,取其会于吾心者,断章而言之。颂鲁侯者,未必有意于是也。"春秋用《诗》的基本规则为"赋诗断章,余取所求焉"②,大夫朝聘,大率

① 苏轼著,孔凡礼点校:《苏轼文集·密州通判厅题名记》,北京:中华书局,1986年版,第376页。
② 李梦生整理:《春秋左传集解·襄公二十八年》,南京:凤凰出版社,2010年版,第542页。

如此,孔子的"思无邪"亦然。原诗之"思"为发语词,"无邪"述马行道不偏以颂鲁。孔子借它评价《诗》的思想纯正,即使仍视"思"为发语词也并无影响。这问题有点复杂,因为孔子说《诗》时,斥责过《诗·郑风》,说"放郑声,远佞人。郑声淫,佞人殆",故有人质疑他的"思无邪"说。"放郑声"说见于《论语·卫灵公》,颜渊问怎样治理国家,孔子说:"行夏之时,乘殷之辂,服周之冕,乐则《韶》《舞》。放郑声,远佞人。郑声淫,佞人殆。"孔子思想守旧,这也是一个例证。《诗》皆可歌①,他批评的"郑声"即"郑风",把"郑声"和"佞人"即花言巧语、阿谀奉承的人并论,足见他认为"郑风"格调低下,不可取。其实"郑声"不过是大胆地写了男女相恋之情。苏轼就此批评孟子,说孟子的今乐犹古乐说,迎合了梁惠王所爱,好色、好货、好勇本是诸侯三疾,孟子竟认为无害,如此一来,好利也可说是仁义,岂不是失了本心? 孟子欲因梁惠王所好,顺势而治之,苏轼认为不宜这样。

话说回来,苏轼援引《周易》的"无思无为,寂然不动,感而遂通天下"来说"思无邪"的内涵,无思无为故无邪,这类似庄子的"无己",因"无己"故无思,故能"寂然不动",呆若木鸡。但它又说感通天下,分明又有思了。对此,苏轼解说,有思皆邪,无思则形同土木,他说孔子尽心于此,寻求有思而无邪,无思而非土木。而《诗》有思,有思无邪,必节之于礼,

辑佚者取了苏轼的《思堂记》来解说"思无邪"。《思堂记》是苏轼元丰元年(1078)为友人章质夫所建的"思堂"写的。章质夫建思堂后,朝夕居焉,思而后行,嘱苏轼记之。苏轼先说"思",重复了他在《密州通判厅题名记》里的一句话,说自己是无思虑者,遇事则发,一吐为快,逆人之意也吐之;并以记思堂,感慨穷达得失、

---

① 《墨子·公孟篇》:"诵诗三百,弦诗三百,歌诗三百,舞诗三百。"司马迁《史记·孔子世家》:"三百五篇,孔子皆弦歌之。"

死生祸福皆是命运所致；进而说："万物并育而不相害，道并行而不相悖。以质夫之贤，其所谓思者，岂世俗之营营于思虑者乎？《易》曰：'无思也，无为也。'我愿学焉。《诗》曰：'思无邪。'质夫以之。"这自然可以视为苏轼对"思无邪"的理解，即不害于物，不妨于道，既不超然，也未脱俗，把庄子之道与孔子之儒融合在一起。思想纯正，没有偏邪。生活复杂，人的欲壑难填，无邪并不容易做到。有《诗》的"思无邪"，方有后人公认的《诗》教——温柔敦厚。

《论语·学而》里，子贡与孔子谈《诗》，他说："《诗》云：'如切如磋，如琢如磨。'其斯之谓与？"孔子说道："赐也，始可与言《诗》已矣！告诸往而知来者。"不知道他们师生之前说了什么，孔子听罢，很高兴可与子贡谈诗，因为子贡符他教育的原则，能够"告诸往而知来者"，也就是他在《论语·述而》里说的"举一隅"而"以三隅反"。虽然"切磋琢磨"说不出自孔子之口，但孔子对子贡说法的赏识，也是对《诗》的一种态度。对此，苏轼说："磋者，切之至者也。磨者，琢之详者也。切之可矣，而复磋之；琢之可矣，而复磨之。君子之学也，欲其见可而不止也。往者，其已言者也；来者，其未言者也。"[1] 切磋琢磨上的反复功夫，苏轼解为"见可而不止"，这正是为学当有的执着与精益求精的品质。

《论语·学而》中，孔子说君子"主忠信，无友不如己者"，对此，苏轼说："世之陋者，乐以不己若者为友，则自足而日损，故以此戒之。是谓不以文害辞，不以辞害意，如必胜己而后友，则胜己者亦不吾友矣。"[2] 他把孔子说的这话剖开，说到"无友不如己"的对立面——"乐以不己若者为友"，告诉人们应怎样交友。他引了孟子的一句话："不以文害辞，不以辞害志。"[3] 他借一个诗歌批评上的

---

[1] 舒大刚等校注：《三苏经解集校·论语说》，成都：四川大学出版社，2017 年版，第751 页。
[2] 舒大刚等校注：《三苏经解集校·论语说》，成都：四川大学出版社，2017 年版，第749 页。
[3] 朱熹：《四书章句集注·孟子·万章上》，北京：中华书局，1983 年版，第 306 页。

问题来说交友的本质——并不一定非要"无友不如己者"。他没有提出新的交友原则,只是说如果一定要胜己而后友,那胜己者是不会和你交朋友的。这里并不是谈《诗》的批评,而是通过看苏轼对孟子诗歌批评观的借用,感知他在诗歌批评上采用的方法,虽无新意,却为学人常用。

《论语》载孔子说《诗》,还有重要的"乐而不淫、哀而不伤"说,"兴观群怨"说,惜《论语说》辑佚时无得,难知苏轼有怎样的理解。

关于文的写作方法,苏轼晚年居儋时,曾教诲葛延之写作当以意统摄材料,就像用钱购百物一样。《论语·卫灵公》载孔子说"辞达而已矣",这话无头无尾,当是对文章言。《论语说》辑了苏轼的《与谢民师推官书》作解说。这篇文章是他元符三年(1100)北归途中在广州写的,当时谢民师携旧作来拜见他,苏轼看后,以此信作答。他说:"夫言止于达意,即疑若不文,是大不然。求物之妙,如系风捕影,能使是物了然于心者,盖千万人而不一遇也。而况能使了然于口与手者乎?是之谓辞达。"以言达意,了然于心、口、手,即为辞达。这话后来被清代的黄遵宪化用为"我手写我口"(《杂感》),并以之为文学革新的旗帜。辞达,则文不可胜用。《与谢民师推官书》对"辞达"还有一个比拟性的表达,是苏轼说谢民师诗赋杂文的:"大略如行云流水,初无定质,但常行于所当行,常止于所不可不止,文理自然,姿态横生。"为文如行云流水,即为"辞达",这行云流水之文行所当行、止所欲止,不拘一格,自是"辞达"的必然结果。在这之前,苏轼居儋时说过类似的话,不同的是,他说的是自己:"吾文如万斛泉源,不择地皆可出。在平地滔滔汩汩,虽一日千里无难。及其与山石曲折,随物赋形,而不可知也。所可知者,常行于所当行,常止于不可不止,如是而已矣。"① 这话突显了

---

① 苏轼著,孔凡礼点校:《苏轼文集·自评文》,北京:中华书局,1986 年版,第 2069 页。

为文随物赋形达到的自然平易境界,这也是苏轼晚年追求的文章风格,似易实难。孔子当然不会想到,他的"辞达"说在苏轼这里有这样精彩的评述。且苏轼说的自然,有庄子思想的元素,不同于孔子所要求的文质彬彬。

苏轼《论语说》辑佚所得的材料终究有限,必然导致这里的研究也是有限的。而本文主要针对苏轼解说涉及的几个问题,而不是苏轼《论语说》辑佚所得的全部。如他很称道孔子为学的"一以贯之",繁富的知识往往会杂处于胸中,唯有一以贯之,方能博学不乱,深思不惑,各有条理。又如孔子说"恕"可终身行之,申之以"己所不欲,勿施于人"的做人原则,苏轼则把它上升为治理国家的原则:"夫以忠恕为心,而以平易为政,则上易知而下易达,虽有卖国之奸,无所投其隙,仓卒之变无自发焉。"[①] 他针对秦皇、汉武果于杀发表议论,认为法威之过致使秦公子扶苏宁死而不请,汉戾太子宁反而不诉。苏轼意在治国宜用仁术,用心是很深的。

本文对其他注解或阐释《论语》的著作没有涉猎。因为这方面著作的量太大,相应的比较有待专门研究。可以说,《论语》言约义丰的特点,让苏轼的《论语说》有了巨大的阐释空间。他在仁义、礼乐等方面以己意作深入解答,揭示出孔子学说的内涵,由于融进了庄子思想,故与他人的解读有明显差异。《论语说》在南宋问世后,遭遇过许多批评,舒大刚所作《论语说评述》对此有专门的研究[②],读者不妨参看。

① 苏轼著,孔凡礼点校:《苏轼文集·论始皇汉宣李斯》,北京:中华书局,1986年版,第160页。
② 舒大刚等校注:《三苏经解集校·论语说评述》,成都:四川大学出版社,2017年版,第818—826页。

六、苏轼书信的自我诉说与人生情怀

今传苏轼书信有一千三百余封。他的书信在文集里或称尺牍，或称书，还有些启、疏之文，其实也是书信，只是带有公文性质，不像私人信函有更多的私密性。他的这些信写给亲人、师友、门生等，叙说自我的遭遇和心思，事与理交织，一事多说，内容重复也是常态。如他的"经学三书"就跟王定国、郑靖老、李端叔、苏坚等人说过。这些书信是苏轼文章成就的重要构成部分，也是他人生的真切表白。这里选择了初居京城，流贬黄州、惠州、儋州以及北归五个节点，看他书信的自我诉说与人生情怀。

（一）苏轼出川居京的仕途追寻

苏轼对王庠说，他少年时想逃窜山林，不意父母不许，又让他和王弗结了婚，这不合他的意愿。成年后随父出川，赴京参加进士考试，在京城待了几年。人们很少关注苏轼出川居京这段时间在想什么、做什么，专门从书信的角度审视，别有兴味。

嘉祐二年（1057）春，苏轼中进士后，母亲程夫人病逝，于是随父回眉山奔丧守孝；治平三年（1066），父亲苏洵死在汴京，他和弟弟苏辙送父回乡安葬，同样依礼居丧。他的老师欧阳修从这一年开始，不断上书求退，先是想不参与政务，第二年，六十二岁的他干脆请求致仕,以避与朝廷变法的冲突,直到六十五岁致仕成功。苏轼也因王安石变法,与新政不合,乞求外补,结果以太常博士直史馆通判杭州,开启了这一阶段前后十四年任地方官的生活。

嘉祐五年(1060),苏轼回京后为应制策,专心策论写作,同时给朝臣写信自荐。这一年,他给富弼丞相写信,感慨战国士人立谈即取卿相,他身为西南匹夫,至汴京求斗升之禄,有幸得欧阳修赏识,忝为制举之末,"所进策论五十篇,贫不能尽写,而致其半,观其大略,幸甚"①。类似的话他还说过多次,如对曾公亮丞相说,凡求于吾君者都有所献,"其文凡十篇,而书为之先,惟所裁择"②。所谓的"观其大略""惟所裁择",实则是想以策论让他人看到自己的为政思想和政治才华。

这一时期他写了策论,有策略、策别、策断。他深思极虑,率意而言,"以为自始而行之,以次至于终篇,既明其略而治其别,然后断之于终,庶几有益于当世"③。这表明他的策略、策别、策断是有序的构成,策略是基本国策与忧思,策别是治国安民之方,策断则是除外患以定边之略。他早年好贾谊之学,与贾谊一样怀有天下忧思。贾谊给汉文帝上《治安策》,说天下事势可痛哭、可流涕、可长太息,慷慨陈词,欲救天下于危乱之中。贾谊气盛,苏轼比他和缓,但也直言:"天下之患,莫大于不知其然而然,不知其然而然者,是拱手而待乱也。国家无大兵革,几百年矣。天下有治平之名,而无治平之实;有可忧之势,而无可忧之形,此其有未测者也。方今天下,非有水旱盗贼人民流亡之祸,而咨嗟怨愤,常若不安其生;非有乱臣割据四分五裂之忧,而休养生息,常若不足于用;非有权臣专制擅作威福之弊,而上下不交,君臣不亲;非有四夷交侵边鄙不

---

① 苏轼著,孔凡礼点校:《苏轼文集·上富丞相书》,北京:中华书局,1986年版,第1377页。
② 苏轼著,孔凡礼点校:《苏轼文集·上曾丞相书》,北京:中华书局,1986年版,第1379页。
③ 苏轼著,孔凡礼点校:《苏轼文集·策总叙》,北京:中华书局,1986年版,第225页。

宁之灾,而中国皇皇,常有外忧。此臣所以大惑也。"① 宋王朝治平时内有朝臣专权,外有强虏侵扰。他希望以涤荡振刷之势改革社会,清除弊患而御万物,故在《策略二》中批评朝廷过于重视虏患,而"百官泛泛焉莫任其职";《策略三》说,天下二患,立法有弊,用人有失,当今"欲纳天下于至治,非大有所矫拂于世俗,不可以有成也"②。还以治水设喻,说治天下当疏导,去故纳新,使水不壅塞。又以西汉王朝为例,说明人无远虑,必有近忧。因此主张课百官、安万民、厚货财、训兵旅等。他给富弼丞相等人的信,有强烈的用世之心,那时他尚不得其用。

苏轼给富弼的信,称道他廉洁、勇敢、孝亲、忠君,堪称全德。但世上亦不乏有德而失之于"偏"的人,如廉而至于贫困的原宪,勇而至于好斗的公良孺,孝而徇亲的曾子,忠而犯君的子路。如果富弼能居全而收偏,则是天下之全,"明公居其全,天下效其偏,其谁曰不可"。他还在《上王兵部书》里引用了韩愈笔下伯乐与千里马的故事,说有千里马技艺卓绝,天下莫有识者。如有善相马者立于通达之衢,见其形,闻其鸣,循其色,则能尽知千里马之技。然后说自己自蜀至楚,舟行六十日,过十一郡、三十六县,见郡县之吏近百人,众口一词都说你王兵部贤能,一眼即识贤良之才。苏轼言下之意是,王兵部是伯乐,自己是千里马,写法与李白《与韩荆州书》相似。李白在信中渴求时为荆州长史的韩朝宗引荐,慨言:"今天下以君侯为文章之司命,人物之权衡,一经品题,便作佳士。而君侯何惜阶前盈尺之地,不使白扬眉吐气,激昂青云耶?"苏轼则表现为另一种形式的傲气:"夫今之世,岂惟王公择士,士亦有所择。"③ 他随后说自己自楚游魏,自魏无所不游,想到您王兵部,还是

① 苏轼著,孔凡礼点校:《苏轼文集·策略一》,北京:中华书局,1986 年版,第 226 页。
② 苏轼著,孔凡礼点校:《苏轼文集·策略二》,北京:中华书局,1986 年版,第 233 页。
③ 苏轼著,孔凡礼点校:《苏轼文集·上王兵部书》,北京:中华书局,1986 年版,第 1384 页。

请你引荐为好，以免他日有憾。原本硬气的表白顿时柔和下来。

苏轼这一时期给与范仲淹齐名的韩琦写了《上韩太尉书》，自白"生二十有二年矣。自七八岁知读书，及壮大，不能晓习时事，独好观前世盛衰之迹，与其一时风俗之变。自三代以来，颇能论著"①。这话说简洁点，便是已博极坟史，能以论著阐述自己的政治主张，希望韩琦能代为引荐。又对刘敞说："轼远方之鄙人，游于京师，闻明公之风，幸其未至于公相，而犹可以诵其才气之盛美，而庶几于知言。惜其将遂西去而不得从也，故请间于门下，以愿望见其风采。"②这两封信都写在他居母丧之前，均扬人抑己，自谦鄙薄，以求见暗示求荐，或直接自荐，愿为辅佐，以图用世。他服阙后、未回汴京前对王素说："轼负罪居丧，不当辄至贵人之门，妄有所称述，诚不胜惓惓之心，敢以告诸左右。旧所为文十五篇，政事之余，凭几一笑，亦或有可观耳。"③南宋程大昌说："唐人举进士必行卷者，为缄轴，录其所著文以献主司也。"④苏轼献旧文以求用，类似唐人行卷。弟弟苏辙与他相向而行，有《上昭文富丞相书》《上曾参政书》等，亦献文求用。嘉祐五年（1060），兄弟二人得进士后，苏轼授河南府福昌县主簿，苏辙授河南府渑池县主簿，二人为参加制科策试，均未到任。二人分别考入三等、四等，苏轼所任也只是大理评事、签书凤翔府节度判官，苏辙则授商州军事推官，仕途初步如此。

虽说苏轼在居京时追寻仕途的发展，但母亲和父亲先后去世，母死奔丧、父死归葬，客观上影响了苏轼的仕途进程。他在王安石

① 苏轼著，孔凡礼点校：《苏轼文集·上韩太尉书》，北京：中华书局，1986年版，第1381页。
② 苏轼著，孔凡礼点校：《苏轼文集·上刘侍读书》，北京：中华书局，1986年版，第1388页。
③ 苏轼著，孔凡礼点校：《苏轼文集·上知府王龙图书》，北京：中华书局，1986年版，第1389页。
④ 朱易安、傅璇琮等主编：《全宋笔记》第四编第九册《演繁露·唐人行卷》，郑州：大象出版社，2008年版，第15页。

熙宁变法前始终官职卑微,因与变法抵牾而求外放,所得也不过是杭州通判,与他策论表现出来的政治才略相距甚远。他在杭州通判任上多年,又转为密州太守。他在密州太守任上以《江城子·密州出猎》表达了"会挽雕弓如满月,西北望,射天狼"的报国意愿;又在《密州通判厅题名记》里说自己不慎言语,欲言则吐而后快,以致遭人怨咎。这一年他四十岁。随后他去徐州、湖州做太守,在湖州因《湖州谢上表》引发"乌台诗案",被贬黄州。在黄州,他在答李端叔的信中说:"轼少年时,读书作文,专为应举而已。既及进士第,贪得不已,又举制策,其实何所有? 而其科号为直言极谏,故每纷然诵说古今,考论是非,以应其名耳。人苦不自知,既以此得,因以为实能之,故诖误至今,坐此得罪几死。所谓齐虏以口舌得官,真可笑也。"① 他说自己考的是"直言极谏科",求名以副实,故不惮直言。这番话是他对自己被贬黄州以前的人生的总结,与上述给富弼、曾公亮等人的求荐信相照应,表明自己曾对仕途或政治心怀向往与追求,结果却招致人生的重大坎坷,因言获罪,差点丢了性命,想想自感可笑。

苏轼在徐州太守任上有信给宋寺丞说,少小求学,不过是记诵篆刻以追世俗之好,寡见浅闻;成人后渐忘,既不擅长吏道、法令、民事、簿书,也不喜欢做这些事;"以不喜之心,强其所不长,其荒唐缪悠可知也",多赖贤大夫、仁人君子"不指其过,教其所不逮,而更誉之"。苏轼自己也是能干的,所到之地都有业绩为百姓颂扬,遗憾没在更高的社会平台施展才华,就遭遇了"乌台诗案"。熙宁四年(1071)二月,他在《上神宗皇帝书》里冒天下之大不韪,猛烈批评王安石一系列新法后,说了下面这段话:"然而臣之为计,可谓愚矣。以蝼蚁之命,试雷霆之威,积其狂愚,岂可数赦? 大则身

---

① 苏轼著,孔凡礼点校:《苏轼文集·答李端叔书》,北京:中华书局,1986 年版,第1432 页。

首异处,破坏家门;小则削籍投荒,流离道路。虽然,陛下必不为此。何也?臣天赋至愚,笃于自信。向者与议学校贡举,首违大臣本意,已期窜逐,敢意自全。而陛下独然其言,曲赐召对,从容久之,至谓臣曰:'方今政令得失安在?虽朕过失,指陈可也。'臣即对曰:'陛下生知之性,天纵文武,不患不明,不患不勤,不患不断,但患求治太速,进人太锐,听言太广。'又俾具述所以然之状。陛下颔之曰:'卿所献三言,朕当熟思之。'臣之狂愚,非独今日,陛下容之久矣。"① 这番话深富意味,他知道言出可能会遭到削籍投荒或身陷囹圄的惨祸,但提及以前给神宗皇帝进言,总得宽宥,让神宗即使想处置他也不能。因此他三月写了《再上皇帝书》,引《尚书·太甲下》的"与治同道,罔不兴;与乱同道,罔不亡"说,直斥"陛下自去岁以来,所行新政,皆不与治同道。立条例司,遣青苗使,敛助役钱,行均输法,四海骚动,行路怨咨"。他尖锐而刺耳的批评没有立马给他带来咎殃,而是在湖州任上,因《湖州谢上表》有了牢狱之灾。晚年,苏轼撰《书传》,在《洪范》传里就"沉潜刚克,高明柔克"解说道:"臣当执刚以正君,君当体柔以纳臣也。"② 这时候他流贬在海南,也许是想到了自己一生的遭遇,这句话也因此显得格外意味深长。

(二)躬耕东坡获得三个新身份

苏轼身为一介文人,出御史台监狱后被贬为黄州团练副使。他在黄州给王定国的信中说过一句,朝廷有让他弃文从武之意,这也是对他的惩治。贬居黄州时,是他诗词文创作的高峰,有许多诗

---

① 苏轼著,孔凡礼点校:《苏轼文集·上神宗皇帝书》,北京:中华书局,1986年版,第741—742页。
② 舒大刚等校注:《三苏经解集校·书传》,成都:四川大学出版社,2017年版,第295页。

词文反映自己的生活与情怀，人们熟知的黄州赤壁"一词二赋"是典型的例子。还有他的诗《初到黄州》《黄州春日杂书四绝》等，词《定风波》(莫听穿林打叶声)、《浣溪沙》(山下兰芽短浸溪)等，文《遗爱亭记》《记承天寺夜游》等。这些学人讨论甚多，无须赘述。

在黄州，苏轼在给章惇的信中说，"轼自得罪以来，不敢复与人事，虽骨肉至亲，未肯有一字往来"①；又写信告诉参寥，自己"谪居以来，杜门念咎而已。虽平生亲识，亦断往还"。他不仅不给亲朋写信，连诗也不写了，"此已焚笔砚，断作诗，故无缘属和"②。还对李端叔说："得罪以来，深自闭塞，扁舟草履，放浪山水间，与樵渔杂处，往往为醉人所推骂。辄自喜渐不为人识，平生亲友无一字见及，有书与之亦不答，自幸庶几免矣。"③北宋承前朝旧例，往往将获罪官吏贬至偏僻荒远之地，以受艰难生活的折磨，令其反省自新，节制其与外界的交往。这大概是苏轼初到黄州的情形，心存余悸，不欲再言，不敢作文字，为己避祸，也为人避祸。而当时写信给他的人不少，他对赵晦之说："某性喜写字，而怕作书，亲知书问，动盈箧笥，而终岁不答，对之太息而已。"④类似的话他在《与王庆源书》其二也说过，因闲废，往来书信堆积如山，不宜回复，故面对叹息，缘由自知。

有时客至，苏轼也托词不在，不想相见；但终究还是得见朋友，得回或写书信。他在黄州与一百零九人有书信往来，少则一封(《苏轼文集》称"首")，最多的是写给滕达道的，有二十二封。书信多说黄州风物、友情以及自己的生活。他对陈朝请说，罪废屏居

① 苏轼著，孔凡礼点校：《苏轼文集·与章子厚参政书二首其一》，北京：中华书局，1986年版，第1411页。
② 苏轼著，孔凡礼点校：《苏轼文集·与参寥子其二》，北京：中华书局，1986年版，第1860页。
③ 苏轼著，孔凡礼点校：《苏轼文集·答李端叔书》，北京：中华书局，1986年版，第1432页。
④ 苏轼著，孔凡礼点校：《苏轼文集·与赵晦之其一》，北京：中华书局，1986年版，第1710页。

黄州,与朋友断绝消息;给司马光写信,说自己愚昧获罪,谪居"穷陋";在给王元直的信中,将黄州这穷陋之地比作井底,说自己犹如井底之蛙,身陷其中,听不到家乡和京城的消息;即使彼此通信,也只是说些安慰的话,不关朝政。有人索诗,他说"所要新诗,实无一字、小词、墨竹之类,皆不复措思,惟于饱食甘寝中得少三昧"[①],其后又忍不住重新操笔。正如他出了御史台监狱,本已表示不再作诗,却又写了《二月二十八日,蒙恩责授检校水部员外郎黄州团练副使,复用前韵二首》,其一说"却对酒杯浑是梦,试拈诗笔已如神"。后来,他仿效刘十五体的回文词四首寄李公择,即《菩萨蛮·四时闺怨》;又有《少年游》(银塘朱槛曲尘波)送黄州太守徐君猷,《满江红》(江汉西来)寄赠鄂州知州朱寿昌等。

苏轼和章惇是同科进士,早年很有交情。他贬到黄州后,章惇有信来,苏轼告诉他,黄州地方偏僻多雨,气象昏沉,鱼稻柴炭很便宜,这样的环境与不得意而被贬到这儿的人的状态相合。他又对文彦博说:"黄州食物贱,风土稍可安,既未得去,去亦无所归,必老于此。"[②]他那时对前途没有期待,无奈困居黄州,因日子还可过,想终老黄州,学陶渊明躬耕自食,姑且度年;还把陶渊明的《归去来兮辞》檃栝成《哨遍》词,自称乘流乐天命,委心任去留。他最初的生活并不好。他在信里告诉章惇,自己平生没有做过活计,薪俸所得随手就尽,没有积蓄;而当时他的家眷都寄住在苏辙家,苏辙自己也有七个女儿,负债如山,他只好"布衣蔬食,随僧一餐"[③]。这随僧一餐是寄宿僧舍,随僧蔬食,就此有一时温饱,沐浴也在村寺;得闲则在小溪钓鱼,去山谷采药,聊以自娱。他还告诉王定国,

---

① 苏轼著,孔凡礼点校:《苏轼文集·与李公择其八》,北京:中华书局,1986 年版,第 1499 页。
② 苏轼著,孔凡礼点校:《苏轼文集·黄州上文潞公》,北京:中华书局,1986 年版,第 1380 页。
③ 苏轼著,孔凡礼点校:《苏轼文集·与章子厚参政书其一》,北京:中华书局,1986 年版,第 1412 页。

自己身体尚好,黄州食物皆不恶,"每日饮少酒,调节饮食,常令胃气壮健"①。他就地取食材,烧肉烹鱼,还写了《猪肉颂》《煮鱼法》,乐得记录一下他的生活状态。他说"食猪肉实美而真饱"②,"煮鱼羹以设客,客未尝不称善"③;又说"躬耕渔樵,真有余乐"④。在这样平淡的生活中,他在黄州很快就获得了人生的愉悦,无须他人宽解。

面对生活的困窘,苏轼在回复秦观的信里说,因为没有官俸,家中人口不少,只能节俭度日,每月取四千五百钱,分成三十小包,每日一小包即一百五十钱,挂屋梁上,用时以画叉挑取;如用不完,则贮存待客。如此,"度囊中尚可支一岁有余,至时别作经画,水到渠成,不须预虑。以此,胸中都无一事"⑤。日子总是要过的,过起来也有章法,计划用度,"须少俭啬,勿轻用钱物。一是远地,恐万一阙乏不继;二是灾难中节用自贬,亦消厄致福之一端"⑥。前者是现实生计问题,后者的自贬消灾是主观认知。苏轼是蜀人,蜀地风俗不同于鄂,但他很快就适应了,在信中对言上人说:"此间但有荒山大江,修竹古木,每饮村酒,醉后曳杖放脚,不知远近,亦旷然天真。"⑦他还告诉子安兄,说自己"近于城中得荒地十数亩,躬耕其中。作草屋数间,谓之'东坡雪堂'。种蔬接果,聊以忘老"⑧。荒地

---

① 苏轼著,孔凡礼点校:《苏轼文集·与王定国其三》,北京:中华书局,1986 年版,第 1514 页。
② 苏轼著,孔凡礼点校:《苏轼文集·答毕仲举其一》,北京:中华书局,1986 年版,第 1671 页。
③ 苏轼著,孔凡礼点校:《苏轼文集·书煮鱼羹》,北京:中华书局,1986 年版,第 2592 页。
④ 苏轼著,孔凡礼点校:《苏轼文集·答吴子野其一》,北京:中华书局,1986 年版,第 1734 页。
⑤ 苏轼著,孔凡礼点校:《苏轼文集·答秦太虚其四》,北京:中华书局,1986 年版,第 1536 页。
⑥ 苏轼著,孔凡礼点校:《苏轼文集·与王定国其三》,北京:中华书局,1986 年版,第 1514 页。
⑦ 苏轼著,孔凡礼点校:《苏轼文集·与言上人》,北京:中华书局,1986 年版,第 1892 页。
⑧ 苏轼著,孔凡礼点校:《苏轼文集·与子安兄其一》,北京:中华书局,1986 年版,第 1829 页。

十数亩在黄州城东,躬耕以接济生活之不足。"东坡雪堂"有《雪堂记》说其事。苏轼还在给李公择的信中说:"某见在东坡,作陂种稻,劳苦之中,亦自有乐事。有屋五间,果菜十数畦,桑百余本,身耕妻蚕,聊以卒岁也。"① 他自号"东坡居士"始于此。在生活难以为继时,他安心调气,节食少欲。元丰六年(1083),苏轼写了《节饮食说》,自道安分以养福,宽胃以养气,省费以养财。其中有战国处士颜蠋安步晚食的影响。他与朋友往来的书信甚多,不免对同一桩事叨叨絮絮,躬耕东坡就是如此。唯有一则趣事只对章子厚说过:一天,有头牛病得将死,牛医不知何病,其妻王闰之说这牛是发豆斑疮,应用青蒿粥喂养,果然有效。

除了贫寒外,当时他内心最为纠结的是因自己获罪,连累了许多友人。他在《与王定国书》其二里说自己罪大责轻,被贬黄州还是幸事。"但知识数十人,缘我得罪,而定国为某所累尤深,流落荒服,亲爱隔阔。每念至此,觉心肺间便有汤火芒刺!"② 他给司马光写信说:"某以愚昧获罪,咎自己招,无足言者。但波及左右,为恨殊深。"③ 他反复这样说,心有愧疚而放不下,而他弟弟子由想的是不要又因言获罪。故苏轼对滕达道说:"近得筠州舍弟书,教以省事。若能省之又省,使终日无一语一事,则其中自有至乐,殆不可名。"④ 以无语无事为至乐,也就不会生事。这时的苏轼虽未完全静默无为,但出川居京时曾表现出的对时政的热情在他黄州的书信中看不到了。不仅自己如此,他还劝沈睿达少言:"某自得罪,不复作诗文,公所知也。不惟笔砚荒废,实以多难畏人,虽知无所

---

① 苏轼著,孔凡礼点校:《苏轼文集·与李公择其九》,北京:中华书局,1986年版,第1499页。

② 苏轼著,孔凡礼点校:《苏轼文集·与王定国其二》,北京:中华书局,1986年版,第1513页。

③ 苏轼著,孔凡礼点校:《苏轼文集·与司马温公其三》,北京:中华书局,1986年版,第1442页。

④ 苏轼著,孔凡礼点校:《苏轼文集·与滕达道其二十二》,北京:中华书局,1986年版,第1482页。

寄意,然好事者不肯见置,开口得罪,不如且已。不惟自守如此,亦愿公已之。"[1] 话是这样说,他来黄州之初,确是少言甚至不言;时间长了还是重操笔砚,书信不少,诗文词赋的创作也达人生的高峰。

苏轼在黄州,给弟弟苏辙写过四封信,其三说:"任性逍遥,随缘放旷,但尽凡心,无别胜解!"[2] 这话是从谈佛引申而出的。苏轼说的"但尽凡心",并非求佛,而是做一个凡人,在"任性逍遥,随缘放旷"中享受实在的生活。这与他在黄州效陶渊明相吻合,成为他此后人生的基本指导思想。所以他在黄州虽有"一蓑烟雨任平生"的旷达、"寂寞沙洲冷"的孤寂,却在给范子丰的信中说,与李委秀才载酒乘舟游于赤壁之下,"李善吹笛,酒酣,作数弄。风起水涌,大鱼皆出。山上有栖鹘,亦惊起。坐念孟德、公瑾,如昨日耳"[3]。这与他的《前赤壁赋》相应,让人知道赋中的叙事、寄情源于现实。而泛舟共饮,是他任性逍遥的表现。他还在给参寥子的信中说自己与大儿苏迈划船到赤壁,"西望武昌,山谷乔木苍然,云涛际天",景色之美触动了他,因此他常以一叶扁舟过江去武昌(今湖北鄂州)一游,欣赏山水、会见朋友。他还把这事告诉过吴子野:"黄州风物可乐,供家之物亦易致。所居江上,俯临断岸,几席之下,风涛掀天。对岸即武昌诸山,时时扁舟独往。"[4]

鄂州知州朱寿昌待他甚厚,常给他送来米面酒醋等食物,特别是刚酿制的新酒。苏轼十分高兴,与黄州佳士会饮,共感朱寿昌之德。他称朱寿昌与唐李肇《国史补》里的杜羔相似,为人有至情

---

[1] 苏轼著,孔凡礼点校:《苏轼文集·与沈睿达其二》,北京:中华书局,1986年版,第1745页。

[2] 苏轼著,孔凡礼点校:《苏轼文集·与子由其三》,北京:中华书局,1986年版,第1834页。

[3] 苏轼著,孔凡礼点校:《苏轼文集·与范子丰其七》,北京:中华书局,1986年版,第1453页。

[4] 苏轼著,孔凡礼点校:《苏轼文集·与吴子野其四》,北京:中华书局,1986年版,第1736页。

至性。他给朱寿昌写过二十一封信,特别值得一说的是元丰三年（1080）,苏轼对朱寿昌说,黄鄂地区的百姓通常只养二男一女,过则溺杀,尤其讳养女孩,以致民间女少男多。有的女孩刚生下来,就用冷水浸死。苏轼对这种恶习深恶痛绝,请朱寿昌出手拯救这些孩子,谕以祸福,治以法律,革此风俗。还说自己知密州时,遇饥年则收养弃儿,使其有父母之爱,不致流离失所。黄鄂溺子事他在《东坡志林》"黄鄂之风"条里也说过。

苏轼对徐得之说,他身处"谪籍",这话后来在惠州对刘宜翁使君、在儋州对范元长都说过。"谪籍"使他行为不自由,故在黄州时,他难免会说自己杜门思过,对外与亲朋断绝往来,甚至焚毁笔砚,不写信也不写诗;对内则心已放平,没有什么欲望。他对圆通禅师说:"自惟潦倒迟暮,年垂五十,终不闻道,区区持其所有,欲以求合于世,具不可得,而况世外之人,想望而不之见者耶？"[1] 这番有些辛酸的话,是对自我人生的回望与反思。他有意闻道而合于世,结果未能如愿;欲出世也不成,眼下流贬黄州,"老兄嫂团坐火炉头,环列儿女,坟墓咫尺,亲眷满目,便是人间第一等好事,更何所羡"[2]。这样和美的家庭生活,让他忘却了此身尚在流贬之中。在黄州,他曾卧病半年,又遇风毒攻右目,几至失明;疮生臂上,乃药石之毒,对此他自省罪重责轻,灾祸未尽,于是"杜门僧斋,百想灰灭,登览游从之适,一切罢矣"[3]。其实何曾罢呢？他仍是文学家,璀璨的诗文词赋频繁问世,偶尔还作画。他给贾耘老作了一幅怪石古木图,开玩笑说,遇饥饿不妨打开看看,看它能否饱人。同时,他还获得了三个新的角色。

一是成为一个黄州人。苏轼本是一介文人,不会干活,在黄州

---

[1] 苏轼著,孔凡礼点校:《苏轼文集·与圆通禅师其一》,北京:中华书局,1986 年版,第 1885 页。

[2] 苏轼著,孔凡礼点校:《苏轼文集·与子安兄》,北京:中华书局,1986 年版,第 1830 页。

[3] 苏轼著,孔凡礼点校:《苏轼文集·与蔡景繁其二》,北京:中华书局,1986 年版,第 1661 页。

多年后,重新学习,包括躬耕东坡,促成他安于黄州,如对赵晦之说"某谪居既久,安土忘怀,一如本是黄州人,元不出仕而已"[①],不以自己曾居庙堂之上为意,甚喜"黄州风物可乐,供家之物亦易致"[②],平素日子可过。

二是成为一个隐士。苏轼《江神子》(梦中了了醉中醒)自道:"梦中了了醉中醒。只渊明,是前生。"这本是他在东坡躬耕时想到的。他又在《哨遍》(为米折腰)里完整地檃栝了陶渊明的《归去来兮辞》,使其入音律而不改其意,在其中渗入庄子的思想,高吟"我今忘我兼忘世";并在书信里对朱康叔说及此事,说自己正过着与外界相隔的躬耕生活,以东坡居士自居。

三是成为一个学者。苏轼最初在给章惇的信中说,自己闲暇无事,则读佛经度日,不事写作;后致力于《易传》《论语说》的写作,并有所成。他对文彦博说:"到黄州,无所用心,辄复覃思于《易》《论语》。端居深念,若有所得,遂因先子之学,作《易传》九卷。又自以意作《论语说》五卷。"[③] 这事还在《与王定国》其十一、《与滕达道》其二十一里说过,意在酌古驭今、匡时济世。他还告诫千之侄:"然慎勿动心,益务积学而已。人苟知道,无适而不可,初不计得失也。"[④] 这时候他已无所谓得失了。不仅如此,他还学佛、老,期于静达。

苏轼那时已开始想晚年的生活,他在宜兴买了一点房产田地,希望圣主哀怜他的余生,准许他到那儿居住。元丰七年(1084),时年四十七岁的他离开黄州,上表乞居常州,果得去常州。这时,神

---

① 苏轼著,孔凡礼点校:《苏轼文集·与赵晦之其三》,北京:中华书局,1986 年版,第1711 页。
② 苏轼著,孔凡礼点校:《苏轼文集·与吴子野其四》,北京:中华书局,1986 年版,第1736 页。
③ 苏轼著,孔凡礼点校:《苏轼文集·黄州上文潞公书》,北京:中华书局,1986 年版,第1380 页。
④ 苏轼著,孔凡礼点校:《苏轼文集·与千之侄》,北京:中华书局,1986 年版,第 1839 页。

宗驾崩,章惇等人被罢免,司马光得到起用,苏轼的命运发生转折,在京城先后官翰林学士、知制诰、龙图阁学士、吏部尚书等,却在绍圣元年(1094)五十九岁时再贬惠州。

(三)凡百随缘何妨做一惠州人

元祐七年(1092)是苏轼仕途最辉煌的一年,七月授兵部尚书,九月授端明殿学士兼翰林学士、礼部尚书。但这辉煌来得太晚,也太短暂。次年,他便因与黄庆基等人之间的矛盾,被清算旧账。苏轼即以这样的身份出知定州。出发前,第二个妻子王闰之死去。绍圣元年(1094)六月,他在定州任上被贬为建昌军司马,着惠州安置,十月抵惠州。

到惠州后,苏轼有信给范纯夫:"某谪居瘴乡,惟尽绝欲念,为万金之良药。"① 这是他自己为再贬惠州寻求的解脱之方。他很快平和下来,给王定国写信说在惠州弃绝世故,身心俱安,同行的小儿苏过和他一样超然物外,并说:"南北去住定有命。此心亦不念归,明年买田筑室,作惠州人矣。"② 本来命他出知定州就有贬意,再到惠州,则贬意昭然。他说这皆为命定,既然如此,何妨做惠州人。他对王定国说,在惠州绝学无忧,归根守道,你如果一定寄信,可多寄点干枣、人参,不方便则作罢,不好以口腹之需万里劳动他人。承续黄州时的境遇,苏轼仍然闭门思过,他那时觉得惠州是瘴气之乡,说少年可久居,像他这样年近六旬的老人,怎能久居呢? "惟绝嗜欲、节饮食,可以不死,此言已书之绅矣。余则信命而已。"③

---

① 苏轼著,孔凡礼点校:《苏轼文集·与范纯夫》,北京:中华书局,1986年版,第1456页。
② 苏轼著,孔凡礼点校:《苏轼文集·与王定国其四十》,北京:中华书局,1986年版,第1531页。
③ 苏轼著,孔凡礼点校:《苏轼文集·与钱济明其五》,北京:中华书局,1986年版,第1551页。

苏轼说信命,不是遭贬后才说的。当年他在京城做翰林时,曾在信中和李方叔说起两人相知甚久,当与朋友共赏方叔新作之文。然后话锋一转,"至于富贵,则有命矣,非绵力所能必致。姑务安贫守道,使志业益充,自当有获"①。李方叔名廌,为苏门六君子之一,举进士不第,故苏轼以此安慰,劝他安贫乐道。在惠州时,苏轼有一庖婢逝去,自觉此事有分定,不以人的意愿为转移。信命,自会萌生如庄子的随顺自然之类的想法,像他对南华辩老说的:"某到贬所已半年,凡百随缘,不失所也。"②这"随缘"的自然,与信命相应,不妨"守道""绝欲"。类似的想法还有对杜子师所说的:"贬窜皆愚暗自取,罪大罚轻,感恩念咎之外,略不置胸中也。得丧常理,正如子师及第落解尔。"③人生处低谷而心境如斯,实为难得。

苏轼在黄州时,当地肉贱,可每日一肉,对好肉的他是一种享受;居惠州却不能如此。他对子由说,惠州集市冷清,每天只宰杀一只羊,因不能与当官者争,最后能买到的是羊脊骨。他将羊脊骨买来,煮熟后把骨缝间的肉趁热剔出,然后"渍酒中,点薄盐炙微焦食之。终日抉剔,得铢两于肯綮之间,意甚喜之。如食蟹螯,率数日辄一食,甚觉有补"④。他讲这个故事,笑言:子由知此味吗?还说,如此法推行,那众狗就不高兴了;只因本该归它们享用的美食,却被人抢走了。而他在黄州一家老小围炉而坐的生活,在惠州一时无法享有。他告诉徐得之,一家今作四处,分别住在惠、筠、许、常四州,所幸皆无恙,身边唯有小儿苏过相随。他还对孙志康说:"今北归无日,因遂自谓惠人,渐作久居计。正使终焉,亦有何不

① 苏轼著,孔凡礼点校:《苏轼文集·答李方叔其五》,北京:中华书局,1986年版,第1578页。
② 苏轼著,孔凡礼点校:《苏轼文集·与南华辩老其三》,北京:中华书局,1986年版,第1872页。
③ 苏轼著,孔凡礼点校:《苏轼文集·与杜子师其三》,北京:中华书局,1986年版,第1673页。
④ 苏轼著,孔凡礼点校:《苏轼文集·与子由弟其七》,北京:中华书局,1986年版,第1837页。

可。"① 在黄州说要做黄州人的苏轼,贬谪惠州,表示自己要做惠州人了。

他对程正辅说:"某睹近事,已绝北归之望。然中心甚安之。未说妙理达观,但譬如元是惠州秀才,累举不第,有何不可。"② 既然如此,就安心居惠,建白鹤峰新居动机也在于此。苏轼是场屋高手,这时却说只当自己是惠州累举不第的秀才,人生不能竞进,则后退一步,不像李白不得意时在《行路难》里高吟"长风破浪会有时,直挂云帆济沧海"。于是,苏轼写信对陈伯修说,拟在惠州买地结茅,作终焉之计。这在两年后得到实施。他原本欲选址水东山,未见好地,最后选了白鹤峰,不仅因为此地是古白鹤观的旧基,而且"下临大江,见数百里间。柳子厚云:'孰使予乐居夷而忘故土者,非兹丘也欤?'"③ 话虽这样说,然鸟飞返乡、狐死首丘,苏轼的思乡情怀仍然是在的。绍圣四年(1097)二月,苏轼迁入惠州白鹤峰新居,两年来在惠州合江楼、嘉祐寺之间来回迁徙的日子终于结束,可以安定下来了。他说:"新居在大江上,风云百变,足娱老人也。"④ 新居有一书斋,他题名为"思无邪斋",这取自孔子论《诗》的"思无邪"说,苏轼以此自得于思想的纯正。

苏轼写信告诉范纯夫,他想到陶渊明《时运》诗的"斯晨斯夕,言息其庐",加上长子苏迈带着孙子也到了惠州,他在老朽忧患之际高兴万分,欣然命笔。他还在信里次陶渊明《时运》诗韵,给范纯夫写了一首诗,在《答范纯夫》其十一里嘱咐他"多难畏人,此诗慎勿示人也"。这说明他仍自感因言获罪,不宜多言,包括作

① 苏轼著,孔凡礼点校:《苏轼文集·与孙志康其二》,北京:中华书局,1986 年版,第 1681 页。
② 苏轼著,孔凡礼点校:《苏轼文集·与程正辅其十三》,北京:中华书局,1986 年版,第 1593 页。
③ 苏轼著,孔凡礼点校:《苏轼文集·与陈伯修其五》,北京:中华书局,1986 年版,第 1558 页。
④ 苏轼著,孔凡礼点校:《苏轼文集·答毛泽民其五》,北京:中华书局,1986 年版,第 1572 页。

诗。他对曹子方说,你劝我不要写诗,却又找我索取近作,我闲中写作的习气未改,常有新篇,"今录三首奉呈,览毕便毁之"①。他把诗稿寄给友人,出于彼此交情,不忘交代一句慎勿外传,其中原委在《答刘沔都曹书》里说过:"轼平生以文字言语见知于世,亦以此取疾于人,得失相补,不如不作之安也。以此常欲焚弃笔砚,为暗默人,而习气宿业,未能尽去,亦谓随手云散鸟没矣。"写作是他的生活,甚至是他生命的一部分,他少年即好文章,及长,自成"习气宿业",既惧祸,又难以戒绝,故有这样纠结的举动。苏轼不放弃写作,还有另一个重要原因,"惟文字庶几不与草木同腐,故决意为之"②,但不愿以之示人,希望孙志康深明此意,千万不要索看。

苏轼一生致亲人的信中,给弟弟子由的最多,兄弟亲情与唱和,成就了北宋文学史上的一段佳话。如《和子由渑池怀旧》的"人生到处知何似,应似飞鸿踏雪泥"、《水调歌头·丙辰中秋》的"但愿人长久,千里共婵娟"都是苏轼写给子由的。苏轼居儋时有《与子由》,和子由谈陶渊明的诗歌风格,评价陶诗"质而实绮,癯而实腴";告诉弟弟此前没有诗人追和古人,自己好陶诗而遍和之,是追和古人之始。他给子由写过十封信,黄州时说自己"任性逍遥,随缘放旷,但尽凡心,无别胜解"③,此后,到惠州、儋州都没有改变。在惠州写的信中,苏轼说买羊脊骨烧烤就清酒而食,自成佳肴;北归途中,告诉子由决计定居常州,天意如此,恨不得兄弟老来相聚。结果雷州一别,竟成永诀。苏轼在惠州时,有信给长子苏迈和三子苏过,告诫苏迈当慎言俭食,晚睡早起以养生;告诉苏过写字作画应怎样用墨。苏轼还有给表兄文与可、程正辅,侄婿王庠等

---

① 苏轼著,孔凡礼点校:《苏轼文集·与曹子方其三》,北京:中华书局,1986年版,第1775页。
② 苏轼著,孔凡礼点校:《苏轼文集·与孙志康其二》,北京:中华书局,1986年版,第1681页。
③ 苏轼著,孔凡礼点校:《苏轼文集·与子由弟其三》,北京:中华书局,1986年版,第1834页。

人的信。

苏轼在惠州写给程正辅的信有七十一封,创他个人书信往来数量之最。程正辅,名之才,本是苏轼母亲程夫人的侄儿,苏轼的姐夫。因姐姐八娘在程家受虐早死,苏轼与程正辅四十二年没有来往。苏轼到惠州时,程正辅任广南东路提刑,惠州在他的巡视范围之内。苏轼开始给他写信,问他能否为自己来惠州,兄弟二人一见。苏轼向程正辅示好,说自己近来得一酿酒法①,如程正辅光临,可预先酿制,届时与程正辅把盏为乐,虽说他所饮不过五银盏;还将他自己写的《松醪赋》抄录给程正辅。程正辅来的那天,苏轼自称已杜门不出,故不能郊迎,专令小儿苏过去迎接。两人有十日之聚。别后,苏轼写信感恩程正辅,寄思念之情,四十二年的隔阂就此冰释,和好如初。此后两人书信往来频繁,除唠家常、寄食物外,就是谈诗,互相唱和。苏轼给他寄了香积诗、和陶诗,那时他和陶已有四五十首,因子由劝诫,止笔不作,即他说的"前后惠诗皆未和,非敢懒也,盖子由近有书,深戒作诗。其言切至,云当焚砚弃笔,不但作而不出也。不忍违其忧爱之意,故遂不作一字,惟深察"②。这事他后来还说过。劝他不作诗的还有朋友,说明苏轼居惠和居黄一样,"谪籍"在身,受朝廷监管,有再度因言获罪的可能,故大家劝他以不言为上,诗是不必写的。苏轼曾向文与可学画,尤其是画竹,有《文与可画筼筜谷偃竹记》,说画竹的方法当是成竹于胸,一挥而就;故也善画竹,在黄州时,王定国索竹画,他作竹画一张相赠。程正辅找他要墨竹画,苏轼说因近年未画,往往画不成,待有画得好的再奉寄。

苏轼适应惠州,他对陈季常说,惠州风土食物不差,吏民待我

---

① 苏轼给钱济明的信说,惠州家家酿酒,他得酿桂香酒法,酿成不减王晋卿家碧香,自谓是谪居的一桩喜事。(《与钱济明其五》)

② 苏轼著,孔凡礼点校:《苏轼文集·与程正辅其十六》,北京:中华书局,1986年版,第1594页。

很好；又在给陆子厚的信中说："惠州百凡不恶，杜门养疴，所获多矣。"① 尤其是荔枝，有《食荔枝》诗道："日啖荔枝三百颗，不辞长作岭南人。"一次，他接待五位客人，座中人食荔枝百枚，他自己也有"荔枝正熟，就林恣食"②，以图一快的时候。尽管第二年荔枝早产歉收，既少又酸，致生"空寓岭海之叹"③。他所说的养病，主要是指在惠州治疗痔疮。他写信给被贬黔中的黄庭坚，询问生活起居，关心他在路途上有无道义之人相助；说自己"数日来苦痔疾，百药不效，遂断肉菜五味，日食淡面两碗，胡麻、茯苓麨数杯"。苦痔疮事，他还跟程正辅、王庠、南华辩老等人说过。如对程正辅，患痔疮二十一年，近日忽大作，痛楚无聊两个多月，难以承受；在去儋州前多次复发，让他痛苦不堪。于是他断酒、断肉、断酱菜，一切有味的食物都断了，只吃一点淡面和少许胡麻、茯苓粉。如他对王庠说，因痔疮呻吟近百日，为此断荤血盐酪，每天只吃一斤淡面。他是一个懂医术、知医药的人，但对痔疮没有更多的办法。他会与人谈医论药，如对罗秘校说，惠州"百事不类海北，但杜门面壁而已。彼中有粗药可治病者，为致少许。此间如苍术、橘皮之类，皆不可得，但不论粗贱，为相度致数品"④。他也想到养生，如对翟东玉说，自己晚来血气衰耗如老马，想多食生地黄而不能常得，听说循州兴宁令欧阳叔向在县圃多种此药，请他代为索取，以寄惠州；并对吴秀才说，吴子野告诉他出世长生法，劝他练气服药，然而他认为死生有命，不由南北，不信长生不死之事。他还对程正辅说："某近颇好丹药，

① 苏轼著，孔凡礼点校：《苏轼文集·与陆子厚其三十二》，北京：中华书局，1986 年版，第 1853 页。
② 苏轼著，孔凡礼点校：《苏轼文集·与程正辅其三十二》，北京：中华书局，1986 年版，第 1603 页。
③ 苏轼著，孔凡礼点校：《苏轼文集·与欧阳知晦其一》，北京：中华书局，1986 年版，第 1754 页。
④ 苏轼著，孔凡礼点校：《苏轼文集·与罗秘校》，北京：中华书局，1986 年版，第 1770 页。

不惟有意于却老,亦欲玩物之变,以自娱也。"①正视现实,他很理性地说,养生唯一的途径是独寝无念。这其实是庄子提倡的绝欲静养。关于这一点,苏轼在黄州时说过,"道术多方,难得其要。然以某观之,惟能静心闭目,以渐习之,但闭得百十息,为益甚大,寻常静夜,以脉候得百二三十至,乃是百二三十息尔。数为之,似觉有功。幸信此语,使真气云行体中,瘴冷安能近人也"②;还说过"旧既勤于道引服食,今宜倍加功"③。显然他是注意养生的,道家、道教的"道引服食"为他所用。

特别值得一提的是,苏轼到惠州以后,给广州王敏仲写信提议,说若引蒲涧山滴水岩的山泉入城,可使百姓饮用到甘甜的泉水。具体方法是"于岩下作大石槽,以五管大竹续处,以麻缠之,漆涂之,随地高下,直入城中。又为一大石槽以受之,又以五管分引,散流城中,为小石槽以便汲者。不过用大竹万余竿,及二十里间,用葵茅苫盖,大约不过费数百千可成"④。这是近千年前广州的"自来水"引流及管道铺设方法。又说为防堵塞,可在竹竿上钻一如绿豆大的小眼,以检查竹管是否畅通,以免一竿之塞会连累百竿。在惠州,苏轼还促成了程正辅修建浮桥和军队的营房,说浮桥不修,官民不便;营房不建,军政堕坏,也是一桩功德。

居惠时,苏轼听说程正辅的妻子死了,至为悲痛,写了三封信悼之,劝正辅速作佛事,升济幽明。他自己的侍妾王朝云也死了,葬在惠州栖禅寺的六如亭下。苏轼先后有二妻一妾,王朝云死后,身边再无照顾他生活的女人。

---

① 苏轼著,孔凡礼点校:《苏轼文集·与程正辅其五十五》,北京:中华书局,1986年版,第1615页。
② 苏轼著,孔凡礼点校:《苏轼文集·与王定国其八》,北京:中华书局,1986年版,第1518页。
③ 苏轼著,孔凡礼点校:《苏轼文集·与王定国其四》,北京:中华书局,1986年版,第1515页。
④ 苏轼著,孔凡礼点校:《苏轼文集·与王敏仲其十一》,北京:中华书局,1986年版,第1692—1693页。

（四）棺墓之念化为兹游奇绝

苏轼安于惠州，并打算终老惠州时，又被贬到海南昌化军，着儋州安置，身份是琼州别驾。相传是《白鹤新居上梁文》里的"尽道先生春睡美，道人轻打五更钟"惹的祸——章惇恼怒他的日子过得太安逸，故再作惩治。这是绍圣四年（1097），苏轼六十二岁。

苏轼在徐闻渡海前，子孙恸哭，以为死别。临行，他嘱咐长子苏迈要"慎言语，节饮食，晏寝早起，务安其形骸为善也"[1]。这是他深刻的人生经验，也是对因不慎言语而有三贬之灾的总结。此行，苏轼抱了必死之心，赴海南前写信给王敏仲，郑重其事地告知，垂老投荒，无生还之望，故到海南首当作棺，次便作墓，死后葬于海外。他仍携小儿苏过同行，把大儿苏迈等儿孙留在了惠州白鹤峰。他在徐闻递角场择日顺风过了琼州海峡，有信给林济甫说"回望乡国，真在天末"[2]，前途苍茫。绍圣四年（1097）六月，苏轼渡过琼州海峡，先到琼州。不知何故，他没有去见琼州太守张景温，而是给他写了两封短札，一说因病不能拜见，一说因负罪自当屏远不能拜见，转身经澄迈、临高去了儋州。尽管如此，在琼州时，他没忘给雷州太守张逢写信，表达在雷州得他关照的感激之情。此后他写过五封信与张逢聊家常，张逢还送了四壶新酿的酒给他，却再不见他有信给张景温。

苏轼七月二日到儋州后，在给林济甫的信中说"某兄弟不善处世，并遭远窜，坟墓单外"[3]。这不善处世，是他反复说的不慎言

① 苏轼著，孔凡礼点校：《苏轼文集·付迈》，北京：中华书局，1986年版，第1840页。
② 苏轼著，孔凡礼点校：《苏轼文集·与林济甫其一》，北京：中华书局，1986年版，第1804页。
③ 苏轼著，孔凡礼点校：《苏轼文集·与林济甫其二》，北京：中华书局，1986年版，第1804页。

语,实为敢于表达自己不同的观念,以致为对立派所不容。他对程全父说:"某与小儿亦粗遣,困穷日甚,亲友皆疏绝矣。"① 念及亲友疏绝,他多少有点伤感。这"疏绝"的缘由,是他在黄州给王定国的信中说的,"平生亲友,言语往还之间,动成坑阱,极纷纷也,不敢复形于纸笔"②。黄州时如此,儋州时更甚,他在儋州与人往来的信件稍少,原因就在这里。他还对程全父说,一别多年,海外穷独,人事断绝,无从通问,今天运输船到,忽然收到你的信,不胜欣慰。在儋州时,老友范祖禹去世,他在给范祖禹之子范元长的信中称赞范祖禹清德绝识,高文博学,古今罕有,并慰勉范元长兄弟,当自立门户,别因哀痛伤身。他因贬居海外,"流离僵仆,九死之余"③,生活艰难,不能亲自前往,不能派人致奠,欲作奠文也不能,实在悲痛;又感叹本来应允为范祖禹作传,因在海外而食言,自愧负心。范祖禹的死让他始终难以忘怀,北归途中提到徽宗即位后"圣政日新,天下归仁"④,但与他同贬的已有十人去世,其中便有范祖禹。

在儋州,他给程全父写信,说自己"流转海外,如逃空谷",随身带了"二友"——《陶渊明集》和柳子厚诗文数册,借此排解内心的忧懑;并笑言程全父新近寄来清深温丽的诗,可与陶、柳诗并称"三友"。他贬黄州时,就以陶渊明为人生楷模,想做像他那样躬耕田园、以诗酒为乐的隐士。柳子厚即柳宗元,在中唐永贞革新失败后先后被贬永州、柳州,往往沉浸在山水中。而苏轼居儋也在田园山水中,有陶、柳诗文为伴,也是一种安慰。他初到儋州,内心凄

① 苏轼著,孔凡礼点校:《苏轼文集·与程全父其十一》,北京:中华书局,1986 年版,第 1627 页。
② 苏轼著,孔凡礼点校:《苏轼文集·与王定国其二十六》,北京:中华书局,1986 年版,第 1526 页。
③ 苏轼著,孔凡礼点校:《苏轼文集·与范元长其二》,北京:中华书局,1986 年版,第 1458 页。
④ 苏轼著,孔凡礼点校:《苏轼文集·与范元长其十二》,北京:中华书局,1986 年版,第 1462 页。

苦,写信诉苦是常事,给程秀才的信就说:"此间食无肉,病无药,居无室,出无友,冬无炭,夏无寒泉,然亦未易悉数,大率皆无耳。惟有一幸,无甚瘴也。"① 除此之外,还有一无,是对苏过说的"吾平生无嗜好,独好佳笔墨。既得罪谪海南,凡养生具十无八九,佳纸墨行且尽,至用此等,将何以自娱,为之慨然"②。故他在海南造墨,有《记海南作墨》叙其事。这种"诸般皆无"的生活,给了他痛苦与孤独。他在《与侄孙元老》中说:"海南连岁不熟,饮食百物艰难,及泉、广海舶绝不至,药物鲊酱等皆无,厄穷至此,委命而已。老人与过子相对,如两苦行僧尔。然胸中亦超然自得,不改其度。"③ 他还在后来有绝粮之忧时,与苏过学龟息法,晨起引吭东望,吸旭日之光而咽之,遂不复饥。

那时,苏轼对海南缺乏了解,想象中的生活苦难使他上岛即思北归,他内心最强烈的感受是在前往儋州的路上经过儋耳山时流露出来的。这种感受,一是诗《行琼、儋间,肩舆坐睡,梦中得句,云:"千山动鳞甲,万谷酣笙钟。"觉而遇清风急雨,戏作此数句》说的"登高望中原,但见积水空。此生当安归,四顾真途穷",身处海南,不知北归之路何在;二是五绝《儋耳山》说的"君看道旁石,尽是补天余",他不为世用,以至于流贬海南,北归无望。

初到儋州时,苏轼没有居所。他在给程秀才的信中说,原本昌化军使张中让他和苏过住在官办的伦江驿,朝廷得知,派专使驱赶。他不愿低眉交涉,先建桄榔庵,暂且度日;后买地建房,在十数学生的帮助下,自己承担泥水之役,据说建了五间正房、一间偏屋。自此,他方能杜门面壁歇息,但"此中枯寂,殆非人世,然居之甚安。

① 苏轼著,孔凡礼点校:《苏轼文集·与程秀才其一》,北京:中华书局,1986 年版,第 1628 页。
② 苏轼著,孔凡礼点校:《苏轼文集·付过》,北京:中华书局,1986 年版,第 1840—1841 页。
③ 苏轼著,孔凡礼点校:《苏轼文集·与侄孙元老》,北京:中华书局,1986 年版,第 1841 页。

诸史满前,甚有与语者也"①。曾在惠州白鹤峰建新居,弄得钱袋空空的苏轼,为建儋州新屋,再次囊为一空。苏轼有《新居》诗说遭驱赶而建新居之事。此时新居"朝阳入北林,竹树散疏影。短篱寻丈间,寄我无穷境",日后"数朝风雨凉,畦菊发新颖。俯仰可卒岁,何必谋二顷",可见其心态平和。但他在给程秀才信中说的是这样一番情形:"仆既病倦不出,出亦无与往还者,阖门面壁而已。新居在军城南,极湫隘,粗有竹树,烟雨蒙晦,真蜑坞獠洞也。"②这正是他"枯寂"生活的写照,所谓"出亦无与往还者"则是他说过的"出无友"。好在儋州的酒胜过佳绝的惠州酒,孤寂无聊时可得一醉之乐。后来,惠州的周文之给他捎了栗、梨和五石大米,苏轼说用米可酿醇酒三十斗,加上家里原有的陈酒,可供一年之用,"既免东篱之叹,又无北海之忧"③。这"东篱"与"北海"分别用东晋陶渊明和东汉孔融的故事,说自己没有缺酒之叹或缺酒之忧,酒后还可熟睡,做场好梦。后来他还自酿酒,作《真一酒歌》,唱道:"酿为真一和而庄,三杯俨如侍君王。湛然寂照非楚狂,终身不入无功乡。""无功"是初唐王绩的字,他以好酒闻名,有"斗酒学士"之称,曾作《醉乡记》。

苏轼居儋是惠州生活的延续,生活环境甚至更差了。居惠时说"随缘",这时是"随缘委命"④,这种心态促成他对流贬海南及人生得失的新认知。他在儋州的札记《试笔自书》里说自己始至海南时,环视天水无际,凄然伤之,自问:何时得出此岛耶?然后想到天地在积水中,九州在大瀛海中,中国在少海中,大陆是大岛,海南

① 苏轼著,孔凡礼点校:《苏轼文集·与郑靖老其一》,北京:中华书局,1986年版,第1674页。
② 苏轼著,孔凡礼点校:《苏轼文集·与程秀才其二》,北京:中华书局,1986年版,第1628页。
③ 苏轼著,孔凡礼点校:《苏轼文集·与周文之其三》,北京:中华书局,1986年版,第1760页。
④ 苏轼著,孔凡礼点校:《苏轼文集·与程德孺其一》,北京:中华书局,1986年版,第1687页。

是小岛,有谁不是生在岛上呢? 又在《书上元夜游》中记叙了与几位儋州老书生同游儋州夜市,良月嘉夜,步城西,入僧舍,历小巷,眼见民夷杂揉,屠沽纷然,回家放杖而笑,自问孰为得失。这与他在黄州的承天寺夜游同趣。

借书、读书、写作是苏轼海南的主要生活。他找郑靖老借书,与苏过把借来的书编排整齐,方便阅读和归还;给程秀才的信说"儿子到此,抄得《唐书》一部,又借得《前汉》欲抄。若了此二书,便是穷儿暴富也"①。他以抄书的方式读书。宋代陈鹄《耆旧续闻》卷一记载,朱司农(即朱寿昌,曾任司农少卿,故称)分教黄州,曾登门拜见苏轼,一日通报姓名之后,苏轼许久才出来,说是正完成"日课",误了时间。朱司农问"日课"为何,苏轼说是抄《汉书》。并告诉他:"某读《汉书》,至此凡三经手抄矣。初则一段事抄三字为题,次则两字,今则一字。"② 于是朱司农举题一字,苏轼应声诵数百言,无一字差缺。凡数次,都是如此。朱司农感叹苏轼是谪仙之才,教育儿子新仲,说苏轼如此勤奋,一般才能的人怎能不勤奋读书呢? 这个故事传说的成分很重。

苏轼在儋州仍说自己有心以抄书来读书,但目昏心疲,有点力不从心了。这一点,苏轼在黄州给王定国的信中说过:"君学术日益,如川之方增,幸更着鞭,多读书史,仍手自抄为妙。"③他把自己的读书方法告诉王定国,并给王庠写信,说到"八面受敌"读书法:"少年为学者,每一书,皆作数过尽之。书富如入海,百货皆有之,人之精力,不能兼收尽取,但得其所欲求者耳。故愿学者,每次作一意求之。如欲求古人兴亡治乱圣贤作用,但作此意求之,勿生

① 苏轼著,孔凡礼点校:《苏轼文集·与程秀才其三》,北京:中华书局,1986 年版,第1629 页。
② 朱易安、傅璇琮等主编:《全宋笔记》第六编第五册,郑州:大象出版社,2013 年版,第42 页。
③ 苏轼著,孔凡礼点校:《苏轼文集·与王定国其十一》,北京:中华书局,1986 年版,第1519 页。

余念。又别作一次求事迹故实典章文物之类,亦如之。他皆仿此。此虽迂钝,而他日学成,八面受敌,与涉猎者不可同日而语也。"① 苏轼还说这不是"速化之术",信然。这与韩愈《答李翊书》中说的读书无望速成,当养根俟实、加膏希光相似。除此,苏轼还"怀想清游,时诵佳句,以解牢落"②;"随行有《陶渊明集》。陶写伊郁,正赖此尔"③。后者也使他得以在儋州尽和陶诗,南宋庆元间即有《东坡和陶诗》刊本行于世。

苏轼的门生众多,他所到之地,总有人向他求教。在海南最有名的是姜唐佐。姜唐佐住琼山,苏轼住儋州,两地鸿飞。苏轼在信中夸姜唐佐"长笺词义兼美,穷陋增光"④;姜唐佐去看望他后,苏轼有信说与姜唐佐夜话,甚慰孤寂,希望他再来,如市中无肉,就共吃菜饭。他还以"沧海何曾断地脉,白袍端合破天荒"一联相赠,鼓励姜唐佐上进;并在姜唐佐从学半年后,以柳宗元的《饮酒》《读书》诗相赠,有《书柳子厚诗后》记之。到儋州求学的葛延之向苏轼请教作文之方,苏轼说,在儋州集市上购物,需要用钱摄取,"作文亦然。天下之事,散在经、子、史中,不可徒使,必得一物以摄之,然后为己用。所谓一物者,意是也。不得钱不可以取物,不得意不可以明事,此作文之要也"⑤。苏轼说作文应以意统摄写作的材料,以意明事,这些至今都是写作者应当掌握的。他在惠州对张嘉父说:"凡人为文……当且博观而约取,如富人之筑大第,储其材用,

① 苏轼著,孔凡礼点校:《苏轼文集·与王庠其五》,北京:中华书局,1986 年版,第 1822 页。
② 苏轼著,孔凡礼点校:《苏轼文集·与程全父其九》,北京:中华书局,1986 年版,第 1626 页。
③ 苏轼著,孔凡礼点校:《苏轼文集·与程全父其十》,北京:中华书局,1986 年版,第 1626 页。
④ 苏轼著,孔凡礼点校:《苏轼文集·与姜唐佐秀才其一》,北京:中华书局,1986 年版,第 1739 页。
⑤ 苏轼著,林冠群编注:《新编东坡海外集·诲葛延之作文》,郑州:中州古籍出版社,2015 年版,第 289 页。

既足而后成之,然后为得也。"① 二说都重博观约取,以意摄取材料,不合者去之,这也是写作的至理名言。他自己的写作除诗、词、文外,还有"经学三书"或称"海南三书",即《书传》《易传》和《论语说》,集中代表了他平生经学的最高成就。

苏轼在儋州,"北归未有期,信命且过"②。虽是这样说,他与当地百姓和睦相处,亲如一家。读他的己卯儋耳春词《减字木兰花·立春》,其中"春牛春杖,无限春风来海上。便丐春工,染得桃红似肉红。   春幡春胜,一阵春风吹酒醒。不似天涯,卷起杨花似雪花"的动情描写,哪里还有悲戚颓丧之态?

苏轼本已不抱北归的期望,但随着哲宗之死、徽宗登基,朝廷大赦天下,他终于要北归了。北归之际,他在《别海南黎民表》里说"我本海南民,寄生西蜀州"。贬黄州时说做黄州人,贬惠州时说做惠州人,在儋州他说自己是海南人,"此心安处是吾乡"的苏轼,贬黄安黄,贬惠安惠,贬儋安儋,根本在于心安。

元符三年(1100)五月,苏轼遇赦,量移廉州。在回复秦观的信里,他说得移廉的诏令,离开海南,拟坐泉州人许九的船,大约在六月二十五六日上船,地点在临高石排港,如天气不错,一天可达徐闻的递角场;并说已拜托吴君,雇二十个壮夫帮助他挑行李。他还写信告诉姜唐佐,自己拟从临高的石排港或是澄迈的通潮驿渡海北归,顺便归还所借的《烟萝子》两卷、《吴志》四册、《会要》两册。但后来不知何故,苏轼又来到琼州,在琼州写下了《惠通泉记》《洞酌亭诗并引》,六月二十夜渡海离开海南,自言"九死南荒吾不恨,兹游奇绝冠平生"。

---

① 苏轼著,孔凡礼点校:《苏轼文集·与张嘉父其七》,北京:中华书局,1986年版,第1564页。
② 苏轼著,孔凡礼点校:《苏轼文集·与杨济甫其九》,北京:中华书局,1986年版,第1810—1811页。

（五）北归因暑毒走到了人生终点

苏轼获赦北归，在给秦观的信中说，到了廉州，如能安居，则让苏过携家眷过来，在此终老。他对郑靖老说，自己须发皆白，体力不减，如果不死，也许可以回乡务农，与亲友一道戴月荷锄，并说"本意专欲归蜀，不知能遂此计否？蜀若不归，即以杭州为佳"[1]。欲归杭州，乃因他在杭州时疏浚西湖，筑苏堤，便百姓，深受爱戴。这是最初的想法，随后他得诏，能任便居住，因苏辙苦劝他相聚颍昌（今河南许昌），于是给苏辙回信，先说拟听从他的建议；并告诉朋友孙叔静，说将与苏辙相守，度过余生。

走到镇江金山时，苏轼与程德孺等亲友相会，聊起归老之地，他说了自己的打算。有人说不可居颍昌，北方风波未定，"大抵相忌安排攻击者众"[2]。因此他决计去常州（古称毗陵），因他当年离开黄州以后，在宜兴购置了一点家产，想去那儿安身。生活仍不太平，他对廖明略说过，自己老迈，所余的岁月唯有归田杜门面壁，不与世事；而"毗陵异政，谣颂蔼然"[3]，生存的环境宽松，只是深憾老境不能与兄弟相聚，感其实为天意，无可奈何。临去之前，他在常州借了孙家宅安身，并说"吾兄弟俱老矣，当以时自娱，此外万端皆不足介怀。所谓自娱者，亦非世俗之乐，但胸中廓然无一物。即天壤之内，山川草木虫鱼之类，皆吾作乐事也"[4]。住常州事，他也通报

---

[1] 苏轼著，孔凡礼点校：《苏轼文集·与郑靖老其四》，北京：中华书局，1986 年版，第 1676 页。

[2] 苏轼著，孔凡礼点校：《苏轼文集·与子由弟其八》，北京：中华书局，1986 年版，第 1837 页。

[3] 苏轼著，孔凡礼点校：《苏轼文集·与廖明略其二》，北京：中华书局，1986 年版，第 1557 页。

[4] 苏轼著，孔凡礼点校：《苏轼文集·与子由弟其十》，北京：中华书局，1986 年版，第 1839 页。

了钱济明,还说自己一度因苏辙苦劝住颍昌而心生犹豫。

北归途中,他写了《与谢民师推官书》。谢民师善辞章,曾向苏轼请教。苏轼说:"所示书教及诗赋杂文,观之熟矣。大略如行云流水,初无定质,但常行于所当行,常止于所不可不止,文理自然,姿态横生。"并以孔子的"辞达"说论之,说辞达则文不可胜用。辞达是行文最高的语言准则,他在《答虔倅俞括》《与王庠书》里也说过。基于此,他以水喻文;而在评价谢民师诗文前,他在海南写的《自评文》里也这样评价自己的诗文,足见他欣赏谢民师,也是在自我欣赏。苏轼最早在书信里论文,影响很大的有嘉祐二年(1057)金榜题名后写给欧阳修的《谢欧阳内翰书》,信中批评五代以来的靡靡文风,称道韩愈古文。他还在给梅尧臣的感谢信中说自己长于草野,不学时文,词语朴实,不好藻饰,很切合欧阳修当时重倡古文的主张。苏轼在密州时有信给鲜于子骏,言及自己所作小词无柳七郎风味,自是一家;还有信给黄庭坚,称赞他的诗文写得好,作文当务使平和,以免过于怪奇,伤了俊爽之气。这些提醒人们,对苏轼文学思想的研究,需要高度关注他的书信。

北归途中,苏轼对李亮工说江路滩涩,行进艰难。八月,他被授舒州团练副使,着永州居住。他对欧阳元老说,八月二十九日离开廉州,九月六日到达郁林,突然得到秦观病逝的消息,想到六月二十五日还与秦观在海康相别,当时两人饮酒赋诗一如平常,不意方一月余,秦观竟死在光化亭。他写信对欧阳晦夫说,听到秦观的死讯,两天食不下咽;又在给欧阳元老的信里疾呼:哀哉少游! 痛哉少游! 他还称秦观为当今文人第一流,"此人在,必大用于世;不用,必有所论著以晓后人。前此所著,已足不朽"[1]。秦观生时并未能大用于世,而他的诗、词、文确足以不朽。

---

① 苏轼著,孔凡礼点校:《苏轼文集·与欧阳元老》,北京:中华书局,1986年版,第1756页。

　　第二年即宋徽宗建中靖国元年（1101），苏轼从镇江来到仪真（真州，今仪征），中了暑毒，有信给章致平："某自仪真得暑毒，困卧如昏醉中。到京口，自太守以下皆不能见，茫然不知致平在此。得书，乃渐醒悟……见今病状，死生未可必。自半月来，日食米不半合，见食却饱，今且速归毗陵，聊自憩。此我里，庶几且少休，不即死。书至此，困惫放笔，太息而已。"①苏轼与米芾即米元章关系甚深，他一生给米芾的信有二十八封之多，最值得关注的是他北归途中病倒后给米芾的信。在真州，他告诉米芾，近两天病有增无减，不能动弹，也不能说话，只得困卧在床。言及病因，他说是舟行水上，河水污浊不流，熏蒸成疾，欲就活水快风，一洗滞病，始终未能。病中，米芾让他为"太宗草圣及谢帖"题跋，病而未能；谈到米芾之文，称其有高迈凌云之气、清雄绝俗，其字超妙入神；谈四方古印，欣然忘病。他到常州后，请求致仕，上表自陈："今已至常州，百病横生，四肢肿满，渴消唾血，全不能食者，二十余日矣。自料必死。臣今行年六十有六，死亦何恨，但草木昆虫有生之意，尚复留恋圣世，以辞此宠禄，或可苟延岁月，欲望朝廷哀怜，特许臣守本官致仕。"②这时的他，已步入人生的最后光景了。

　　临终前，苏轼给钱济明写信，说了自己的病况："某一夜发热不可言，齿间出血如蚯蚓者无数，迨晓乃止，困惫之甚。细察疾状，专是热毒，根源不浅，当专用清凉药。"③他用人参、茯苓、麦门冬三味煮浓汁饮用疗疾，无济于事，病越来越沉。他还说到庄子的"在宥"。《庄子》外篇《在宥》开篇说"闻在宥天下，不闻治天下也"，本义是治理天下要宽容，顺物自然。苏轼进而说自己的病"如此

①　苏轼著，孔凡礼点校：《苏轼文集·与章致平其一》，北京：中华书局，1986年版，第1643—1644页。
②　苏轼著，孔凡礼点校：《苏轼文集·乞致仕状》，北京：中华书局，1986年版，第2431页。
③　苏轼著，孔凡礼点校：《苏轼文集·与钱济明其十六》，北京：中华书局，1986年版，第1556页。

不愈,则天也,非吾过矣"①,又对陈辅之说:"某万里海表不死,归宿田里,得疾,遂有不起之忧,岂非命耶?"② 当初以为会死在海南,在海南却一切安好;以为北归一切会更好,却一病不起,他归之于命,心境平和。他写信给苏辙,交代自己的后事:"葬地,弟请一面果决。八郎妇可用,吾无不可用也。更破千缗买地,何如?留作葬事,千万勿徇俗也。"③ 那时他还期望病能痊愈,将来与儿子苏迨、苏过在常州闭门养性,聊度余生,但终究不能够。苏轼死后,葬在河南郏县的小峨眉山。苏辙应其所嘱,撰写了长篇墓志铭。

北归途中,苏轼还多次在给朋友的信中说到"经学三书",如对苏伯固说"某凡百如昨,但抚视《易》《书》《论语》三书,即觉此生不虚过"④。他以"经学三书"为平生最重要的著作。

最后有一点略提及,除上述外,他与一些禅师有书信往来。如给辩才禅师写信,谈给逝去的父母造地藏菩萨及侍者二人像以祈福。任徐州太守时,与禅师参寥即妙总大师始通书信,直到北归书信不绝,前后二十余年,说诗、说生活,而非专说佛事。在黄州时,与佛印和尚交往甚多,主要是日常应酬。到惠州后,又结交了南华辩老,南华辩老常派人给他送生活物资,苏轼有信以示感谢。他还

① 苏轼著,孔凡礼点校:《苏轼文集·与钱济明其十六》,北京:中华书局,1986 年版,第 1556 页。苏轼会医术,按理说遇暑热不至于此。然竟至此,疑误用药。从北宋入南宋的李清照《金石录后序》记载其夫赵明诚之死可参考:"建炎戊申秋九月,侯起复知建康府。己酉春三月罢,具舟上芜湖,入姑孰,将卜居赣水上。夏五月,至池阳。被旨知湖州,过阙上殿。遂驻家池阳,独赴召。六月十三日,始负担,舍舟坐岸上,葛衣岸巾,精神如虎,目光烂烂射人,望舟中告别……途中奔驰,冒大暑,感疾。至行在,病痁。七月末,书报卧病。余惊怛,念侯性素急,奈何。病痁或热,必服寒药,疾可忧。遂解舟下,一日夜行三百里。比至,果大服柴胡、黄芩药,疟且痢,病危在膏肓。余悲泣,仓皇不忍问后事。八月十八日,遂不起。取笔作诗,绝笔而终。"见王仲闻:《李清照集校注》,北京:人民文学出版社,1979 年版,第 179—180 页。
② 苏轼著,孔凡礼点校:《苏轼文集·与陈辅之》,北京:中华书局,1986 年版,第 1726 页。
③ 苏轼著,孔凡礼点校:《苏轼文集·与子由弟其八》,北京:中华书局,1986 年版,第 1837 页。
④ 苏轼著,孔凡礼点校:《苏轼文集·答苏伯固其三》,北京:中华书局,1986 年版,第 1741 页。

在给南华辩老的信中说,苦于痔疾,很无聊,看书写字一时尽废,所索之字,惟柳碑已挥汗写出。和尚好书法,是佛门雅事。无择禅师找苏轼要字,苏轼在信中说,为你写字我还特地饮酒数杯。居儋时,参寥说要带颖沙弥渡海去看望他,苏轼回信说海上有巨风,船遇巨风如处高山坠深谷,不可冒险。北归后,苏轼在常州病重,他告诉参寥说,近两天才有点生意,已致仕求活,而"遗表千万勿刻,无补有害也"①。他北归病沉之际,给径山维琳即无畏禅师写信,感慨自己流贬海南不死,今归田里,竟有不起之忧,死生有命,无足道也,不再信佛教的流转轮回。苏轼还与宝觉、净慈、圆通、祖印、闻复、宝月、广惠等禅师有信往来,他受佛教的感染实在是很自然的事。

苏轼一生以大量的书信诉说自己的人生与情怀,与他的文学创作相辅而行,学人研究苏轼文学,通常会关注他书信中相应的表现及思想观念,但很少专门从书信的角度审视苏轼的一生。这里选择他五个阶段的书信,大体可以概括他的一生,也能让人们看到一个较之文学更生活化的苏轼。

---

① 苏轼著,孔凡礼点校:《苏轼文集·与参寥子其二十一》,北京:中华书局,1986年版,第 1868 页。

七、苏轼的历史人物论说及其批评格调

苏轼散文的论说体中,其应科举的《刑赏忠厚之至论》一时间最具影响。这与好古文而知贡举的欧阳修大有关系。欧阳修之子欧阳发的《先公事迹》和苏辙的《亡兄子瞻端明墓志铭》里都记述过这一往事。苏辙说:"嘉祐二年,欧阳文忠公考试礼部进士,疾时文之诡异,思有以救之。梅圣俞时与其事,得公《论刑赏》,以示文忠。文忠惊喜,以为异人。欲以冠多士,疑曾子固所为,子固,文忠门下士也,乃置公第二。"他重新呈现了那一段让苏轼光彩熠熠的历史。其后杨万里在《诚斋诗话》里记载了后续的故事,即苏轼依据曹操把袁熙的妻子赐给曹丕,推断皋陶为士,三曰杀之,而尧则三曰宥之。欧阳修惊叹苏轼"善读书、善用书,他日文章必独步天下"。类似的记载还有,均为苏轼这篇应试论的影响所在。南宋罗大经曾以这篇文章为例,说苏轼得力于《庄子》之文的以无为有和《战国策》之文的以曲作直,"故其为文,横说竖说,惟意所到,俊辩痛快,无复滞碍"①。他还提到苏轼的《论项羽范增》《论商鞅》等文章。

苏轼长于论说,在其他诸多的论说中,像《刑赏忠厚之至论》之类以题目标示所论是一类,还有《儒者不可与守成论》等。同时还有历史事件论,如《论郑伯克段于鄢》《论郑伯以璧假许由》等;

---

① 朱易安、傅璇琮等主编:《全宋笔记》第八编第三册《鹤林玉露》乙编卷三,郑州:大象出版社,2003年版,第270页。

人物论,如《伊尹论》《周公论》等。这是从题目审视,实际的情形比这复杂得多。一则问题与人物、人物与事件以及事件与事件之间不可分离;二则也有名不为论而实为论的,如《上神宗皇帝书》《策略》《仁说》等。这里关注的是苏轼的历史人物论,以见其在历史人物评说中的批评格调,因为历史人物的评说在其论说文中占了相当大的比重。

(一)观万物之变而自断于中的人性批评

苏轼所论的历史人物主要见于宋前,他对当代的人并非不加品评,这些品评一则在他与友人的书信及墓志铭一类的祭文里,最为普遍;二则在他为人作的诗集或文集叙中,如《王定国诗集叙》《六一居士集叙》等。本文不讨论与苏轼同时代的人,主要审视他所评说的历史人物。并非偶然。明代茅坤在《唐宋八大家文钞》中把所选的苏轼历史人物论分为四卷或说四个部分,其一为《武王论》《平王论》《秦始皇论》等帝王论,其二和其三为《伊尹论》《周公论》《管仲论》等将相谋臣及大夫论,其四为《孔子论》《子思论》《孟子论》等文人论,苏轼笔下的历史人物确乎可以分为这三类。

苏轼对历史人物的关注,受到父亲苏洵的影响。苏洵尽管二十七岁才折节读书,但欧阳修说他"辞辩闳伟,博于古而宜于今,实有用之言,非特能文之士也"[1]。这话把苏洵与一般的"能文之士"区别开来,从语意推断,这"能文之士"当是好文而不务实之士,犹若西汉枚皋自悔与之相类的倡优者流。苏轼则在《凫绎先生文集

---

[1] 欧阳修著,李逸安点校:《欧阳修全集·荐布衣苏洵状》,北京:中华书局,2001年版,第1698页。

叙》中,提到父亲苏洵称道凫绎先生即颜太初为文必中当世之过的话,以见其博古宜今,关键在于取古而用于今。这一点苏轼深有领悟,他在回复虔州副使俞括的信中说:"今观所示议论,自东汉以下十篇,皆欲酌古以驭今,有意于济世之实用,而不志于耳目之观美。此正平生所望于朋友与凡学道之君子也。"[①] 苏轼借对俞括之文的评说,表明自己与同仁为文不在形式的观赏之美,而在济世实用,其中重要的途径是酌古驭今,这在本质上与苏洵的博古宜今有相通之处。其弟苏辙则说:"父兄之学,皆以古今成败得失为议论之要。以为士生于世,治气养心,无恶于身,推是以施之人,不为苟生也。"[②] 自然可见苏轼关于历史评说的用心。苏轼晚年似乎对自己年轻时的言论有些悔意,说过"轼少时好议论古人,既老,涉世更变,往往悔其言之过"[③]。这毕竟是他老来的话,如此之悔,更深层的原因是他随后所说的"儒者之病,多空文而少实用"。他感觉自己也像西汉贾谊等人一样,好为文以求济世,最终却沦为空文。

茅坤对苏轼历史人物论的分类,不过是对人物身份的习惯把握。苏轼对不同历史人物的评说,无形中构成了批评的基本格调,这就是对社会政治的高度关注。这一点与苏洵相类,只是思想方法与苏洵很不相同。苏洵说:"迁、固史虽以事辞胜,然亦兼道与法而有之,故时得仲尼遗意焉。吾今择其书有不可以文晓而可以意达者四,悉显白之:其一曰隐而章,其二曰直而宽,其三曰简而明,其四曰微而切。"[④] 然后,一一具论隐而章、直而宽等之所在。虽然苏洵在自己的《孙武》《子贡》《项籍》等篇中,也充满了批评精

① 苏轼著,孔凡礼点校:《苏轼文集·答虔倅俞括一首》,北京:中华书局,1986年版,第1793页。
② 曾枣庄等主编:《三苏全书·苏辙集·历代论引》,北京:语文出版社,2001年版,第18册,第140页。
③ 苏轼著,孔凡礼点校:《苏轼文集·与王庠书》,北京:中华书局,1986年版,第1422页。
④ 苏洵著,曾枣庄等笺注:《嘉祐集笺注·史论中》,上海:上海古籍出版社,1993年版,第232页。

神，但不及苏轼以批评为立足点，所以他对曾公亮丞相说，为学当通万物之理而无私。为此，"幽居默处而观万物之变，尽其自然之理，而断之于中。其所不然者，虽古之所谓贤人之说，亦有所不取。虽以此自信，而亦以此自知其不悦于世也"①。苏轼的自断事理，源于观万物之变，据万物的自然之理推论事理，于是对事物或人事的判断原则不会因人而论，只会就事理言说。他对古代的贤人之说可以据理而不取，对当今的贤人之说亦然，所以他不附和新党的王安石，也不取媚于旧党的司马光，关键在揽万物之理于胸中，自持己见。

因此，苏轼审视历史人物而将他们用论说的方法形于笔端，通常不是蹈袭前人的评说，而是以前人的叙事、评说为话题，或者是自设话题，以应骋辞纵论之需。如他的《范蠡论》开篇说："越既灭吴，范蠡以为勾践为人长颈鸟喙，可与共患难，不可与同安乐，乃以其私徒属浮海而行。至齐，以书遗大夫种曰：'飞鸟尽，良弓藏。狡兔死，走狗烹。子可以去矣。'"这番话见于《史记·越王勾践世家》，文字顺序略有不同。范蠡对勾践的评说，是世所传的惊人之语，其逃官而经商则是世人所赞的明智之举。其后，勾践赐剑大夫种，令其自裁，范蠡所谓与勾践可共患难而不可同安乐的预言成真。就司马迁这一记述，苏轼猛喝一声："范蠡独知相其君而已，以吾相蠡，蠡亦鸟喙也。"这一呵斥，意谓范蠡像勾践一样，是寡义少恩的人。他认为范蠡不应"好货"，尽管范蠡居陶，三致千金且三散之于贫贱者。在苏轼看来，这是"才有余而道不足，故功成、名遂、身退，而心终不能自放"，即使守越而不离不弃，也不会清静无为。范蠡应当做的，是像战国的鲁仲连一样，功成身退后，贫贱肆志，如果是这样的话，那范蠡距圣人就不远了。苏轼如是说，表明了他轻

---

① 苏轼著，孔凡礼点校：《苏轼文集·上曾丞相书》，北京：中华书局，1986年版，第1379页。

仕亦轻财的淡泊人生境界,这也是他批评范蠡的理论基石。这一基石出于历史,本质上不是历史的,而是人性的,表明苏轼的批评更偏向于人性。

《范蠡论》让人们看到苏轼的论说方法和理性原则,这一方法和原则不限于历史事实本身,还延伸到后人对历史人物的批评。如他的《伍子胥论》,苏轼同样以《史记·伍子胥列传》所载伍子胥报楚平王杀父兄之仇、鞭平王之尸三百的故事为话题,认为西汉扬雄说伍子胥当三谏吴王,不成则去,是浅薄之见。他说,伍子胥是吴国的宗臣即世臣,先事吴王阖闾,再事吴王夫差,离开吴国可以去哪儿?伍子胥鞭楚平王之尸,报父之仇是人伦之礼,难道你扬雄"非人子乎"?苏轼对扬雄的批评是对历史批评者的批评,这有两方面。其一是伍子胥忠于吴国的立场,谏不从而不去,他不说伍子胥之忠,而说伍子胥是"宗臣",其恋吴的情感类似屈原先谏楚怀王不从、再谏楚襄王不从,却仍恋楚而投水自尽。而这恋吴,是从人性角度说的。其二,伍子胥复仇,他说是人伦之礼,同样是站在人性的高度。所以他觉得对伍子胥这一行为应该"哀而恕之"。苏轼为伍子胥辩,肯定了人的情感与天性,与他观万物之理而论说人世之理是一致的。

这样的例子很多,如他在《留侯论》里自设话题:"古之所谓豪杰之士者,必有过人之节。人情有所不能忍者,匹夫见辱,拔剑而起,挺身而斗,此不足为勇也。天下有大勇者,卒然临之而不惊,无故加之而不怒,此其所挟持者甚大,而其志甚远也。"然后说西汉张良圯上受书事。张良刺杀秦始皇未果后隐于下邳,在下邳一座桥上遇到一位老人。老人堕其履于桥下,令张良取之,再令张良为他穿上,三令张良五天后与他在桥上相见,并两责张良与老人相会迟到,最后授张良《太公兵法》,说读此可为王者师。苏轼没有展开这个故事,以"子房受书圯上之老人也,其事甚怪"带过,专说人情之能忍与不能忍。张良祖先为韩人,其祖父张开地、父亲张平均为韩臣。秦灭韩,张良刺杀秦始皇,苏轼说他"不忍忿忿之心,以匹夫之力,而逞于一击之间",圯上老人则是要折其心气,使张良去匹夫之不能忍而效豪杰之能忍,舍小忿而成大业。

这固然可以视为一种谋略,苏轼其实也把它当作谋略,所以他会在这篇文章里讲楚庄王和郑襄公、勾践和夫差、汉高祖刘邦和项籍的故事。如说刘项之成败:"观夫高祖之所以胜,而项籍之所以败者,在能忍与不能忍之间而已矣。项籍惟不能忍,是以百战百胜而轻用其锋。高祖忍之,养其全锋而待其弊。此子房教之也。"[①]这明确表明应以"忍"为谋略,故有忍者之胜与不忍者之败。但是,苏轼在这里让人首先感觉到的是对人性的改造,而不是以用兵之法为第一要务。像项羽不是不善于用兵,而是性情急躁,不能忍耐,才导致了最终的失败。吴楚材等也看到这一点,评价苏轼的《留侯论》说:"人皆以受书为奇事,此文得意在'且其意不在书'一句撇开,拿定'忍'字发议。滔滔如长江大河,而浑浩流转,变化曲折之妙,则纯以神行乎其间。"[②]同时,苏轼所论表明人性是可以改造的,社会教化或环境、他人的作用都能达到这一目的,问题当然还有被教化者是否真能接受改造。

苏轼对人性的关注在《子思论》《扬雄论》里有较为集中的体现。前者认为扬雄主张人性的"善恶混"是因为孟子主性善,荀子主性恶,扬雄不得已方有人之性善与恶相混说。这是很抽象的人性论,苏轼并不就此做更多的文章,而是从具体的历史事件和人物中审视人性的特定表现,在对人性进行批评的时候也批评了与它相关的历史事件,从而使所论更自然,更有理论张力和艺术感染力。后者,苏轼除了说孟子、荀子、扬雄的人性论之外,又提到韩愈的性三品说。他认为:"圣人之论性也,将以尽万物之

①　苏轼著,孔凡礼点校:《苏轼文集·留侯论》,北京:中华书局,1986 年版,第 104 页。
②　吴楚材等:《古文观止》,北京:中华书局,1959 年版,第 477 页。

天理,与众人之所共知者,以折天下之疑。"① 这里论人性而尽万物之天理说,突显了人性自然的一面,无形中也成为他考量人性的标尺。

（二）观政坛风云而作新论的翻案批评

苏轼《留侯论》在人性批评中表现出的政治取向不是偶然的。他少时见其母程夫人读《后汉书·范滂传》而喟叹,遂问道:"轼若为滂,夫人亦许之否乎?"他母亲说:"汝能为滂,吾顾不能为滂母耶?"苏辙就此说,"公亦奋厉有当世志"②。少年苏轼如此感奋,及长欲用于世,后来王安石变法,他对宋神宗说求治太急、进人太锐,并因作诗讥讽新法遭了"乌台诗案",险些丢了性命,此后仕途多坎坷。虽然苏轼的政治情怀在朝为官之际多有表现,但其所作之文是重要的表现场所。在历史人物批评中,他选择的三类人物,帝王、将相与政治的紧密联系自不必说,就是文人,也往往具有政治的色彩,这与上面提到他好文以济世的理念相关。先姑且不说他具体的历史人物论,而说他笼统论述的《大臣论》。

苏轼《大臣论》分上、下篇,上篇说如果天下不幸而无贤明的君主,小人执掌国家权柄,则天下的忠臣义士会奋臂而击之,但"小人者,必先得于其君而自固于天下,是故法不可击。击之而不胜身死,其祸止于一身。击之而胜,君臣不相安,天下必亡"。这是他上篇的基本观点,据此推论汉之亡、唐之衰的原因也在于此。下篇申论小人用心必深,故为君子谋划道:"小人急之则合,宽之则散,是从古以然也。见利不能不争,见患不能不避,无信不能不相诈,无

---

① 苏轼著,孔凡礼点校:《苏轼文集·扬雄论》,北京:中华书局,1986 年版,第 111 页。

② 苏辙著,陈宏天等校点:《苏辙集·亡兄子瞻端明墓志铭》,北京:中华书局,1990 年版,第 1117 页。

礼不能不相渎,是故其交易间,其党易破也。而君子不务宽之以待其变,而急之以合其交,亦已过矣。"所以他提出君子不妨深交小人而无为,静观其变以图国家大计,并用西汉吕后擅权,陈平、周勃无为而定天下为例加以说明。

就此,苏轼仍针对人性展开论说,小人之性像欧阳修《朋党论》指出的——好利禄,贪财货,见利争先,利尽交疏,真的是"急之则合,宽之则散"。苏轼在这里说的是社会常理,是应对小人执掌国家权柄的一般理性原则,从中可见苏轼对国家治理怀有深切的忧思。他的君子小人论,的确像茅坤所说,可与欧阳修的《朋党论》参看。欧阳修《朋党论》写于庆历四年(1044),是对尹洙上《论朋党疏》的呼应,有明确的政治指向。那一年,欧阳修三十八岁,苏轼只有九岁。后出的《大臣论》,显然与《朋党论》的产生背景不同。不过,他的《大臣论》走的是欧阳修《朋党论》立论而引史证理的道路,纵横驰说,言凿理足,且和《朋党论》一样谈的是政治方略,表现出他对社会政治的关切。

这只是苏轼关切社会政治的一面镜子,《大臣论》虽然不脱以史说今的套路,但与他专门的历史人物论还是有所不同。我们还是回到他的历史人物论上来。

苏轼的一些历史人物论全然是社会政治论,如《贾谊论》《晁错论》。他善于出新。贾谊因才高不容于世,在司马迁《史记·屈原贾生列传》里有清晰的记述。司马迁把贾谊和屈原合为一传,以见二人命运相似,对贾谊的遭遇寄予了深切的同情。然而,苏轼说:"非才之难,所以自用者实难。惜乎! 贾生王者之佐,而不能自用其才也。"① 这话很有点翻历史旧案的意味。司马迁在《史记》中记述了汉文帝将贾谊流贬长沙之后,召他进京问鬼神之事。后来晚唐李商隐在《贾生》诗里讥讽汉文帝"不问苍生问鬼

---

① 苏轼著,孔凡礼点校:《苏轼文集·贾谊论》,北京:中华书局,1986 年版,第 105 页。

神",表明汉文帝不能知人善任,贾谊一仍怀才不遇。但苏轼在这里把贾谊的怀才不遇归结为其自身的过失,而不是汉文帝的罪责。

苏轼的话说得有点婉转,思路却相当清晰。他说:"得君如汉文,犹且以不用死。然则是天下无尧、舜,终不可以有所为耶?"这是说,除了天下为公的尧、舜时代之外,汉文帝就是最好的一国之君了,你贾谊居然不为其用,郁郁而终,实在是不能养身以待汉文帝之用,不及先圣孔子、孟子,所以他说"非汉文之不用生,生之不用汉文也"。苏轼这样说,有强词夺理之嫌。贾谊并非像孔子、孟子有自我行为的高度自由,他被贬为长沙王太傅,欲不赴任是不行的,不可能像苏轼说的那样居国都以待帝用。他为贾谊划策:当以"优游浸渍而深交"之术,上得于君,下得于臣,然后为其所欲为。可惜贾谊"志大而量小,才有余而识不足"。于是,他在这篇文章中将对贾谊的批评取代了传统对汉文帝的批评,认为贾谊的命运不当责于人,而应责于己。他作为历史的旁观者,话实在是说得轻巧。

《晁错论》的风格亦然。他不说汉景帝慑于七国之乱而诛晁错,而说"天下悲错之以忠而受祸,而不知错之有以取之也"。他的理论是:"以七国之强而骤削之,其为变岂足怪哉?"晁错对削藩的认识是:"今削之亦反,不削亦反。削之,其反亟,祸小;不削,其反迟,祸大。"[1] 晁错骤削之举为的是祸小,但变速也是自然的。苏轼推论说,晁错图名而求自全,使汉景帝处于至危的境地,这样做并不妥当;应当做的是,自任其危,亲自率兵平息七国之乱,也许会获得成功。所以他说晁错:"惟其欲自固其身,而天子不悦,奸臣得以乘其隙。错之所以自全者,乃其所以自祸欤!"苏轼一反传统

---

① 晁错:《说景帝削吴》,见严可均辑《全上古三代秦汉三国六朝文》,北京:中华书局,1958年版,第229页。

对晁错之死的同情态度,对汉景帝诛杀晁错以求安的举措也提出了不同的看法。他批评晁错,宣扬大臣献身论,认为大臣应以此表明忠心。这样一来,一向被认为是忠臣的晁错,在苏轼看来是并不忠的。

苏轼的历史人物论翻历史的旧案,主要是他对历史人物行事的再判断,这可以是人格批评,如《论武王》;也可以是功业批评,如《论商鞅》。

苏轼《论武王》就周武王将殷商的遗民封给商纣王的儿子武庚禄父一事说道:"武王,非圣人也。"这一观点,颠覆了传统将周武王视为圣人的评价。对此,金圣叹禁不住说:"惊人之论! 无奈出于戒惧之心,便占得世间第一等道理,于是其言反复而愈无穷,恣肆而更悦其纯粹也。"[①] 他称道苏轼长于辩理,反复恣肆,与明人茅坤说其为纵横家言相应。在对历史的评说中,这是苏轼论理的模式。他曾说:"夫学以明礼,文以述志,思以通其学,气以达其文。古之人道其聪明,广其闻见,所以学也;正志完气,所以言也。"[②] 其学、文、思、气的四位一体,既是学问之道,又是思想表达的基本方法。他本是博学之人,受孟子善养浩然之气的影响,为文运气,故有"正志完气"的理直气壮,说起话来有咄咄逼人之势。他认为周武王不是圣人,先说孔子之非武王,继言孟子所说的"闻诛一夫纣矣,未闻弑君也",使武王和商汤一样成为圣人。苏轼说孟子是孔子的罪人,是基于武王不守君臣之道,不当灭商而灭商。且圣人之徒应以仁义救天下,而不用武力取天下。尽管武王取天下之后封其子武庚,看似仁义,实际上却是出于安抚诸侯之心的无奈之举。

苏轼《论商鞅》说商鞅变法之后民悦国强,"此皆战国之游士

① 金圣叹选评,朱一清等校注:《天下才子必读书》,合肥:安徽文艺出版社,1992 年版,第 837 页。
② 苏轼著,孔凡礼点校:《苏轼文集·送人序》,北京:中华书局,1986 年版,第 325 页。

邪说诡论"。关于商鞅变法，贾谊《过秦论》颇有赞词。其后，司马迁把《商君传》收入《史记》的列传第八，虽然评价商鞅"天资刻薄"，但又说"鞅去卫适秦，能明其术，强霸孝公，后世遵其法"[①]，对商鞅的功业是肯定的。苏轼首先批评司马迁暗于大道，撰《史记》有大罪者二，一是班固曾批评过的"论大道则先黄老而后六经，序游侠则退处士而进奸雄"[②]。二是记载并论说了商鞅和桑弘羊的功业。前者罪小，后者罪大。他愤然说，秦之强大，是秦孝公务本力农之效；秦遭天下人痛恨，以至于子孙无遗，则是商鞅造成的。《论商鞅》还将商鞅和桑弘羊连在一起斥责道："二子之名在天下，如蛆蝇粪秽也，言之则污口舌，书之则污简牍。二子之术，用于世者，灭国残民，覆族亡躯者，相踵也。"这样一来，商鞅不仅没有功业，而且对当时及后世都罪孽深重。

随后苏轼还说："世之服寒食散疽背呕血者，相踵也，用商鞅、桑弘羊之术破国亡宗者，皆是也。然而终不悟者，乐其言之美便，而忘其祸之惨烈也。"苏轼对商鞅变法的彻底否定，是他奉儒的具体体现。后人认为苏轼如此言辞犀利，有特别的用心。如清代沈德潜在《唐宋八大家文读本》卷二十一里说是针对王安石的，批商鞅变法之祸，影射王安石变法之祸。如是说的并非他一人，让人猜想苏轼的政治目的。这非确论。苏轼还在《始皇论》里评价过商鞅变法，说他变法之初，自以为超越了尧、舜、汤、武，及遭秦惠王之祸，逃亡时无处投宿，才知变法之弊。当时商鞅遭秦惠王诛杀的特殊形势及商鞅之法的威严尚在，使得无人敢留宿商鞅，这不足以说明他变法之过，但不影响苏轼据此作翻案文章。

当然，苏轼的历史人物论也不全是翻案文章，如《伊尹论》《周

---

① 司马迁：《史记·太史公自序》，北京：中华书局，1959 年版，第 3313 页。
② 班固：《汉书·司马迁传》，北京：中华书局，1962 年版，第 2738 页。

公论》《范文子论》《诸葛亮论》等,各据一理而作正面论说,篇幅
不长,却同样写得汪洋恣肆,起伏跌宕。类似的文章还有他的《孔
子论》《子思论》《孟子论》等。

(三)知其所长亦知其所蔽的缺失批评

苏轼历史人物论所及的孔子、子思、孟轲以及荀卿、韩非、扬
雄、韩愈,都可以归于思想家之流。作为思想家,其中最弱的是韩
愈。苏轼对韩愈的尊崇体现在其著名的赞誉中:"文起八代之衰,
而道济天下之溺;忠犯人主之怒,而勇夺三军之帅。"[1] 其中,影响最
大的赞誉是"文起八代之衰,而道济天下之溺"。这一说法展开即:
"自东汉以来,道丧文弊,异端并起,历唐贞观、开元之盛,辅以房、
杜、姚、宋而不能救。独韩文公起布衣,谈笑而麾之,天下靡然从
公,复归于正,盖三百年于此矣。"[2]苏轼踵继欧阳修而好韩愈倡导
的古文。根据熊礼汇对古文特征的总结:"古文的思想内容必合于
古道";"古文'句读不类于今者'而'辞'必学于'古'";"古文的
艺术精神必本于'古道'即儒道"[3],苏轼对韩、欧古文不是亦步亦
趋地模仿,因为他在思想上既接受儒学的古道,又不排斥佛、老之
学,从而与韩、欧有别。

苏轼《韩愈论》并不从韩愈的古文成就与影响立论,而是对韩
愈的尊孔、孟而距杨、墨提出批评。他说:"韩愈之于圣人之道,盖
亦知好其名矣,而未能乐其实。何者? 其为论甚高,其待孔子、孟

① 苏轼著,孔凡礼点校:《苏轼文集·潮州韩文公庙碑》,北京:中华书局,1986年版,
第509页。
② 苏轼著,孔凡礼点校:《苏轼文集·潮州韩文公庙碑》,北京:中华书局,1986年版,
第509页。
③ 熊礼汇主编:《中国古代散文二十四讲·略谈古文的文学性、艺术美和鉴赏方法》,
武汉:武汉大学出版社,2010年版,第2—3页。

轲甚尊,而距杨、墨、佛、老甚严。此其用力,亦不可谓不至也;然其论至于理而不精,支离荡佚,往往自叛其说而不知。"他对韩愈之文的这一批评是很严厉的。北宋尚韩者大有人在,柳开、石介、欧阳修等人,既好韩愈所传之道,又好韩愈所作之文。苏轼之父苏洵也说:"韩子之文,如长江大河,浑浩流转,鱼鼋蛟龙,万怪惶惑,而抑遏蔽掩,不使自露,而人望见其渊然之光,苍然之色,亦自畏避,不敢迫视。"① 如是的韩文风格论,在夸饰中充盈着敬仰的气息。苏轼少了其父那样对韩愈之文的敬畏,他说道:"韩愈者,知好其名,而未能乐其实者也。愈之《原人》曰:'天者,日月星辰之主也;地者,山川草木之主也;人者,夷狄禽兽之主也。主而暴之,不得其为主之道矣。是故圣人一视而同仁,笃近而举远。'夫圣人之所为异乎墨者,以其有别焉耳。今愈之言曰'一视而同仁',则是以待人之道待夷狄,待夷狄之道待禽兽也,而可乎?"② 这是他批评韩愈为文论理不精且文意疏散的依据,进而说,"儒者之患,患在于论性",以见韩愈思想的缺失。但韩愈所论以及苏轼的评说都很偏狭,何况苏轼在根本上也是尚韩的。

　　苏轼《韩愈论》说,善学者当知其人所长亦知其人所蔽,他对韩愈的批评就是如此。在这样的时候,苏轼往往作"人之蔽"的批评。前面提到他的《扬雄论》,他在孟、荀、扬、韩关于人性论的批评中,认为众人之所以在人性的问题上莫衷一是,主要是不明白人性的共通性,不知道"圣人之所与小人共之,而皆不能逃焉,是真所谓性也"③;同时又把性与才、性与情相混,以致更不易说清楚人性是什么。所以他说扬雄的人性善恶混论,是不知道人性原无善恶,性之善恶乃情之所至。而韩愈认为性不关情,喜怒哀乐都不

---

① 苏洵著,曾枣庄等笺注:《嘉祐集笺注·上欧阳内翰第一书》,上海:上海古籍出版社,1993 年版,第 328 页。
② 苏轼著,孔凡礼点校:《苏轼文集·韩愈论》,北京:中华书局,1986 年版,第 114 页。
③ 苏轼著,孔凡礼点校:《苏轼文集·扬雄论》,北京:中华书局,1986 年版,第 110 页。

是性,故苏轼斥之为流入佛、老而不自知。而在《韩非论》里,苏轼批评韩非与商鞅的刑名之学致使秦之不祀,由此上溯到老、庄之学的危害与影响。老、庄主张虚无淡泊,齐乎生死,这些看起来对天下无害,但在实际上坏了由夫妇、父子、兄弟构建起来的仁义之道,坏了由君臣上下形成的礼法刑政之原。人们不怀仁劝义,也不信礼乐教化,方有商鞅、韩非"得其所以轻天下而齐万物之术,是以敢为残忍而无疑"①。他在文后特别引了司马迁的韩非思想源于老子"道德"说,这在客观上表明《韩非论》受司马迁《老子韩非列传》的影响,从而在独创性上有所欠缺。但他对批评对象的把握,与《韩愈论》《扬雄论》是一致的,即着力于批评对象思想的缺失之处。

在这样的历史人物批评中,苏轼《荀卿论》在文章作法上较之其他篇什最具光彩。他以孔子与弟子子贡、子路事为导引,再论及荀卿与李斯之事,以李斯之举,申说荀卿之失,行文婉转而果决,含蓄却通透,得许多学人的称道。明末清初学者吕留良在《晚村先生八家古文精选》中说苏轼:"以李斯定荀卿之罪,一篇议论,俱要在两人相着处。只缘两人本不相类,却从不相类中,指出其弊病之相因。此处钩结之奇,过却之妙,殊足玩味。"苏轼说荀卿"喜为异说而不让,敢为高论而不顾者也",并拈出荀卿的"乱天下者,子思、孟轲也","人性恶,桀、纣,性也,尧、舜,伪也"作为例证。苏轼在这篇文章中对荀卿着墨不多,而更多的是批评李斯。他认为,李斯焚书且不守先王旧法,表面上与其师荀卿"明王道、述礼乐"的思想背道而驰,实际上正因受到了荀卿"历诋天下之贤人"的影响,这才无视先王之法以乱天下。其中,苏轼将李斯之祸归咎于荀卿,从中审视荀卿思想的流弊,如是的论述让人感受到苏轼为文的痛快淋漓。关于这一点,苏籀在《栾城遗言》里记载苏轼曾说过的话:"某

---

① 苏轼著,孔凡礼点校:《苏轼文集·韩非论》,北京:中华书局,1986 年版,第 102 页。

平生无快意事，惟作文章，意之所到，则笔力曲折，无不尽意。自谓世间乐事无逾此者。"信然。

苏轼的历史人物批评，不限于这里说的思想家。如他的《汉高帝论》，说汉高帝刘邦最善揣度人的内心，且明事理，但晚年想立戚夫人之子如意为太子，殊不知"所谓爱之者，只以祸之"。他进而说："人固有所不平，使如意为天子，惠帝为臣，绛、灌之徒，圜视而起，如意安得而有之，孰与其全安而不失为王之利也？如意之为王，而不免于死，则亦高帝之过矣。不少抑远之，以泄吕后不平之气，而又厚封焉，其为计不已疏乎？"苏轼虽是依据如意最终死于吕后之手立论，但和世人常责吕后狠毒不同，重在责高帝刘邦思虑不周之过，词雄而理足。又如他的《魏武帝论》，说魏武帝曹操"长于料事而不长于料人"，具论其不趁时机破刘备、取孙权，致使八十万大军追击刘备而无功，轻率地以孙权为敌而失败。这说的是赤壁之战，曹操惨败。

然而，在苏轼知其所长亦知其所蔽的批评中，他的《孟子论》《孔子论》是自当别论的。他虽然在《扬雄论》里批评孟子的性善论，在《子思论》里说孟子得其师子思的性善说而不善用，使性善说在当时成为众矢之的，但对孟子得孔子仁义思想的精髓是很肯定的。苏轼在《子思论》里说过孔子思想的传播受外在思想的影响，一则是老、庄、杨、墨等学派的攻讦，即孟子说的当时天下之学不归于杨则归于墨；二则是门人弟子互不依从，即班固《汉书·艺文志》说的"弟子各安其意"。苏轼承袭旧说作为自己立论的基础，以见孔子之后子思之学与其弟子孟子之学的差异。

他在《孟子论》里说孔子自卫返鲁之后，博学不乱、深思不惑，关键在于仁义一以贯之。仁义是王化之本、人伦之基，世人当观《诗》以见王道之易，当观《春秋》以见王政之难。孔子之后，诸子不得其思想源流，不知其统要，惟孟子有所得。这就是《孟子·公孙丑上》说的"人能充其无欲害人之心,而仁不可胜用也;人能充其无欲为穿窬之心,而义不可胜用也"。孟子把孔子的德政思想明确地发展为仁政,有"行仁政而王,莫之能御也"之说。这一思想的形象表述则是《孟子·梁惠王上》的"老吾老,以及人之老;幼吾幼,以及人之幼,天下可运于掌"。可知他很注重人的恻隐之心或不忍之仁,所谓仁政的核心是推己及人的爱心。爱心又源于"无欲害人之心""无欲为穿窬之心"的性善。所以苏轼说:"其道始于至粗,而极于至精。充乎天地,放乎四海,而毫厘有所必计。呜呼,此其所以为孟子欤!"①而他的《孔子论》则为孔子以礼治国辩,认为孔子欲以礼屈人之兵,并称孔子为圣人。

这里说并非缺失批评的《孟子论》和《孔子论》,是给苏轼上述所论作一个参照。他往往取某一人物的某一点展开论说而不涉其余,顺手拈来,就事成理,不作长篇大论却不乏纵横捭阖、曲折婉转之势。茅坤说《魏武帝论》"行文似从《战国策》来,浸淫之以自家本色,故多袅娜绰约处"②,也可以用来评价苏轼同类的历史人物论。可以注意到,苏轼没有索孔子之弊而论之,而在观念批评中对仁礼持肯定的立场。在历史人物论之外,他还有《礼义信足以成德论》《礼以养人为本论》等,说过"礼之大意,存乎明天下之分,严君臣、笃父子、形孝悌而显仁义"③一类的话,可见其尊孔、尊仁礼的思想观念。这种思想观念也贯穿了他的一生。

陈祥耀说苏轼:"世谓其思想为儒、道、释兼资,实则其立身济世之志节,以儒家思想为本;道、释思想乃顺达时取以淡泊利名,困逆时取以解脱忧苦之所资,因时为用。"④这是有道理的。苏轼的历史人物论,是他"立身济世之志节"的体现,其人性批评、翻案批评

---

① 苏轼著,孔凡礼点校:《苏轼文集·孟子论》,北京:中华书局,1987年版,第97页。
② 高海夫主编:《唐宋八大家文钞校注集评》,西安:三秦出版社,1998年版,第5097页。
③ 苏轼著,孔凡礼点校:《苏轼文集·礼以养人为本论》,北京:中华书局,1987年版,第49页。
④ 陈祥耀:《唐宋八大家文说》,福州:福建教育出版社,1993年版,第225页。

和缺失批评，无不体现意欲济世的新锐精神。这里选择他的历史
人物论作话题，是对他从历史人物身上考察社会、意欲济世理念的
展示。

　　苏轼还有直接陈述政治主张以济世的文章在，可以帮助我们
从另一方面研究苏轼思想及文章风格，这是需要注意的。

八、苏轼"谢表"的情感世界
及其文体意义

古代散文里的"表"作为独立的文体是早已有之的事。刘勰《文心雕龙·章表》说:"汉定礼仪,则有四品:一曰章,二曰奏,三曰表,四曰议。章以谢恩,奏以按劾,表以陈情,议以执异。"四品就文体言是四类,还涉及四类文体的功用。客观上,其文体特征和功用都会随时代的变化而变化。像表,汉代为散体,在南朝骈文兴起后多为骈体,或说四六文;其功用初为陈情,但以后却不限于陈情,叙事、议论皆可用之。

关于表,明代吴讷说:"窃尝考之,汉晋皆尚散文,盖用陈达情事,若孔明《前后出师》、李令伯《陈情》之类是也。唐宋以后,多尚四六。其用则有庆贺、有辞免、有陈谢、有进书、有贡物,所用既殊,则其辞亦各异焉。"[①] 他的话说得很明白。常被纳入人们研究视野的"表"有孔明即诸葛亮的《出师表》、李令伯即李密的《陈情表》,更多的表由于它们的文牍性质而不为好散文的研究者们关注,苏轼的表也在其中。他的表有谢表、贺表、乞表、进表、慰表等。这里讨论的是谢表,不是一般的谢授官表,而是他到地方任职时的"谢上表"。

---

① 吴讷著,于北山校点:《文章辨体序说》,北京:人民文学出版社,1998年版,第37页。

（一）哀伤凄恻的凸现与感恩涕零

苏洵携二子出川赴京应试以求官时，给益州太守张方平写信，说苏轼和苏辙"始学声律，既成，以为不足尽力于其间，读孟、韩文，一见以为可作。引笔书纸，日数千言，率然溢出，若有所相。年少狂勇，未尝更变，以为天子之爵禄可以攫取"①。这里说了苏轼兄弟文才的形成与实际所能，特别值得关注的是苏氏兄弟的年少狂勇及俯拾青紫之心。苏轼实在没有想到，他勇于仕进，以求兼济，却遭遇了新锐的王安石变法，与王安石的政见不合极大地影响了他的人生。

苏轼在宋神宗熙宁四年（1071）请求外放，以太常博士的身份通判杭州。赴任途中经过颍州，和弟弟苏辙一起拜会了在此地养老的欧阳修。随后兄弟相别，苏轼写了《颍州初别子由二首》，在其一中说"我生三度别，此别尤酸冷"。此前，苏轼嘉祐六年（1061）被任命为大理评事、签书凤翔府节度判官；苏辙在治平二年（1065）出任大名府推官，故兄弟二人有生活常态下的两次离别。这次的颍州之别，他与将任河南推官的苏辙同有遭贬之意，这就是"此别尤酸冷"的内涵。他还在其二中写道："离合既循环，忧喜迭相攻。语此长太息，我生如飞蓬。""我生如飞蓬"可谓是一语成谶，苏轼平生功业"黄州、惠州、儋州"②就是明证。而此后，他不仅要辗转于外放地与流贬地，还要连续不断地上呈"谢上表"。

---

① 苏洵著，曾枣庄等笺注：《嘉祐集笺注·上张侍郎第一书》，上海：上海古籍出版社，1993 年版，第 346 页。
② 苏轼著，孔凡礼点校：《苏轼诗集·自题金山画像》，北京：中华书局，1982 年版，第 2641 页。

苏轼的"谢上表"保持着感恩的基调,最早于熙宁七年(1074)在密州写的《密州谢上表》是如此,最晚在元符三年(1100)得知自己被量移永州时写的《谢量移永州表》也是如此。其间经历了二十六年光阴。他在前者中称颂神宗皇帝的圣明,无论贤愚皆有所用,故自己未被捐弃,"臣敢不仰仞至恩,益坚素守,推广中和之政,抚绥疲瘵之民。要使民之安臣,则为臣之报国"。而在后者中,六十五岁的他说"天日弥高,徒极驰心于魏阙;乡关入望,尚期归骨于眉山。残生无与于杀身,余识终同于结草"。彼时,哲宗驾崩,徽宗即位,苏轼遇赦,在北归的途中。二者产生的年代和苏轼写作时的人生状态不同,虽均为谢恩,情感的流露明显存在差异。前者所虑在于安民,依然有政治情怀;后者所虑在于全身,以"结草"表白对皇帝之恩没齿不忘,希望来生再报,难免带有一种衰颓之气了。这样的文章虽有官样气息,但写得忠耿恳切,与表这一文体的"陈情"特征与苏轼率真的性情相关,二者在他的谢上表中得到了很好的表现,使其谢上表具有浓郁的抒情性。

最为突出的是苏轼被贬海南昌化军,着儋州(今儋州中和镇)安置时写的《到昌化军谢表》。他在绍圣四年(1097)七月,从琼州坐肩舆经澄迈、临高和儋耳山抵达儋州后依旧例写了这篇谢表,全文如下:

> 今年四月十七日,奉被告命,责授臣琼州别驾昌化军安置,臣寻于当月十九日起离惠州,至七月二日已至昌化军讫者。并鬼门而东骛,浮瘴海以南迁。生无还期,死有余责。臣轼(中谢)。
>
> 伏念臣顷缘际会,偶窃宠荣。曾无毫发之能,而有丘山之罪。宜三黜而未已,跨万里以独来。恩重命轻,咎深责浅。此盖伏遇皇帝陛下,尧文炳焕,汤德宽仁。赫日月之照临,廓天地之覆育。譬之蠕动,稍赐矜怜;俾就穷途,以安余命。而臣

> 孤老无托,瘴疠交攻。子孙恸哭于江边,已为死别;魑魅逢迎
> 于海外,宁许生还。念报德之何时,悼此心之永已。俯伏流
> 涕,不知所云。臣无任。

苏轼在绍圣元年(1094)被贬惠州之后,随缘委命,安于惠州的生活且在惠州白鹤峰建了新居,作终老计,似乎没料到会有再贬之忧。不意刚迁入白鹤峰新居,就得到远贬海南儋州的诏命。他遵命赴海南,在这篇谢表里尽显自己的情怀。

此时他在昌化,与惠州一海之隔。子孙在海北徐闻递角场为之恸哭的死别之感,在他亦然。他视海南为鬼门关,自觉生还无望,不免在这篇谢表里历叙皇恩和自己的罪责。其尧、汤、日月之喻,依旧例比拟皇恩浩荡,而"曾无毫发之能,而有丘山之罪"及"死有余责"之说,当是再次遭贬之后对朝廷不肯宽宥的自然反应。苏轼的凄恻与哀伤,很容易让人哀怜这位六十二岁垂暮老人的不幸,理解他内心的痛苦。他在谢表里不忘感慨"报德之何时",还是一片赤诚忠心。

苏轼写这篇谢表的前两天,在从琼州赴儋州的路上,还写过几首诗。他在《行琼、儋间,肩舆坐睡,梦中得句云:"千山动鳞甲,万谷酣笙钟。"觉而遇清风急雨,戏作此数句》里说"安知非群仙,钧天宴未终",以想象中的群仙入诗,颇有与山谷间风雨相戏的情调,淡化了此前说的"登高望中原,但见积水空。此生当安归,四顾真途穷"的人生末路之感,变悲哀为欢快。而他在《儋耳山》里写道:"突兀隘空虚,他山总不如。君看道旁石,尽是补天余。"这首小诗用神话女娲采五色石以补苍天的故事,借"道旁石"调侃自己为世遗弃、才无所用的遭遇,苦涩却不失于诙谐。但到了《到昌化军谢表》中,情绪怎么就变得特别低沉而难以自已了呢?

司马迁曾说:"夫天者,人之始也;父母者,人之本也。人穷则

反本,故劳苦倦极,未尝不呼天也;疾痛惨怛,未尝不呼父母也。"[①]
他以此为理论支点,评说屈原《离骚》创作的动因。而苏轼在《英
州谢上表》里说:"今日之臣肆其言,期于必戮。赖父母之深悯,免
子弟之偕诛。罪虽骇于听闻,怒终归于宽宥。不独再生于东市,
犹令尸禄于南州。"在这样充满感恩之情的言辞中,"父母"之说
有更为直接的象征意义,他的《到昌化军谢表》就给人以"劳苦倦
极""疾痛惨怛"之呼的感觉。在身陷人生困境而不再有前途、不
再能尽享天伦之乐之时,他对哲宗皇帝的诉说,有来日北归故土的
希冀,在不断的自我反省中,并不作乞求的可怜状,让人产生几分
敬意。

同时,苏轼《到昌化军谢表》的内敛情感,尤其是感恩皇帝而
自责的陈词,让人想到他的"吾文如万斛泉源"[②]论,他所说的文思
泉涌且自然而自由的写作状态、随物赋形的写作手法,在他的谢上
表中表现为情随景生,这只是一个例子。

以苏轼《到昌化军谢表》为例率先作论述,固然是因为前面
说的该表在情感表现上最为突出,也因为它是苏轼谢上表的情感
世界进入极致的标志。这时,苏轼深知,不仅是政敌章惇等刻意要
置自己于人生末路,从年龄来说,他也进入了人生末路,几乎不再
有政治憧憬。这样,苏轼《到昌化军谢表》也成了他谢上表这类
文章的分界线。在此之前,他的谢上表并没有真正与社会政治割
裂开来,心气也不平和;而在此之后,即从儋州北归途中的谢表,
多是感恩之情的表白。以下我们不妨顺着上述,先说篇章甚少的
后者。

苏轼北归途中的谢上表,主要是《移廉州谢上表》,和被授舒州
团练副使、永州居住后写的《谢量移永州表》。按理,他到常州会有

---

① 司马迁:《史记·屈原列传》,北京:中华书局,1959 年版,第 2482 页。
② 苏轼著,孔凡礼点校:《苏轼文集·自评文》,北京:中华书局,1986 年版,第 2069 页。

谢上表,但他在宋徽宗建中靖国元年(1101)六月到常州后,"百病横生,四肢肿满,渴消唾血,全不能食者,二十余日矣"①,自知性命不保而上《乞致仕状》,算是告老归田了。在这两篇谢表中,苏轼虽然少不了叙往事,但更多是发乎内心的感恩。他被贬儋州三年,有"我本海南民,寄生西蜀州。忽然跨海去,譬如事远游"②的旷达,这时他真想回归故土。

只是现实的生存环境相当不如人意。所以,他在《移廉州谢上表》中诉说自己在海南"食有并日,衣无御冬。凄凉百端,颠踬万状。恍若醉梦,已无意于生还"。这时他把自己还原为一个普通人,诉说内心的情感。如这篇谢表开头说"使命远临,初闻丧胆;诏词温厚,亟返惊魂",真切地表现了他以为北归无望时突然接到诏书的怖惧和诧异,这才有后面的"拜望阙庭,喜溢颜面"。而他的耿介忠心仍然是在的,说徽宗皇帝"悯臣以孤忠援寡,察臣以众忌获愆",在感激陛下的再生之德、鞠育之恩时,说自己将不再求荣,将缄默处世。苏轼在《谢量移永州表》里则说:"海上囚拘,分安死所,天边涣汗,诏许生还。驻世之魂,自招合浦。感恩之泪,欲涨溟波。"苏轼自以为处在生与死的分界线上,本处必死之境而帝许以生,故将这生死肉骨之恩铭记于心。

(二)学而笃志与论不适时的自贬自显

苏轼好在谢上表里说自己的人生,尤其是在被贬儋州以前的谢上表。他在《密州谢上表》说:"臣家世至寒,性资甚下。学虽笃志,本先朝进士篆刻之文;论不适时,皆老生常谈陈腐之说。"如

---

① 苏轼著,孔凡礼点校:《苏轼文集·乞致仕状》,北京:中华书局,1986年版,第2431页。
② 苏轼著,孔凡礼点校:《苏轼诗集·别海南黎民表》,北京:中华书局,1982年版,第2363页。

是的自我贬损,是他谢上表的基本格调。这时的苏轼,因为遭遇贬谪,在谢上表里不能也不宜张狂。他所说的"篆刻之文",语出西汉扬雄的"童子雕虫篆刻壮夫不为"①论,即虫书刻符之类的玩意,与"陈腐之说"一样无用于世。这与他的实际资质和才能不符,从而更能让人感受到他的愤激不平。他在次年写的《密州通判厅题名记》中说:"余性不慎语言,与人无亲疏,辄输写腑脏,有所不尽,如茹物不下,必吐出乃已。"这倒是他真性情的表达,与他在《密州谢上表》里言不由衷的自我贬损有天壤之别。但这里所说的"学虽笃志""论不适时",是苏轼自贬亦自许的重要人格特征。

苏轼初到密州时,密州"岁比不登,盗贼满野,狱讼充斥,而斋厨索然,日食杞菊"②。在这样的生活环境下,他乐其风俗之淳,在山水之间放意肆志,游于物外,并写了与柳永婉约词相较且"自是一家"的《江城子·密州出猎》,自言"老夫聊发少年狂"。此时,他似乎忘却了《密州谢上表》的自贬与自许。但当他在熙宁十年(1077)移知徐州时,类似的自贬、自许又出现了。

苏轼在《徐州谢上表》里说:"臣奋身农亩,托迹书林。信道直前,曾无坎井之避;立朝寡助,谁为先后之容。"所谓"信道直前"是他的"学虽笃志","立朝寡助"是他的"论不适时"。而以"坎井"即《庄子·秋水》里的坎井之蛙喻自己不避狭陋之见,言无不尽,结果则是:"顾惭迂阔之言,虽多而无益;惟有朴忠之素,既久而犹坚。远不忘君,未忍改其常度;言之无罪,实深恃于至仁。"他称自己所说不过是"迂阔之言",即孟子式的"迂远而阔于事情"③的言论。对于当时王安石变法来说,真是如此。但苏轼对神宗皇帝说,我可是一片忠心哪!他的"远不忘君,未忍改其常度"有屈

① 汪荣宝:《法言义疏·吾子》,北京:中华书局,1987年版,第45页。
② 苏轼著,孔凡礼点校:《苏轼文集·超然台记》,北京:中华书局,1986年版,第351页。
③ 司马迁:《史记·孟子荀卿列传》,北京:中华书局,1959年版,第2343页

原《离骚》"民生各有所乐兮,余独好修以为常"之意,说是赖陛下至仁而言之无罪;而他后来屡遭流贬,何尝是无罪呢?但他忠心不改,"久而犹坚",类似于屈原说的"虽体解吾犹未变兮,岂余心之可惩"。

在如是的陈情中,苏轼的幽怨与不屈溢于言表,这并不影响他在徐州率百姓竭力抵御黄河决口后的洪水泛滥,并得到两府执政的奖谕。这种情绪在他的《湖州谢上表》中达到了高潮。该表写于元丰二年(1079),当时他正担任湖州知府。

苏轼在《湖州谢上表》中照例是自贬自损。他说:"臣性资顽鄙,名迹埋微。议论阔疏,文学浅陋。凡人必有一得,而臣独无寸长。荷先帝之误恩,擢置三馆;蒙陛下之过听,付以两州。非不欲痛自激昂,少酬恩造,而才分所局,有过无功;法令具存,虽勤何补。罪固多矣,臣犹知之。"苏轼在湖州的时间甚短,元丰二年三月得到诏命,四月到湖州上任,七月因以诗文"谤讪"新政,被押解京城。

在这封谢上表里,苏轼说自己"独无寸长""有过无功"。鉴于他在徐州的政绩,这种自贬之词显得有些言过其实,牢骚太甚;更甚者是随后说的,陛下"知其愚不适时,难以追陪新进;察其老不生事,或能牧养小民"。他对此作了诠释,说是不能追陪新进而只能在钱塘自得于江湖,吴越之人也安于他的教令。此说极大地刺激了新进御史中丞李定、监察御史里行舒亶和何正臣,三人轮番上书,历数苏轼罪状,要求严惩。他们得逞了,于是有了著名的"乌台诗案"。元祐三年(1088),苏轼回忆往事,还说:"昔先帝召臣上殿,访问古今。敕臣今后遇事即言。其后臣屡论事,未蒙施行,乃复作为诗文,寓物托讽,庶几流传上达,感悟圣意。而李定、舒亶、何正臣三人,因此言臣诽谤,臣遂得罪。"[1]朋九万编撰《东坡乌台诗

---

① 苏轼著,孔凡礼点校:《苏轼文集·乞郡札子》,北京:中华书局,1986 年版,第 829 页。

案》一书,集中了"乌台诗案"相关史料。其中舒亶上书说苏轼文乱事实,造作谰说,摇夺沮坏,腹非背毁,讽青苗法、盐禁法等;李定说苏轼滥得时名,因不为朝廷奖用而衔怨怀怒,恣行丑诋,罪有不容。诸如此类,苏轼在所谓"供状"里自言作诗赋讥讽新法,"乌台诗案"就此形成。

苏轼遭遇此案,自以为性命不保,在御史台监狱写下了生死诀别的诗句"是处青山可埋骨,他时夜雨独伤神"①,寄赠子由。所幸最后逃得一死,以嘲讪朝政和谤毁臣僚责授黄州团练副使,着黄州本州安置,不得签署公事。这一事件成为苏轼人生的转折点,他在黄州完成了士大夫苏轼向居士苏轼的转化,从此更加平易、亲和、旷达、随缘。这一事件也成为他谢上表风格的另一转折点。自知平生为文字所累的他,在被贬为黄州团练副使后写的《到黄州谢表》里,自贬之势盛而自许之势敛。

苏轼在《到黄州谢表》写道:"狂愚冒犯,固有常刑。仁圣矜怜,特从轻典。赦其必死,许以自新。祗服训辞,惟知感涕。伏念臣早缘科第,误忝缙绅。亲逢睿哲之兴,遂有功名之意。亦尝召对便殿,考其所学之言;试守三州,观其所行之实。"苏轼在"乌台诗案"中得以保全性命,感皇恩是自然的。他不仅感谢神宗皇帝的不杀之恩,而且感谢朝廷自其科考以来的任用。他很善于颂圣,"仁圣""睿哲"之语,"召对""试守"之辞,满是对皇帝的谢意。他寻求的"自新"之路,首先是自我反省。他说:"臣用意过当,日趋于迷。赋命衰穷,天夺其魄;叛违义理,辜负恩私。茫如醉梦之中,不知言语之出。虽至仁屡赦,而众议不容。案罪责情,固宜伏斧锧于两观;推恩屈法,犹当御魑魅于三危。岂谓尚玷散员,更叨善地。投畀麏鼯之野,保全樗栎之生。"在这里,他的"用意过当"和上面

---

① 苏轼著,孔凡礼点校:《苏轼诗集·予以事系御史台狱,狱吏稍见侵,自度不能堪,死狱中,不得一别子由,故作二诗授狱卒梁成,以遗子由二首》,北京:中华书局,1982年版,第998页。

提到的"论不适时"不太一样。"论不适时"不意味着所论不合理，而"用意过当"则是"叛违义理"，不能说己之是，而断言己说之非。至仁的陛下还给了黄州团练副使的职位，让自己这个无能的人得以居于散员之列。

苏轼在密州、徐州、湖州等谢上表中显扬的忠心与才学在这里被淡化了。表中的自责与他出狱时写的"却对酒杯疑是梦，试拈诗笔已如神"①的自得形成鲜明对比，面对皇帝的自白与面对自我的自白原来有这样的不同。苏轼被贬黄州时四十五岁，是他人生最宝贵的年华。在生与死无可抉择的时候，意外地却死里逃生，他也表现出恶死而恋生。他说自己"父母能生育之，而不能出之于死中"，是皇帝陛下出之于死中，所以他当做的只有"蔬食没齿，杜门思愆。深悟积年之非，永为多士之戒"。他真的要痛改前非了。

然而，黄州时期的苏轼生活简单，思想情感却相当复杂，创作也特别丰富。譬如他在词中诉说衷肠，或是《江神子》（一作《江城子》）的"梦中了了醉中醒。只渊明，是前生"，或是《定风波》的"竹杖芒鞋轻胜马，谁怕？一蓑烟雨任平生"，或是《卜算子》的"拣尽寒枝不肯栖，寂寞沙洲冷"，淡泊、傲然、孤独都是有的；又在《前赤壁赋》里与自然相融为一，尽享江上清风、山间明月。他在《黄州安国寺记》里说，自新当从根本上解决问题，如果"不锄其本，而耘其末，今虽改之，后必复作"。那么该怎么办呢？"盍归诚佛僧，求一洗之"。换言之，是学佛僧而获得六根清净，超越现实的人生。所以他会每隔一两天就到安国寺去"焚香默坐，深自省察，则物我相忘，身心皆空，求罪垢所从生而不可得"。苏轼把这种修身状态说得很美，他可能在一时间真心向佛，但没有使自己成为彻底的佛教徒。这种自省而畏罪之心，在相当长的时间里延续着，读他离开

---

① 苏轼著，孔凡礼点校：《苏轼诗集·十二月二十八日，蒙恩责授检校水部员外郎黄州团练副使，复用前韵二首其一》，北京：中华书局，1982 年版，第 1005 页。

黄州以后的数篇谢上表可以感受到这一点。

此后,苏轼还有《谢量移汝州表》《到常州谢表二首》《登州谢上表二首》《杭州谢上表二首》《颍州谢到任表二首》《扬州谢到任表二首》《定州谢到任表》《到惠州谢表》等。在这些谢上表中,他大体保持着《到黄州谢上表》的格调,仍然多是自贬自责。不过,他在写《颍州谢到任表二首》之时及以后,内心又变得不太平和,说了"意其忠义许国,故暂召还;察其老病畏人,复许补外"①,"洗心自新,没齿无怨。但以瘴疠之地,魑魅为邻,衰疾交攻,无复首丘之望;精诚未泯,空余结草之忠"②之类的话。时过境迁,他的幽怨重现,只是不像被贬黄州之前那样愤激了。

(三)情感浸渍且委曲精尽的四六变体

从上述可见苏轼谢上表的情感世界。他在仕途上的蹉跎带来了太多的人生失落,不免于借"谢上"作自我倾诉,一再感恩,反复自责以及表白内心的忠诚和无奈。他本以古文著称,所好也是韩愈、欧阳修古文。但他的一些公文,特别是谢表用的都是四六体,与南宋谢伋说的"四六施于制诰表奏文檄,本以便于宣读,多以四字六字为句"③相应。其陈情固然有叙事,但由于情感的浓郁而具有鲜明的抒情色彩。当然,苏轼的四六文并不限于这些谢表,他的另一些谢表、谢启、谢状及其他馆阁文字,也多用四六体。如他的《谢翰林学士表》《谢赐对衣金带马表》《贺欧阳少师致仕启》《答

① 苏轼著,孔凡礼点校:《苏轼文集·颍州谢到任表二首》,北京:中华书局,1986 年版,第 691 页。
② 苏轼著,孔凡礼点校:《苏轼文集·到惠州谢表》,北京:中华书局,1986 年版,第 706 页。
③ 王水照编:《历代文话·四六谈麈》第 1 册,上海:复旦大学出版社,2007 年版,第 34 页。

丁连州朝奉启》等。苏轼擅长四六体不是偶然。他少时读书,即闻知欧阳修,其古文写作除受其父苏洵的影响外,也受欧阳修的影响,方能有《刑赏忠厚之至论》恰合欧阳修好古文之心;另一方面,苏轼遭"乌台诗案"被贬黄州之前,怀有兼济天下之心,求为世用。他中进士之后,有《上富丞相书》《上曾丞相书》《上韩太尉书》等,名为求见,实为求用。为此,他少时就"学为对偶声律之文,求斗升之禄"①,这正是四六文写作的前期准备。

孙梅曾说:"宋初诸公骈体,精敏工切,不失唐人矩矱。至欧公倡为古文,而骈体亦一变其格,始以排奡古雅争胜古人。"②所谓宋人学唐人骈文而不失规矩法度,就苏轼而言,则可说他受了唐代政治家、骈文家陆贽的影响。苏轼在《答虔倅俞括》里说:"文人之盛,莫若近世。然私所钦慕者,独陆宣公一人。家有公奏议善本,顷侍讲读,尝缮写进御。区区之忠,自谓庶几于孟轲之敬主,且欲推此学于天下,使家藏此方,人挟此药,以待世之病者,岂非仁人君子之至情也哉!"陆贽在当时的影响之大于斯可见。苏轼很赞赏陆贽的"论深切于事情,言不离于道德",说他"智如子房,而文则过;辩如贾谊,而术不疏。上以格君心之非,下以通天下之志"③。陆贽论政,所写的均为开卷了然的浅易骈文。今人陈祥耀在《苏轼与"宋四六"》一文中说陆贽的骈文"对仗工整,平仄和调,善于熔铸成语;语句灵活多样,长短兼用,不限于四六句式,特别善用长对;辞多白描,少用典故,屏除晦涩肤泛的辞藻,能切实深刻地剖析事理。既开创骈文的散文化,又严格保持它的谐声雕对的形式"。它脱去了四六文原本的华丽外衣,实为四六文的变体。

---

① 苏轼著,孔凡礼点校:《苏轼文集·上梅直讲书》,北京:中华书局,1986 年版,第1386 页。
② 孙梅:《四六丛话》卷三十三,见王水照编《历代文话》第 5 册,上海:复旦大学出版社,2007 年版,第 4955 页。
③ 苏轼著,孔凡礼点校:《苏轼文集·乞校正陆贽奏议进御札子》,北京:中华书局,1986 年版,第 1012 页。

欧阳修则说："往时作四六者,多用古人语及广引故事,以炫博学,而不思述事不畅。近时文章变体,如苏氏父子以四六述叙,委曲精尽,不减古人。自学者变格为文,迨今三十年始得斯人,不惟迟久而后获,实恐此后未有能继者尔。自古异人间出,前后参差不相待。余老矣,乃及见之,岂不为幸哉!"[①]他这番话不仅是对苏氏父子四六文的称道,而且涉及四六文体的变异,他说是"变格""变体"。就文体论,这有很大的意义。欧阳修批评以前的四六文作家好炫博,所为之文因广征博引而述事不畅,这意味着他所说的四六文变体当是辞达理畅的平易之文。不过,这不起于苏氏父子,而是欧阳修自己开创的。当时欧阳修是文坛领袖,倡古文且以古文笔法写作骈文,实为苏氏父子的先驱。

其他不论,苏轼的谢上表是在这种文化环境下产生的。他得以摆脱传统四六文征引过繁的毛病,与他"辞达"的写作理念相关联。他在《答虔倅俞括》《与王庠书》《与谢民师推官书》等书信中都说过"辞达",最见神采的是下面这番话:"夫言止于达意,即疑若不文,是大不然。求物之妙,如系风捕影,能使是物了然于心者,盖千万人而不一遇也;而况能了然于口与手者乎!是之谓辞达。辞至于能达,则文不可胜用矣。"[②]辞达在于达意,苏轼以辞达意之际,在意中浸渍浓情,或说是理与情兼,理情并茂。这也不是他的首创,先于他的四六文名篇,如孔稚圭的《北山移文》、徐陵的《与杨仆射书》、庾信的《哀江南赋序》等都是如此。不过,苏轼不恃征引或用事言情,其行文的平易又大不同于前人,使这些四六体的谢上表自具一格。

苏轼的四六体谢上表并非绝不用事,上面提到的"篆刻""坎

---

① 朱易安、傅璇琮等主编:《全宋笔记·试笔》,郑州:大象出版社,2003年版,第228—229页。
② 苏轼著,孔凡礼点校:《苏轼文集·与谢民师推官书》,北京:中华书局,1986年版,第1418页。

井"均有所出,前面已经提及。又如《到黄州谢表》里说的"保全樗栎之生",其"樗"出自《庄子·逍遥游》的"吾有大树,人谓之樗。其大本臃肿而不中绳墨,其小枝卷曲而不中规矩。立之途,匠者不顾";其"栎"出自《庄子·人间世》的"散木"即不材之木栎社树,尽管"其大蔽数千牛",但匠石不取,弃而不顾。苏轼将二者组合在一起以喻自我,说陛下保全了我这个无用之人的性命。这在苏轼的谢上表中,的确很少见。他往往就事而发,表现自己的情感所之,理之所在。如他在《谢量移汝州表》里说的:"虽蒙恩贷,有愧平生。只影自怜,命寄江湖之上;惊魂未定,梦游缧绁之中。憔悴非人,章狂失志。妻孥之所窃笑,亲友至于绝交。疾病连年,人皆相传为已死;饥寒并日,臣亦自厌其余生。"在这样的叙说中,他表白自己遭"乌台诗案"之后恐惧之心未退,而在妻儿、亲友的不理解中,人生孤独感倍增,加之体弱、饥寒,真个是"只影自怜""厌其余生"。其后又在《到常州谢表二首》其一里写道:"积衅难磨,未经洗涤;至仁易感,许即便安。祇荷宠灵,惟知感涕。伏念臣所犯罪戾,本合诛夷。向非先帝之至明,岂有余生于今日。衔恩未报,有志不从。已分没身,寄残骸于魑魅;敢期择地,收暮景于桑榆。"这是元丰八年(1085),量移汝州的第二年,他说自己能活着就当感谢,让我到汝州安置就到汝州,到常州安置就到常州,"敢期择地"?

　　苏轼的四六文就是这样叙事言情的。他曾说:"某闻人才以智术为后,而以识度为先;文章以华采为末,而以体用为本。国之将兴也,贵其本而贱其末;道之将废也,取其后而弃其先。用舍之间,安危攸寄。"① 他把对文章风格及功用的认识提升到国家安危的高度,就其中的文章言,显然是不主张重华采的。而他在《与侄书》里,把自己文章风格分为两个阶段:少小时,"气象峥嵘,采色绚

---

① 苏轼著,孔凡礼点校:《苏轼文集·答乔舍人启》,北京:中华书局,1986年版,第1363页。

烂";渐老后,文笔趋熟,"乃造平淡"。前者定位在科考之文,遭贬之后的谢上表当是平淡之文,尽管他用"绚烂之极"来评说这些平淡之文。按照苏轼的意思,这里的"平淡"似乎可以用他评价陶渊明诗的"质而实绮,癯而实腴"① 来诠释,意为语言平易而意味隽永,他的谢上表就是如此。

这意味着苏轼谢上表在行文风格上达到了"委曲精尽"的地步。欧阳修如是评价苏氏父子的四六文时没有确指,且他去世时,苏轼有一些谢上表还没有问世。但苏轼的谢上表可当此论。读这些谢上表,能深切地感受他的言简而意深,或说意在言外。上面提到的"知其愚不适时,难以追陪新进;察其老不生事,或能牧养小民"即是。又如:"慈母爱子,但怜其无能;明君知臣,终护其所短。自欣投老,渐获安身。此盖伏遇太皇太后陛下,慈俭临民,刚柔布政。参天地而有信,喜怒不陈;体水镜之无心,忠邪自辨。"② 让人回味无穷。

这是元祐六年(1091),他本因弟苏辙任尚书右丞求知杭州以避嫌,但这一年贾易等人上书,说苏轼所报浙西灾情不实,苏轼乃以龙图阁学士知颍州。所谓"自欣投老,渐获安身",五十六岁的他并没能真正"安身",虽然如此,他以"水镜"之喻,说明历经漫长的岁月,自己的忠心可鉴。又如:"伏念臣早缘窃禄,稍习治民。在先帝朝,已历三州;近八年间,复忝四郡。平生所愿,满足无余。志大才疏,信天命而自遂;人微地重,恃圣眷以少安。"③ 他不像韩愈被贬潮州之后,在《潮州刺史谢上表》里诉苦乞怜。在"信天命"里,有人生的不可左右,一任如之;在"恃圣眷"里,蕴含求免旦夕祸福,却又不知祸福何时降临的忐忑。那么所谓的"平生所愿,满足无

---

① 苏轼著,孔凡礼点校:《苏轼文集·与苏辙书》,北京:中华书局,1986年版,第2515页。
② 苏轼著,孔凡礼点校:《苏轼文集·颍州谢到任表二首其一》,北京:中华书局,1986年版,第690页。
③ 苏轼著,孔凡礼点校:《苏轼文集·扬州谢到任表其一》,北京:中华书局,1986年版,第695页。

余",又何满足之有呢?

苏轼很欣赏为文"大略如行云流水,初无定质,但常行于所当行,常止于所不可不止,文理自然,姿态横生"①的状态,他自己为文也以此为目标,晚年在海南儋州说自己的文章写作"如万斛泉源,不择地皆可出。在平地滔滔汩汩,虽一日千里无难。及其与山石曲折,随物赋形而不可知也。所可知者,常行于所当行,常止于不可不止,如是而已矣"②。对于他来说,非制、宣、表、祭之文更易如此。而他的谢上表有特定的陈情对象,注定了不可能具有如行云流水般的自然状态,反而常是欲言而止,余意袅袅。如《到常州谢表二首》其二的"生逢有作之圣,独抱不移之恩。废弃六年,已忘形于田野;溯沿万里,偶脱命于江潭。岂谓此生,得从所便";《到惠州谢表》的"臣性资褊浅,学术荒唐。但守不移之愚,遂成难赦之咎。迹其狂妄,久合诛夷。方尚口乃穷之时,盖擢发莫数其罪。"其感恩及自责并存,情感是很浓的,但理往往因不敢说或不便说而显得不通透。再则,上表的四六体本身也存在较多的文体局限,在一定程度上会影响行文的自由表达。

与苏轼这些谢上表风格相近的还有一些表、启、制之作,也多用四六体。如《答丁连州朝奉启》自述他从儋州归来的心境,"七年远谪,不知骨肉之存亡;万里生还,自笑音容之改易"③,沉重与快慰尽在其中。又如《贺欧阳少师致仕启》,其中说:"伏惟致政观文少师,全德难名,巨材不器。事业三朝之望,文章百世之师。功存社稷而人不知,躬履艰难而节乃见。纵使耄期笃老,犹当就见质疑。而乃力辞于未及之年,退托以不能而止。大勇若怯,大智如

---

① 苏轼著,孔凡礼点校:《苏轼文集·与谢民师推官书》,北京:中华书局,1986 年版,第 1418 页。
② 苏轼著,孔凡礼点校:《苏轼文集·自评文》,北京:中华书局,1986 年版,第 2069 页。
③ 苏轼著,孔凡礼点校:《苏轼文集·答丁连州朝奉启》,北京:中华书局,1986 年版,第 1367 页。

愚,至贵无轩冕而荣,至仁不导引而寿。"① 他评价欧阳修,重在欧师的功业与操守,偶有用典,仍怀自然洒脱的风韵,不像苏辙贺词庄肃拘谨。清人孙梅说:"东坡四六工丽绝伦中,笔力矫变,有意摆落隋唐五季蹊径,以四六观之,则独辟异境;以古文观之,则故是本色。所以奇也。"② 而制文《王安石赠太傅》是六十六岁的王安石卒于金陵后,苏轼受命代皇帝起草的。文中写道:"将有非常之大事,必生希世之异人。使其名高一时,学贯千载;智足以达其道,辩足以行其言;瑰玮之文,足以藻饰万物;卓绝之行,足以风动四方。用能于期岁之间,靡然变天下之俗。具官王安石,少学孔、孟,晚师瞿、聃。网罗六艺之遗文,断以己意;糠秕百家之陈迹,作新斯人。属熙宁之有为,冠群贤而首用。信任之笃,古今所无。方需功业之成,遽起山林之兴。浮云何有,脱屣如遗。屡争席于渔樵,不乱群于麋鹿。进退之美,雍容可观。"③ 那一年苏轼重返京城,在朝廷任翰林学士、知制诰。曾因王安石变法遭了"乌台诗案"的他在制文里高度评价了王安石所学与功业,称其为希世异人、群贤之冠,仍然蕴有对王安石的深情,同样是情感浸渍而"委曲精尽"之作。上述只是举了一些例子,说明苏轼的四六文在他文章中的分量,这些文章也应受到学人的相应关注。

---

① 苏轼著,孔凡礼点校:《苏轼文集·贺欧阳少师致仕启》,北京:中华书局,1986年版,第1346页。
② 孙梅著,李金松点:《四六丛话》,北京:人民文学出版社,2010年版,第684页。
③ 苏轼著,孔凡礼点校:《苏轼文集·王安石赠太傅》,北京:中华书局,1986年版,第1077页。

九、苏轼赋的庄子印痕及其人生境界

苏轼一生深受庄子影响,从少年至老年不衰,以至于在《庄子》学术史上还有他的一席之地。这表现在他的庄子论解中,即《庄子祠堂记》《广成子解》。元丰元年(1078)十一月苏轼知徐州时,蒙城县令王兢建庄子祠堂,请他作祠堂记以祀庄子。苏轼在《庄子祠堂记》里提出两个重要观点,一是庄子并非真正批孔,而是助孔、尊孔,阳挤而阴助;二是《庄子》一书中的《盗跖》《渔父》《让王》《说剑》四篇是后人伪托,而非庄子自著。这两个观点在后世都产生了深远的影响。他的《广成子解》是对《庄子·在宥》中黄帝向崆峒山的广成子请教至道的故事解读。其中,广成子教导黄帝要达到至道,必须虚静无欲。苏轼的庄子思想还表现在他的诗词文赋中,与他的诗词文赋融为一体,引人玩味。这里从苏轼赋的庄子思想印痕审视其思想情韵,看它体现了苏轼怎样的人生境界,能给人怎样的启示。

关于苏轼的赋,人或据其语言表现形式分为古赋、骈赋、骚赋、律赋、文赋,但还可以依作者创作的出发点另作划分,如应时之赋与适性之赋。前者有《延和殿奏新乐赋》《明君可与为忠言赋》《通其变使民不倦赋》《三法求民情赋》《六事廉为本赋》《复改科赋》等,与社会政治、道德需求紧相联系,突显出为君的当下之谋和自我的社会责任。后者则有《屈原庙赋》《昆阳城赋》《赤壁赋》《后赤壁赋》等,主要是因事或因物有所感,在体物或言事中见自我的性情。

我这样一种分法其实是为了本文以后者为研究对象的方便，也是为了避免生硬地将前者置而不论。下文所称的"苏轼赋"仅指这里说的适性之赋。

（一）前人的批评及苏赋庄痕的基本形态

文人的"适性"之作，是性情的自然表达。所谓言志、发愤、不平则鸣、穷者益工之类，都与作者创作过程中的"适性"相关。创作适性尽管在明代"心学"的氛围下逐渐有了公安三袁等人独抒性灵的个性自由表达，但并非失了文学的传承，无论作者是自觉还是不自觉，辞赋自然处于其列。

关于宋赋，许结在《中国辞赋发展史》里说："宋赋仿汉，突现于两点：一曰以学为赋，廓除晋、唐赋中绮靡相胜习气，创造出既学殖深醇，又横骛别趋的赋作。二曰以文为赋，抉破晚唐五代骈俳赋艺之藩篱，形成又一次赋体变革。"汉赋为赋之正宗，其以学为赋最为突出的表现是奇字丽词的堆砌或铺排，以知识见长而有以辞书入赋的倾向。而当时所谓的以文为赋，是两汉骈偶尚不成熟的自然且自由的表现，或说是先秦以来文坛风习下语言表述的惯性。经历魏晋六朝及隋唐五代之后的宋赋，在"以学为赋"和"以文为赋"上，与汉赋已经很不一样了，其学固然有才学的成分，但其才学已蕴含了相当多的学理因素，而骈赋、律赋已形成传统，赋家的尊体之常与破体之变总在发生。尤其是在中唐韩愈倡导古文，使古文兴盛一时之后，又有晚唐的骈文再兴，延续到北宋初年。当时，以杨亿为代表的西昆体作家好骈文，且严重地熏染了文坛风习，才有了欧阳修自觉接受韩愈之文的影响，重倡古文，使其门下的苏轼处在古文复兴的社会环境中。

在前人的文学创作中,苏轼最爱的诗人是陶渊明。他曾说:
"吾于诗人,无所甚好,独好渊明之诗。渊明作诗不多,然其诗质而
实绮,癯而实腴。自曹、刘、鲍、谢、李、杜诸人皆莫及也。吾前后和
其诗凡百数十篇,至其得意,自谓不甚愧渊明。今将集而并录之,
以遗后之君子。子为我志之。然吾于渊明,岂独好其诗也哉! 如
其为人,实有感焉。"① 这番话中关于陶诗的"质而实绮,癯而实腴"
论,一向被视为陶诗的经典评价,影响至为深远。而苏轼从躬耕于
黄州东坡开始,遍和陶诗,陶诗也伴随了他一生,这在诗坛是极少
见的现象。其中最根本的原因是陶渊明对苏轼的触动,或说是苏
轼对陶渊明"不为五斗米折腰"及甘于田园的恬淡静穆品性的高
度认同。当然也有他在长期流贬生活中,借陶渊明的诗排解自我
失意忧郁心境的因素。

而在文上,苏轼最爱的是庄子。苏辙说苏轼"少与辙皆师先
君,初好贾谊、陆贽书,论古今治乱,不为空言。既而读《庄子》,喟
然叹息曰:'吾昔有见于中,口未能言,今见《庄子》,得吾心矣'"②。
他这里说苏轼学文的两个阶段,先是好贾谊、陆贽书,走的是济世
之路,方有为文论古今治乱一说;后则好庄子,这说得有点模糊,所
谓的"得吾心矣"指的是什么? 是庄子的文辞还是庄子的思想情
趣,或者是二者兼而有之?

这里以苏轼赋为研究对象。对苏轼自云读《庄子》"得吾心"
的探究,可以宋吴子良《荆溪林下偶谈》的一番话作为参照。吴说
"坡赋祖庄子",他的引证是:"《庄子·内篇·德充符》云:'自其异
者视之,肝胆楚越也;自其同者视之,万物皆一也。'东坡《赤壁赋》
云:'盖将自其变者观之,虽天地曾不能一瞬;自其不变者观之,则

---

① 苏辙著,陈宏天等校点:《苏辙集·子瞻和陶渊明诗集引一首》,北京:中华书局,
1990 年版,第 1110 页。

② 苏辙著,陈宏天等校点:《苏辙集·亡兄子瞻端明墓志铭》,北京:中华书局,1990 年
版,第 1126 页。

物与我皆无尽也,而又何羡乎？'盖用《庄子》语意。"这里,虽然吴子良只取了庄子和苏轼句式相同的一句话作比较,但他评说苏轼《赤壁赋》那一句话是"《庄子》语意",即万物齐同。这是万物的哲理,也是人生命的哲理。

宋人车若水在《脚气集》里说:"两《赤壁赋》,见得东坡浩然之气,是他胸中无累,吐出这般语言。却又与孟子浩然不同。孟子集义所生。东坡是庄子来,人学不得,无门路,无阶梯,成者自成,撅者自撅,不比孟子,有绳墨,有积累也。"这话也有点意思,他把庄子笔法与孟子笔法相比较,从孟子文章的规矩绳墨审视庄子的文风。所谓庄子"学不得,无门路,无阶梯",意在表明庄子为文的不循章法,使欲摸其门路、欲得其阶梯者无所措手足。这样看来,苏轼赋受庄子影响是既在其辞又在其意的。二者中,还有吴、宋没有说明而又存在其中的庄子奇幻想象的影响。

苏轼曾说庄子是辅佐孔子的人,"实予而文不予,阳挤而阴助之"①。《庄子·天下》论春秋战国时期的思想家,唯独不论孔子,苏轼认为这是出自对孔子的尊崇。魏晋以来,儒、佛、道互渗后,在宋代学人那里,以道入儒是一种常态,苏轼《庄子祠堂记》所言只是一斑。苏轼没有因之去追寻庄子与孔子更深刻的联系,也没有因之重孔而轻庄,尽管他在《论孔子》中颂扬孔子之圣,却又实在吸取了庄子及其散文的深厚养分。

在苏轼的赋中,庄学印痕时时可见。首先,他在赋里运用庄子之文的造句方法,上述《赤壁赋》"自其变者观之"句算是一例。又如他晚年在海南写下的《天庆观乳泉赋》,其中说:"凡水之在人者,为汗、为涕、为洟、为血、为溲、为泪、为矢、为涎、为沫,此数者,皆水之去人而外骛,然后肇形于有物,皆咸而不能返。"这里

---

① 苏轼著,孔凡礼点校:《苏轼文集·庄子祠堂记》,北京:中华书局,1986 年版,第 347 页。

的"为"字句式，就是从《庄子·齐物论》状树百围之窍穴的"似"字句式来的。庄子这样写道："山陵之畏佳，大木百围之窍穴，似鼻、似口、似耳、似枅、似圈、似臼、似洼者，似污者。"他随后用类似的笔法写了风吹洞穴发出的声音，也是诸多声音的排列组合。这样的铺排易于表现事物的多样或说不可捉摸，蕴含了事物的复杂性。

其次，苏轼在赋中化用庄子的寓言或论说。《老饕赋》的"庖丁鼓刀"出自《庄子·养生主》的庖丁解牛。他的《服胡麻赋》写道："至阳赫赫，发自坤兮。至阴肃肃，跻于乾兮。寂然反照，珠在渊兮。沃之不灭，又不燔兮。长虹流电，光烛天兮。嗟此区区，何与于其间兮。譬之膏油，火之所传而已耶？"这里的"至阳赫赫"四句，出自《庄子·田子方》的"至阴肃肃，至阳赫赫；肃肃出乎天，赫赫发乎地，两者交通成和，而物生焉"。苏轼除了援引庄子语述胡麻所生之外，还用《易》说，用乾、坤代指天、地。"寂然反照，珠在渊兮"化用《庄子·天地》的"藏金于山，藏珠于渊；不利货财，不近富贵，不乐寿，不哀夭"，暗指胡麻的神奇。还有"譬之膏油，火之所传而已耶？"化用《养生主》的"指穷于为薪，火传也，不知其尽也"。说火无尽，意在胡麻的养生功效无穷。苏轼取庄子之文为己所用，意在借庄子之言表明事物的某种状态，寄托自我的讽世之意，如《服胡麻赋》讽世人希图服脂麻以成仙的荒谬。

再次，苏轼以庄子之意入赋。他流贬儋州时写了《试笔自书》，说自己被贬海南，环视天水茫茫，其中说"覆盆水于地，芥浮于水，蚁附于芥，茫然不知所济"。这用的是《庄子·逍遥游》"覆杯水于坳堂之上，则芥为之舟"之意。而在《酒隐赋》中，他说："世事悠悠，浮云聚沤。昔日浚壑，今为崇丘，眇万事于一瞬，孰能兼忘而独游？"世事变幻，超然物外的"兼忘独游"，何尝不是庄子的"坐忘"与"逍遥游"？换言之，是他在《浊醪有妙理赋》

里说的"兀尔坐忘,浩然天纵"。"坐忘"是与庄子"心斋"并称的著名人生修为观念,见于《庄子·大宗师》。庄子假颜回之口说坐忘:"堕肢体,黜聪明,离形去知,同于大通。此谓坐忘。"他说得如此可怖,不过是一种劝人舍弃聪明智慧、忘却自身的形象表达。在生死存亡为一体的思想中,人的一切顺应自然,只不过苏轼说的"浩然天纵"极富豪气。依然是在《浊醪有妙理赋》里,苏轼又说了"得意忘味,始知至道之腴"。这出自《庄子·外物》的名言:"荃者所以在鱼,得鱼而忘荃;蹄者所以在兔,得兔而忘蹄;言者所以在意,得意而忘言。"庄子认为最精妙的思想往往是在文字或语言之外的,苏轼的"得意忘味"是就酒而言,与庄子"得意而忘言"在本质上相同,都强调得道于物之外或说只有抛弃外物才能得道。

上述三者,是苏轼赋里庄子印痕的基本形态,从中可见苏轼对庄学影响的主动接受,并把它运用于自己的赋,构成赋里不须明言却客观存在的景观。当然,除赋之外,苏轼其他诗文也常常可见庄子印痕。

(二)苏赋庄痕的寓言笔法与自娱倾向

苏轼在《庄子祠堂记》里,引述了司马迁《史记·庄子传》中的"故其著书十余万言,大抵率寓言也"。这表明苏轼对庄子之文大多为寓言有一定认知。庄子说自己主要以"三言"即寓言、重言和卮言相互为用的方法进行创作,其中"寓言十九,重言十七,卮言日出,和以天倪"[①] 的分法,早有前人认为寓言占十分之九,而占十分之七的重言同时也是寓言。苏轼在创作上深受欧阳修所倡导的平易古文影响,并因此受欧阳修褒奖,自述"长于草野,

---

① 郭庆藩:《庄子集释·寓言》,北京:中华书局,1961 年版,第 947 页。

不学时文,词语甚朴,无所藻饰"①,其赋有时是不能以平易、朴素论的。

他的赋好叙事咏物,情感的抒发往往融会在其中。其叙事之作的雄奇在《昆阳城赋》《赤壁赋》里有很好的表现。前者写的昆阳之战,是新朝王莽与刘秀所部之间发生的著名战争,刘秀以寡敌众,王莽政权从此一蹶不振。苏轼在赋中写道:"昆阳之战,屠百万于斯须,旷千古而一快。"这是刘秀胜新莽的战争结果,夸饰中以见刘秀的军威。接着他描述王莽的部将王寻和王邑在战前的声势,"想寻、邑之来阵,兀若驱云而拥海。猛士扶轮以蒙茸,虎豹杂沓而横溃。罄天下于一战,谓此举之不再",其驱云拥海之喻,猛士虎豹之说,同样在强调他们的勇武之气。而《赤壁赋》说曹操"破荆州,下江陵,顺流而东也,舳舻千里,旌旗蔽空,酾酒临江,横槊赋诗",舳舻威武、旌旗张扬、势不可挡的曹操大军,与曹操酾酒、赋诗的自得相映,亦可称雄奇之论。

在这样的描写中,苏轼对失败者战前武力的有意炫耀,为他们最后的结局作了铺垫。号称以百万大军围困昆阳的二王失败了,自云率八十万大军灭吴的曹操同样失败了,这使得赋中再现的历史一幕,更具有撼人心魄的力量和艺术效果。类似的风格在他的咏物赋中也存在,如《滟滪堆赋》说长江之水奔泻:"方其未知有峡也,而战乎滟滪之下,喧豗震掉,尽力以与石斗,勃乎若万骑之西来。忽孤城之当道,钩援临冲,毕至于其下兮,城坚而不可取。矢尽剑折兮,逶迤循城而东去。于是滔滔汩汩,相与入峡,安行而不敢怒。"这番拟人化的描写,尽显长江水势之凶猛,又表现其屈于峡口之无奈。仿佛英雄拔剑而起,挺身而斗,却因不能胜而俯首称臣。在《后赤壁赋》中,"时夜将半,四顾寂寥。适

---

① 苏轼著,孔凡礼点校:《苏轼文集·谢梅龙图书》,北京:中华书局,1986 年版,第 1425 页。

有孤鹤,横江东来。翅如车轮,玄裳缟衣。戛然长鸣,掠余舟而
西也",描述了在这寂寥之夜,一鹤掠过之雄姿,却也令人备感孤
独。苏轼赋很善于描写,这些景观所具的雄奇之气在他所有的散
文中,也算是别具一格。不过,苏轼赋在庄子影响下形成的寓言
笔法与奇幻风貌还不在这里,而在于赋中情节的虚构或梦境的
再现。

苏轼有《后杞菊赋》。当时他在密州,借天随生即晚唐陆龟蒙
之好食杞菊与自己所食"枝叶老硬,气味苦涩"之杞菊作赋自遣,
说自己仕宦十九年而斋厨索然,因忧食而有是作。南宋洪迈在《容
斋五笔》卷七,历叙辞赋中屈原、司马相如、扬雄、班固、张衡、左思
以及枚乘、曹植等人的主客问答之后说,"此习根著,未之或改",
而苏轼《后杞菊赋》"破题直云:'吁嗟先生,谁使汝坐堂上称太
守?'殆如飞龙搏鹏,骞翔扶摇于烟霄九万里之外,不可搏诘,岂区
区巢林翾羽者所能窥探其涯涘哉!"于是说,苏轼所作发语突兀,
难以把握。这让人想到清代刘熙载评说《庄子·逍遥游》的一番
话:"文之神妙,莫过能飞。庄子之言鹏曰'怒而飞',今观其文,
无端而来,无端而去,殆得'飞'之机者。"[1]刘熙载与洪迈的语意
相类,唯二者评说的对象不同。

苏轼赋的这种表现,其实是庄子寓言的笔法,发语不知所来,
也不知所往,得待他自己慢慢道来。庄子寓言通常采用这样的表
现方法。《逍遥游》肩吾问于连叔、《养生主》公文轩见右师而惊曰
等,何尝不是无端而来,无端而去?苏轼怀揣庄子的影响,走了西
汉东方朔《答客难》、扬雄《解嘲》的路数,开篇不像《答客难》的
"客难东方朔曰"以及《解嘲》的"客嘲扬子曰";格调也不像《答客
难》《解嘲》那样有强烈的现实批判,贯穿的是不论贫、富、美、陋的
自然精神,所以他会说:"吾方以杞为粮,以菊为粮。春食苗,夏食

---

① 刘熙载:《艺概·文概》,上海:上海古籍出版社,1979年版,第8页。

叶,秋食花实而冬食根,庶几乎西河、南阳之寿。"

像庄子寓言常借重梦境一样,苏轼赋也时时通过梦境虚构人物之言表达自我的思想,使赋中虚拟者成为自己思想的传声筒。如《黠鼠赋》说啮袋之鼠装死而逃,苏轼感慨鼠之狡黠,"不啮而啮,以声致人;不死而死,以形求脱也"。然后说他在假寐之际,仿佛有人对他说:"汝惟多学而识之,望道而未见也。不一于汝,而二于物,故一鼠之啮而为之变也。人能碎千金之璧,不能无失声于破釜;能搏猛虎,不能无变色于蜂虿。此不一之患也。言出于汝,而忘之耶?"像这样梦中人的教诲之言,虽因事、因物、因心境而有不同,但在《庄子·人间世》里有匠石斥栎社树为散木,栎社树借梦斥匠石为散人,说他不懂无用为大用的道理;《庄子·至乐》里有庄子之楚而问空髑髅死因,空髑髅入庄子之梦,说庄子不知生人之累,也不知死亡之乐。苏轼《黠鼠赋》所述之理有别,笔法则是一致的,让人在其恍惚之言中感悟人生的道理。他的《服胡麻赋》也是借梦说理的。他在该赋叙里说自己服茯苓久矣,梦道士告诉他"茯苓燥,当杂胡麻食之"。于是再现梦境,仍像庄子一样,不在赋中具体地描写所梦道士的情景,只以"我梦羽人,顾而长兮。惠而告我,药之良兮"一语带过,继而说道士所言服胡麻对于健体、长寿的好处。

苏轼更奇妙的思想表现是在似梦非梦之间。他的《秋阳赋》虚拟"越王之孙,有贤公子"因"宅于不土之里,而咏无言之诗",意味着所谓的越王之孙并不存在,只是代秋阳立言,表现秋月之白、秋气之清、秋收之获、秋刑之施。苏轼借此申言秋的景象,然后说:"日行于天,南北异宜。赫然而炎非其虐,穆然而温非其慈。且今之温者,昔之炎者也。云何以夏为盾而以冬为衰乎?吾侪小人,轻愠易喜。彼冬夏之畏爱,乃群狙之三四。自今知之,可以无惑。居不墐户,出不仰笠,暑不言病,以无忘秋阳之德。"这番论说,阐明春夏秋冬四季的气温变化是自然运行的结果。人在其间,需要感受的是炎非虐、温非慈的自然现象。《庄子·齐物论》中说，宋养猴者分橡实给猴子，先说朝三暮四，猴子不满；再说朝四暮三，猴子大喜。苏轼用这个故事，说明气候在变，但秋阳的自然本质是没有变的。这让人想到《庄子·至乐》里，庄子对惠施言及的生死如同春夏秋冬四季自然运行一样的生命观。还有苏轼的《中山松醪赋》，赋的开头说："始予宵济于衡漳，车徒涉而夜号。燧松明而识浅，散星宿于亭皋。郁风中之香雾，若诉予以不遭。"在如是的诉说中，也有似梦非梦的感觉。

当然，苏轼赋有庄子寓言的笔法，实在不能跟庄子的寓言画等号。庄子当时深感天下沉浊，不能够讲严肃认真的话，故有创作寓言并批判社会的自觉。而苏轼赋的寓言笔法，则在赋风、赋水、赋酒及纪游、贺岁中有自娱的倾向。他曾说自己"作《后杞菊赋》以自嘲"[①]；并把这篇赋寄给宝觉禅老，说是"以当一笑"[②]；又在《洞庭春色赋引》里说"洞庭春色"即黄柑酒赋是"戏作"。谢枋得在《碧湖杂记》中说："东坡有《老饕赋》，盖文章之游戏耳。"而上面提到的《后杞菊赋》《黠鼠赋》《酒隐赋》等都有很浓的自嘲或调侃意味，与自娱相关联。又如潮州人王介石、泉州人许珏请他饮酒，他说为不忘二人美意而作《酒子赋》，赋中叙及他醉而二人舞、他醒而独自歌之乐，也是假想之词，不过是大家一乐而已。他曾说："予虽饮酒不多，然而日欲把盏为乐，殆不可一日无此君。"[③]因饮酒之乐而赋，赋作的求乐用心也是很明显的。而他的赋本身通常带有赏玩风物的色彩，如《洞庭春色赋》的"吹洞庭之白浪，涨北渚之苍湾。携佳人而往游，勒雾鬓与风鬟"；《老饕赋》的"蛤半熟而含酒，蟹微生而带糟。盖聚物之夭美，以养吾之老饕"。这

①　苏轼著，孔凡礼点校：《苏轼文集·后杞菊赋叙》，北京：中华书局，1986 年版，第 4 页。
②　苏轼著，孔凡礼点校：《苏轼文集·与宝觉禅老》，北京：中华书局，1986 年版，第 1881 页。
③　苏轼著，孔凡礼点校：《苏轼文集·饮酒说》，北京：中华书局，1986 年版，第 2369 页。

样表现,满是生活的快意,其间的自娱之乐很容易感受,故不再多言。

（三）苏赋庄痕与天地同一的人生境界

鲁枢元主编《自然与人文》一书,所选的苏轼文是《天庆观乳泉赋》中的"阴阳之相化,天一为水"一节以及《醉乡记》的首段。《醉乡记》涉及与初唐王绩《醉乡记》的关系,并取老子、庄子和陶渊明的思想及语言风格为一体,比较复杂,不及《天庆观乳泉赋》以水说自然精神更为纯粹。在这一问题上,虽然他以人身上的水诸如汗、涕之类来说天地间之水,但欲阐明的是水变化往来、生死甘咸之理,并没有着意讨论与天地同一的人生境界。若要深入理解这一主题,须审视苏轼的《赤壁赋》。

上面提到吴子良对《赤壁赋》的评论只是片段之论,车若水之说虽然将两《赤壁赋》联系在一起,眼界更开阔,但他在语焉不详的感悟中传达给读者的只是抽象认知。本来苏轼遭"乌台诗案"被贬黄州,用他自己的话来说,"惟当蔬食没齿,杜门思愆。深悟积年之非,永为多士之戒"[1]。但他毕竟赋闲,好山水而游是常有的。前此,他游了黄州东南三十里的沙湖,路上遇雨,写了《定风波》,表达了"一蓑烟雨任平生"的心志;又游了蕲水,赋《浣溪沙》,说"休将白发唱黄鸡";重建了武昌西山的九曲亭,嘱苏辙写了《武昌九曲亭记》。苏辙在其中记述:"昔余少年,从子瞻游,有山可登,有水可浮,子瞻未始不褰裳先之。有不得至,为之怅然移日。至其翩然独往,逍遥泉石之上,撷林卉,拾涧实,酌水而饮之,见者以为仙也。"

---

① 苏轼著,孔凡礼点校:《苏轼文集·到黄州谢表》,北京:中华书局,1986年版,第655页。

苏轼好山水的心性于斯可见。他在黄州的山水之游是心性的自然表达,他将游赤壁的经历形诸文字,其中所体现出来的自然景观与人生境界的融合深具意味。

在被贬黄州的第三年,苏轼写下了赤壁二赋,还有颇为后人称道的《念奴娇·赤壁怀古》。这首词在"大江东去,浪淘尽、千古风流人物"的人生伤感中,叙过往的赤壁之战,有深沉的物是人非之思及自己功业未成之痛,与《赤壁赋》的情调不同。在《前赤壁赋》里,他说自己在长江万顷波涛之上纵一叶小舟,并将其很诗意地表述为:"飘飘乎如遗世独立,羽化而登仙。"然而他没有沉溺于人生的幻想,而是借友人"如怨如慕,如泣如诉"的洞箫声感怀黄州赤壁所谓的曹孟德故事,让自己回到历史的氛围中。他体会到了英雄不再的生命悲哀,于是借客之口,感慨人生不过是"寄蜉蝣于天地,渺沧海之一粟"。这是庄子式的情怀。

庄子《秋水》说河伯观北海而自愧见笑于大方之家,于是北海若说,我从来不敢以海水之大自夸:"吾在天地之间,犹小石小木之在大山也。方存乎见少,又奚以自多?计四海之在天地之间也,不似礨空之在大泽乎?计中国之在海内,不似稊米之在大仓乎?"庄子由此生发出不要因小而求其大的观点,"因其所大而大之,则万物莫不大;因其所小而小之,则万物莫不小"。而苏轼从庄子的自然之理走向人生,自然的永恒与人生的短暂被他浓缩为"哀吾生之须臾,羡长江之无穷"的感喟。他想象着"挟飞仙以遨游,抱明月而长终",在与明月共存的愿景中寄托与天地同在的生命理想。然而,他很快清醒过来,说道:"知不可乎骤得,托遗响于悲风。"

苏轼笔下的客之说不过是为下文张本,以便进一步表现他对人生的思考和豁达情怀。苏辙曾说:"盖天下之乐无穷,而以适意为悦。方其得意,万物无以易之。及其既厌,未有不洒然自笑者也。譬之饮食杂陈于前,要之一饱而同委于臭腐。夫孰知得失之所在？惟其无愧于中，无责于外，而姑寓焉。此子瞻之所以有乐于是也。"① 苏辙的"饮食"之喻浅显易懂，却道出人间的至理，表明游山玩水的关键在于山水与游览者的心意相投。尽管苏辙提到了其兄乐于山水，随心适意，但他本人与山水还是有点隔膜。人可悦于山水，又可厌于山水，那么游览者实际上是处于山水之外的。这并非苏轼的山水境界。

苏轼说："客亦知乎水与月乎？逝者如斯，而未尝往也。盈虚者如彼，而卒莫消长也。盖将自其变者而观之，则天地曾不能以一瞬；自其不变者而观之，则物与我皆无尽也，而又何羡乎？"所谓水的"逝"与"未尝往"以及月的"盈虚"与"卒莫消长"，让人想到《庄子·齐物论》的庄周梦蝶。蝶为庄周或庄周化蝶，在于万物的变与不变，以及上述提到的因大则大、因小则小的观赏者的审美立场，终归于"天地与我并生，而万物与我为一"② 的万物齐同论。所以，苏轼随之说："且夫天地之间，物各有主，苟非吾之所有，虽一毫而莫取。惟江上之清风，与山间之明月，耳得之而为声，目遇之而成色，取之无尽，用之不竭，是造物者之无尽藏也，而吾与子之所共适。"最后的状态是杯盘狼藉，他与客人枕藉舟中，不知东方既白。这一境界，唐代柳宗元在《始得西山宴游记》里表现过，他说自己"洋洋乎与造物者游，而不知其所穷。引觞满酌，颓然就醉，不知日之入"。尽管二人所处的时代和环境有异，但他们与天地为一的情趣是相同的。在那一刻，他们置身于天地之间，融入自然而超然物外。

在三个月后所写的《后赤壁赋》中，苏轼再次描绘了一个月白风清之夜，延续了携美酒佳肴与客人同游于赤壁之下的故事。这一次不再是泛长江之乐，而是登山之壮观。于是，苏轼为读者展现

---

① 苏辙著，陈宏天等校点：《苏辙集·武昌九曲亭记》，北京：中华书局，1990 年版，第 407 页。
② 郭庆藩：《庄子集释·齐物论》，北京：中华书局，1961 年版，第 79 页。

了这样一番景象："江流有声,断岸千尺。山高月小,水落石出。曾日月之几何,而江山不可复识矣。予乃摄衣而上,履巉岩,披蒙茸,踞虎豹,登虬龙,攀栖鹘之危巢,俯冯夷之幽宫。"关于这一番游历,南宋黄震在《黄氏日抄·跋赤壁后赋图》中评价道:"东坡再游赤壁,霜露既降时也,盈虚消息之妙,至此崭然毕露。坡之逆顺两忘,浩然与造物者游。"说实在的,《后赤壁赋》没有《前赤壁赋》写得轻盈剔透,也是江景之游与山景之游有别所致,但何尝又不是苏轼有意避江景而说山景呢? 有意思的是,苏轼不像在《前赤壁赋》中那样直截了当地表现自己融入自然之后的愉悦,而是以梦中道士之问"赤壁之游乐乎"表现所游之乐,彰显天人同乐之趣,这也是他三月前游赤壁之乐的延伸。而对于二者的关系,清代吴楚材等说:"前篇写实情实景,从乐字领出歌来。此篇作幻境幻想,从乐字领出叹来。一路奇情逸致,相逼而出。与前赋同一机轴,而无一笔相似,读此两赋,胜读《南华》一部。"①

《南华》即《庄子》,吴楚材等说得有点过,但他们从苏轼的游赤壁之乐,感悟到的是类于庄子的自然人生。苏轼在黄州还写了《记承天寺夜游》:"元丰六年十月十二日夜,解衣欲睡,月色入户,欣然起行。念无与乐者,遂至承天寺寻张怀民。怀民亦未寝,相与步于中庭。庭下如积水空明,水中藻荇交横,盖竹柏影也。何夜无月? 何处无竹柏? 但少闲人如吾两人者耳。"他此时的平和在于对眼前之景的陶醉,月光下的水色与竹柏之影相映,身处其间,浑然不觉人世的尘杂与喧嚷,人生原来是可以这样的。苏轼曾虚构了睡乡中人的安恬舒适,说他们"昏然不生七情,茫然不交万事,荡然不知天地日月。不丝不谷,佚卧而自足;不舟不车,极意而远游。冬而绤,夏而纩,不知其有寒暑;得而悲,失而喜,不知其有利害"②。

① 吴楚材等:《古文观止》,北京:中华书局,1959 年版,第 511 页。
② 苏轼著,孔凡礼点校:《苏轼文集·睡乡记》,北京:中华书局,1986 年版,第 372 页。

如是的睡乡颇类《庄子》中人与万物为一的至德之世：人不生七情，无情无欲，不知利害，得悲失喜，与世俗社会的内穷奢逸、外累攻战迥然不同。《记承天寺夜游》仿佛再现了这种景象，让人感受到苏轼与天地同一的人生境界，以此作为前后《赤壁赋》里苏轼人生境界的佐证或补充。

除了上述，苏轼赋所受的前人影响还应提到的是屈原及其骚赋。苏轼赋中有骚体一格，如《屈原庙赋》《服胡麻赋》《酒子赋》等。它们在语言形式上表现出来的承袭关系显而易见。苏轼在《屈原庙赋》里伤悼屈原，流露了类似西汉贾谊《吊屈原赋》的悲愤之情。赋中说"自子之逝今千载兮，世愈狭而难存。贤者畏讥而改度兮，随俗变化斫方以为圆"，悲愤难抑，而又深怀无奈的伤感。《屈原庙赋》在苏轼赋中别具特色，仍然表现了苏轼人生精神很重要的一面。苏轼固然善于化痛苦为旷达，以失意为得意，但他毕竟还是痛苦过、失意过，他的坎坷际遇，与他所具的卓越才能并不相称。所以，他在《屈原庙赋》里的沉郁和哀伤是可以理解的。不仅如此，他的《中山松醪赋》有"漱松风于齿牙，犹足以赋《远游》而续《离骚》"之说；《浊醪有妙理赋》有"独醒者，汨罗之道也"之论，与屈原及其骚赋的影响相关联。甚至有人说，苏轼的《赤壁赋》仿佛是屈原、宋玉之作。同时，律赋、骈赋对他赋的影响也是深刻的，这是另外的话题。

十、苏轼关于韩愈的评说

元祐七年（1092）苏轼知扬州军州事而论韩愈，实出偶然。时值潮州太守王涤新建韩愈庙，求取韩愈庙的碑文，请托苏轼，于是有了苏轼的《韩文公庙碑》（一称《潮州韩文公庙碑》）。说是庙碑，实则借撰碑文之机评说韩愈。

苏轼没有去过潮州，只是看了王涤派人送来的"韩公庙图"，感于王涤建韩愈庙意在教化百姓，说自己"不敢固辞"，故勉力为之。收到王涤的信和"韩公庙图"时，他在颍州，一时间"迫行冗甚，未暇成之"[①]。在前往扬州的途中，他完成了写作，并把文章寄给了王涤，自谦"以浅陋为词"[②]，还在给蔡朝奉、吴子野的信中提到过这件事。

王涤此举给了苏轼重新审视、品评韩愈的机会，也使韩愈因他所论更受后人崇敬。对苏轼来说，他对韩愈的认知，也随人生进程悄然发生着变化。

韩愈生于 768 年，死于 824 年，苏轼则生于 1036 年十二月，因此韩愈的去世比苏轼的出生早了二百一十四年。这二百多年间，天下发生了许多大事：李唐王朝亡了，天下分裂，而有五代十国；五

---

① 苏轼著，孔凡礼点校：《苏轼文集·与潮守王朝请涤其一》，北京：中华书局，1986 年版，第 1802 页。
② 苏轼著，孔凡礼点校：《苏轼文集·与潮守王朝请涤其二》，北京：中华书局，1986 年版，第 1802 页。

代十国先后也亡了,赵宋收拾山河,重归一统。世事变迁,沧海桑田,苏轼和韩愈跨越时空的关联主要体现在两个方面:一是儒学,二是古文。苏轼之师欧阳修服膺韩愈,也服膺古文古道。欧阳修主持了嘉祐二年(1057)的科考,这一年,参加科考的有苏轼、苏辙兄弟。他读了苏轼的科考文《刑赏忠厚之至论》以及苏轼中进士后写给他的《谢欧阳内翰书》后,感喟当避开一条路,让苏轼出人头地。苏轼在《刑赏忠厚之至论》里表达了对儒者之仁的崇尚,这是他济世的核心;在《谢欧阳内翰书》里重三代两汉之文,这是他古文取法的方向,二者都趋近于韩愈的思想和古文路数。欧阳修对苏轼的欣赏,其实有他从韩的影响在。苏轼对欧阳修充满敬意,曾说欧阳修"名冠当代,才雄万夫"[①],"事业三朝之望,文章百世之师"[②]。而欧阳修和韩愈的关联,在《记旧本韩文后》里说得很透:自儿童时即好韩文,及长不衰。他既好韩文的古味,又好韩文蕴含的古道,为之不计名利得失,带动了天下学者趋古尚韩之风。苏轼说了一句:"欧阳子,今之韩愈也。"[③]这同时也是对韩愈的推崇。但他早年在韩愈的问题上没有对老师欧阳修那样亦步亦趋,反而在《韩愈论》《扬雄论》里,对韩愈的人性论等很有批评。

　　碑文的祭悼自然流露出人生的悲痛。稍早或稍晚于《韩文公庙碑》,因八十五岁的张方平于元祐六年(1091)十二月离世,苏轼先后写了《祭张文定公文》和《张文定公墓志铭》,表达对张方平的哀思。至和二年(1055),苏轼赴京应试,途经成都,随父亲苏洵拜访了张方平。自那时起,苏轼游于张方平门下三十八年,向张方平问道学礼。张方平对苏轼可谓是有求必应。二人有契于

---

① 苏轼著,孔凡礼点校:《苏轼文集·贺欧阳枢密启》,北京:中华书局,1986 年版,第 1348 页。

② 苏轼著,孔凡礼点校:《苏轼文集·贺欧阳少师致仕启》,北京:中华书局,1986 年版,第 1346 页。

③ 苏轼著,孔凡礼点校:《苏轼文集·六一居士集叙》,北京:中华书局,1986 年版,第 316 页。

心，"如水倾海，如橐鼓风"①。除此之外，张方平让他仰慕的还有"公
视富贵，如贱与贫。公视生死，如夕与晨"②。这些文字哀婉凄切，
而《张文定公墓志铭》娓娓叙说张方平的一生，重现他的生活。祭
文重情，墓志铭重事，本质都是悼念之文。苏轼为韩愈作的庙碑
文。则在悼念中融合了情、事、理。他悼韩愈，由于时空、交往上的
距离，情感有些超然。这当然只是一种表达的风格，尽管一般悼念
之文多有悲哀，而他在追怀之际淡化了悲哀，更多地表达了对韩愈
的仰慕。仰慕之下，《韩文公庙碑》问世，所有的韩愈祭文都黯然失
色，所有的韩愈评说都不及它有光彩。

（一）匹夫而为百世师说

关于《韩文公庙碑》，南宋黄震说："非东坡不能为此，非韩公
不足以当此，千古奇观也。"它起笔就极富气势，所谓"匹夫而为百
世师，一言而为天下法。是皆有以参天地之化，关盛衰之运，其生
也有自来，其逝也有所为"，让人为之震撼，用笔的超然也始于此。
然而，这"匹夫而为百世师"不是轻易说说的。前此，战国孟
子说过圣人是百世之师，随后说："故闻伯夷之风者，顽夫廉，懦
夫有立志。闻柳下惠之风者，薄夫敦，鄙夫宽。奋乎百世之上，百
世之下，闻者莫不兴起也，非圣人而能若是乎？而况于亲炙之者
乎。"③孟子以伯夷和柳下惠为圣人，意在他们的人格对后世有深
刻、久远的影响，从而能产生风行草偃的作用。这也正是苏轼在给
潮州太守王涤的信中说到的"教化"，所谓"一言而为天下法"。《礼

---

① 苏轼著，孔凡礼点校：《苏轼文集·祭张文定公文其三》，北京：中华书局，1986 年
版，第 1953 页。
② 苏轼著，孔凡礼点校：《苏轼文集·祭张文定公文其一》，北京：中华书局，1986 年
版，第 1953 页。
③ 朱熹：《四书章句集注·孟子·公孙丑上》，北京：中华书局，1983 年版，第 367 页。

记·中庸》从社会现实出发,说"君子之道"当立于天地之间而无疑,因此"君子动而世为天下道,行而世为天下法,言而世为天下则"。这自然是做人的很高的标准,不是一般人可以企及的。

苏轼的"百世师""天下法"说与之一脉相承。他认为"匹夫"能如是,是因为其言行关乎天地的自然变化和社会的兴盛衰亡。于是这种人肩负了先天的以及历史的使命,其生也不凡,求有所作为而生;其死也不凡,死而不朽。苏轼写过《论孔子》《子思论》和《孟子论》,看似可借此阐释"百世师""天下法"。然而,《论孔子》说孔子进言鲁定公"臣无藏甲,大夫无百雉之城",因而堕季氏三都,及齐景公时三桓不臣事;《子思论》则说孟子之后儒者相争,致使"夫子之道益晦而不明",所幸子思的撰述都是圣人的微言笃论,天下同是而无人非议,不像孟子以性善论自以为是地行于天下;《孟子论》则说孔子死后,诸子不得孔子源流,唯孟子"深于《诗》"而长于《春秋》",可谓继承了孔子的思想。这三篇言及孔子的文章中,都没有直接道出孔子为百世师、所言为天下法。这里的"百世师""天下法"之说,不是针对孔子,而是针对韩愈,所以南宋朱熹读了第一句就大为不快,弃而不读。

苏轼随后扭转话题,讲了申侯、吕伯、傅说的故事。相传周宣王的大臣申伯、周穆王的大臣吕侯是嵩山所生。《诗经·大雅·崧高》首章讲甫与申为山岳所生的故事,说是"崧高维岳,骏极于天。维岳降神,生甫及申",而这甫与申是周王朝的辅佐。傅说相传是商王武丁的国相,战国屈原《离骚》里说"说操筑于傅岩兮,武丁用而不疑",用的就是傅说故事。他说傅说早先在傅岩筑墙,武丁遇上他之后,欣赏他的才干而任用他为国相。这里苏轼用了《庄子·大宗师》中傅说辅佐武丁而有天下的说法。在庄子的笔下,傅说本人的形象是"乘东维,骑箕尾,而比于列星"。苏轼讲这三个人的故事,强调"古今所传,不可诬也",照应刚才所说的"匹夫"为百世师、一言为天下法是天地的造化。

苏轼随之引了孟子的名言："我善养吾浩然之气。"孟子的弟子公孙丑问他擅长什么时，孟子说了两条，一是"知言"，即善于理解别人说的话；二是"善养吾浩然之气"。这"浩然之气"非同一般，"其为气也，至大至刚，以直养而无害，则塞于天地之间。其为气也，配义与道；无是，馁也。是集义所生者，非义袭而取之也"[①]。孟子至大至刚的"浩然之气"与道义融合，因而产生无比巨大的人格力量。有此"浩然之气"将会是怎样的情形呢？苏轼在《韩文公庙碑》里说："在天为星辰，在地为河岳，幽则为鬼神，而明则复为人。"并轻轻地收束道："此理之常，无足怪者。"

苏轼对孟子很有好感，这一点和韩愈尚孟相似。苏轼曾说："自汉以来，道术不出于孔氏，而乱天下者多矣。晋以老、庄亡，梁以佛亡，莫或正之，五百余年而后得韩愈，学者以愈配孟子，盖庶几焉。"[②] 他这话说得很重。所谓的孔子道术问题，后面再说。这话让人想起孟子曾说过的"五百年必有王者兴"。孟子认定，如果苍天要平治天下，当今之世，舍我其谁？苏轼这里也用了"五百年"的概念，认为孟子承袭孔子学说，而孟子之后有韩愈。他甚至跳过了韩愈所说的孟子之后的荀子和扬雄。

苏轼还说过："韩愈亦近世豪杰之士，如《原道》中言语，虽有疵病，然自孟子之后，能将许大见识，寻求古人，自亦难得。观其断曰：'孟子醇乎醇，荀、扬择焉而不精，语焉而不详。'若不是他有见识，岂千余年后便断得如此分明。"[③] 他把韩愈和荀子、扬雄区分开来，在谈韩愈见识时，也让人看到了他的见识。不过，苏轼不满意韩愈的"性三品"说。韩愈的"性三品"说是对孟子性善说、荀子性恶说、扬雄性善恶相混说的批评。他认为，性有三品，上品为善，

① 朱熹：《四书章句集注·孟子·公孙丑上》，北京：中华书局，1983 年版，第 231—232 页。
② 苏轼著，孔凡礼点校：《苏轼文集·六一居士集叙》，北京：中华书局，1986 年版，第 316 页。
③ 苏轼著，孔凡礼点校：《苏轼文集·韩愈优于扬雄》，北京：中华书局，1986 年版，第 2035。

下品为恶，中品为可善可恶；行善则为善，行恶则为恶。而苏轼说韩愈："离性以为情，而合才以为性。是故其论终莫能通。"①但这不妨碍他对韩愈的高度评价。

话说回来，苏轼很赞赏孟子的"浩然之气"。他说"浩然之气"既在寻常事物中，又在天地之间，有点像庄子说的"道"无所不在。这"浩然之气"有无比巨大的人格力量，如果人"卒然遇之"，会出现"王公失其贵，晋、楚失其富，良、平失其智，贲、育失其勇，仪、秦失其辩"的情形；也就是说，尊贵的王公大人不再尊贵，富不可及的晋、楚不再富有，以谋略助刘邦取了天下的张良、陈平不再有智谋，著名的勇士孟贲、夏育不再勇猛，长于辩说的纵横家苏秦、张仪居然张口结舌了。苏轼的极度夸张是要彰显"浩然之气"的力量，他认为，面临"浩然之气"，富贵、智谋、勇猛、论辩都苍白无力，主要是因为浩然之气"必有不依形而立，不恃力而行，不待生而存，不随死而亡者矣"。如是的浩然之气，超越了依人而存在的富贵、智谋、勇猛、论辩。从这段文字中，人们不仅能看到苏文的如潮奔涌之势，更能感受到他的言外之意，即"匹夫"能为"百世师"、一言能为"天下法"，关键还在于自我的修养。

苏轼的这些话，都是针对韩愈说的。韩愈的出现，既占了天时，越五百年而兴；又占了自我的修为，养浩然之气。他说得很粗略，没有具言韩愈之重教化。他笔下的"匹夫说"，意谓韩愈原本只是一个普通人。他曾将韩愈《示儿》诗和杜甫《示儿》诗相较，说韩愈写的"主妇治北堂，膳服适戚疏。恩封高平君，子孙从朝裾。开门问谁来，无非卿大夫。不知官高卑，玉带悬金鱼"及"凡此座中人，十九持钩枢"，"所示皆利禄事也"②，不像杜甫所言都是圣贤

① 苏轼著，孔凡礼点校：《苏轼文集·扬雄论》，北京：中华书局，1986 年版，第 110—111 页。
② 苏轼著，张志烈等校注：《苏轼全集校注》，石家庄：河北人民出版社，2010 年版，第 8868 页。

事。韩愈在中唐不顾流俗,奋然作《师说》,"抗颜而为师",传道、授业、解惑。元和十四年(819),因劝阻唐宪宗迎佛骨到宫中供奉,韩愈触怒了唐宪宗,被贬潮州。他这年三月到潮州,十月改任袁州刺史,在潮州只有半年多时间。那时的潮州"学废日久,进士、明经,百十年间,不闻有业成贡于王庭,试于有司者。人吏目不识乡饮酒之礼,耳未尝闻《鹿鸣》之歌,忠孝之行不劝"①,这对潮州人民以及他这个新任的潮州刺史来说都是耻辱。因此,他在潮州置乡校、施行孔子的德礼教育,给潮州人民留下了深刻印象。两百多年后,当地人民重修韩文公庙,请苏轼拟碑文,都与韩愈当时的举措有关。

苏轼就韩愈庙碑说的"匹夫而为百世师,一言而为天下法",这话有些大,但它关乎天地造化、时运盛衰、儒学道统和社会影响,对韩愈倒也切合。这不是一般世人可以做到的。

(二)道丧文弊的"起济"说

苏轼《韩文公庙碑》说:"自东汉以来,道丧文弊,异端并起,历唐贞观、开元之盛,辅以房、杜、姚、宋而不能救。"这话言简而意深。

从时间和朝代上说,从东汉到韩愈生活的中唐,中经三国、两晋、南北朝和初唐、盛唐,历时近六百年,王朝更迭,"道丧文弊,异端并起"。韩愈《原道》说,自从周道衰微,孔子去世以后,秦王朝焚书,黄老之说兴于西汉,佛教兴于晋、魏、梁、隋。那些满口谈论儒学"道德仁义"的人,"其言道德仁义者,不入于杨,则入于墨;不入于老,则入于佛。入于彼,必出于此。入者主之,出者奴之;入者附之,出者污之。噫!后之人其欲闻仁义道德之说,孰从而听

---

① 韩愈著,屈守元等校注:《韩愈全集校注·潮州请置乡校牒》,成都:四川大学出版社,1996年版,第2312页。

之？"甚至佛、老之徒都说"孔子,吾师之弟子也",弄得孔子之徒都看不起自己了。韩愈不禁感叹:"噫！后之人虽欲闻仁义道德之说,其孰从而求之？"韩愈是坚定的奉儒者,但他的儒学理论功底并不深厚,也没有系统的、逻辑严密的儒学论或孔、孟论。故苏轼说他对于儒学或说圣人之道,好其名而未乐其实,因为"其为论甚高,其待孔子、孟轲甚尊,而拒杨、墨、佛、老甚严。此其用力,亦不可谓不至也。然其论至于理而不精,支离荡佚,往往自叛其说而不知"①。这对韩愈是很严厉的批评。韩愈曾说读孟子书,方知孔子之道尊,"求观圣人之道,必自孟子始"②。而且,韩愈信守孔、孟最为核心的仁义思想,以它为道统的根本。至于排杨、墨、佛、老,这话应分开说。孟子时杨、墨之道恣纵天下,天下人不归杨则归墨,排杨、墨而崇孔儒的是孟子;韩愈时,佛、老之道并兴,天下人趋之若鹜,排佛、老而崇孔儒的是韩愈。

进而言之,韩愈说汉以后的"汉"是西汉,苏轼说的是东汉。西汉初年,为了让百姓休养生息,"黄、老之学"兴,有了为史所称的"文景之治";武帝时,朝政大权从窦太后转移到王太后手上,"黄、老之学"消而儒学涨,"罢黜百家,独尊儒术";哀帝时,又有今古文经学之争。东汉末年,儒学衰败,道教兴起,佛教东渐,儒学不再独尊。于是,士人间玄学风行,重老、庄;又有梁武帝重佛教。唐初乃至中唐,儒、佛、道三教并行,相融亦相斥。韩愈大不以为然。他梳理儒学之道的传播轨迹,说:"尧以是传之舜,舜以是传之禹,禹以是传之汤,汤以是传之文、武、周公,文、武、周公传之孔子,孔子传之孟轲,轲之死,不得其传焉。荀与扬也,择焉而不精,语焉而不详。"③这让韩愈对"异端"即佛、道有深切的厌恶,在《原道》中,

---

① 苏轼著,孔凡礼点校:《苏轼文集·韩愈论》,北京:中华书局,1986年版,第114页。
② 韩愈著,屈守元等校注:《韩愈全集校注·送王秀才序》,成都:四川大学出版社,1996年版,第2776页。
③ 韩愈著,屈守元等校注:《韩愈全集校注·原道》,成都:四川大学出版社,1996年版,第2665页。

他甚至说出"不塞不流,不止不行。人其人,火其书,庐其居"的话来,要让佛、道之徒还俗,把佛经、道经烧了,把寺庙、道观改造成民房,然后"明先王之道以道之,鳏寡孤独废疾者有养也"。这是韩愈对社会生活的最终追求,与孟子仁政、王道的社会理想相吻合。

文以道相盛衰,儒学道丧,文弊也随之显现。苏轼和韩愈有同样的想法,那就是文以载道,学文兼以学道。韩愈崇尚儒学之道,与崇尚三代两汉之文为一体。他在《答李翊书》中说自己"非三代两汉之书不敢观,非圣人之志不敢存","行之乎仁义之途,游之乎《诗》《书》之源,无迷其途,无绝其源,终吾身而已矣"。他在求道醇的时候,也在求文醇,这文就是古文,或说三代两汉之文。但在东汉后,文风渐变,从散体古文中慢慢衍生出骈体文,讲声律、对仗、用典、辞藻。西晋时,陆机作《文赋》说文章写作的技巧,是骈体文成熟的重要标志。其后有南朝骈文的鼎盛,庾信、徐陵成为代表性人物。骈文之盛延至隋和盛唐,古文衰落了,"文弊"之说正在于此。苏轼在《韩文公庙碑》中概述了唐太宗贞观和唐玄宗开元时期的情势。贞观有开国之盛,开元有继统之盛,都为后人津津乐道。贞观时期的房玄龄和杜如晦曾助唐太宗得天下,因善于谋划,有"房谋杜断"之说,后均官至宰相。姚崇和宋璟则助唐玄宗走向开元盛世,亦官至宰相。房、杜、姚、宋被后人称为唐代四大贤相。苏轼说他们未能挽救"道丧文弊"的局面,殊不知李唐奉老子为祖,自然信道。而唐太宗开国之初就信佛,当时韩愈想求儒学一尊,以古文传儒道是艰难的。但他正是在这样的背景下,奋起以古文作抗争,以儒学争胜,使中唐古文兴盛一时,以至于今人有"古文运动"之说。

苏轼说:"韩文公起布衣,谈笑而麾之,天下靡然从公,复归于正,盖三百年于此矣。"这话既照应了开篇的"匹夫而为百世师,一言而为天下法",又照应了后面所说的"文起八代之衰,而道济天下之溺"。

"匹夫"韩愈少年丧母,继而父亲又去世,于是依傍兄嫂。不幸哥哥韩会又死了,是嫂子郑氏把他拉扯成人。他曾上书虞部崔元翰,说自己"今所病者,在于穷约,无僦屋赁仆之资,无缊袍粝食之给。驱马出门,不知所之"①;又给友人崔立之写信,说自己"年二十时,苦家贫,衣食不足,谋于所亲"②。这样艰苦的生活使他在中进士后,因迟迟未能得官而难以忍耐,一个多月内三次上书宰相求官,说你们能够救我于水深火热之中,怎么不伸以援手? 这样怎能称得上仁人呢? 他艰难地走上政坛和文坛,举起"古文"的旗帜推行古道,反复强调古文应以古道为本,曾说:"愈之为古文,岂独取其句读不类于今者邪? 思古人而不得见,学古道则欲兼通其辞。通其辞者,本志乎古道者也。"③一时间,天下文人靡然相从。北宋欧阳修说韩愈倡古文,柳宗元、李翱、皇甫湜等人附和,排逐百家,上接汉、周,使"唐之文完然为一王法"④。苏轼所说的"三百年于此",实际上指的是从东汉到隋朝的大约二百七十年。他认为,韩愈之所以能"文起八代之衰,而道济天下之溺",正是因为他兴古文,改变了八代即东汉、魏、晋、宋、齐、梁、陈、隋的文风,使儒学道统在他这里得到承续,儒学之道得以复兴。

北宋立国之后,文坛生尚唐之风,北宋初年诗坛三体"白体""晚唐体""西昆体"都以唐人诗为范式。而在古文风气上,有柳开、石介尚韩崇儒。柳开的《昌黎集后序》、石介的《读韩文》《尊韩》等先行,后有欧阳修把尚韩崇儒推到一个新的高度。他的《记旧本韩文后》是尚韩的重要篇章,检视、讨论了韩文在北宋初

---

① 韩愈著,屈守元等校注:《韩愈全集校注·上考功崔虞部书》,成都:四川大学出版社,1996 年版,第 1181 页。
② 韩愈著,屈守元等校注:《韩愈全集校注·答崔立之书》,成都:四川大学出版社,1996 年版,第 1262 页。
③ 韩愈著,屈守元等校注:《韩愈全集校注·题哀辞后》,成都:四川大学出版社,1996 年版,第 1500 页。
④ 欧阳修等:《新唐书·文艺传》,北京:中华书局,2000 年版,第 5726 页。

年的命运。欧阳修少时,盛行于世的是杨亿、刘筠时文,凭时文可取科第而擅名声,无人说韩文。他以时文及第后,与尹师鲁等人倡古文,"因出所藏《昌黎集》而补缀之,求人家所有旧本而校定之。其后天下学者亦渐趋于古,而韩文遂行于世,至于今盖三十余年矣。学者非韩不学也,可谓盛矣!"[①]苏轼在嘉祐二年(1057)随父亲苏洵出眉山到京城开封应试科举时,欧阳修权知礼部贡举,兴韩愈古文,排斥"太学体"的奇险怪异之文。苏轼正是在这时候深受欧阳修赏识,走上了政坛和文坛,他对韩愈和欧阳修古文都别有会心。

　　韩愈有《送李愿归盘谷序》,苏轼写了《跋退之送李愿序》,说:"欧阳文忠公尝谓晋无文章,惟陶渊明《归去来》一篇而已。余亦以谓唐无文章,惟韩退之《送李愿归盘谷》一篇而已。平生愿效此作一篇,每执笔则罢,因自笑曰:'不若且放教退之独步。'"[②]这话有调侃的意味,但他对韩愈文章的推崇是显而易见的。他曾向欧阳修诉说五代以来的文教衰败,责时人以怪僻之文为古文,以求名于后:"唐之古文,自韩愈始。其后学韩而不至者为皇甫湜,学皇甫湜而不至者为孙樵。自樵以降,无足观矣。"[③]苏轼不像欧阳修,欧阳修还看得上皇甫湜、孙樵的古文,在苏轼眼里,唐代古文唯有韩愈一家。他还说:"诗至于杜子美,文至于韩退之,书至于颜鲁公,画至于吴道子,而古今之变,天下之能事毕矣。"[④]他还曾要求自己的侄孙苏元老熟看两汉书和韩、柳文。但这不妨碍他对韩愈的文章有批评,如说韩愈的《画论》"近似甲名帐耳,了无可观。世人识真

① 欧阳修著,李逸安点校:《欧阳修全集·记旧本韩文后》,北京:中华书局,2001年版,第1056—1057页。
② 苏轼著,孔凡礼点校:《苏轼文集·跋退之送李愿序》,北京:中华书局,1986年版,第2057页。
③ 苏轼著,孔凡礼点校:《苏轼文集·谢欧阳内翰书》,北京:中华书局,1986年版,第1423—1424页。
④ 苏轼著,孔凡礼点校:《苏轼文集·书吴道子画后》,北京:中华书局,1986年版,第2210页。

者少,可叹亦可慜也"①。

苏轼说:"轼长于草野,不学时文,词语甚朴,无所藻饰。意者执事欲抑浮剽之文,故宁取此以矫其弊。人之幸遇,乃有如此。"②他受庄子影响,性情散淡,为文亦好平易畅达,是韩愈、欧阳修古文风格的延续。他对自己的文章作过评说:"吾文如万斛泉源,不择地皆可出。在平地滔滔汩汩,虽一日千里无难。及其与山石曲折,随物赋形,而不可知也。所可知者,常行于所当行,常止于不可不止,如是而已矣。其他虽吾亦不能知也。"③这种文思泉涌而又顺应自然的写作状态,在《韩文公庙碑》里也得到了体现。至于"文起八代之衰,而道济天下之溺"的桂冠,只有韩愈担当得起。苏轼承袭韩愈的古文之风,却不像韩愈那样始终如一地坚执儒学。他好儒好道且不排佛。但特别有深意的是,他晚年最得意的是在海南了得"经学三书"——《易传》《书传》和《论语说》。他对友人李端叔说:"所喜者,海南了得《易》《书》《论语》传数十卷,似有益于骨朽后人耳目也。"④据《春渚纪闻》卷六记载,他对钱济明说:"某前在海外了得《易》《书》《论语》三书,今尽以付子。愿勿以示人,三十年后会有知者。"其中,《易传》之撰写起于苏洵,有苏辙参与;《论语说》吸取了苏辙的观点,成于苏轼之手;《书传》为苏轼自撰,系统阐发其儒学思想。因有"经学三书",苏轼自觉此生没有虚度,却没说自己一生付出心血无数的诗词文创作及成就。韩愈说的儒学道统在北宋欧阳修那里得到承续。不过在苏轼看来,古文盛也是儒学之道盛,这也是社会兴盛的表征。"经学三书"也在其中,助力于儒学之道。在这个意义上,苏轼也继承了儒学道统,只是不及韩、欧那样纯粹。

① 苏轼著,孔凡礼点校:《苏轼文集·记欧阳论退之文》,北京:中华书局,1986 年版,第 2056 页。
② 苏轼著,孔凡礼点校:《苏轼文集·谢梅龙图书》,北京:中华书局,1986 年版,第 1425 页。
③ 苏轼著,孔凡礼点校:《苏轼文集·自评文》,北京:中华书局,1986 年版,第 2069 页。
④ 苏轼著,孔凡礼点校:《苏轼文集·与李端叔》,北京:中华书局,1986 年版,第 1540 页。

（三）忠勇关乎"盛衰"说

这里说韩愈的忠勇关乎盛衰，只取了苏轼"忠犯人主之怒，而勇夺三军之帅"里的"忠勇"，实际上，他说的"文起八代之衰，而道济天下之溺"也关乎盛衰。这一点前面已经提及，不再赘言。

苏轼说韩愈的忠勇涉及两方面的问题，即"忠犯人主之怒"和"勇夺三军之帅"，其中很有故事。

韩愈一生，两次触犯唐宪宗而遭贬，都出于他的一片忠心。韩愈中进士后，因三次写信给当朝宰相求官未果，无奈之下，去汴州宣武军节度使董晋的麾下做了观察推官，管理文书；不料遭汴州兵乱，又到徐州武宁节度使张建封门下做推官。直到贞元十八年（802），他才做了朝廷的四门博士，次年升迁为监察御史，时年三十五岁。韩愈得官不易，却不顾惜头顶上的乌纱帽，坚守为官则为民的基本立场。这一年，适逢天旱人饥，韩愈心忧百姓的困苦艰难，上《御史台上论天旱人饥状》，其中说：

> 臣伏以今年已来，京畿诸县，夏逢亢旱，秋又早霜，田种所收，十不存一。陛下恩逾慈母，仁过春阳，租赋之间，例皆蠲免。所征至少，所放至多；上恩虽宏，下困犹甚。至闻有弃子逐妻以求口食，坼屋伐树以纳税钱，寒馁道途，毙踣沟壑。有者皆已输纳，无者徒被追征。臣愚以为此皆群臣之所未言，陛下之所未知者也。

这一状告得厉害，说京郊诸县因干旱、早霜庄稼几无收成，百姓"弃子逐妻""坼屋伐树""寒馁道途，毙踣沟壑"，苦不堪言。韩愈说陛下是仁慈的，宽厚待民，但这种天灾的背后是人祸，是群臣没有尽责,未向陛下报告,以致陛下不知百姓疾苦。这里,韩愈的尽忠关乎盛衰体现在指出陛下当行仁政、减轻赋税以得民心。这话惹怒群臣,唐宪宗也不乐意。虽然韩愈指责的是群臣,但群臣背后是宪宗,因此他被贬为阳山县令,好不容易做上的监察御史被撤掉了。

韩愈第二次被贬是元和十四年(819)。当时,唐宪宗下令从凤翔法门寺迎佛骨,供奉于长安宫中,这一行为引发了韩愈的强烈反对。他上《论佛骨表》说:

> 今闻陛下令群僧迎佛骨于凤翔,御楼以观,舁入大内。又令诸寺递迎供养。臣虽至愚,必知陛下不惑于佛,作此崇奉,以祈福祥也。直以年丰人乐,徇人之心,为京都士庶设诡异之观、戏玩之具耳。安有圣明若此,而肯信此等事哉?然百姓愚冥,易惑难晓,苟见陛下如此,将谓真心事佛。皆云:"天子大圣,犹一心敬信;百姓何人,岂合更惜身命?"焚顶烧指,百十为群;解衣散钱,自朝至暮;转相仿效,惟恐后时;老少奔波,弃其业次。若不即加禁遏,更历诸寺,必有断臂脔身以为供养者。伤风败俗,传笑四方,非细事也。

韩愈知晓唐宪宗奉佛以求长寿,所以他审视历史,说佛法未入中国之前,帝王多长寿;自佛法传入中国,奉佛之帝往往是"乱亡相继,运祚不长"。这使日夜做长寿梦的唐宪宗大为恼怒,险些要了他的性命,最后把他贬为潮州刺史。这里,韩愈的尽忠关乎盛衰体现在指出好佛伤风败俗,祸乱朝政,社会将会因此而衰落。

苏轼在札记《书韩李诗》中写道:"元祐六年八月十五日,与柳展如饮酒,一杯便醉,作字数纸。书李太白诗云:'遗我鸟迹书,飘然落岩间。其字乃上古,读之了不闲。'戏谓柳生,李白尚气,乃自招不识字,可一大笑。不如韩愈倔强,云'我宁屈曲自世间,安能随汝巢神仙'也。"① 韩愈这两句诗出自他的七古《记梦》。他写梦中游神宫,与神官笑谈,自言神仙护短凭愚,并非圣贤,我宁可屈曲世间,也不愿随神官为仙人。这是韩愈的心声,苏轼把这一句拈出来,以此见韩愈的性情。他能理性地冒犯唐宪宗,是他的本性使然。

"勇夺三军之帅"说的是唐穆宗长庆二年(822),韩愈奉命去镇州宣抚王廷凑兵乱的事迹。李翱在《礼部尚书韩公行状》里记述了这件事。当时,成德节度使田弘正被杀,深冀节度使牛元翼被围攻,王廷凑势头正盛。韩愈奉命前往,危险万分。宰相元稹担心他会丧命,上书说韩愈可惜了;唐穆宗也担心韩愈会遭遇不测。当时韩愈已经成行,有使者赶来劝他慢行,韩愈说,"安有受君命而滞留自顾",驱马疾驰至叛军军营。面对剑拔弩张、怒目相对的叛军将士,韩愈侃侃陈词,晓以利害。他说不谈古代,只说天宝以来祸福,像安禄山、史思明、李希烈等叛将,"复有若子若孙在乎?亦有居官者乎?"而归顺朝廷的田令公"父子皆授旌节,子与孙虽在幼童者,亦为好官。穷富极贵,宠荣耀天下"②。王廷凑权衡利害,最终率军放下武器,归顺朝廷。韩愈只身匹马平定廷凑之乱,何尝不是事关朝廷兴衰呢?

苏轼先说韩愈学孟子养浩然之气,这里再说他的"忠犯人主之怒,而勇夺三军之帅",浩气独存,对韩愈的勇敢、忠耿是很赞许的。这与前文相照应,在慷慨陈词中突显出韩愈的伟岸形象,也为韩愈树起一座让世人敬佩的丰碑。

苏轼与韩愈生活在不同的时代,他曾评价欧阳修:"以救时行

---

① 苏轼著,孔凡礼点校:《苏轼文集·书韩李诗》,北京:中华书局,1986 年版,第 2111 页。
② 李翱著,郝润华等校注:《李翱文集校注·礼部尚书韩公行状》,北京:中华书局,2021 年版,第 164 页。

道为贤,以犯颜纳说为忠。"① 而他自己熙宁四年(1071)有《上神宗皇帝书》,对王安石熙宁二年(1069)变法提出批评,希望神宗皇帝结人心、厚风俗、存纪纲,忠心可与韩愈比肩,但思想的表达没有韩愈那样激烈,锋芒没有那么锐利。他在任杭州通判时,以诗歌讽刺新法,在《湖州谢上表》里以自贬自损的语气嘲讽新党中人,遭了北宋有名的文字狱——"乌台诗案",被贬黄州。那时他性格执拗,不肯随顺,表现在语言上,是他自己所说的:"余性不慎语言,与人无亲疏,辄输写腑脏,有所不尽,如茹物不下,必吐出乃已。"② 这和韩愈相类似,只是不像韩愈那样常与世俗不合,与权贵针锋相对。至于他的遭遇比韩愈更惨,则是因为北宋不同于中唐。苏轼深陷新旧党争之中,他因"乌台诗案"被贬至黄州,后又接连被贬至惠州和儋州,都是党争所致;而韩愈贬阳山与贬潮州之间并无关联。苏轼曾在《江城子·密州出猎》表达了"会挽雕弓如满月,西北望,射天狼"之念,欲去西北边境建立功劳,但他终究没有类似韩愈那样的彰显自己英雄气的平乱或定边机遇。直到知定州时,面对长期治理不善、军政松懈的局面,他"取其贪污甚者配隶远恶,然后缮修营房,禁止饮博。军中衣食稍足,乃部勒以战法,众皆畏服"③。从这里看,身为一介书生或说士大夫的苏轼也能展现出果敢威严的一面。

把苏轼和韩愈作这样简单的比较,是想说明苏轼的忠勇气质和韩愈有相近的地方。曾经小视韩愈人性论和儒学的他,在这里仰视韩愈的人格和精神。今人孙民在《关于苏轼论韩愈》一文里,就"忠犯人主之怒,而勇夺三军之帅"说韩愈,说忠勇者方能写出

---

① 苏轼著,孔凡礼点校:《苏轼文集·六一居士集叙》,北京:中华书局,1986年版,第316页。
② 苏轼著,孔凡礼点校:《苏轼文集·密州通判厅题名记》,北京:中华书局,1986年版,第376页。
③ 苏辙著,陈宏天等校点:《苏辙集·亡兄子瞻端明墓志铭》,北京:中华书局,1990年版,第1125页。

起八代之衰之文；而且苏轼这话仅能评说韩愈，他的忠勇气魄与文道精神相合，在苏轼眼里实在不同凡响。所以苏轼在《韩文公庙碑》最后的颂诗里说："公昔骑龙白云乡，手抉云汉分天章，天孙为织云锦裳。飘然乘风来帝旁，下与浊世扫秕糠。"

（四）"能者天""不能者人"说

读《韩文公庙碑》，少有人关注下面这番话：

> 盖尝论天人之辨，以谓人无所不至，惟天不容伪。智可以欺王公，不可以欺豚鱼；力可以得天下，不可以得匹夫匹妇之心。故公之精诚，能开衡山之云，而不能回宪宗之惑；能驯鳄鱼之暴，而不能弭皇甫镈、李逢吉之谤；能信于南海之民，庙食百世，而不能使其身一日安于朝廷之上。盖公之所能者，天也；其所不能者，人也。

苏轼在这里把话题宕开，从上面论韩愈回到具体的生活及常理。他说到的"天人之辨"，是继承自先秦以来的天人感应思想。天人相合，故有天的意志论、人格论、最高统治者论以及用赏善罚恶掌控芸芸众生论；随后有天人相分，"天行有常，不为尧存，不为桀亡"说。但人们终究没有抛弃天人感应思想，所谓的"天不容伪"是在此思想下的推断。天，即自然，其本质是真诚，既不作伪，也不容伪；人则是无所不至，真诚者有之，虚伪者也有之。苏轼说人的智慧可以欺骗王公大人，但欺骗不了小猪、小鱼。这里用的是《易经》"中孚"的典故。原典说："豚、鱼吉，信及豚、鱼也。"王弼注称："鱼者，虫之隐者也；豚者，兽之微贱者也。争竞之道不兴，中信之德淳著，则虽微隐之物，信皆及之。"意思是占卦得小猪、小鱼则吉利,就因为真诚,幽隐、微贱之物无欺。他这话细品很有深意,假的终归原形毕露,但他没有具言指的是谁。随后苏轼又说了一句,"力可以得天下,不可以得匹夫匹妇之心",明言用武力可以得天下,但得不了百姓的心。宋哲宗治下,天下大体承平,并无以武力争夺天下之事。苏轼是主张"深结天下之心"的人,科考时写的《刑赏忠厚之至论》主张罚过乎义则去,赏过乎仁仍存,皆因他的宅心仁厚。

人的智慧和力量是有限的,最重要的是精诚,这也是常理。以此为理论前提,苏轼说韩愈为君为民的一片精诚有三:

一是"能开衡山之云,而不能回宪宗之惑"。前半句从韩愈《谒衡岳庙遂宿岳寺题门楼》诗"我来正逢秋雨节,阴气晦昧无清风。潜心默祷若有应,岂非正直能感通。须臾静扫众峰出,仰见突兀撑青空"化用出来。衡山为南岳,位于今湖南。苏轼以此为喻,说韩愈能开世俗迷雾,如世俗在避讳、求学上的困惑,但他"不能回宪宗之惑",不能阻止唐宪宗迎佛骨于宫中供奉。韩愈的命运因《论佛骨表》发生了改变,他有诗说得生动,"一封朝奏九重天""欲为圣明除弊事",结果是"夕贬潮州路八千",远离了长安。

二是"能驯鳄鱼之暴,而不能弭皇甫镈、李逢吉之谤"。韩愈做潮州刺史,当地人为鳄鱼所祸。韩愈作《鳄鱼文》,以刺史的身份驱离鳄鱼,并说如鳄鱼冥顽不灵,"则选材技吏民,操强弓毒矢",以尽杀之。苏轼说他能够为民驱害,但他不能制止皇甫镈、李逢吉的毁谤。这两个人后来都在唐穆宗朝做过宰相。当唐宪宗想赦免被贬潮州的韩愈时,素恶韩愈耿直无忌的皇甫镈怕他重得任用,进言道:"愈终太狂疏,且可量移一郡。"这使韩愈没能直接回到长安,而是任内移置,改任袁州刺史。李逢吉则借韩愈和李绅不和之机,把韩愈从京兆尹兼御史大夫降职为兵部侍郎。

三是"能信于南海之民,庙食百世,而不能使其身一日安于朝廷之上"。韩愈本可以在朝廷做一个本分的官吏,以俸禄养家糊口,但他性情率真,好冲口直言,忠诚于君王与百姓,有想法就会表达,不畏惧权贵,也不怕得罪唐宪宗,因此宦海浮沉,命途多舛。于是苏轼下了一个结论:"盖公之所能者,天也;其所不能者,人也。"韩愈能顺应天时,不能顺应人事,因为他坚执自己尊奉的儒学之道,坚执个人的主张。他常常因对现实人事的违连而遭受挫折,包括呈给唐宪宗的《论佛骨表》,为李贺写的《讳辩》,为李蟠写的《师说》。他公开与皇帝和世俗抗争,不顾自己可能会孤立无援。就此而论,苏轼是有慧眼的。他自己在这一点上与韩愈相似,处世往往不合时宜。苏轼说韩愈"所能者,天也",同时让人想到韩愈的天人感应观,即天会赏善罚恶。柳宗元著《天说》,力主天人相分,批评韩愈的天人感应思想。韩愈一心尽忠向善,这种思想是他的内在驱动力。

能者天,不能者人,这对社会是很大的讽刺。韩愈在处理人事上的能力太有限。苏轼还是很称道韩愈,不同于前面贴近生活的评价,他居然把韩愈神化了。有的潮州人认为韩愈在潮州不足一年,并不眷念潮州。[①] 对此,苏轼持不同的看法,他说:

> 不然! 公之神在天下者,如水之在地中,无所往而不在也。而潮人独信之深,思之至,焄蒿凄怆,若或见之。譬如凿井得泉,而曰水专在是,岂理也哉?

这话说得很艺术,也很果决。是呀,韩愈死了,但他的灵魂在人间。苏轼打了个比方,说韩愈的灵魂在人间,就像水在地下一样;水无往而不在,韩愈的灵魂也是无往而不在的。当然,苏轼的

---

① 韩愈元和十四年(819)正月二十五到潮州,这年七月十三日得到赦免,十月改授袁州刺史,在潮州仅半年有余。

"韩公之神"说,并非真的认为韩愈死后有灵魂,而是说韩愈的思想、精神广泛传播,没有禁区。随后,他又从潮人角度出发,说潮人建韩庙是出于对韩愈的崇敬和怀念;潮人信韩思韩,以至于"焄蒿凄怆,若或见之"。"焄蒿凄怆"出自《礼记·祭义》的"焄蒿凄怆,此百物之精也,神之著也"。苏轼这里说潮人以最精美的物品祭祀韩愈,就仿佛见到了韩愈一样。这"若或见之"意出《论语·八佾》的"祭如在,祭神如神在",以见人对神的真诚和情感亲近。而有这种情怀的当然不光是潮人,既然"公之神在天下者,如水之在地中,无所往而不在",也就有潮州以外的各地人们的广泛崇敬和怀念,这也是真的。欧阳修就说:"韩氏之文没而不见者二百年,而后大施于今。此又非特好恶之所上下,盖其久而愈明,不可磨灭,虽蔽于暂而终耀于无穷者,其道当然也。"[①] 仅此可见一斑。所以,他以"凿井得泉,而曰水专在是"提出诘问,意在说明韩愈并非专属于潮人。

　　苏轼的这篇庙碑记还有一重意思,是借助篇末的颂诗表现出来的。古风便于潮人祭祀时歌唱,却也是他心底的歌。这首古风用屈原《离骚》的手法,展开了丰富的想象:韩愈骑着龙飞翔在太空,拨开云彩和银河,穿着那云彩织成的绣衣锦裳,来到人间,帮助先帝打扫浊世秕糠,并以诗追逐李白、杜甫,让韩门弟子张籍、皇甫湜望尘莫及;他上书批评佛教,却因此遭到贬黜,流落南海;他路过九嶷山,凭吊舜的二妃娥皇和女英,火神祝融为先驱,北海神惧怕而躲藏;他管束凶狠的蛟龙、鳄鱼,像驱赶顺服的羊群。苏轼极力夸耀韩愈超人的本领,甚至说上天没有他这样的人才,让巫阳下凡请他上天。韩愈离开人间之际,百姓以鸡骨占卜,并献上牦牛、美酒、荔枝、香蕉等祭奠,而成了仙人的韩愈飘然而去。所幸神化的

---

① 欧阳修著,李逸安点校:《欧阳修全集·记旧本韩文后》,北京:中华书局,2001 年版,第 1057 页。

韩愈并没有随着时间飘逝,而是成了一个永恒的影子,长留在后人的心中。

苏轼以这种方式颂扬韩愈,在能者天、不能者人的表达中,暗含了对社会的批判。他晚年被贬儋州时说过:"吾平生遭口语无数,盖生时与韩退之相似"①。这话还出现在《东坡志林》里,随后他又说"吾命宫在斗、牛间,而退之身宫亦在焉",并援引了韩愈《三星行》"我生之辰,月宿直斗""无善名以闻,无恶声以扬"等句,说道:"今谤我者,或云死,或云仙,退之之言良非虚尔。"②《东坡志林》中还有另一种说法:"退之诗云:'我生之辰,月宿直斗。'乃知退之磨蝎为身宫,而仆乃以磨蝎为命,平生多得谤誉,殆是同病也。"③他对韩愈的同情理解至深,这种理解本是基于性格、秉性的共鸣,却在这里说星宿而将之归结为人生命运,反增人的费解。

苏轼洒脱地祭韩愈,尊奉韩愈其人为"百世师",其文为"天下法",产生的深远而广泛的影响,遮蔽了他对韩愈的批评。他对韩愈的赞誉充满崇敬,但还是令人感到他在命运共鸣中,有深沉的人生悲哀。苏辙曾说他:"见善称之,如恐不及;见不善斥之,如恐不尽;见义勇于敢为,而不顾其害。用此数困于世,然终不以为恨。"④苏轼心性与韩愈相通,古文成就也与韩愈相颉颃。而他早年出川,中进士第后,先后给丞相富弼、曾公亮,太尉韩琦等人上书求见。他说:"今天下卓越之行,狡悍之才,举不敢至于明公之门,惧以其不纯而获罪于门下。轼之不肖,窃以为天下未大治,兵之未振,财

① 苏轼著,孔凡礼点校:《苏轼文集·书谤》,北京:中华书局,1986 年版,第 2274 页。
② 苏轼著,刘文忠评注:《东坡志林·退之平生多得谤誉》,北京:中华书局,2007 年版,第 94 页。
③ 苏轼著,刘文忠评注:《东坡志林·退之平生多得谤誉》,北京:中华书局,2007 年版,第 44 页。
④ 苏辙著,陈宏天等校点:《苏辙集·亡兄子瞻端明墓志铭》,北京:中华书局,1990 年版,第 1127 页。

之未丰,天下之有望于明公而未获者,其或由此也欤?"①苏轼这里说得委婉,随之表明自己欲到汴京求斗升之禄,还将自己的策论二十五篇献给富弼,作为求用的资本。他在《上曾丞相书》里说,我自认为是希世之珍,但坐在五达之衢,过者不顾,执裾强观;想到自己的文章言语未至公相之门,故呈上策论十篇。这与韩愈得进士后三上宰相书求用也很相似。韩愈说自己正蹈于穷饿之水火,危殆至极,丞相阁下怎能"有可救之道而终莫之救也,阁下且以为仁人乎哉"②?苏轼不像韩愈那样急迫,态度也较温和,但怀有同样的求用之心。为求用世,耿介直言,故韩愈一生有阳山、潮州两贬;苏轼一生有黄州、惠州、儋州三贬,念及此,让人感慨不已。

最后顺便提及的是,苏轼在给王朝请的第二封信中,专门说到韩文公庙碑的碑制:"卷中者,乃某手书碑样,止令书史录去,请依碑样,止模刻手书。碑首既有大书十字,碑中不用再写题目,及碑中既有太守姓名,碑后更不用写诸官衔位。此古碑制度,不须徇流俗之意也。但一切依此样,仍不用周回及碑首花草栏界之类,只于净石上模字,不着一物为佳也。"③他强调韩文公庙碑的古制,也是尊韩、敬韩之意。苏轼的诗词也受韩愈的影响,他的《减字木兰花》(莺初解语)中"莺初解语。最是一年春好处。微雨如酥。草色遥看近却无"两句,化用韩愈《早春呈水部张十八员外》其一"天街小雨润如酥,草色遥看近却无。最是一年春好处,绝胜烟柳满皇都",可谓一证。

---

① 苏轼著,孔凡礼点校:《苏轼文集·上富丞相书》,北京:中华书局,1986年版,第1377页。

② 韩愈著,屈守元等校注:《韩愈全集校注·后十九日复上书》,成都:四川大学出版社,1996年版,第1249页。

③ 苏轼著,孔凡礼点校:《苏轼文集·与潮守王朝请涤其二》,北京:中华书局,1986年版,第1802—1803页。

十一、苏轼关于欧阳修文章的"四似"说

　　北宋文坛上的欧阳修与苏轼,因古文的成就,人称"欧苏",彼此辉映。欧阳修初识苏轼是宋仁宗嘉祐二年(1057),欧阳修五十一岁,苏轼二十二岁。那一年,欧阳修权知礼部贡举,力排流行的"太学体"古文,欲变文风的怪异为平易。苏轼随父出川应举,以科考文《刑赏忠厚之至论》得欧阳修赏识,欧阳修欲录其为第一,因误以为糊名的试卷是弟子曾巩的,担心遭人猜疑,故置其第二。后知是苏轼,随之又读到苏轼依时俗写给他的感谢信《谢欧阳内翰书》。苏轼在信中说:"窃以天下之事,难于改为。自昔五代之余,文教衰落,风俗靡靡,日以涂地。圣上慨然太息,思有以澄其源,疏其流,明诏天下,晓谕厥旨。于是招来雄俊魁伟、敦厚朴直之士,罢去浮巧轻媚、丛错采绣之文;将以追两汉之余,而渐复三代之故。士大夫不深明天子之心,用意过当,求深者或至于迂,务奇者怪僻而不可读。余风未殄,新弊复作。大者镂之金石,以传久远;小者转相摹写,号称古文。纷纷肆行,莫之或禁。盖唐之古文,自韩愈始。其后学韩而不至者为皇甫湜,学皇甫湜而不至者为孙樵。自樵以降,无足观矣。"[①] 这番话说得酣畅淋漓。五代以来的文教之败、当今天子的好古之心以及士大夫以所谓古文求名于世的现象,让欧阳修大为感慨。他对好友

　① 苏轼著,孔凡礼点校:《苏轼文集·贺欧阳少师致仕启》,北京:中华书局,1986年版,第1423—1424页。

梅尧臣说:"读轼书,不觉汗出,快哉快哉! 老夫当避路,放他出一头地也。"① 从此开启了欧、苏之间十五年的交谊。除此,欧阳修还保举苏轼参加制科考试,说他"学问通博,资识明敏,文采烂然,论议蜂出。其行业精饬,名声甚远"②。当时苏轼丧母,奔丧守孝后新任河南府福昌县主簿,官职卑微,难得有欧阳修这样高的评价。

苏轼一生敬仰欧阳修。中进士后,他在给梅尧臣的信中说自己没有请托欧阳修的左右、无亲旧相帮,闻其名而十多年未见一面,又不为世俗之文而被欧阳修录取,感慨一朝能成知己,于是说:"人不可以苟富贵,亦不可以徒贫贱。有大贤焉而为其徒,则亦足恃矣。"③ 他说这话,有难得的人生满足感。类似的话他对欧阳修也说过:"轼愿长在下风,与宾客之末,使其区区之心,长有所发。"④ 欧阳修是其师,也是其人生的榜样。他晚年想过欧阳修致仕后的闲逸生活,流贬惠州前,曾在《行香子·述怀》词里说:"几时归去,作个闲人。对一张琴,一壶酒,一溪云。"这和欧阳修《六一居士传》描述的退休后读书、弹琴、下棋、饮酒的生活状态与情趣相似。他会怎样评说欧阳修呢? 欧阳修致仕时,他称道欧阳修"事业三朝之望,文章百世之师"⑤,三朝即仁宗、英宗、神宗朝。欧阳修在仁宗朝天圣八年(1030)晏殊知贡举时进士及第,渐入仕途,最后在神宗朝官至参知政事。熙宁四年(1071)他以观文殿学士、太子少师

① 欧阳修著,李逸安点校:《欧阳修全集·与梅圣俞书其三十》,北京:中华书局,2001年版,第2459页。
② 欧阳修著,李逸安点校:《欧阳修全集·举苏轼应制科状》,北京:中华书局,2001年版,第1706页。
③ 苏轼著,孔凡礼点校:《苏轼文集·上梅直讲书》,北京:中华书局,1986年版,第1386页。
④ 苏轼著,孔凡礼点校:《苏轼文集·谢欧阳内翰书》,北京:中华书局,1986年版,第1424页。
⑤ 苏轼著,孔凡礼点校:《苏轼文集·贺欧阳少师致仕启》,北京:中华书局,1986年版,第1346页。

致仕,回避了与王安石新政的尖锐冲突,保全了自己的名节。尽管他曾被贬夷陵、滁州,但随即又得起用,仕途还算顺遂,祖宗三代均获荫封。而其"文章百世之师"说,意谓欧阳修之文自是一家,为后世楷模。当时名臣韩琦在《祭少师欧阳公文》里说:"公之文章,独步当世。"苏洵则说:"执事之文,纡余委备,往复百折,而条达疏畅,无所间断;气尽语极,急言竭论,而容与闲易,无艰难劳苦之态。"[①]他将欧阳修之文与孟子、韩愈之文并称,认为他们的文章均是自为一家之文。这表明欧阳修文风的特异性,是欧阳修文章能够成为百世之师的缘由。还有一个重要的原因是欧阳修自己的读与写,他曾说:"世人患作文字少,又懒读书,每一篇出,即求过人。如此少有至者,疵病不必待人指摘,多作自能见之。"[②]而他自己正是与世人相反,勤学多写。

"文章百世之师"说,后来苏轼在《六一居士集叙》里有所展开,称欧阳修"论大道似韩愈,论事似陆贽,记事似司马迁,诗赋似李白"。如是的"四似"说之后,他还补充了一句,说这不是他一人之言,是天下人共同的看法。《宋史·欧阳修传》援引了苏轼的"四似"说,附加了一句"识者以为知言"[③]。"四似"说的表述风格,与苏轼在《韩文公庙碑》里评说韩愈的"文起八代之衰,而道济天下之溺;忠犯人主之怒,而勇夺三军之帅"相似,不同的是,他从评价欧阳修文章的角度出发,不及说韩的全面。这个问题看似平常,没有得到足够的关注。探索其内涵,有助于深刻认知苏轼的本意和欧阳修在历史上的贡献。

① 苏洵著,曾枣庄等笺注:《嘉祐集笺注·上欧阳内翰第一书》,上海:上海古籍出版社,1993年版,第328—329页。
② 苏轼著,刘文忠评注:《东坡志林》,北京:中华书局,1981年版,第20页。
③ 脱脱等:《宋史》,北京:中华书局,1975年版,第10381页。

（一）"论大道似韩愈"说

欧阳修在《记旧本韩文后》陈述了他和韩愈、韩文之间的关系。他少时在汉东（今湖北随州）同辈儿童李尧辅家，见残本《昌黎先生文集》，读之而爱其深厚雄博，浩然无涯。然当时天下学者好杨亿、刘筠夸荣当世的时文"西昆体"。欧阳修为图功名，一度为科第而学时文；及第后，在洛阳再拾韩文。韩愈赓续古文，盛古文于中唐。晚唐时文复兴而古文衰，延及欧阳修，以韩文为旗帜重振古文。欧文与韩文契合，苏轼文与韩、欧文契合。这得益于其父苏洵的教育。苏洵二十七岁时，苏轼出生，苏洵开始折节读书。他在给欧阳修的第一封信里自言，初读古人之书，习文数百篇，不喜而尽烧之；再取《论语》《孟子》、韩愈及其他圣贤人之文读之，七八年不辍。这时正值苏轼少年时期读书的阶段。苏轼就说："轼七八岁时，始知读书，闻今天下有欧阳公者，其为人如古孟轲、韩愈之徒。"[①]韩愈尚孟，认为在儒学道统中，孟子是孔子之后的重要一环。欧阳修尚韩，终生爱之不渝。苏轼尊之为孟、韩之徒不虚。他还说："轼处貙虪，以学为嬉。童子何知，谓公我师。昼诵其文，夜梦见之。十有五年，乃克见公。"[②]这"十有五年"之后"乃克见公"的一年，指的是嘉祐二年（1057），苏轼在京应科举试，欧阳修为主考官。苏轼得父亲苏洵教诲，又受孟、韩古文的影响。不仅如此，庆历三年（1043），他还未到总角之年，便进入了乡校，乡校先生告诉他："韩、范、富、欧阳，此四人者，人杰也。"韩、范、富、欧阳即北宋

---

① 苏轼著，孔凡礼点校：《苏轼文集·上梅直讲书》，北京：中华书局，1986 年版，第 1386 页。
② 苏轼著，孔凡礼点校：《苏轼文集·祭欧阳文忠公夫人文》，北京：中华书局，1986 年版，第 1956 页。

韩琦、范仲淹、富弼、欧阳修,为当朝名臣。苏轼说:"时虽未尽了,则已私识之矣。"[①] 因此,苏轼在参加科考时,能写出让欧阳修深为惊诧、具有古文风范的《刑赏忠厚之至论》,就不足为怪了。

韩愈在北宋初年受到文坛有力人士的广泛推崇,柳开、石介、欧阳修都很有代表性。除此,还有欧阳修应举时知贡举的晏殊。晏殊晚年有《与富监丞书》,检讨自己少时不知韩、柳,入馆阁习声律,反笑韩、柳迂滞;历二府、罢官之后,始得探究百家之学,方知韩、柳获高名不诬。他还说:"若乃扶道垂教,划除异端,以经常为己任,死而无悔,则韩子一人而已,非独以属词比事为工也。"[②] 韩愈为人称道在于他执守儒学道统和古文复兴,尤其是儒学道统。苏轼的"道济天下之溺"论,为世人公认。他也说韩愈之文起八代之衰。更早还有《谢欧阳内翰书》说的:"盖唐之古文,自韩愈始。其后学韩而不至者为皇甫湜,学皇甫湜而不至者为孙樵。自樵以降,无足观矣。"这甚合欧阳修之心。

欧阳修对韩愈遭遇贬谪后的表现略有讥评。韩愈因《论佛骨表》的愤激言辞触怒唐宪宗,险些掉了脑袋。被贬潮州后,他在谢上表里哀叹哭泣,向宪宗皇帝说自己能以文字颂扬大唐的巍功圣德,乞求还朝。欧阳修被贬夷陵,泰然处之,给友人尹师鲁写信说:"每见前世有名人,当论事时,感激不避诛死,真若知义者;及到贬所,则戚戚怨嗟,有不堪之穷愁形于文字。其心欢戚无异庸人。虽韩文公不免此累。"[③] 他还告诫安道(余靖)不要写这样的文字。在这一点上,韩愈不及欧阳修。欧阳修后来再贬滁州,依然如故,不为遭诬屈服。这与北宋士大夫的忠义之气或说重名节相关。《宋

① 苏轼著,孔凡礼点校:《苏轼文集·范文正公文集叙》,北京:中华书局,1986年版,第311页。
② 曾枣庄等编:《全宋文》,上海/合肥:上海辞书出版社/安徽教育出版社,2006年版,第19册,第222页。
③ 欧阳修著,李逸安点校:《欧阳修全集·与尹师鲁第一书》,北京:中华书局,2001年版,第999页。

史·忠义传》说："真、仁之世，田锡、王禹偁、范仲淹、欧阳修、唐介诸贤，以直言谠论倡于朝，于是中外搢绅知以名节相高，廉耻相尚，尽去五季之陋矣。"[①] 但欧阳修对韩愈推崇备至也是真的，在韩文沉沦弃废于北宋初年时学之，志之所之，无干势利，力所及处，韩文复兴，天下人非韩文不学。

韩愈没有系统的儒学理论，关于儒学道统，他最有影响的文章是《原道》，申明自己所说之道，不是佛、老之道，而是尧、舜传禹、汤，下传至孔、孟之道。换言之："博爱之谓仁，行而宜之之谓义，由是而之焉之谓道。"[②] 儒学仁义道统虽在孟子之后有荀子、扬雄相承，但因其择焉不精、语焉不详遭韩愈诟病，认为这一道统数百年不得其传。韩愈兴古文，以之为工具而兴古道，曾说："愈之为古文，岂独取其句读不类于今者邪？思古人而不得见，学古道则欲兼通其辞。通其辞者，本志乎古道者也。"[③] 因之有文以明道、文以载道说。苏轼说欧阳修"如退之蹈轲丘"[④]，这有三个层级：孟子学孔子，韩愈学孟子，欧阳修学韩愈。如是的承传，方有苏轼道出的："欧阳子，今之韩愈也。"[⑤] 欧阳修在《与张秀才棐第二书》里说："君子之于学也务为道，为道必求知古。知古明道，而后履之以身，施之于事，而又见于文章而发之，以信后世。其道，周公、孔子、孟轲之徒常履而行之者是也；其文章，则六经所载至今而取信者是也。"这明确地表现出他的"道"论与韩愈的"道"论高度一致。

欧阳修有《正统论》上下篇，是从"君子大居正""王者大一

---

① 脱脱等：《宋史·忠义传》，北京：中华书局，1977 年版，第 13149 页。

② 韩愈著，屈守元等校注：《韩愈全集校注·原道》，成都：四川大学出版社，1996 年版，第 2662 页。

③ 韩愈著，屈守元等校注：《韩愈全集校注·题哀辞后》，成都：四川大学出版社，1996 年版，第 1500 页。

④ 苏轼著，孔凡礼点校：《苏轼诗集·送晁美叔发运右司年兄赴阙》，北京：中华书局，1982 年版，第 1896 页。

⑤ 苏轼著，孔凡礼点校：《苏轼文集·六一居士集叙》，北京：中华书局，1986 年版，第 316 页。

统"立论的。所谓"正",在于正天下之不正。他以尧、舜、三代为天下之正,三代天下统一为"统",即他说的:"夫居天下之正,合天下于一,斯正统矣。"① 三代之后,唐之前,未合天下为一是不正;王者之兴必有盛德,然孔子之后,先王之道不明,人人异端,汉以来溺于非圣之学,以致正统断而未属。这番论述与韩愈的道统论不谋而合,道统衰之时也是天下溺于非圣之学时。韩愈复兴道统,根本在于排斥佛、老,以儒道治天下,他没有其后的欧阳修说得直接明快。欧阳修也排佛、老。如他在《本论上》中说:"佛法为中国患千余岁,世之卓然不惑而有力者,莫不欲去之。"② 现实的欲去无果,主要是未得其方,省视历史,礼义兴,佛不入;礼义废,佛即侵。治佛患之本还是兴礼义。兴礼义则王道明,仁义也兴,无夷狄之患。排夷狄早见于孔、孟,后又见于韩愈,欧阳修说:"今佛之法,可谓奸且邪矣……救之,莫若修其本以胜之。"③ 他的理论比韩愈周密,言辞也冷峻得多。与韩愈《论佛骨表》说的"乞以此骨付之有司,投诸水火,永绝根本,断天下之疑,绝后代之惑。使天下之人,知大圣人之所作为,出于寻常万万也。岂不盛哉!岂不快哉"相比,同样果决,但韩愈愤激的言辞表达得更痛快淋漓、铿锵作响。

欧阳修还有《原正统论》,诲人推天下之至公,据天下之大义,为人息疑解惑,明正统之义;《明正统论》,则反复强调"正统"是天下万世至公之器。他还作了《秦论》《魏论》《东晋论》《后魏论》《梁论》,对正统论作解读。同时,他的《正统辨》说统而不正,犹若不统。欧阳修从不同的角度阐述"正统"的含义,表明应有

---

① 欧阳修著,洪本健校笺:《欧阳修诗文校笺·正统论上》,上海:上海古籍出版社,2009年版,第500页。
② 欧阳修著,洪本健校笺:《欧阳修诗文校笺·本论上》,上海:上海古籍出版社,2009年版,第511页。
③ 欧阳修著,洪本健校笺:《欧阳修诗文校笺·本论上》,上海:上海古籍出版社,2009年版,第518页。

对"正统"的追求。而王朝的统序与儒学的统序相应,支撑王朝统序的是儒学之道。另外,韩愈在《答李翊书》里说自己"非三代两汉之书不敢观,非圣人之志不敢存……行之乎仁义之途,游之乎诗书之源,无迷其途,无绝其源,终吾身而已矣"。他的道统观念和古文修养都源于此,读古文而求古道,以之修身,也以之治国,执念所致,不顾生死。欧阳修则告诉祖择之,学者当师经,"意得则心定,心定则道纯"①,然后能充实于中,发文于外,三代两汉之学不外乎此。可见欧阳修的为学途径与韩愈相似,学以求道的逻辑过程十分清晰。他还在《答李诩第二书》里论六经,分说六经之后一言蔽之:"六经之所载,皆人事之切于世者。"他读六经,也在于治世,儒学的道统自在其中。如他在《诗解统序》里说的:"《易》《书》《礼》《乐》《春秋》,道所存也。《诗》关此五者,而明圣人之用焉。"复兴古文亦然,以文载道,道胜则文自至,他就是这样告诉吴充秀才的。

难怪苏轼说:"自汉以来,道术不出于孔氏而乱天下者多矣。晋以老、庄亡,梁以佛亡,莫或正之。五百余年而后得韩愈,学者以愈配孟子,盖庶几焉。愈之后二百有余年而后得欧阳子,其学推韩愈、孟子以达于孔氏,盖礼乐仁义之实,以合于大道。其言简而明,信而通,引物连类,折之于至理,以服人心。故天下翕然师尊之。"②"论大道似韩愈"的欧阳修奉行儒学,所好者在道,追求以礼乐、仁义治天下。所以他"不喜佛、老,其徒有治诗书学仁义之说者,必引而进之"③,但不排斥和佛教徒及亲近者的交往,释惠勤、门生苏轼就是例子。

---

① 欧阳修著,李逸安点校:《欧阳修全集·答祖择之书》,北京:中华书局,2001年版,第1009页。

② 苏轼著,孔凡礼点校:《苏轼文集·六一居士集叙》,北京:中华书局,1986年版,第316页。

③ 苏轼著,孔凡礼点校:《苏轼文集·钱塘勤上人诗集叙》,北京:中华书局,1986年版,第321页。

（二）"论事似陆贽"说

苏轼说欧阳修"论事似陆贽"。陆贽在中唐做过监察御史、翰林学士、同门下平章事，韩愈应举时，他知贡举。陆贽的文章，多是奉命而作的制诏表状，化浅易古文为骈体，终属骈文而非古文。清人孙梅在《四六丛话》言及制敕诏策的四六文时，特别褒扬陆贽及其后的李德裕之文。而陆贽的弟子韩愈在《送孟东野序》里历数陈子昂、苏源明、元结、李白、杜甫、李观，说他们各以所能鸣的诗文而鸣，没有提及以骈文鸣的陆贽。陆贽之文，"议论应对，明练理体，敷陈剖判，下笔如神，当时名流，无不推挹"[1]，在当时和后世的影响都是很大的。

唐德宗建中四年（783），朱泚之乱爆发，陆贽随驾至奉天。次年，改兴元元年（784），德宗欲痛自引过，以挽回民心。陆贽奉命草诏，为德宗代拟了《奉天改元大赦制》。制中说，自己长于深宫，暗于治国，溺于积习，居安忘危，不知稼穑艰难，征戍劳苦，贸然"征师四方，转饷千里。赋车籍马，远近骚然。行斋居送，众庶劳止。或一日屡交锋刃，或连年不解甲胄。祀奠乏主，室家靡依。生死流离，怨气凝结。力役不息，田莱多荒。暴命峻于诛求，疲甿空于杼轴。转死沟壑，离去乡闾。邑里丘墟，人烟断绝。天谴于上，而朕不悟；人怨于下，而朕不知。驯致乱阶，变兴都邑。贼臣乘衅，肆逆滔天。曾莫愧畏，敢行凌逼。万品失序，九庙震惊。上辱于祖宗，下负于黎庶。痛心腼貌，罪实在予。永言愧悼，若坠深谷"[2]。陆贽在拟《奉天改元大赦制》前向德宗进言，希望让他草辞无讳，

---

① 刘昫等：《旧唐书·陆贽传》，北京：中华书局，1975 年版，第 3800 页。
② 陆贽：《拟奉天改元大赦制》，见董诰等编《全唐文》卷四百六十，北京：中华书局，1983 年版，第 4698 页。

德宗果然让他言所欲言,以感人心。当时他们在山南,山东将士闻诏书,"无不感泣,思奋臣节"①。陆贽骈文这样的风格,像陈子昂当年谏武则天的"直切";他代德宗立言,也以"直切"反省重赢军民之心。

陆贽正道直行、方正不阿。人或劝他阿曲应世,他说:"吾上不负天子,下不负吾所学,不恤其他。"②在奉天时,当百官请上尊号,称德宗为"神圣文武皇帝"时,他进言称,上尊号在社会安泰之时尚且会有伤谦和,如今正值丧乱,尤伤事体。皇帝漂泊在外,尚未回宫,祖宗不及祭祀,"此乃人情向背之秋,天意去就之际"③,陛下最宜做的是自我惩励,收揽人心,痛自贬损,以谢神谴,以成就中兴之业。后来,他还写了《重论尊号状》,说皇帝当德合天地,何苦加冗号以增实患? 一次,他巡视军营、出游行殿,发现有人借琼林、大盈二库之名,私受诸道贡珍,于是上《奉天请罢琼林、大盈二库状》,其中说:"夫国家作事,以公共为心者,人必乐而从之;以私奉为心者,人必咈而叛之。故燕昭筑金台,天下称其贤;殷纣作玉杯,百代传其恶。盖为人与为己殊也。周文之囿百里,时患其尚小;齐宣之囿四十里,时病其太大:盖同利与专利异也。为人上者,当辨察兹理,洒濯其心,奉三无私,以壹有众。人或不率,于是用刑。然则宣其利而禁其私,天子所恃以理天下之具也。舍此不务,而壅利行私,欲人无贪,不可得已。"这番话讲了燕昭王、殷纣王、周文王、齐宣王的故事,与有的骈文用典言此意彼是不一样的。他对历史的陈述,重在证明国家做事当无私而出以公心,民从公心,陛下当与民同利。如果图一己之私,欲人不贪是不可能的事。所以他奉

---

① 权德舆:《唐赠兵部尚书宣公陆贽翰苑集序》,见董诰等编《全唐文》卷四百六十六,北京:中华书局,1983 年版,第 5032 页。

② 权德舆:《唐赠兵部尚书宣公陆贽翰苑集序》,见董诰等编《全唐文》卷四百九十三,北京:中华书局,1983 年版,第 5033 页。

③ 陆贽:《奉天论尊号加字状》,见董诰等编《全唐文》卷四百六十九,北京:中华书局,1983 年版,第 4789 页。

劝德宗"器用取给,不在过丰;衣食所安,必以分下",希望他下令将二库的货贿尽赐有功之臣,以后纳贡,必交有司;每获珍奇,先给军赏。这样,"将卒慕陛下必信之赏,人思建功;兆庶悦陛下改过之诚,孰不归德? 如此,则乱必靖,贼必平"①。德宗阅罢,欣然采纳,立马除琼林、大盈二库之名。

陆贽得知德宗将任用户部侍郎、判度支裴延龄为天下理财,写了《论裴延龄奸蠹书》,说君子小人不能并用,君子道长,小人道消;反之,小人道长,君子道消。小人为国,灾害并作。裴延龄就是小人,所言多妄诞,不可令掌财赋。他说:"户部侍郎裴延龄者,其性邪,其行险,其口利,其志凶,其矫妄不疑,其败乱无耻。以聚敛为长策,以诡妄为嘉谋。以掊克敛怨为匪躬,以靖谮服谗为尽节。总典籍之所恶,以为智术;冒圣哲之所戒,以为行能。可谓尧代之共工,鲁邦之少卯。"②这封信叙议相兼,尽数裴延龄诈伪乱邦之罪,旨在说明他是奸蠹之人,直陈陛下重用裴延龄,以"聚敛"为长策,将害民伤国。这一批评与德宗的用心不合。他在贞元末年,还派宦官数百人当使者,在闹市做"白望",只要是宫中所需,即称"宫市",强买豪夺。白居易的《卖炭翁》就再现了这一幕。陆贽批评德宗知其不良而用之。他又说:"延龄险猾售奸,诡谲求媚,遂于左藏之内,分建六库之名,意在别贮赢余,以奉人主私欲。曾不知王者之体,天下为家,国不足则取之于人,人不足乃资之于国,在国为官物,在人为私财,何谓赢余,复须别贮? 是必巧诈以变移官物,暴法以刻敛私财。"③他斥责裴延龄聚财别贮以奉人主之私,并声明如果他所说的有假,可以治他的诬陷之罪。他继而说:"陛下以延龄

---

① 陆贽:《奉天请罢琼林、大盈二库状》,见董诰等编《全唐文》卷四百六十九,北京:中华书局,1983 年版,第 4793 页。

② 陆贽:《论裴延龄奸蠹书》,见董诰等编《全唐文》卷四百六十六,北京:中华书局,1983 年版,第 4761 页。

③ 陆贽:《论裴延龄奸蠹书》,见董诰等编《全唐文》卷四百六十六,北京:中华书局,1983 年版,第 4762 页。

为能,愚臣以延龄为罪,能必有迹,罪必有端。陛下胡不指明其所效之能,以表忠贤,按验其所论之罪,以考虚实,与众同辨,示人不私。"① 他的进言让德宗很不高兴,不为采纳,反待裴延龄更厚。裴延龄谮毁陆贽,贞元十一年(795),陆贽罢知政事,被贬为太子宾客,忠州别驾。

陆贽只活了五十二岁,四十一岁居忠州后再无诏制策谋之文行于世。权德舆在《唐赠兵部尚书宣公陆贽翰苑集序》里感慨,士之遇于世当有才、位、时、命,陆贽有才居位,逢时而不能尽其道,只能归之于命了。他谙熟历史,故常以史为鉴看当今社会,论缘边守备,当治军足食;论体恤百姓,当节赋减税;论逆贼败退之后的当今急务,宜为审察群情,以百姓之心为心。凡此等内署之文,以雄文藻思,议古衡今,诚如苏轼所言,陆贽"论深切于事情,言不离于道德……可谓进苦口之药石,针害身之膏肓"②。人们把他比作西汉贾谊,痛惜他不能得志于始终。其骈文用古文笔法,重质轻文,直言极谏,切于时用,陈策去婉丽而呈质朴,救弊弃柔靡而取刚健,能使志士扼腕,懦夫增气。

陆贽论事是论朝政得失,并不受骈体的影响。而欧阳修论事多用古文,苏轼并没有从文体的角度评说,而是言其风格。苏轼认为欧文核心在于真率直切,由此造就文章的平易与气势。欧阳修的《与高司谏书》《朋党论》就很典型。二者也论朝政。《与高司谏书》批评高若讷身为谏官,不为刚正的范仲淹辩解,反而随众诋之。他说人性懦弱不可勉强,家有老母、身惜官位也是人之常情,但你身为谏官,居然"昂然自得,了无愧畏","足下身为司谏,乃耳目之官,当其骤用时,何不一为天子辨其不贤,反默默无一语;待其

---

① 陆贽:《论裴延龄奸蠹书》,见董诰等编《全唐文》卷四百六十六,北京:中华书局,1983 年版,第 4768 页。

② 苏轼著,孔凡礼点校:《苏轼文集·乞校正陆贽奏议进御札子》,北京:中华书局,1986 年版,第 1012 页。

自败,然后随而非之。若果贤邪?"并说:"昨日安道贬官,师鲁待罪,足下犹能以面目见士大夫,出入朝中称谏官,是足下不复知人间有羞耻事尔。所可惜者,圣朝有事,谏官不言,而使他人言之,书在史册,他日为朝廷羞者,足下也。"① 欧阳修所言激烈,与陆贽批评裴延龄的文风接近,除语言平易、真率直切外,其犀利峻峭也同于陆贽。庆历四年(1044),内侍蓝元震等人上疏批评范仲淹、欧阳修等人结为朋党,为此,欧阳修写了《朋党论》,专论朋党之事。他说朋党自古有之,须辨君子之朋和小人之朋。然小人以同利为朋,见利争先,利尽交疏,故小人无朋;君子之朋,"所守者道义,所行者忠信,所惜者名节。以之修身,则同道而相益;以之事国,则同心而共济,终始如一"。然后引史为证,说明"为人君者,但当退小人之伪朋,用君子之真朋,则天下治矣"②。欧阳修论事激昂谨严,苏轼说欧阳修论事似陆贽,既深知陆贽,又深知欧阳修。这种相似,关键在为人的性情、论事的政治胆略,言所欲言,不畏惩处。他自己曾对李方叔说:"君子之知人,务相勉于道,不务相引于利也。"③ 可见与欧阳修心性相通。

(三)"记事似司马迁"说

欧阳修有一些记文,如《相州昼锦堂记》《岘山亭记》《醉翁亭记》《六一居士传》等,但苏轼说欧阳修"记事似司马迁",当不是

---

① 欧阳修著,洪本健校笺:《欧阳修诗文校笺·与高司谏书》,上海:上海古籍出版社,2009 年版,第 1787—1788 页。
② 欧阳修在《新五代史·唐六臣传赞》说到"朋党",感慨"欲空人之国而去其之君子者,必进朋党之说;欲孤立主之势而蔽其耳目者,必进朋党之说;欲夺国而与人者,必进朋党之说"。
③ 苏轼著,孔凡礼点校:《苏轼文集·与李方叔书》,北京:中华书局,1986 年版,第1420 页。

指这些与司马迁人物纪传不同的记文,而是他编撰的《新五代史》。《新五代史》原名《五代史记》,因与现存的《五代史》(后称《旧五代史》)相区别而更名。欧阳修被贬夷陵时,曾写信和尹师鲁讨论《新五代史》的撰述。他说:"吾等弃于时,聊欲因此粗伸其心,少希后世之名。"①《新五代史》不仅是他在《旧五代史》的基础上重新编撰的这一时期的历史,而且,其中以"呜呼"起首的史臣"序赞"很有识见。如《伶官传序》说盛衰之理也在人事,忧劳可以兴国,逸豫可以亡身。《周臣传赞》以弈喻治国,知其用而置得其处者胜;治国之君当用贤智而远愚不肖,各适其分则身享安乐。《唐六臣传赞》说一言可以丧邦,人主当察朋党说之弊。这些自当别论。除此,欧阳修与宋祁等人合作编撰的《新唐书》成于众人之手,而其中的纪传乃宋祁所作,故置而不论。

司马迁编撰了从传说中的黄帝到汉武帝太初年间三千年的通史《史记》,在史书的编年体、国别体之后,创立了纪传体。南宋以后,又有纪事本末体。诸体不同,但无不以记事为主体。司马迁以"原始察终,见盛观衰"②为编撰原则,遍读前人典籍,广采民间传说,为人物、王朝、诸侯国立传。他记事通常以时为序,并交替使用不同的叙事方法。其人物传记(包括本纪、世家、列传)通过记事手法,交代人物的一生。因此他会用重大事件构成人物传记的基本构架,最典型的如《项羽本纪》的巨鹿之战、鸿门宴、垓下之围;《廉颇蔺相如列传》的完璧归赵、渑池会、将相和。好奇的司马迁又好记一件小事作为人物传记的导引,暗示人物性格的发展或是最终的命运。如《陈涉世家》中陈涉为人佣耕自叹的"燕雀安知鸿鹄之志";《留侯世家》中圯上老人教诲张良,送他《太公兵法》;《李斯列传》中的仓鼠与厕鼠之思等。记事少不了对时序下事情发生、

① 欧阳修著,洪本健校笺:《欧阳修诗文校笺·与尹师鲁第二书》,上海:上海古籍出版社,2009年版,第1796页。
② 司马迁:《史记·太史公自序》,北京:中华书局,1959年版,第3319页。

发展、结局的交代,这是通则;而所记主体则是人物的言行与心态,生动地还原或贴近历史上真实的一幕。如《史记·郦生陆贾列传》记载:

> 沛公至高阳传舍,使人召郦生。郦生至,入谒,沛公方倨床使两女子洗足,而见郦生。郦生入,则长揖不拜,曰:"足下欲助秦攻诸侯乎?且欲率诸侯破秦也?"沛公骂曰:"竖儒!夫天下同苦秦久矣,故诸侯相率而攻秦,何谓助秦攻诸侯乎?"郦生曰:"必聚徒合义兵诛无道秦,不宜倨见长者。"于是沛公辍洗,起摄衣,延郦生上坐,谢之。

沛公刘邦倨床而见郦生,看似一件小事,却被郦生上升到天下大事。他的"长揖不拜",只因刘邦不能礼遇长老、贤达;同时,他指出刘邦的所作所为不是想诛无道之秦,而是助秦反攻诸侯。刘邦初不解,而有"竖儒"之骂。但他惯能"捷悟",郦生一语他就顿时醒悟过来,辍洗、摄衣、延坐、道歉,恭听郦生进言。彼此之间的矛盾看似会加剧,却一下就化解了。又如《项羽本纪》。项羽军壁垓下,为汉军及诸侯兵包围数重,四面楚歌。洒泪别姬之后,他率领八百壮士骑马向南突围,后误陷大湖中,被汉兵追上。于是项羽复引兵而东,麾下只有二十八骑,汉骑追者数千人。项羽回顾平生七十余战,不曾败北,遂霸有天下。他接着说:

> "然今卒困于此,此天之亡我,非战之罪也。今日固决死,愿为诸君快战,必三胜之,为诸君溃围,斩将,刈旗,令诸君知天亡我,非战之罪也。"乃分其骑以为四队,四向。汉军围之数重。项王谓其骑曰:"吾为公取彼一将。"令四面骑驰下,期山东为三处。于是项王大呼驰下,汉军皆披靡,遂斩汉一将。是时,赤泉侯为骑将,追项王,项王瞋目而叱之,赤泉侯人马俱

> 惊,辟易数里,与其骑会为三处。汉军不知项王所在,乃分军
> 为三,复围之。项王乃驰,复斩汉一都尉,杀数十百人,复聚
> 其骑,亡其两骑耳。乃谓其骑曰:"何如?"骑皆伏曰:"如大
> 王言。"

这是项羽最后一战。他以汉兵重重包围中的"快战"彰显自道的
"天之亡我,非战之罪",于是有一连串行为:大呼驰下,汉军披靡;
瞋目叱之,赤泉侯人马俱惊,辟易数里;复斩又杀,汉军伤亡数百,
果然是"必三胜之"。再以项羽反问"何如"及众骑伏言"如大王
言"收束,不说悲壮而悲壮自生。司马迁记事生动明快,项羽强烈
的自尊心态与悲剧命运尽在其言行中。

五代包括梁、唐、晋、汉、周五个朝代,相较于之前的同名朝代,
历史上分别称为后梁、后唐、后晋、后汉、后周。五代之事不同,但
《新五代史》记事都出自欧阳修之手。苏轼说他记事似司马迁,可
以从《新五代史》的人物纪传中得到印证。如《唐太祖家人传·皇
后刘氏》记庄宗爱姬事:

> 庄宗有爱姬,甚有色而生子,后心患之。庄宗燕居宫中,
> 元行钦侍侧,庄宗问曰:"尔新丧妇,其复娶乎? 吾助尔聘。"
> 后指爱姬请曰:"帝怜行钦,何不赐之?"庄宗不得已,阳诺
> 之。后趣行钦拜谢,行钦再拜,起顾爱姬,肩舆已出宫矣。庄
> 宗不乐,称疾不食者累日。

在唐庄宗与刘皇后关于"爱姬"的争执中,刘皇后的心机甚深。她
利用庄宗对大臣元行钦的好感,就水推舟,以除心头之患。庄宗一
时拿不下面子"阳诺",不料刘皇后趁势让元行钦拜谢,让人把庄宗
的爱姬立马抬走,假事弄真,庄宗不快。这段记事和上述司马迁记
刘邦事在小细节的交代上颇为相似,人物形象自然生动。又如《唐

臣传·周德威》记载梁军围晋太原,下令生擒晋将周德威者将被封为刺史。梁军骁将陈章(号陈野义),常骑白马披朱甲以自异,放言要生擒晋将周德威,继而有下面的故事:

> 晋王戒德威曰:"陈野义欲得汝以求刺史,见白马朱甲者,宜善备之!"德威笑曰:"陈章好大言耳,安知刺史非臣作邪?"因戒其部兵曰:"见白马朱甲者,当佯走以避之。"两军皆阵,德威微服杂卒伍中。陈章出挑战,兵始交,德威部下见白马朱甲者,因退走,章果奋矟急追之,德威伺章已过,挥铁锤击之,中章堕马,遂生擒之。

这也是一段战事。与上述项羽事不同的是,它借陈章的张扬表现周德威的沉着,结果是陈败周胜。周的"善备",不是善避,而是令部兵见陈佯走、自己微服隐身,然后攻其不备,欲生擒周德威的陈章,反为周德威生擒。

这样正儿八经记事,事记叙得很清晰,语言干练、人物灵动。再说记事不一定都有矛盾,但通常少不了矛盾,明与暗的斗争,梳理得井井有条,前后照应。司马迁如此,欧阳修也如此。司马迁创立了纪传体通史,欧阳修所作《新五代史》是断代史。他的史笔不弱于司马迁也是显而易见的。《史记》有"滑稽列传",《新五代史》有"伶官传",也写一些优伶故事。如司马迁笔下的淳于髡、优孟、优旃,常巧妙地正话反说,以达讽喻的效果。如楚之乐人优孟谏楚庄王。庄王爱马,马病肥死,欲以大夫礼葬之,令群臣吊丧。左右谏而不能,庄王下令以马谏者,死!这时优孟闻之,入殿门,仰天大哭。王惊而问其故,优孟说:

> "马者王之所爱也,以楚国堂堂之大,何求不得,而以大夫礼葬之,薄,请以人君礼葬之。"王曰:"何如?"对曰:"臣

> 请以雕玉为棺,文梓为椁,楩枫豫章为题凑,发甲卒为穿圹,
> 老弱负土,齐赵陪位于前,韩魏翼卫其后,庙食太牢,奉以万
> 户之邑。诸侯闻之,皆知大王贱人而贵马也。"王曰:"寡人
> 之过一至此乎! 为之奈何?"优孟曰:"请为大王六畜葬之。
> 以垄灶为椁,铜历为棺,赍以姜枣,荐以木兰,祭以粮稻,衣以
> 火光,葬之于人腹肠。"于是王乃使以马属太官,无令天下久
> 闻也。

优孟之哭是讽谏之术,见庄王而大言当以人君之礼葬马,以令诸侯
皆知庄王贱人贵马。一番话使庄王幡然醒悟,依优孟所说,葬马于
人之腹肠。《新五代史·伶官传》有伶人敬新磨的故事:

> (后唐)庄宗好畋猎,猎于中牟,践民田。中牟县令当马
> 切谏,为民请。庄宗怒,叱县令去,将杀之。伶人敬新磨知其
> 不可,乃率诸伶走追县令,擒至马前责之曰:"汝为县令,独不
> 知吾天子好猎邪? 奈何纵民稼穑以供税赋! 何不饥汝县民而
> 空此地,以备吾天子之驰骋? 汝罪当死!"因前请亟行刑,诸
> 伶共唱和之,庄宗大笑,县令乃得免去。

这两个故事相距数百年,司马迁和欧阳修将它们记叙下来,基本的
记叙方法相似,除内容外,唯一不同的是,优孟身在战国,战国的纵
横之风使他的游说风格类似当时的纵横家,重铺陈和气势;敬新磨
则直言其事,正言若反,从容淡定,有北宋古文之风,达到了同样的
劝谏效果。

从上述来看,欧阳修长于历史记事,具有司马迁那样的史才。
后人喜欢以"六一风神"评价他散文的纡徐委婉、平易自然。这种
风格远源在司马迁,近源则在韩愈。而在史识上,欧阳修的自觉表
达和对社会的洞见则在司马迁之上。

（四）"诗赋似李白"说

欧阳修和李白分属两个时代,是性情完全不同的两个人。李白纵放恣肆,受儒、佛、道诸家的影响,怀抱行侠天下之志。他很想入仕,误以为自己卓尔不群的诗才等同于政治才能,被召供奉翰林不到三年就被放还。晚年,他依然积极投身政治,欲上阵杀敌,却又站错了队,被流放夜郎。欧阳修奉儒而斥佛、道,入仕后官至参知政事。当李白近六十岁时,还在寻求机会立功报国;而欧阳修则在六十一岁时连续上书神宗,请求致仕。欧阳修既以诗名世,又以词、文享有盛誉,他的诗名不及李白,也写不出李白《蜀道难》《将进酒》那样的诗来。李白与杜甫是盛唐时代诗坛的双子星座,也是古代诗史上最耀眼的标杆。杜甫有许多诗思念、仰慕李白,其《春日忆李白》道"白也诗无敌,飘然思不群";而李白只有三首写给杜甫的诗,其中的《戏赠杜甫》颇有调侃之意:"饭颗山头逢杜甫,顶戴笠子日卓午。借问别来太瘦生,总为从前作诗苦。"这也可见李白在当时诗坛的地位。至于赋,李白以《大鹏赋》闻名,欧阳修以《秋声赋》闻名,就是这样的两个人,苏轼说欧阳修的"诗赋似李白"。

在欧阳修的时代,杨亿、刘筠、钱惟演等人的"西昆体"骈文和诗歌流行。骈文不论,"西昆体"诗歌效晚唐李商隐等人的诗,追求堆砌故实和华靡辞藻,学人争相仿效,以致风雅一变。欧阳修虽一度为钱惟演的幕僚,但为文不好"西昆体",诗亦不取"西昆体"。他对《诗经》有过深入的研究,自叹不幸生在孔子之后,读有所疑而不得解答;又庆幸诗的本义尽在诗中。他在《诗本义·本末论》中推究诗人之意,称诗之作是"触事感物,文之以言,美者善之,恶者刺之,以发其揄扬怨愤于口,道其哀乐喜怒于心",故诗贴近生活与诗人情感。他明言诗学韩愈,曾说:"退之笔力,无施不可,而尝以诗为文章末事,故其诗曰'多情怀酒伴,余事作诗人'也。然其资谈笑,助谐谑,叙人情,状物态,一寓于诗,而曲尽其妙。此在雄文大手,固不足论,而余独爱其工于用韵也。盖其得韵宽,则波澜横溢,泛入旁韵,乍还乍离,出入回合,殆不可拘以常格,如《此日足可惜》之类是也。得韵窄,则不复傍出,而因难见巧,愈险愈奇,如《病中赠张十八》之类是也。"① 他这里说韩诗工于用韵只是其一,另外韩愈还以文为诗,欧阳修学之,故清人方东树说他的诗用古文章法,以议论开了宋诗的生面。欧阳修的诗学李白而似李白也是真的。欧阳修的诗和李白的诗一样,大致可分为两类,即近体和古体。近体的律绝言志寄情,二人的际遇及创作心态有别,故诗风不类。而他的古体如《病中代书奉寄圣俞二十五兄》,诉说其日常生活,也不似李白的古体。与李白的古体或说古乐府相似的是稍疏离现实生活的诗,他的《太白戏圣俞》就很典型。这诗一题"读李白集效其体"。诗道:

> 开元无事二十年,五兵不用太白闲。太白之精下人间,李白高歌《蜀道难》。蜀道之难难于上青天,李白落笔生云烟。千奇万险不可攀,却视蜀道犹平川。宫娃扶来白已醉,醉里诗成醒不记。忽然乘兴登名山,龙咆虎啸松风寒。山头婆娑弄明月,九域尘土悲人寰。吹笙饮酒紫阳家,紫阳真人驾云车。空山流水空流花,飘然已去凌青霞。下看区区郊与岛,萤飞露湿吟秋草。

诗化用李白的《蜀道难》《梦游天姥吟留别》,也有雄奇而富有想象力的表达,但如是的"似李白诗","似"在语言形式的表象和气势,

---

① 欧阳修:《六一诗话》,见何文焕《历代诗话》上册,北京:中华书局,1981 年版,第272 页。

少了李白诗的神韵和浪漫高度。像李白《蜀道难》以"蜀道之难难于上青天"为主旋律,一波三折,始于此也止于此。《梦游天姥吟留别》讲述的完整游仙故事,在欧阳修诗里碎片化了。

又如他的《庐山高》,全题为"庐山高赠同年刘中允归南康"。这首诗很得同人赞赏,梅圣俞甚至说自己再写诗三十年,也道不出诗中一句。欧阳修也很自得,曾对儿子欧阳棐说:"吾《庐山高》,今人莫能为,惟李太白能之。《明妃曲》后篇,太白不能为,惟杜子美能之。至于前篇,则子美亦不能为,惟我能之也。"① 他的《明妃曲》又题为"和王介甫明妃曲二首"。《庐山高》前段写道:

> 庐山高哉几千仞兮,根盘几百里;截然屹立乎长江。长江西来走其下,是为扬澜左里兮,洪涛巨浪日夕相舂撞。云消风止水镜净,泊舟登岸而远望兮,上摩青苍以晻霭,下压后土之鸿厖。试往造乎其间兮,攀缘石磴窥空谾。千崖万壑响松桧,悬崖巨石飞流淙。水声聒聒乱人耳,六月飞雪洒石矼。

这庐山巍峨,欧阳修直言其高且不说,又以长江的水势、波浪衬托其高,以"泊舟登岸"的"我"的观感彰显其高,有李白《蜀道难》的笔法和气势。这诗是送给刘中允的,他以庐山高暗颂刘的文才、学识、人品之高,又为刘不得其用而鸣不平,故在诗的最后写道:"宠荣声利不可以苟屈兮,自非青云白石有深趣,其气兀硉何由降? 丈夫壮节似君少,嗟我欲说安得巨笔如长杠!"

其实不单是这两首诗,欧阳修的《黄牛峡祠》《忆山示圣俞》《绛守居园池》等诗也是如此。这些诗通常纵放而透着豪气,可与李白的《公无渡河》(黄河西来决昆仑)、《飞龙引》(黄帝铸鼎于荆

① 欧阳修著,洪本健校笺:《欧阳修诗文校笺·庐山高》,上海:上海古籍出版社,2009年版,第143页。

山）、《上云乐》（金天之西）等诗相较。欧阳修曾在评价晚唐诗时，提到了李白的诗风："唐之晚年，诗人无复李、杜豪放之格，然亦务以精意相高。"[①]他把李杜并论，皆冠以"豪放"，然而这个评价可用于李白，难合于以"沉郁"见长的杜甫诗。他学李白的古体诗而类之，但这些"类白诗"少了李白诗如《蜀道难》《将进酒》《日出入行》的圆融。他曾比较李白、杜甫诗的优劣，说杜甫诗的"精强"超过李白；但李白诗的天才纵放，则是杜甫做不到的。这一点也是欧阳修达不到的。

再说一下欧阳修、李白的辞赋。

李白是盛唐诗人中重要的赋家，少好辞赋，曾说"余小时大人令诵《子虚赋》，私心慕之。及长，南游云梦，览七泽之壮观"[②]；还在《赠张相镐二首》其二说"十五观奇书，作赋凌相如"。他为歌颂始建于高宗，经武后而成于中宗的明堂，润色大唐的伟业鸿勋，仿汉赋体式作《明堂赋》，扬国美，赞君圣。如"临辟雍，宴群后，阴阳为庖，造化为宰，餐元气，洒太和，千里鼓舞，百寮赓歌。于斯之时，云油雨霈，恩鸿溶兮泽汪濊，四海归兮八荒会。嗤蚩兮区寓，骈阗乎阙外。群臣醉德，揖让而退"之类词句，确如元人祝尧《古赋辨体》说的"气豪辞艳"，但多为虚浮之词，不及他的《大猎赋》《大鹏赋》等真切。李白有自己的辞赋观，他说："赋者古诗之流。辞欲壮丽，义归博远。不然，何以光赞盛美，感天动神？"[③]这是传统的辞赋观。他肯定辞赋的"壮丽"，而不说扬雄所批评的辞赋"丽淫"，把握了"丽"的尺度。他认为"丽"与"义"一体，方能"光赞盛美，感天动神"，他的《明堂赋》正是如此。李白对司马相如、扬雄为赋"文雄"有批评，说相如的《子虚赋》言楚国

① 欧阳修：《六一诗话》，见何文焕《历代诗话》，北京：中华书局，1981年版，第267页。
② 李白著，瞿蜕园等校注：《李白集校注·秋于敬亭送从侄专游庐山序》，上海：上海古籍出版社，1980年版，第1566页。
③ 李白著，瞿蜕园等校注：《李白集校注·大猎赋序》，上海：上海古籍出版社，1980年版，第61页。

不过千里,齐吞若八九,以致三农及禽兽无息肩之地,不符合诸侯禁淫述职之义;而"吞若八九"实际上表达的是齐比楚大,李白曲解了这一点,又说司马相如的《上林赋》、扬雄的《长杨赋》《羽猎赋》所写苑囿、宫殿"当时以为穷壮极丽,迨今观之,何龌龊之甚也"[①]!这里对西汉的菲薄,也是为大唐唱赞歌。他继而主张王者爱民,亦当爱山林禽兽,不宜借田猎耀武扬威、扫天荡野。因此写《大猎赋》折中其美,以尽讽喻之义,依然回到传统上了。文人作赋,当以"大道匡君,示物周博",不宜只论苑囿大小。李白用心于诗,也对辞赋特别在意。《大鹏赋序》说,他昔日在江陵见到司马承祯,司马承祯说他有仙风道骨,可与之神游八极之表,于是他写了《大鹏赋》以自广。这赋传开后,他又悔己少作,中年弃之。后来,他读了阮宣子(修)的《大鹏赞》,觉得太差,就凭记忆重写《大鹏赋》,仍然用西汉游猎赋的格局,以夸饰君王游猎的声威气势构成赋的主体,卒章显志或说曲终奏雅,以见作者之思。不同的是,汉赋的铺陈体物、物尽其类,在李白的赋中被忽略不计了,只描述君王游猎场面之大,气势之盛,可与《子虚赋》《上林赋》相较。而他的《大鹏赋》取意于庄子《逍遥游》,其中大鹏乘风而上九万里的壮举被他细化了,夸张了,让大鹏的逍遥之乐全然超越了世俗的生活,"以恍惚为巢,以虚无为场",从而进入老、庄的人生境界。

欧阳修没有李白这样的辞赋观,他最初习诗赋,只为科考。今存欧阳修赋中也没有《大猎赋》《大鹏赋》这样气势恢闳的作品。苏轼说欧阳修赋似白赋,也就与这两篇赋靠不上。而欧阳修的律赋是李白所没有的,这样,苏轼之说可以落定的是骚体赋。

---

① 李白著,瞿蜕园等校注:《李白集校注·大猎赋序》,上海:上海古籍出版社,1980年版,第62页。

李白有《拟恨赋》《惜余春赋》《愁阳春赋》《悲清秋赋》等骚体赋，这时的他俨然成为另一个人，古忧今愁笼于一身。他的《拟恨赋》拟庾信的《恨赋》，所悲之人不同，格调与《恨赋》相似。在《恨赋》的最后，庾信说春草秋风往复无尽，而自古以来的死者莫不饮恨吞声；而李白则在《拟恨赋》中说明月白日轮回，而生者莫不委骨同归，赋婉转哀伤，拟作的痕迹甚深。《惜余春赋》说余春将阑，夫君远行，游子思妇，怅恨不已，于是，感叹春去人老，生留春之念却又百般无奈。他的《愁阳春赋》因阳春而愁，状别离之悲，"洒别泪于尺波，寄东流于情亲。若使春光可揽而不灭兮，吾欲赠天涯之佳人"[①]，深情柔婉。这里最值得注意的是《悲清秋赋》：

> 登九疑兮望清川，见三湘之潺湲。水流寒以归海，云横秋而蔽天。余以鸟道计于故乡兮，不知去荆吴之几千。于时西阳半规，映岛欲没。澄湖练明，遥海上月。念佳期之浩荡，渺怀燕而望越。荷花落兮江色秋，风嫋嫋兮夜悠悠。临穷溟以有美，思钓鳌于沧洲。无修竿以一举，抚洪波而增忧。归去来兮人间不可以托些，吾将采药于蓬丘。

这赋篇幅虽短小，但聚秋天、秋水、秋月、秋花、秋风、秋思为一体，有十足的秋韵和秋悲。豪放的李白也有缠绵的时候，他表示要从悲秋中走出来，采药求仙，与人间长别。

欧阳修的骚赋有《病暑赋》《醉翁吟》《述梦赋》等，在运用骚赋"兮"的语言标志时，把散体的语言与韵味掺入，形成骚散结合的新格局。明道二年（1033），夫人胥氏死去，他作《述梦赋》伤悼，感慨死不可以复，饮恨悲歌之余，就只有托梦一见了。可寐少寤

---

① 李白著，瞿蜕园等校注：《李白集校注·愁阳春赋》，上海：上海古籍出版社，1980年版，第23页。

多,梦在哪里呢？欧阳修延续了梅尧臣的文赋风格,迎来辞赋的新时代。他的文赋有《黄杨树子赋》《憎苍蝇赋》《秋声赋》等,是律赋与古文的双重化生。所谓文赋的以文为赋,最关键的是赋的议论说理、形式自由以及辞达所展示的平易畅达。他的《秋声赋》是悲秋之作,与李白的《悲清秋赋》有同样的格调,苏轼所言"欧赋似李白"理应在此。《秋声赋》被认为是宋代文赋或古代文赋的开先之作,清代李调元甚至在《赋话》卷五里将它与苏轼的《前赤壁赋》相提并论,称之为"宋赋之最擅名者"。赋仿汉赋,摒弃了对人物的虚构,转用写实手法,以自己和"童子"形成传统的主客问答。赋说秋状:

> 盖夫秋之为状也,其色惨淡,烟霏云敛;其容清明,天高日晶;其气栗冽,砭人肌骨;其意萧条,山川寂寥。故其为声也,凄凄切切,呼号愤发。丰草绿缛而争茂,佳木葱茏而可悦。草拂之而色变,木遭之而叶脱。其所以摧败零落者,乃其一气之余烈。

秋色、秋容、秋气、秋声、秋叶,他所展示的秋景,大体与李白的《悲清秋赋》相近,只是赋中细腻的描摹不同于李白赋的粗放。赋秋而悲的套路始自战国末年宋玉的《九辩》,文人所为秋赋大多如此,李白赋和欧阳修赋亦然,这决定了欧阳修的《秋声赋》有似李白《悲清秋赋》的地方。欧阳修"诗赋似李白",受李白诗赋的影响是有限的。他在诗词文赋的创作上,兼采众长,方能成就他在北宋文坛多样的诗赋风格。

　　苏轼关于欧阳修的"四似"说,揭示了欧阳修在论道、论事、记事、诗赋四个方面对前人的继承。它不是单纯的文章论,还关乎欧阳修的儒学理念、政治胆略、史学才华和文学风格,对此的探讨有利于从不同角度认知立体的多才欧阳修,也让苏轼的"四似"说变得稍稍清晰一点。苏轼还说过："欧阳文忠公言文章如精金美玉，市有定价，非人所能以口舌定贵贱也。"[①] 这本不错。但评价者的地位与影响，必然会愈发彰显出文章的贵与贱。苏轼对欧阳修文章的评价使其文章更为人所重也是真的。另外，苏轼还有《跋欧阳文忠公小草》一文，称欧阳修小草《秋声赋》《归雁亭诗》当为稀世珍藏。

---

① 苏轼著，孔凡礼点校：《苏轼文集·与谢民师推官书》，北京：中华书局，1986 年版，第 1419 页。

十二、流贬海南的苏轼与庄子哲学

苏轼晚年流贬海南儋州三年,经历了从悲苦到安乐的变化。他最初畏惧海南,以为死地;后来喜欢海南,乐胜故乡,其中有随缘委命、所遇即安的人生理念的作用,而二者离不开他主动接受的庄子思想和情怀的深刻影响。这一点并非始于流贬海南时,但在海南有充分的表现,庄子成为他流贬海南的心灵慰藉者,让他的心灵有所依托。这在一定程度上消解了苏轼在海南的郁闷忧愁,使他在艰难的环境中享有心安的快乐和安逸。因此,对流贬海南时期苏轼对庄子的接受作些探讨,而不单纯着眼于他青睐的陶渊明,有助于对这一时期苏轼的深入认知。

（一）庄得吾心的随缘委命

宋仁宗嘉祐二年(1057)来自四川眉山的苏轼,两次因文章之妙让当年的科考主官、文坛领袖欧阳修惊诧不已。一是苏轼的科考文《刑赏忠厚之至论》,让欧阳修险些录他为第一名,因担心文章出自门生曾巩之手,为免徇私的嫌疑,勉强压为第二;二是苏轼中了进士之后,按世俗惯例,给欧阳修写了封答谢信,欧阳修阅信后,大喜过望,不禁对友人梅尧臣说,读苏轼的信,实在痛快,老夫当避开一条路,让他出人头地。

　　这两篇文章,恰好表明了苏轼的两种思想倾向。前者是为政治的,他主张为政宽仁,在赏与罚的问题上,可赏可不赏者,赏;可罚可不罚的,不罚。他的理念是:"过乎仁,不失为君子;过乎义,则流而入于忍人。"[①] 说明他怀有仁者之心并主张仁政。这与后来面临王安石急剧变法,他上书宋神宗,主张舒缓的"结人心,厚风俗,存纪纲"[②] 相一致。苏轼对王安石变法提出全面批评,也与他的仁政主张相关。后者是为古文的,他的一通话说得铿锵作响:天子想废弃浮巧轻媚、缛丽锦绣之文,以追三代两汉的古文之风,"士大夫不深明天子之心,用意过当,求深者或过于迂,务奇者怪僻而不可读,余风未殄,新弊复作。大者镂之金石,以传久远;小者转相摹写,号称古文。纷纷肆行,莫之或禁"[③]。然后说唐代古文始于韩愈,其后有皇甫湜、孙樵,但散文成就都不及韩愈,再就是"天之所付以收拾先王之遗文,天下之所待以觉悟学者"[④]。欧阳修继承韩愈古文,这古文是载道之文,而道是尧、舜传至孔、孟的儒学之道。韩愈是西汉扬雄之后儒学道统的坚定继承者,欧阳修则是韩愈之后儒学道统的坚定继承者。在这一点上,苏轼步欧阳修之踵武。但苏轼喜欢的不仅是儒学之道,还有庄子之道。

　　苏轼的弟弟苏辙为他写过多篇文章,其中有两篇特别重要。一篇是苏轼遭了"乌台诗案",苏辙心急火燎地写了《为兄轼下狱上书》,为哥哥求情,愿以自任的所有官职赎苏轼之罪,换取苏轼一条活路。二是苏轼嘱托他写的《亡兄子瞻端明墓志铭》,追述苏轼的一生。其中说,他与苏轼少时以父亲苏洵为师,读贾谊、陆贽

① 苏轼著,孔凡礼点校:《苏轼文集·刑赏忠厚之至论》,北京:中华书局,1986 年版,第 33 页。
② 苏轼著,孔凡礼点校:《苏轼文集·上神宗皇帝书》,北京:中华书局,1986 年版,第 729 页。
③ 苏轼著,孔凡礼点校:《苏轼文集·谢欧阳内翰书》,北京:中华书局,1986 年版,第 1423 页。
④ 苏轼著,孔凡礼点校:《苏轼文集·谢欧阳内翰书》,北京:中华书局,1986 年版,第 1424 页。

之书,论古今成败治乱,不为空言。随后哥哥"读《庄子》,喟然叹曰:'吾昔有见于中,口未能言;今见《庄子》得吾心矣。'"苏轼早年不欲仕进,而愿游于山林,逍遥自处,他说出"《庄子》得吾心"的话来,也是性情所之。故好《庄子》而得庄子精神也贯穿了他一生。

苏轼为文,专论过许多人,如诸子中的孔子、孟子、荀子、管子、孙子、韩非子,但他没有写"庄子论"。元丰元年(1078),他为蒙城县令王兢写了《庄子祠堂记》,说庄子和孔子的关系,是"实予而文不予,阳挤而阴助之",即庄子表面上对孔子多有批评,实际上是尊奉孔子,帮助孔子。这代表了宋代好庄者的一种说法,也是苏轼对庄、孔的认知。同时,他在文中提到《庄子》里的《让王》《说剑》《渔父》《盗跖》四篇,说均非庄子本意,不是庄子自著,开了宋以后疑《庄》辨《庄》之风。这种争论一直延续到20世纪,即《庄子》内、外、杂三部分究竟是庄子自著还是其弟子所著。好在苏轼一生没有拘泥于庄子学术,而是让庄子崇尚的自然、可奈何之时与不可奈何之时都顺应命运的人生精神,融入了他的性情,成为他生命与生活的一部分。

苏轼五十九岁被贬惠州,曾给友人程德孺写信说:"老兄罪大责薄,未塞公议,再有此命,兄弟俱窜,家属流离,污辱亲旧。然业已如此,但随缘委命而已。"[①] 这"随缘委命"是庄子的顺应自然。本来,在庄子看来,《养生主》中庖丁解牛的"游刃有余"是顺应自然的最高境界。庄子用解牛时刀刃行于筋骨之间而无碍,屠刀用了十九年仍然像刚在磨刀石上磨过的一样,说明游刃有余是多么让人憧憬。如是的随缘委命、顺应自然,苏轼在惠州游松风亭的经历是很好的说明。那时他住在嘉祐寺,游山时本欲到松风亭中歇息,半道忽感足力疲乏,亭还在山上,一时难以抵达。忽然想到:"此间

---

① 苏轼著,孔凡礼点校:《苏轼文集·与程德孺》,北京:中华书局,1986年版,第1687页。

有什么歇不得处？”顿时，“心若挂钩之鱼，忽得解脱”，甚至说出
“虽两阵相接，鼓声如雷霆，进则死敌，退则死法，当恁么时，也不妨
熟歇”[①] 的话来。于是，心胸豁然开朗。

原本苏轼已安于惠州的生活，所以他这个四川眉州人吟着“日
啖荔枝三百颗，不辞长作岭南人”，高高兴兴地在白鹤峰建了新居，
作终焉之计。不意因在《白鹤新居上梁文》的第一支号子里，以
“尽道先生春睡美，道人轻打五更钟”流露了生活的快意，遭了儋
州之贬。南宋曾季狸的《艇斋诗话》里记载了这支号子后面的故
事：“东坡《海外上梁文口号》云：‘为报先生春睡美，道人轻打五
更钟。’章子厚见之，遂再贬儋耳。以为安稳，故再迁也。”章子厚
即章惇，曾官至参知政事。他与苏轼是同榜进士，紧跟王安石而成
为苏轼最强劲的政治对手。章子厚难以容忍苏轼在惠州的安逸生
活，于是把他再贬到孤悬海外的海南岛，承受人生苦难的折磨。

惠州与海南只隔了琼州海峡，但苏轼最初因不了解海南而心
怀恐惧，觉得此生休矣，在海南最先要做的是准备自己的棺材和坟
墓。登上海南岛之后，他从琼州到儋州，途经儋耳山，感慨自己怀
才不遇，是补天余下的“道旁石”；见海水苍茫，四顾途穷，感慨此生
安归；继而在儋州，向人诉说没有食物、人烟萧条的艰苦环境。他
忍饥论道，还给程儒秀才写信说：“此间食无肉，病无药，居无室，出
无友，冬无炭，夏无寒泉，然亦未易悉数，大率皆无耳。惟有一幸，
无甚瘴也。”[②] 生活艰难如斯，更兼“海外穷独，人事断绝”[③]，日子如
何过得下去？但苏轼随后就心安了，甚至儋州米贵，有绝粮之忧时
也觉得无碍，说我和儿子苏过学“龟息法”，静养辟谷。当初与黎人

---

① 苏轼著，孔凡礼点校：《苏轼文集·记游松风亭》，北京：中华书局，1986 年版，第
 2271 页。
② 苏轼著，孔凡礼点校：《苏轼文集·与程秀才书》，北京：中华书局，1986 年版，第
 1628 页。
③ 苏轼著，孔凡礼点校：《苏轼文集·与程全父书》，北京：中华书局，1986 年版，第
 1628 页。

杂居,哀叹"无复人理"①,后来却是"华夷两樽合,醉笑一欢同"②;离开海南北归之际,又说"我本海南民,寄生西蜀州"③"九死南荒吾不恨,兹游奇绝冠平生"④。这时候的苏轼对海南充满了感情,依依难舍。

苏轼这样的心境变化,原因固然复杂,但不能忽视庄子对他的深刻影响,这也是他心境发生变化的重要原因之一。

(二)化庄意入己思的超然

苏轼居儋经历了短暂的苦闷与忧愁之后,心境逐渐趋于平和。尽管那时海南的庄稼连续几年都收成不好,他和百姓一样饮食艰难;而期待的广州、泉州的商船,这段时间也没来海南,平日常用的药物、想吃的鲊酱也没有,身处困境,但他说"厄穷至此,委命而已。老人与过子相对如两苦行僧尔,然胸中亦超然自得,不改其度"⑤。这"厄穷"之际的"委命",与他在惠州时说的"随缘委命"相吻合,不过随缘或喜或悲,或顺或逆。这时他说的"委命",更倾向于庄子式的无奈之后安于命运,而不是逍遥游的依乎天理,顺应自然。庄子曾说:"自事其心者,哀乐不易施乎前,知其不可奈何而安之若命,德之至也。为人臣子者,固有所不得已。行事之情而忘其身,

① 苏轼著,孔凡礼点校:《苏轼文集·与程全父书》,北京:中华书局,1986年版,第1626页。
② 苏轼著,孔凡礼点校:《苏轼诗集·用过韵冬至与诸生饮酒》,北京:中华书局,1982年版,第2325页。
③ 苏轼著,孔凡礼点校:《苏轼诗集·别海南黎民表》,北京:中华书局,1982年版,第2363页。
④ 苏轼著,孔凡礼点校:《苏轼诗集·六月二十日夜渡海》,北京:中华书局,1982年版,第2367页。
⑤ 苏轼著,孔凡礼点校:《苏轼文集·侄孙元老书》,北京:中华书局,1986年版,第1841页。

何暇至于悦生而恶死。"① 这话说得通透。人生总会有不得已的时候,处事忘身,无生无死;立身修心,无哀无乐,知道没有办法而归于命运,于是心安,超然自得。

苏轼的"超然"在他四十岁做密州太守时有好的表现。当时他修葺密州府内的旧台,请苏辙命名。苏辙用《老子》的"虽有荣观,燕处超然",将这座旧台命名为"超然台"。苏轼心领神会,说苏辙名其台曰"超然","以见余之无所往而不乐者,盖游于物之外也"②。这游于物之外,类似庄子《逍遥游》的游于"无何有之乡"。关于"无何有之乡",成玄英说:"宽旷无人之处,不问何物,悉皆无有。"③ 它的落点是无为而逍遥之乐。苏轼的"游于物之外",只是常说的游于功名之外。而这无所往而不乐,是随缘委命所致。他并非时时能如此,如《密州通判厅题名记》里说:"余性不慎言语,与人无亲疏,辄输写腑脏,有所不尽,如茹物不下,必吐出乃已。"苏轼的心性刚直,这得益于母亲程夫人的教诲。程夫人甚至对他和苏辙说,假如你们以后为正直而死,我是不会悲伤的。难怪苏轼终生以正直行世,这给他带来了两方面的影响,即他在海南时《与刘沔都漕书》中说的:"轼平生以文字言语见知于世,亦以此取疾于人。"见知于世的结果是他名满天下,遭了"乌台诗案",不断有人出面为他求情,终逃死劫;取疾于人的结果,是他为新党中人嫉恨,被一贬再贬,黄州、惠州,直至儋州。尽管如此,他这种性情晚年不改,作《椰子冠》诗,还不忘自我调侃一句,"更着短檐高屋帽,东坡何事不违时"。

苏轼到海南,从琼州到儋州途中,有一首《行琼、儋间,肩舆坐睡。梦中得句云:"千山动鳞甲,万谷酣笙钟。"觉而遇清风急雨,戏作数句》的五古,说是"登高望中原,但见积水空。此生当

---

① 郭庆藩:《庄子集释·人间世》,北京:中华书局,1961年版,第155页。

② 苏轼著,孔凡礼点校:《苏轼文集·超然台记》,北京:中华书局,1986年版,第352页。

③ 郭庆藩:《庄子集释·逍遥游》,北京:中华书局,1961年版,第41页。

安归？四顾真途穷"。他北望中原而思归是自然而然的，但不知
何时可归。转念一想，"茫茫太仓中，一米谁雌雄"。庄子曾在《秋
水》中说，四海在天地之间，像蚁穴在天地间一样；中原在海内，
像小米在大粮仓里一样。苏轼这诗意是从庄子那儿来的。庄子
讲事物的相对性，大者不可自以为大，万川归海，是海之大，但大
海在天地之间，何大之有？苏轼从这里引申出另一个意思，既然
大家都是太仓一米，为官京城与流贬海南，有什么得失可以计
较呢？本来是带着些许伤感的流贬，此时行琼儋间，耳旁"千山
动鳞甲，万谷酣笙钟"，仿佛在蓬莱宫欣赏美妙的音乐，何伤感
之有？

苏轼抵儋州后，回想人生多难，仕途遭回，力行进取；如今年
过花甲，荣辱两空，夫复何求。况且，他心中有庄子，自然平复了心
情。生活没有大的改变，环境是在变的。最初"幽绝无四邻"[①]，犹
若"久逃空谷，日就灰槁而已"[②]；随后，他在新朋友黎子云家垂钓
时，有了"人鱼两忘反"[③]以及"化为黎母民"[④]的心情，可见忧苦退
去而乐意频生。且看苏轼在儋州为小儿苏过写的《题过所画枯木
竹石三首》其二：

> 散木支离得自全，交柯蚴蟉欲相缠。
> 不须更说能鸣雁，要以空中得尽年。

苏轼善画，曾从表兄文与可学画。苏过受父亲影响习画，画了

---

① 苏轼著，孔凡礼点校：《苏轼诗集·和陶杂诗十一首其一》，北京：中华书局，1982 年
版，第 2272 页。
② 苏轼著，孔凡礼点校：《苏轼文集·与张逢书》，北京：中华书局，1986 年版，第 1766 页。
③ 苏轼著，孔凡礼点校：《苏轼诗集·和陶田舍始春怀古二首其一》，北京：中华书局，
1982 年版，第 2281 页。
④ 苏轼著，孔凡礼点校：《苏轼诗集·和陶田舍始春怀古二首其二》，北京：中华书局，
1982 年版，第 2281 页。

枯木竹石,苏轼为他的画题诗三首,这首说的是画中枯树。起句的"散木"用《庄子·人间世》里无用于社会、有用于自我生存的栎社树作比。匠石称这棵树枝可蔽数千牛的大树为"散木",意指其木质疏松,说它"以为舟则沉,以为棺椁则速腐,以为器则速毁,以为门户则液樠,以为柱则蠹。是不材之木也,无所可用,故能若是之寿"①。"支离"用《庄子·人间世》中虚构的人物支离疏——一个两肩高过头顶的严重畸形而无用于社会的人,说枯树的支离。在当时那个战乱频仍的时代,支离疏可以不服兵役、不服劳役而享受社会救济,得尽天年。"鸣雁"用《庄子·山木》中的故事:"夫子出于山,舍于故人之家。故人喜,命竖子杀雁而烹之。竖子请曰:'其一能鸣,其一不能鸣,请奚杀?'主人曰:'杀不能鸣者。'明日,弟子问于庄子曰:'昨日山中之木,以不材得终其天年;今主人之雁,以不材死,先生将何处?'庄子笑曰:'周将处乎材于不材之间。'"苏轼说不要争论雁的是否能鸣与其生死的关系,枯木尽了天年是因为"空中"即没了树心,只要能尽天年就好,管它有用还是无用呢?苏轼在这首诗里借题发挥,想的是散木、支离疏无用也罢,雁能鸣也罢,何须像树枝相互缠绕那样纠结,"要以空中得尽年"。这"空中"亦是"中空",重在内心之无,是庄子所说的"虚"。"虚"则无名、无功、无己,"虚"则不求其用,得尽天年。苏轼身居海南,这番自语很有深意。他北归途中在镇江金山寺自题画像,写下了"心似已灰之木,身如不系之舟。问汝平生功业,黄州惠州儋州"②,在这首二十四字的六言诗里发了很大的牢骚,表明他经历了多年的流贬,对功名已无所挂记。实际上何止是功名呢?他那时对人的生死也看得很淡了。

苏轼在元符元年(1098),也就是他到海南的第二年,写了

① 郭庆藩:《庄子集释·人间世》,北京:中华书局,1961 年版,第 171 页。
② 苏轼著,孔凡礼点校:《苏轼诗集·自题金山画像》,北京:中华书局,1982 年版,第 2641 页。

随笔《记海南风土》。文中说岭南的天气潮湿，以海南为甚，夏秋之交，家里的器物易受潮坏朽。在这种环境下，"人非金石，其何能久"是常理，但他在海南亲见了一些百岁老人，八九十岁的老人更为常见。于是他感慨道："乃知寿夭无定，习而安之，则冰蚕火鼠，皆可以生。吾尝湛然无思，寓此觉于物表，使折胶之寒无所施其冽，流金之暑无所措其毒，百余岁岂足道哉！彼愚老人者，初不知此，特如蚕鼠生于其中，兀然受之而已。一呼之温，一吸之凉，相续无有间断，虽长生可也。庄子曰：'天之穿之，日夜无隙，人则固塞其窦。'岂不然哉。"冰蚕说出自《拾遗记》，冰蚕生于冰雪，吐丝作茧；火鼠说出自《异物志》，火鼠生于西域、南海火洲，山间野火无碍它的生存。苏轼以冰蚕火鼠为喻，说明适应环境即可生存。他早先认为海南潮湿难以长生，现在看来，海南潮湿的环境中，确有长生百岁者。对此，只要能够"习而安之"，折胶之寒、流金之暑又有何妨？他身处其间，也是可以长命百岁的。这"百岁"的理念苏轼早就有，他在黄州时写的《满庭芳》说了"百年里，浑教是醉，三万六千场"。不过，这"百岁"并非强求，他这里引用的庄子之言出自《庄子·外物》，说天的气息日夜充满孔穴，而人则在堵塞这些孔穴；人当顺应自然，如冰蚕火鼠。苏轼说的"习安"则长命百岁，也是要顺应自然的意思。

念及此，苏轼在海南很有生活的信心，不再怀有困死海南的愁思。而这里的"折胶之寒无所施其冽，流金之暑无所措其毒"，脱胎于庄子说神人的"之人也，物莫之伤，大浸稽天而不溺，大旱金石流，土山焦而不热"[1]。两人说的都是顺应自然产生的神奇力量，让人感佩不已。

不仅如此，这年的九月七日，苏轼在儋州城南记述了当年做

---

① 郭庆藩：《庄子集释·逍遥游》，北京：中华书局，1961年版，第30—31页。

杭州太守时,访东晋隐士郭文故地,得知郭文和骠骑将军温峤的对话。温峤问郭文,人都有六亲相娱,你却没有,何乐之有? 郭文说,我逢乱世,欲归无路。温峤问,人们饥则欲食,壮则思妻,你就没有感情吗? 郭文说,情因回忆而生,不回忆就无情。温峤再问:"先生独处穷山,死则为乌鸢所食,奈何?"郭文回答:"埋藏者食于蝼蚁,复何异?"[1]苏轼重述这番对话,很有意味。他贬居海南,既无六亲相娱,又无妻妾相随。而独处穷山或为乌鸢所食,或为蝼蚁所食,源于《庄子·列御寇》。庄子将死,弟子们欲厚葬他。庄子说他死后将以天地为棺椁,以日月为连璧,以星辰为珠玑,以万物为殉葬品。于是弟子说:"吾恐乌鸢之食夫子也。"庄子说:"在上为乌鸢食,在下为蝼蚁食,夺彼与此,何其偏也!"[2]苏轼记述郭文这番话,与庄子所言一脉相承,意思是自己死后无论葬在哪里,都是一样的。这和他在遭受"乌台诗案",有性命之忧时给弟弟苏辙的作别诗中说的"是处青山可埋骨"相近,言外之意是他死后葬在海南也无妨,何须魂归故里? 五天后的九月十二日,他又写了小文《试笔自书》,全文如下:

> 吾始至南海,环视天水无际,凄然伤之,曰:"何时得出此岛耶?"已而思之,天地在积水中,九州在大瀛海中,中国在少海中,有生孰不在岛者? 覆盆水于地,芥浮于水,蚁附于芥,茫然不知所济。少焉水涸,蚁即径去,见其类,出涕曰:"几不复与子相见!"岂知俯仰之间,有方轨八达之路乎? 念此可以一笑。

苏轼在惠州将赴海南时,曾以书写《松醪赋》预测自己是死

---

① 苏轼著,孔凡礼点校:《苏轼文集·书郭文语》,北京:中华书局,1986 年版,第 2079 页。
② 郭庆藩:《庄子集释·列御寇》,北京:中华书局,1961 年版,第 1063 页。

于海南还是生还北归,说如写错一字就是将死海南的征兆,否则
定会生还。结果一字不误,说明必定能生还。这个故事有传说色
彩,他到海南后感慨的"此生当安归? 四顾真途穷"是内心的真实
写照。然而,读《试笔自书》,可以发现苏轼的心境全然不同于当
初惦记北归的他。海南为海水环绕,放眼望去,天水无际,让他伤
怀不知什么时候可以离开这座海岛。何况身为贬官,谪籍在身,
行动并不自由。这时他到海南已一年有余,心情大不同于登岛之
初,想到战国时齐国邹衍说的话:"中国名曰赤县神州。赤县神
州内自有九州,禹之序九州是也,不得为州数。中国外如赤县神
州者九,乃所谓九州也。于是有裨海环之,人民禽兽莫能相通者,
如一区中者,乃为一州。如此者九,乃有大瀛海环其外,天地之际
焉。"[1]邹衍对天地的认识并不清晰,泛言神州之内有九州,中国
之外有九州,以见天下之大。苏轼说神州内的九州是"禹之序九
州",见于《尚书·禹贡》,即冀、兖、青、徐、扬、荆、豫、梁、雍。邹衍
说所有的州都在海水的环绕中,海南也如此,那么生活在海南岛
与生活在内陆不是一样的吗? 何须纠结是否北归呢? 同时,苏轼
用了《庄子·逍遥游》中"覆杯水于坳堂之上,则芥为之舟"的比
喻,说蚂蚁附芥一度没有归路的茫然,不意忽然水干了,眨眼工夫
就有四通八达的道路。原以为是人生绝境的海南,不再是人生绝
境了。

(三)融庄理于"和陶"的安处

东晋陶渊明不同于庄子。庄子是道家学派恣纵旷达的"亚
圣",陶醉于自然素朴、虚静无为;陶渊明也好自然素朴,却是田园

---

[1] 司马迁:《史记·孟子荀卿列传》,北京:中华书局,1959 年版,第 2344 页。

中躬耕且静穆的隐者。庄子把道家学说发展到极致,老子之后说道学,庄子是第一人;陶渊明把田园诗写到极致,为古代田园诗的第一人。苏轼深爱庄子及其学说,也深爱陶渊明及其田园诗。他从惠州到海南,有"二友"相随,就是《陶渊明集》和柳宗元诗文数册。苏轼在海南遍和陶诗,还有《书柳子厚诗》《书柳子厚〈牛赋〉后》等与柳宗元相关的作品,但他好柳宗元还有是点微妙,他更推崇的还是陶渊明。苏轼在赴儋州并即将渡过琼州海峡之前,与苏辙相会于雷州。那时他痔疮复发,疼痛呻吟,苏辙劝他戒酒,以陶渊明为师,独善己身,于是有了苏轼渡海后的第一首诗《和陶止酒》,表示"从此东坡室,不立杜康祀",意思是不再喝酒了。不过,这只是说说而已,并未当真。

苏轼和陶渊明,可以从他流贬黄州说起。元丰五年(1082),苏轼在黄州想到陶渊明的斜川之游,填过一首《江城子》,其中说:"梦中了了醉中醒,只渊明,是前生。走遍人间,依旧却躬耕。"他那时很想在黄州聊度余生,所以说黄州东坡犹若陶渊明游的斜川,他将在这里走完人生后面的道路。他还把陶渊明的《归去来兮辞》檃栝为《哨遍》词,在保持《归去来兮辞》原意的同时,掺入了"我今忘我兼忘世"的庄子思想,因而比陶渊明更显超然无我。后来他在惠州,用颜真卿的笔法书写了《归去来兮辞》,说是"为此长卷,不过暂舒胸中结滞"[①],颇有思归之意。再后来他流贬海南,陶渊明情结更深,又写了《和陶归去来兮辞》,并说:"子瞻谪居昌化,追和渊明归去来辞,盖以无何有之乡为家。虽在海外,未尝不归云尔。"[②] 这"无何有之乡"本于《逍遥游》,意谓无功名利禄而自由自得。而另一个重要意味是他自信终会北归。那时,他思想有点纠

---

① 苏轼著,孔凡礼点校:《苏轼文集·题陶靖节归去来兮辞后》,北京:中华书局,1986年版,第 2551 页。

② 苏轼著,孔凡礼点校:《苏轼诗集·子瞻和陶渊明诗集引》,北京:中华书局,1982年版,第 2560 页。

结,在《和陶归去来兮辞》里反问"归去来兮,吾方南迁安得归?"却又表达"请终老于斯游"的意思,说自己要终老海南,于是他说:

> 均海南与汉北,挈往来而无忧。畸人告予以一言,非八卦与九畴。方饥须粮,已济无舟。忽人牛之皆丧,但乔木与高丘。譬六用之无成,自一根之返流。望故家而求息,曷中道之三休?

这番话里的"汉北"代指中原,就他此时的心境来说,身居海南或汉北,并无二致,断绝与人之间的往来也无忧愁。这话别有深意。苏轼流贬海南,完全不同于流贬黄州。在黄州时,他的足迹遍布周边地区,与他有通信往来的达一百多人。而到了海南,他上岛后的行程仅限于从琼州去儋州,以及北归时从儋州再到琼州渡海,沿途经过了澄迈、临高、昌江。在儋州(今儋州中和镇)居住的三年里,他的活动区域就是古儋州城。他住在城南,偶尔前往城中、城北或城东,与他通信的人寥寥无几。苏门弟子陈师道因思念远在海南的苏轼,写过一首《怀远》诗:"海外三年谪,天南万里行。生前只为累,身后更须名。未有平安报,空怀故旧情。斯人有如此,无复涕纵横。"诗说苏轼流贬海南三年,居然连报平安的信息都没有,让他伤心挂念不已。苏轼在这三年融入海南的生活,和当地的一些黎汉百姓成了朋友,如黎子云兄弟、姜唐佐,但跟外界少有来往,主要是怕自己的言行又会牵累朋友。只是朋友的心没有放下,他的心倒是放下了。

随后,苏轼说的"畸人"即《庄子·人间世》里的支离疏、《庄子·德充符》里的申徒嘉、叔山无趾一类人。他们忘乎生死,顺应自然,身体畸形而能在人世间悠然自得,这些人物所体现的道理,与《易》的八卦、禹的九畴相距甚远。后面又说,他正处在"方饥须粮,已济无舟"的当口,前者说在儋州缺粮的痛苦;后者说已渡过琼州海峡到海南,再无归路。但他用禅宗《牧牛图》里牧牛者与牛都不见了的譬喻,说自性光明,居于海南并无不可,眼前乔木也罢,高山也罢,不妨人生自得。只要人静心息意,六用即眼、耳、鼻、舌、身、意的前五者就不必要了。人应该做的是望故家而求息,为什么要半道迟疑、一再逗留呢?他又说"生有命归有时",顺命即可,无所谓行也无所谓留,随陶渊明而行即是。甚至说:"仙山与佛国,终恐无是处。甚欲随陶翁,移家酒中住。"[①] 苏轼是少饮则醉的酒徒,随陶好酒总归可以,且随陶比求仙念佛要实在得多。

苏轼《和陶归去来兮辞》显然不同于在黄州时檃栝《归去来兮辞》而成的《哨遍》词,二者文体不同,写作方式有异。前者因是檃栝,大体保持了陶渊明辞的原意;后者因是唱和,只要依其韵即可任性发挥。可以说,苏轼的和作是自我心灵的又一次剖白,尽管他以前说过"只渊明,是前生",但在《和陶归去来兮辞》里,他借依附陶渊明走到佛、道的路上去了,最终表达的还是归于命运,一任去留,随命运所之。甚至在以庄子为师时,他也学安期生的求仙之道。不过,在海南最现实,也最可做的是"师渊明之雅放,和百篇之新诗"。

在海南,苏轼反复说到陶渊明。他的《自述》自我反省,说陶渊明不肯为五斗米折腰向乡里小儿,知悔改而毅然归田;而自己入仕三十多年,不知悔改,故陷于人生的大灾难中,现在"欲以桑榆之末景,自托于渊明"。这是他欲自我改变的心声,还有两封信说到陶渊明,尤其值得关注。

一是他给惠州友人程全父的信,其中说:"阁下才气秀发,当为时用久矣。遐荒安可淹驻?想益辅以学以昌其诗乎!仆焚笔砚已

---

① 苏轼著,孔凡礼点校:《苏轼诗集·和陶神释》,北京:中华书局,1982 年版,第 2307 页。

五年,尚寄味此学。随行有《陶渊明集》,陶写伊郁,正赖此尔。"① 程全父以学昌诗,反映了北宋诗坛崇尚以学问为诗的风气。那时苏门弟子黄庭坚力主"点铁成金""夺胎换骨",影响深远。苏轼说自己在海南,想借陶渊明诗抒写忧烦,他唱和陶渊明诗的基本动因也在于此。那时,他还没走出流贬海南的苦闷,和陶诗也就成了他在海南的生活方式之一。

二是他给在雷州的苏辙的信,其中说:"古之诗人有拟古之作矣,未有追和古人者也。追和古人则始于东坡。吾于诗人,无所甚好,独好渊明之诗。渊明作诗不多,然其诗质而实绮,癯而实腴。自曹、刘、鲍、谢、李、杜诸人,皆莫及也。吾前后和其诗,凡一百有九篇,至其得意,自谓不甚愧渊明。今将集而并录之,以遗后之君子。其为我志之! 然吾于渊明,岂独好其诗也哉? 如其为人,实有感焉。渊明临终,疏告俨等:'吾少而穷苦,每以家弊,东西游走。性刚才拙,与物多忤,自量为己,必贻俗患,俯仰辞世,使汝等幼而饥寒。'渊明此语,盖实录也。吾真有此病而不早自知,平生出仕以犯世患,此所以深愧渊明,欲以晚节师范其万一也。"② 苏轼说自古以来就有拟古诗,这话不错,如西晋陆机有《拟古诗十九首》、南朝宋代鲍照有《拟行路难》等。他没有走拟古的路,而是"追和古人",这倒是前人没有做过的事。他好陶渊明的诗,还说曹植、刘桢、鲍照、谢灵运、李白、杜甫这些诗人的诗,不及陶诗"质而实绮,癯而实腴"。这当然只是仁智之见。他喜欢陶诗的境与意会,以及其率性自然、韵味隽永的风格。还有他与陶渊明都好酒、好书、好琴,好诗,又都"性刚才拙,与物多忤"。苏轼感慨、深愧的是,陶渊明自知"性刚才拙,与物多忤"而自行辞官,远离世俗,归隐田园;而他因不合时宜,深陷世俗之争,遭一贬再贬,还被贬到了天涯海

---

① 苏轼著,孔凡礼点校:《苏轼文集·与程全父书其十》,北京:中华书局,1986 年版,第 1626 页。
② 苏轼著,孔凡礼点校:《苏轼文集·与子由》,北京:中华书局,1986 年版,第 2515 页。

角。这时再说要以陶渊明为师,过自己的生活。

苏轼和陶诗始于扬州,当时他和了陶渊明的《饮酒二十首》;后来在惠州再和陶诗,有《和归园田居六首》《和陶时运四首》等;到海南后再掀高潮,以完成他遍和陶诗的意愿。这一时期他的和陶诗有《和陶还旧居》《和陶连夜独饮二首并引》《和陶示周掾祖谢》《和陶劝农六首并引》《和陶拟古九首》《和陶杂诗十一首》等,诗韵出于陶,叙事及情意则出于己,借和陶诗写所见、所感、所思,也算是"屡从渊明游"①,并以此构成他儋州生活的重要内容。接着他说自己是"借君无弦琴,寓我非指弹","无弦琴"指陶渊明的"无弦琴",而"非指弹"正是穿越时空的心灵碰撞。

他在《和陶劝农六首》的引言中说:"海南多荒田,俗以贸香为业。所产粳稴,不足于食,乃以薯芋杂米作粥糜以取饱。予既哀之,乃和陶渊明《劝农》诗以告其有知者。"在这组诗里,他说黎汉都是大宋的臣民,应勤于耕种,不要游手好闲,追求年成丰收后的"一醉醇美"、百姓同乐的生活;又感于重九雨甚,辗转难寐,写了《和陶九日闲居》,说是"闲居知令节,乐事满余龄",闲居之乐是这样充满快意;又有《和陶拟古九首》其二道,"酒尽君可起,我歌已三终。由来竹林人,不数涛与戎……昔我未尝达,今者亦安穷。穷达不到处,我在阿堵中",他提到"竹林七贤"的山涛、王戎,暗示自己也是竹林中人,人生或穷或达,他居海南,尽享无穷也无达的安逸。殊不知"竹林七贤"性好《庄子》,饱受庄子的影响。而《和陶怨诗示庞邓》里说的"当欢有余乐,在戚亦颓然。渊明得此理,安处故有年","安处"是安于欢戚的自然,"此理"本是庄子之理。庄子有"吾生于陵而安于陵,故也;长于水而安于水,性也"②说,意在随遇而安,也是"安处"的真谛。

---

① 苏轼著,孔凡礼点校:《苏轼诗集·东方有一士》,北京:中华书局,1982年版,第2266—2267页。
② 郭庆藩:《庄子集释·达生》,北京:中华书局,1961年版,第658页。

苏轼在这些诗里,像陶渊明一样乐于写自己的生活与情怀,无形中融入了庄子思想,显得更加洒脱自得。又如"斜日照孤隙,始知空有尘。微风动众窍,谁信我忘身"①,其中的"风动众窍",语意出自《庄子·大宗师》中的风出树窍而有天籁之声;而"忘身"则出自《庄子·山木》中的"守形而忘身",是无己的至人境界。还有《和陶田舍始春怀古》的"城东两黎子,室迩人自远。呼我钓其池,人鱼两忘反",这人鱼两相忘也出自《庄子》。庄子曾假托孔子之口说过:"鱼相造乎水,人相造乎道……鱼相忘乎江湖,人相忘乎道术。"②苏轼将与黎子云兄弟的友善形容为人鱼两忘,以见快乐之甚。苏轼的和陶诗就是这样与庄子的人生理念联系在一起。

苏轼在《和陶和刘柴桑》里说:"一饱便终日,高眠忘百须。自笑四壁空,无妻老相如。""相如"是西汉司马相如,曾携妻卓文君卖酒成都,家徒四壁。而此时,苏轼的两任妻子早已先后故去,侍妾王朝云也死在惠州,家徒四壁,忍饥高眠度日。这些诗的情调,确如苏辙所说的"精深华妙,不见老人衰惫之气"③。苏轼年过六旬,年岁已高,胸怀与精神未老,清代王文诰说"公之贬,全以乐立意"④是有道理的。其根本在于苏轼在流贬中善于自我宽解,认识到放下愁苦即有人生快乐,所以他吟出"人间无正味,美好出艰难"⑤是那样坦然。

陶渊明让苏轼的生活和思想都有所寄托。我曾在拙著《中古诗人群体及其诗风演化》中说,苏轼和陶诗步陶诗之韵,没有刻意

---

① 苏轼著,孔凡礼点校:《苏轼诗集·和陶杂诗十一首其一》,北京:中华书局,1982 年版,第 2272 页。
② 郭庆藩:《庄子集释·大宗师》,北京:中华书局,1961 年版,第 272 页。
③ 苏辙著,陈宏天等校点:《苏辙集·追和陶渊明诗引》,北京:中华书局,1990 年版,第 1110 页。
④ 苏轼著,王文诰编注:《苏文忠公诗编注集成总案·苏海识余卷一》,成都:巴蜀书社,1985 年版,第 15 页。
⑤ 苏轼著,孔凡礼点校:《苏轼诗集·和陶西田获早稻》,北京:中华书局,1982 年版,第 2315 页。

追寻陶诗的境界。陶渊明是真淳率直、适性平淡的歌者,苏轼也有类似的性情和生活态度,但两人处在不同的环境中。陶渊明自我退让,无碍于人;苏轼则往往因直言己见对人多有冒犯。而苏轼历经坎坷的旷达和才学均在陶渊明之上。他入仕途就深陷其中,不像陶渊明辞官独居田园,疏离诗坛,做一个另类的诗人,而是自置于诗坛的风口浪尖,岿然自守。

这里无意对苏轼和陶渊明的诗歌风格作比较。无论两人的诗歌风格有怎样的差异,都无从改变苏轼"和陶诗"对陶渊明的依附,而这一依附在思想上又有庄子的深刻影响。同时,庄子的避祸全身、逍遥自得是一种生存状态,陶渊明的"晨兴理荒秽,带月荷锄归"[1]"忽与一觞酒,日夕欢相持"[2]"采菊东篱下,悠然见南山"[3],也是一种生存状态。况且陶渊明在诗里说过:"千载非所知,聊以永今朝"[4]"今我不为乐,知有来岁不"[5]"盛年不重来,一日难再晨"[6],这些都表明他和庄子一样活在当下。苏轼亦然,只是他的快乐受制于流贬的随缘委命和自我内心的调适,不像庄子无拘无束,也不像陶渊明待在准桃花源中,他常说的快乐和庄子、陶渊明的快乐还是有点不同。

陶渊明也是深受庄子影响的人。他在诗文里吟咏的"纵浪大化中,不喜亦不惧。应尽便须尽,无复独多虑"[7]"聊乘化以归尽,乐

[1] 陶渊明著,逯钦立校注:《陶渊明集·归园田居其三》,北京:中华书局,1979 年版,第 42 页。
[2] 陶渊明著,逯钦立校注:《陶渊明集·饮酒二十首其一》,北京:中华书局,1979 年版,第 87 页。
[3] 陶渊明著,逯钦立校注:《陶渊明集·饮酒二十首其五》,北京:中华书局,1979 年版,第 89 页。
[4] 陶渊明著,逯钦立校注:《陶渊明集·己酉岁九月九日》,北京:中华书局,1979 年版,第 83 页。
[5] 陶渊明著,逯钦立校注:《陶渊明集·酬刘柴桑》,北京:中华书局,1979 年版,第 59 页。
[6] 陶渊明著,逯钦立校注:《陶渊明集·杂诗十二首其一》,北京:中华书局,1979 年版,第 115 页。
[7] 陶渊明著,逯钦立校注:《陶渊明集·神释》,北京:中华书局,1979 年版,第 37 页。

夫天命复奚疑"①,都演化自庄子顺应自然的思想。陶渊明的田园精神,因为有庄子精神的滋润,才有了充沛的生命力;而融庄理入"和陶",同样让苏轼的心趋于平和。但陶渊明的田园诗毕竟是田园诗,他多说田园之乐(包括饮酒之乐)而极少用庄理来表明自己的人生追求和趣味,也少有苏轼"和陶"里的学问,二者大有不同是很自然的。

　　"横看成岭侧成峰,远近高低各不同",这里仅说流贬海南时的苏轼与庄子哲学的关系。苏轼在海南遍和陶渊明的诗,并有和陶集传世,陶渊明对他的影响也是相当深刻的。除此,苏轼还受到道教、佛教的影响,还深受儋州百姓的关爱,尤其是这份关爱,让他完全与儋州百姓相融为一,并在其中享受着生活的快乐,于是才会说"我本海南民,寄生西蜀州"②。不过,这些只是流贬海南的苏轼的一面,他把这一面放在生活态度及世俗岁月中,另一面则在他书本的世界里。他以史观今,评价历史人物的功过,论说治理天下的成败得失。如他说:"为天下如养生,忧国备乱如服药。养生者,不过慎起居饮食、节声色而已。节慎在未病之前,而服药在已病之后。"③他对历史与现实的深沉之思,与随缘委命的庄子式生活态度截然不同,这也是需要注意的。

①　陶渊明著,逯钦立校注:《陶渊明集·归去来兮辞》,北京:中华书局,1979 年版,第162 页。
②　苏轼著,孔凡礼点校:《苏轼诗集·别海南黎民表》,北京:中华书局,1982 年版,第2363 页。
③　苏轼著,孔凡礼点校:《苏轼文集·论管仲》,北京:中华书局,1986 年版,第148 页。

十三、苏轼流贬海南儋州的
"和陶诗"论

苏轼对陶渊明及其诗歌的钟情,在他的《和陶归去来兮辞》《归去来集字》里有集中的体现,蕴含了陶渊明式的人生淡泊与静穆;他在儋州的"和陶诗"所叙儋州之事,所抒一己之情,表现出他是一个随遇而安的阅世者,在对社会的关注中享受着儋州生活的平和。这些"和陶诗"具有平淡自然的"陶味",但其寓情于史及以学问为诗等特征,是不同于陶诗的"苏味"。

流贬海南对苏轼来说是很意外的事。他五十九岁被贬惠州,满以为这里就是自己人生的最后一站,因此在白鹤峰建了新居,让儿孙来此团聚。但诏书急下,改任琼州别驾,移居海南昌化军即今儋州中和镇(古儋州)。宋哲宗绍圣四年(1097)六月十一日,他渡过琼州海峡,经琼州府城、澄迈、临高,七月二日到达儋州。元符三年(1100)六月二十日,他再次渡过琼州海峡,奉诏北归。他在海南生活了三年,这三年给他留下了深刻的人生记忆。他曾把儋州之贬和早年贬黄州、后来贬惠州相提并论,在北归途中走到江苏镇江金山寺时写的《自题金山画像》里说:"心似已灰之木,身如不系之舟。问汝平生功业,黄州惠州儋州。"这是他的愤激之词。无论是被贬黄州任团练副使,还是被贬惠州任建昌军司马,抑或到儋州任琼州别驾,均是无实权的闲职,在政坛上无所作为。这三个时期彪炳他人生功业的不是政绩,而是让他名垂千古的诗文创作。

苏轼流贬海南,最后遇赦北归,死在江苏常州。常州是他希望中的晚年栖身之地。他到海南之初,心怀死志,自认为当先做棺后做墓;没想到三年后的人生感慨居然是"我本海南民,寄生西蜀州""九死南荒吾不恨,兹游奇绝冠平生"。审视苏轼海南的生活,虽然名义上他是琼州别驾,实际上这个职位只是朝廷束缚他的枷锁。他无心挣脱,顺适求安,平和宁静地生活;在当地交朋结友,很少和内地的旧友联系;喝酒、读书、写作,并在随笔《诲葛延之作文法》里,就文章写作方法发表过很好的意见,还了得让他一生自认为不曾虚度的"经学三书"。而其海南诗歌创作有三类,即和陶诗,与弟弟苏辙的唱和诗,因物、因事、因人的感兴之作。三者虽然可以分开,但实质上都表现了他在海南的生活情状和思想流动。本文只讨论苏轼在海南的"和陶诗",其他诗歌姑且日后再说。

(一)"归去来兮"式的淡泊与静穆

苏轼在海南给朋友程全父写信,说自己"流转海外,如逃空谷,既无与晤语者,又书籍举无有,惟陶渊明一集,柳子厚诗文数策,常置左右,目为二友。今又辱来贶,清深温丽,与陶、柳真为三友矣"[①]。这里的"如逃空谷"语出《庄子·徐无鬼》的"夫逃虚空者……闻人足音跫然而喜矣",以见其孤独寂寞。当时苏轼刚到儋州不久,人地生疏,所以他说自己既没有可以交谈者,也没有书籍可读,唯有随身带的"陶渊明一集,柳子厚诗文数策",他把这二者称为"二友";再加上程全父"清深温丽"的信,苏轼戏称为"三友"。

---

① 苏轼著,孔凡礼点校:《苏轼文集·与程全父书》,北京:中华书局,1986年版,第1627页。

暂且不说苏轼的"和陶诗",说一下他在儋州写的《和陶归去来兮辞》。这篇和辞的"小引"道:"子瞻谪居昌化,追和渊明《归去来辞》,盖以无何有之乡为家,虽在海外,未尝不归云尔。"这句话中所描述的境遇很沉重,和陶渊明当时的情形大为不同。陶渊明四十一岁任彭泽县令,本想借此维持家庭生计,满足自己对酒的嗜好,只是他生性爱好自然,受不得做官的约束,不能为五斗米折腰,侍奉那些浅薄卑劣的上级官吏,于是写下《归去来兮辞》,挂印辞职还乡。《归去来兮辞》是陶渊明的自新书,以辞职否定了昨非,肯定了今是,完成了对自我的批判和救赎,叙说了回家后"引壶觞以自酌,眄庭柯以怡颜"的新生活状态。他也说到人生短暂,富贵不是理想,成仙又不可能,不妨"乐夫天命""委心任去留"。陶渊明没有说自己生活在"无何有之乡",苏轼却在"小引"里说自己"以无何有之乡为家"。这"无何有之乡"出自庄子的《逍遥游》。名家学派的惠施对庄子说,他有大树但"大而无用",借此讽刺庄子的学说"大而无用"。庄子说惠施不善用大,"今子有大树,患其无用,何不树之于无何有之乡,广莫之野,彷徨乎无为其侧,逍遥乎寝卧其下。不夭斤斧,物无害者,无所可用,安所困苦哉!"庄子视无害而逍遥的生活为最高的人生境界,"无何有之乡"超然世外,是一种象征。苏轼以此暗示,自己身处海南的艰难境地不妨他内心超然。他在按照惯例撰写的《到昌化军谢表》里向宋哲宗诉说:"臣孤老无托,瘴疠交攻。子孙恸哭于江边,已为死别;魑魅逢迎于海上,宁许生还。"这时候似乎除了死亡,他真的是"无何有"了。

苏轼《和陶归去来兮辞》用其体制和原韵,形式的雷同是唱和体本身决定的,但二人实际的情形和表达的思想有很大的不同。陶渊明写了《归去来兮辞》之后,真的辞官还乡,他畅想的田园生活变得很实在。如他写道:

乃瞻衡宇，载欣载奔。僮仆欢迎，稚子候门。三径就荒，松菊犹存。携幼入室，有酒盈樽。引壶觞以自酌，眄庭柯以怡颜。倚南窗以寄傲，审容膝之易安。园日涉以成趣，门虽设而常关。策扶老以流憩，时矫首而遐观。云无心以出岫，鸟倦飞而知还。景翳翳以将入，抚孤松而盘桓。归去来兮，请息交以绝游。世与我而相违，复驾言兮焉求？悦亲戚之情话，乐琴书以消忧。农人告余以春及，将有事于西畴。或命巾车，或棹孤舟。既窈窕以寻壑，亦崎岖而经丘。木欣欣以向荣，泉涓涓而始流。

苏轼谪居儋州，心系故园却不知何时可以北归。当陶渊明发问"归去来兮，田园将芜胡不归"时，苏轼说的是"归去来兮，吾方南迁安得归。卧江海之颓洞，吊鼓角之凄悲。迹泥蟠而愈深，时电往而莫追。怀西南之归路，梦良是而觉非"。所谓"吾方南迁安得归"，一个"安"字，隐含了对家乡的怅望和身陷儋州的无奈。苏轼被迫身赴海南之初，与"久在樊笼里，复得返自然"的陶渊明心境大不相同。六十二岁的苏轼怀乡、自省，但没有陶渊明解脱之后的轻松愉悦。陶渊明说"悟已往之不谏，知来者之可追。实迷途其未远，觉今是而昨非"，知道迷路了赶紧回来，昨天错了今天改正就是。洒脱的苏轼有些郁闷，说不出陶渊明这样爽快的话，而是喃喃自语：

我归甚易，匪驰匪奔。俯仰还家，下车阖门。藩垣虽缺，堂室故存。把吾天醴，注之洼樽。饮月露以洗心，餐朝霞而眩颜。混客主而为一，俾妇姑之相安。知盗窃之何有，乃掊门而折关。廓圆镜以外照，纳万象而中观。治废井以晨汲，滃百泉之夜还。守静极以自作，时爵跃而鲵桓。归去来兮，请终老于斯游。我先人之敝庐，复舍此而焉求？均海南与汉北，挈往来而无忧。畸人告余以一言,非八卦与九畴。方饥须粮,已济无舟。忽人牛之皆丧,但乔木与高丘。惊六用之无成,自一根之返流。

当陶渊明在《归去来兮辞》诉说回家的温馨时,家就在他的眼前:"乃瞻衡宇,载欣载奔。僮仆欢迎,稚子候门。"陶渊明的欢欣与家人的欢欣在会面的一刹那融合在一起了。而苏轼的回乡,只在俯仰之间,其实是虚幻的想象,或者说做了还乡的梦,使他在一刹那有回到家乡的感觉。他的家"藩垣虽缺,堂室故存",破碎,但仍然是家。陶渊明说"有酒盈樽",自饮为快。苏轼呢?他只能"饮月露以洗心,餐朝霞而眩颜",在月露、朝霞中陶冶自己的心性,把孤寂的日子演化为积极的"守静极以自作"。这一说法本于老子,老子讲"道",视清静为天地的真正精神,告诫人们以清静自我完善。苏轼表示将遵循老子所说的去做,在清静中获得新的人生快乐,如雀飞鱼跃,一任自然,比陶渊明有更积极的人生态度。

当陶渊明表示息交绝游,以求自由自然的人生时,苏轼回到现实,要"终老于斯游。我先人之敝庐,复舍此而焉求?均海南与汉北,挈往来而无忧"。这时,他重拾豁达的人生态度,淡化了悲伤和痛苦,心胸和视野也更为开阔。人生如飞鸿,为什么要舍弃儋州新居而回到祖辈的老屋?海南和汉北,何处不是家乡?这让人想起他儋州札记《试笔自书》所说的:"吾始至海南,环视天水之际,凄然伤之,曰:'何时得出此岛耶?'已而思之,天地在积水中,九州在大瀛海中,中国在少海中,有生孰不在岛者?"没有人不是生活在岛上,海南和汉北有什么区别呢?苏轼这里用《庄子·大宗师》"畸人"生于自然的故事,说人生无一不是自然所致。人的生命终归虚无,生活中如果"六用"即"六根"——眼、耳、鼻、舌、身、意无成,则求"一根"即心识的回复,保持内心的宁静,不再追寻欲望。

他还说："已矣乎,吾生有命归有时,我初无行亦无留。驾言随子听所之,岂以师南华而废从安期。"这样的表述本质上是陶渊明"寓形宇内复几时,曷不委心任去留"思想的演化,但二者毕竟有所不同。陶渊明说人的寿命有限,所以人生尽可以随意而行;苏轼则说人生有命,命中注定他是会回到家乡的,而现在无所谓返乡,也无所谓滞留儋州。随它去吧,想师从南华真人庄子就师从,不必放弃跟随仙人安期生。苏轼在想象中把自己置于自由的境地,不再扭曲心性去适应外部的世界,还表示他将"师渊明之雅放,和百篇之新诗"。

苏轼《和陶归去来兮辞》祖露了自己居儋的内心世界。他在痛苦中的自我救赎,借助了陶渊明自由自然的精神,从而实现了新的人生超越,使身陷的苦难不再是苦难。这大概是他"师渊明之雅放"的关键所在。需要提到的是,苏轼曾用陶渊明《归去来兮辞》的字词和文意,成诗十首,诗序说"予喜读渊明《归去来辞》,因集其字为十诗,令儿曹诵之,号《归去来集字》云";在黄州时,他将陶渊明的《归去来兮辞》檃栝成词《哨遍》(为米折腰),词序说"陶渊明赋《归去来》,有其词而无其声。余治东坡,筑雪堂于上,人俱笑其陋;独鄱阳董毅夫过而悦之,有卜邻之意。乃取《归去来词》,稍加檃栝,使就音律,以遗毅夫。使家僮歌之,相从于东坡,释耒而和之,扣牛角而为之节,不亦乐乎";他还用《归去来兮辞》的原韵题写了书法长卷,题词说:"予久有陶彭泽赋《归去来辞》之愿而未能。兹复有岭南之命,料此生难遂素志。舟中无事,倚原韵用鲁公书法,为此长卷,不过暂舒胸中结滞,敢云与古人并驾寰区也耶?"[1]这三者与他《和陶归去来兮辞》相应,耐人寻味。另外,他和了《归去来兮辞》之后,还要苏辙唱和,足见苏轼与陶的意气相

---

[1] 苏轼著,孔凡礼点校:《苏轼文集·题陶靖节归去来辞后》,北京:中华书局,1986 年版,第 2551 页。

许。苏辙有《和子瞻归去来兮辞》。只是苏轼要他唱和时,他正从海康迁龙川,无暇顾及;后来在颍昌,他翻阅旧稿,重读了苏轼的《和陶归去来兮辞》,"乃泣而和之",这时苏轼已经死去多年了。苏辙一生有和陶诗七题四十四首,均是"次韵子瞻"之作,如《次韵子瞻和渊明饮酒二十首》。

苏轼深受庄子思想影响。他的《哨遍》(为米折腰)以庄子式的"我今忘我兼忘世"超越了陶渊明思想,但他这首词是"檃栝"之作,即浓缩陶渊明《归去来兮辞》之意的创作。如词的上阕写道:"为米折腰,因酒弃家,口体交相累。归去来,谁不遣君归?觉从前皆非今是。露未晞,征夫指余归路,门前笑语喧童稚。嗟旧菊都荒,新松暗老,吾年今已如此!但小窗容膝闭柴扉,策杖看、孤云暮鸿飞。云出无心,鸟倦知返,本非有意。"这没有改变陶渊明《归去来兮辞》之意。而苏轼《归去来集字》诗,和一般集句诗不一样。集句诗通常以前人诗的成句组合成诗,而苏轼的集字诗,诗所用字词取之《归去来兮辞》,表意也就比集句诗更加灵动。

这十首集字诗粗看起来是重新演绎陶渊明的思想,像其一:"命驾欲何向,欣欣春木荣。世人无往复,乡老有将迎。云外流泉远,风前飞鸟轻。相携就衡宇,酌酒话交情。"它除了语言形式的变化之外,全然是陶渊明《归去来兮辞》开篇叙说回家情形的翻版。其三的"与世不相入,膝琴聊自欢。风光归笑傲,云物寄游观。言话审无倦,心怀良独安。东皋清有趣,植杖日盘桓"亦然。苏轼在诗里描述的是《归去来兮辞》里的陶渊明,让他辞官归田的情形得到重现。如果全是如此,那这些集字诗不过是文字游戏,没有更多的意义。但细细品味就会发现,苏轼在这组诗中通过所集的陶渊明的文字,展示了类似陶渊明的自我,如其六:"富贵良非愿,乡关归去休。携琴已寻壑,载酒复经丘。翳翳景将入,涓涓泉欲流。老农人不乐,我独与之游。"诗的前三联之意与陶渊明《归去来兮辞》相同,最后一句"老农人不乐,我独与之游"则是他自己的生活。

这种情形在其七里也存在。其七苏轼说了陶渊明式的乘化安命、息交绝游之后，冒出的"琴书乐三径，老矣亦何求"一句有他对人生的深刻理解。他似乎正在田园中以琴书自娱，在一任自然中渐渐老去，与世事有了更多的隔膜。最典型的是其十：

> 寄傲疑今是，求荣感昨非。聊欣樽有酒，不恨室无衣。丘塈世情远，田园生事微。柯庭还独眄，时有鸟归飞。

在这里，苏轼把陶渊明的"觉今是而昨非"和"倚南窗以寄傲"改造成为"寄傲疑今是，求荣感昨非"，说昨日求荣为非，今日寄傲为是，这是颇有意味的。陶渊明的《归去来兮辞》并无"求荣"之说。他当初去做彭泽县令，不为立名，想的是养家糊口，兼及满足自己好酒的欲望。而他的《五柳先生传》明言自己"闲静少言，不慕荣利"，安于家徒四壁、不蔽风日、破衣褴褛以及箪瓢屡空的生活。苏轼就此生发出的"求荣"，更多的是对自己心态的反映和对人生的追求。当年，他随父出川，进京赶考，何尝不是求荣？与弟弟苏辙同时榜上有名，名震京师，苏轼也是很自得的。后因与王安石"熙宁变法"主张相左，且以诗讽刺新法，他遭了"乌台诗案"，被贬黄州，在那里写下《临江仙》词说"小舟从此逝，江海寄余生"，但他何曾真的隐于江海？《念奴娇·赤壁怀古》最后吟出的"人生如梦，一樽还酹江月"，蕴含着宦海浮沉、功名未立的痛苦。而在这时，他的功名心淡化了。苏轼《哨遍》（为米折腰）也有"觉从前皆非今是"句，与这里说的"求荣感昨非"有所不同。正因为如此，他始终都没有陶渊明挂冠归去的决断，更何况身为贬官，想挂冠而去是不可能的。

苏辙曾感慨说："嗟呼，渊明不肯为五斗米一束带见乡里小人。而子瞻出仕三十余年，为狱吏所折困，终不能悛，以陷于大难，乃欲以桑榆之末景，自托于渊明，其谁肯信之！虽然，子瞻之仕，其出入进退,犹可考也,后之君子其必有以处之矣。"①苏轼不是没有陶渊明不为五斗米折腰的性情,只是他比陶渊明有更多的政治抱负。陶渊明固然有"日月掷人去,有志不获骋"②的表白,却没有苏轼深远的政治思考和报国热忧。苏轼一再受辱,却不忍归隐,并在《留侯论》里专就"忍"字做文章,说"人情有所不能忍者,匹夫见辱,拔剑而起,挺身而斗,此不足为勇也。天下有大勇者,卒然临之而不惊,无故加之而不怒,此其所挟持者甚大,而其志甚远也",关键就在这里。

苏轼还录了陶渊明《饮酒二十首》其九的"纡辔诚可学,违己讵非迷",随后写了两句话:"予尝有云:言发于心而冲于口,吐之则逆人,茹之则逆予,以谓宁逆人也,故卒吐之。与渊明诗意不谋而合,故并录之。"③心中有话,吐之逆人,不吐逆己,选择逆人也不逆己,是苏轼的性情使然。他自认与陶渊明在这一点上性情相合。所合的当然不止这一点,陶渊明的淡泊与静穆也同样让苏轼产生了强烈的共鸣。他居儋以陶渊明为友,更多是因为后者。

(二)"和陶诗"中随遇而安的阅世者

苏轼到儋州之后,在给当时在雷州的苏辙的信中说:

> 古之诗人有拟古之作矣,未有追和古人者也。追和古人
> 则始于东坡。吾于诗人,无所甚好,独好渊明之诗。渊明作诗

---

① 苏辙著,陈宏天等校点:《苏辙集·子瞻和陶渊明诗集引》,北京:中华书局,1990 年版,第 1111 页。
② 陶渊明著,逯钦立校注:《陶渊明集·杂诗十二首其二》,北京:中华书局,1979 年版,第 115—116 页。
③ 苏轼著,孔凡礼点校:《苏轼文集·录陶渊明诗》,北京:中华书局,1986 年版,第 2111 页。

不多,然其诗质而实绮,癯而实腴。自曹、刘、鲍、谢、李、杜诸人,皆莫及也。吾前后和其诗,凡一百有九篇,至其得意,自谓不甚愧渊明。今将集而并录之,以遗后之君子。其为我志之!然吾于渊明,岂独好其诗也哉?如其为人,实有感焉。渊明临终疏告俨等:"吾少而穷苦,每以家弊,东西游走。性刚才拙,与物多忤,自量为己,必贻俗患,俯仰辞世,使汝等幼而饥寒。"渊明此语,盖实录也。吾真有此病而不早自知,平生出仕以犯世患,此所以深愧渊明,欲以晚节师范其万一也。①

这封信赖苏辙的《追和陶渊明诗引》得以保存,其中有些问题得说一说。

其一,苏轼对苏辙说,他在诗坛开了"追和古人"的先河。诗人之间的酬唱是魏晋以来就有的事,以诗拟古也常在发生,例如西晋陆机的《拟古诗十九首》,东晋陶渊明的《拟古九首》,南朝宋鲍照的《拟行路难》,南朝齐王融等人的拟汉乐府《陌上桑》《相逢行》等。这些诗人的拟作,以前人的诗歌为创作模式,"追和"的意味很浓;但明言为"拟",未以唱和的形式出现。

其二,苏轼说"吾于诗人,无所甚好,独好渊明之诗"。这一说法不仅跳过了苏轼之前的宋诗,而且跳过了唐诗,舍去了陶渊明之前的汉魏诗及《诗经》。他于诗的所好同时彰显了于诗的所不好。这固然无可指责,但他的创作趣味和欣赏趣味大不同于一般的人。他甚至说曹植、谢灵运、李白、杜甫这些诗人都赶不上陶渊明,也只是一己之见。

其三,苏轼评价陶渊明的诗"质而实绮,癯而实腴",说陶诗看起来朴素,实则华美;看起来清瘦,实则丰满。这只能说苏轼对陶渊明诗别有会心,所以才会有这样的感悟,关键在于诗味。苏轼曾

---

① 苏轼著,孔凡礼点校:《苏轼文集·与子由》,北京:中华书局,1986 年版,第 2515 页。

说:"'采菊东篱下,悠然见南山。'因采菊而见山,境与意会,此句
最有妙处。近岁俗本皆作'望南山',则此一篇神气都索然矣。古
人用意深微,而俗士率然妄以意改,此最可疾。"① "采菊东篱下,悠
然见南山"见于陶渊明的《饮酒》,苏轼在欣赏中主张"悠然见南
山"当用"见"而不是"望",说如此更能体现陶渊明见山时的自然
状态,或者说更能见陶渊明的本色。他这种想法源于陶渊明归于
田园后一任自然的生活态度。率真的苏轼也喜欢陶渊明的率真,
曾说:"陶渊明欲仕则仕,不以求之为嫌;欲隐则隐,不以去之为高。
饥则扣门而乞食,饱则鸡黍以延客。古今贤之,贵其真也。"②

其四,苏轼录了陶渊明临终时写的《与子俨等疏》里自述平生
的一段话:"吾少而穷苦,每以家弊,东西游走。性刚才拙,与物多
忤,自量为己,必贻俗患,俛仰辞世,使汝等幼而饥寒。"他说陶渊明
的话是"实录",其中最触动他的是"性刚才拙,与物多忤"。苏轼
因之想到自己也是如此,以致命运坎坷;自己却没有早醒悟而陷于
世俗,和跳出樊笼、回归自然的陶渊明比起来,不觉有些羞愧,反思
当学陶渊明。不过,他觉得自己的和陶诗写得无愧于心。这也许
是他把自己的"和陶诗"编成《和陶集》的重要原因。

苏辙对苏轼居儋写下的和陶诗很赞赏,在《追和陶渊明诗引》
中说:

> 东坡先生谪居儋耳,置家罗浮之下,独与幼子过负担渡
> 海,茸茅竹而居之,日啖薯芋,而华屋玉食之念不存于胸中。
> 平生无所嗜好,以图史为园圃,文章为鼓吹,至此亦皆罢去。
> 独喜为诗,精深华妙,不见老人衰惫之气。

---

① 苏轼著,孔凡礼点校:《苏轼文集·题渊明饮酒诗后》,北京:中华书局,1986 年版,
  第 2092 页。
② 苏轼著,孔凡礼点校:《苏轼文集·书李简夫诗集后》,北京:中华书局,1986 年版,
  第 2148 页。

苏轼"华屋玉食之念不存于胸中",不单是没有华屋玉食的条件,更是他随缘适性的自然结果。尽管艰苦生活使苏轼少了平生的喜好,但作诗的随兴感发并不妨碍文章的写作。在诗歌中,他再现了自己新的人生。

因对陶渊明及其诗的偏爱,苏轼一生写了许多"和陶诗"。他五十七岁知扬州时,写过《和陶饮酒二十首》,序文说:"吾饮酒至少,常以把盏为乐。往往颓然坐睡,人见其醉,而吾中了然,盖莫能名其为醉为醒也。在扬州时,饮酒至午辄罢,客去,解衣盘礴,终日欢不足而适有余。"这番话透露出苏轼好酒,饮酒易醉,类似于陶渊明。与友人共饮,人得其乐,己也得其乐。但他在这组和诗里说"我不如陶生,世事缠绵之",羡慕陶渊明可以不为五斗米折腰,自行挂印,归于田园,超脱于尘俗之外;而他入仕后官场浮沉,没有陶渊明"采菊东篱下,悠然见南山"的静穆,唯有"偶得酒中趣,空杯亦常持"的酒趣可以和陶渊明媲美。

苏轼"和陶诗"的创作高峰在惠州和儋州。他在到达惠州的第二年,即绍圣二年(1095)二月十一日,酒足饭饱,昏然入睡,一觉醒来,抄录了陶渊明《拟古九首》中的"东方有一士"诗。陶渊明诗里写:"东方有一士,被服常不完。三旬九遇食,十年著一冠。辛苦无此比,常有好容颜。"苏轼就诗中的"东方有一士"说道:"此东方一士,正渊明也。不知从之游者谁乎?若了得此一段,我即渊明,渊明即我也。"[①] 他对陶渊明的深刻理解,与陶渊明心性的相通,正是和陶诗的基础。三月四日,苏轼在惠州游白水山佛迹岩,沐浴浩歌,睡醒后听到儿子苏过诵读陶渊明的《归园田居》,于是写了《和归园田居六首》,并说:"始,余在广陵和渊明《饮酒二十

首》,今复为此,要当尽和其诗乃已耳。"① 这话有点意味,表明苏轼唱和陶诗起于广陵(今扬州)。《冷斋夜话》记载:"东坡在惠州,尽和渊明诗。鲁直在黔南,闻之,作诗曰:'子瞻谪岭南,时宰欲杀之。饱吃惠州饭,细和渊明诗。彭泽千载人,子瞻百世士。出处虽不同,风味乃相似。'"② 苏轼说要尽和陶渊明诗,这在惠州没有完成,延续到了儋州。而鲁直即山谷道人黄庭坚,苏门四学士之一,他对苏轼有很高的评价。他说陶、苏的"出处虽不同,风味乃相似",也是因为看到了他们的人生、性情和趣味之相似,与苏轼自认为与陶渊明趣味相投是一致的。

苏轼在《和陶归园田居六首》其六写道:"昔我在广陵,怅望柴桑陌。长吟《饮酒》诗,颇获一笑适","江山互隐见,出没为我役。斜川追渊明,东皋友王绩"。他对广陵往事的回忆,告诉人们他那时候就向往陶渊明而自觉不能及。向往的本质是希望能像陶渊明和初唐"东皋子"王绩一样,过放浪形骸、逍遥自在的生活。绍圣四年(1097)二月十四日,苏轼在惠州白鹤峰的新居建成了,三年不见的长子苏迈带着儿子到了惠州,他欣然写了《和陶时运四首》。陶渊明的四言诗《时运》有序云:"时运,游暮春也。春服既成,景物斯和,偶影独游,欣慨交心。"这里用了孔子弟子侍坐时曾皙表达的生活理想:"暮春者,春服既成,冠者五六人,童子六七人,浴乎沂,风乎舞雩,咏而归。"陶渊明说得很清楚,他的这一组诗既欣赏美景,又抒发人生的感慨。这其实是田园诗或山水诗的常态。苏轼亦然。他在《和陶时运四首》其三中说"自我幽独,倚门或挥",与陶渊明《时运》其三的"我爱其静,寤寐交挥"相似;在其四中又说"子孙远至,笑语纷如",与陶渊明在其四中沉溺于"花药分列,林竹翳如"不同,他因儿孙的到来而喜形于色了,不像陶渊明即使

---

① 苏轼著,孔凡礼点校:《苏轼诗集·和归园田居六首小引》,北京:中华书局,1982年版,第2104页。
② 颜中其:《苏东坡轶事汇编》,长沙:岳麓书社,1984年版,第219页。

心怀喜悦仍显静穆。

苏轼和陶诗一百二十四首,其中在儋州有五十七首。这些儋州时期的和陶诗保持着惠州时期的风格:在走进陶渊明世界时,把自己融入陶诗中,然后借助诗歌唱和的再创作,从陶诗中走出来,让和陶诗深具自己的生活状态和情性,而不是对陶诗作循规蹈矩式的模拟。说简单一点,苏轼借陶诗的题、韵为诗,语言和意蕴则有所不同,主要是苏轼自己的生活、性情以及感悟。

苏轼在渡海前往海南那天,写了《和陶止酒》,序称:"丁丑岁,余谪海南,子由亦贬雷州。五月十一日,相遇于藤,同行至雷。六月十一日,相别渡海。余时病痔呻吟,子由亦终夕不寐。因诵渊明诗,劝余止酒。乃和原韵,因以赠别,庶几真止矣。"陶渊明《止酒》说:"平生不止酒,止酒情无喜。暮止不安寝,晨止不能起。日日欲止之,营卫止不理。徒知止不乐,未知止利己。"足见他对酒的嗜好达到了痴迷的程度。说完之后,他表示从今以后真要戒酒了,"始觉止为善,今朝真止矣"。而当时苏轼因痔疮复发而疼痛难耐,说了"微疴坐杯酌,止酒则瘳矣",决心戒酒:"从今东坡室,不立杜康祀。"这是苏轼渡海之际与弟弟苏辙的告别诗,而到儋州后,他最早写的和陶诗是《和陶还旧居》和《和陶连夜独饮二首并引》。这时他刚到儋州,思念在惠州白鹤峰新居的儿孙和在雷州的弟弟苏辙。前者题注为"梦归惠州白鹤山居作",既说思归,又说"不敢梦故山,恐兴坟墓悲"。于是想到"生世本暂寓,此身念念非",难免有些伤感。后者诗序说:"吾谪海南,尽卖酒器以供衣食。独有一荷叶杯,工制美妙,留以自娱。"这留下的酒杯他在诗中还提到,称之为"伯雅君"。刚说要戒酒的他不曾戒酒,居然还说"饮中八仙人,与我俱得仙"。这"饮中八仙人"即杜甫《酒中八仙歌》中提到的唐代贺知章、李白、张旭等八人,苏轼把自己和他们相提并论。他在表达对酒的喜爱时,还寄托了对苏辙的思念:"顾引一杯酒,谁谓无往还。寄语海北人,今日为何年。"苏辙当时在海北的雷州。

在儋州，苏轼最集中的和陶诗是《和陶拟古九首》与《和陶杂诗十一首》。他在《和陶拟古九首》中叙说自己现实的景况，虽然当时的生存环境恶劣，但他以旷达洒脱消解自己人生的艰难，展示出淡泊中的坚强。其一写道：

> 有客叩我门，系马门前柳。庭空鸟雀散，门闭客立久。主人枕书卧，梦我平生友。忽闻剥啄声，惊散一杯酒。倒裳起谢客，梦觉两愧负。坐谈杂今古，不答颜愈厚。问我何处来，我来无何有。

苏轼说有客叩门时，自己正在睡梦中，梦见与朋友畅饮，却被客人的叩门声惊醒，酒散不及饮。想一想，既对不起梦中朋友，也对不起来访的客人，故有"梦觉两愧负"之说。在彼此的交谈中，苏轼答客的"我来无何有"也许是自我调侃，以"无何有"代指刚才失去的梦境。但"无何有"源于庄子《逍遥游》的"无何有之乡"，是绝对自由的人生境地，这在前面也提到了。苏轼仿佛不是身陷贬谪，而是正享受着生活的悠然。

"我来无何有"流露了苏轼此时的情绪。他在其二里称自己好酒亦好歌，自视胜过"竹林七贤"的山涛、王戎。山涛和王戎在魏晋时好酒放达，两人后来都入了仕途，做过吏部尚书等官，与"竹林"趣味渐远。苏轼说"由来竹林人，不数涛与戎"，言外之意是把自己当作"竹林"中人了。他随后说"有酒从孟公，慎勿从扬雄"。孟公即西汉末年的陈遵。陈遵生性好客，宴饮时为留客常把客人的车辖扔到井中，让客人不能离去。扬雄是西汉难得的辞赋家，曾为篡汉的王莽写了《剧秦美新》，品行有了污点。苏轼这样说，有明显的思想趋向，他想过有酒则饮的生活，不愿改变自己的节操。流贬儋州，他真切的感受是："昔我未尝达，今者亦安穷。穷达不到处，我在阿堵中。""阿堵"是六朝人的口语，即"这"。人生有穷达两极,达则兼济,穷则独善。苏轼审视自我,从前不曾"达",没有得志,他当年科考名满京城时,相传宋仁宗认为他有宰相之才,苏轼不及施展,就因不赞同王安石变法而遭贬,此后流贬常发生。他现在泰然"安穷",平心静气地接受人生的不得志,说儋州既不是人生失志之所,也不是人生腾达之所,还想什么穷达之事呢?

不仅如此,苏轼还在其三写到鹏鸟飞来停在自家座位的一角,"引吭伸两翮,太息意不舒"。这"鹏鸟"是民间所说的猫头鹰。西汉初年,贾谊因遭权臣忌恨而被贬为长沙王太傅。一天,有鹏鸟飞到他家,按当地风俗此为不祥之兆,预示着主人将会死去。为此,贾谊写了有名的《鹏鸟赋》,在赋中感慨自己的人生,并说生若浮,死若休,鸟飞来不吉祥也无所谓。苏轼用这个典故表白自己的人生态度:"吾生如寄耳,何者为吾庐?"猫头鹰是飞到他的房里了,但人生如寄,什么地方是自己的住所?一个轻巧的反问,似乎无处是他的房屋,又无处不是他的房屋。这猫头鹰想跟"我"在一起就在一起吧。"夜中闻长啸,月露荒榛芜。无问亦无答,吉凶两何如。"在这蛮荒之地,逢吉逢凶都不在意了,苏轼这样调适着自己的心态。

苏轼有"琼州别驾"的虚衔,不是纯粹的平民。他把自己置身于平民中,做一个随遇而安的阅世者。这时看海南,他的心态和眼光变了。正像其四写的"稍喜海南州,自古无战场。奇峰望黎母,何异嵩与邙",这"黎母"是海南的黎母山,"嵩""邙"是河南的嵩山和邙山。他这时视海南的黎母山如同河南的嵩山和邙山,心气平和,身居海南,不再有对死亡的恐惧。随后他在其七里讲了一个养鸡老人的故事。老人鹤发苍颜,世住儋州,第六代孙也已经须发尽白。苏轼说这家人就是"阅世者",他们见过晚唐被贬到崖州的宰相李德裕,北宋被贬到崖州的中书侍郎、平章事卢多逊和司空丁谓。他感慨老人一家所阅世事就像东流水一样,见惯人世沧桑。苏轼曾在黄州词《念奴娇·赤壁怀古》里咏叹"大江东去,浪淘尽、千古风流人物"，这时苏轼经历了几十年的岁月，实际上也是一个阅世者。他表示"我师吴季子，守节到晚周"。吴季子是春秋时吴国公子季札，他尊崇周朝的礼乐制度，反对诸侯纷争，主张贤者隐世。苏轼说以他为榜样，似乎是在表示自己也要归隐，沉重的心事使向来旷达的他不够旷达了。

苏轼的《和陶杂诗十一首》稍晚于《和陶拟古九首》。在这组诗里，他的心境变得恬静。其一写道：

> 斜日照孤隙，始知空有尘。微风动众窍，谁信我忘身。一笑问儿子，与汝定何亲。从我来海南，幽绝无四邻。耿耿如缺月，独与长庚晨。此道固应尔，不当怨尤人。

这是一个傍晚，夕阳余晖穿过门缝照进来，显现出空中浮尘。微风轻轻吹着许多的洞穴，发出嗡嗡的声音。这话没有说尽，实际上"风动众窍"出自《庄子·齐物论》的天籁之音，别有美感。于是他忘却了自我，而忘身的"我"与儿子你究竟是一种怎样的亲缘关系呢？这犹若戏言，正是还没"忘身"的表现。然后他把贬居海南的孤独视为人生的命运，既然如此，有多少不幸不能排解呢？

苏轼的和陶诗，一般不以陶渊明诗的意旨为归宿，一首诗是这样，一组诗也是这样。这时苏轼冷峻地审视历史和现实人生，在诗中贯穿的是自我。他在这组诗的其二中写了从眼前的自然景观得到的感悟："室空无可照，火灭膏自冷。披衣起视夜，海阔河汉永。西窗半明月，散乱梧楸影。良辰不可系，逝水无留聘。我苗期后枯，持此一念静。"虽是夜半，他看着窗外的天空以及散乱的梧桐、楸树之影，想到时光、流水的不停歇和人生命的短暂，期待能安享晚年，为此静念养息。与此相应，苏轼在儋州写下《和陶东方有一士》，其中说自己"屡从渊明游，云山出毫端。借君无弦琴，寓我非指弹"。他说的"无弦琴"指的是陶渊明的"无弦琴"。苏轼对此有过解说:"旧说渊明不知音,蓄无弦琴以寄意,曰:'但得琴中趣,何劳弦上声。'此妄也。渊明自云'和以七弦'岂得不知音,当是有琴而弦弊坏,不复更张,但抚弄以寄意,如此为得其真。"[①] 他这样说,虽然使本来有些奇巧的"无弦琴"之说变得质实而乏味,但在与陶渊明的神交中,他获得了超越。如《和陶和刘柴桑》说的:"万劫互起灭,百年一踟蹰。""一饱便终日,高眠忘百须。自笑四壁空,无妻老相如。"他清醒地认识到百年只是一瞬,只是没料到老来变得辛苦,在竹屋低窗的环境中,一饱与安眠成了生活的大事,家徒四壁且无妻相伴,他也是满面笑容。

而在《和陶杂诗十一首》其三里,苏轼说世上的"真人"和"俗子"不同。这"真人"最初是庄子笔下亦真亦幻的仙人,延至魏晋,随着道教的发展,真人成为道教仰慕的仙人。苏轼表面说仙人和俗人不同,实际上以"仙人"指代超尘脱俗者。所以他讲了西汉张良的故事,说留侯张良辟谷,修炼以求仙,有人劝他进食,哪里是懂得张良呢?而"俗人"则是贪恋权势的人,他说和张良同时的萧何,官至相国,因劝刘邦把上林苑的土地给一部分百姓耕种,刘邦生气地把他关进监狱。萧何被赦免后,赤着脚向刘邦道谢。苏轼说:"我非徒跣相,终老怀未央。"这"未央"是西汉的未央宫,刘邦大会群臣之所。苏轼讲这两个人的故事,表明自己不再追求政治上的进取了。这不单是因为他与萧何有不同的人生取向,而且还在于他看到了世事的险恶。

在这首诗里,苏轼还提到了汉高祖刘邦时的曹参和韩信。曹参跟随刘邦经历了七十余战,攻城略地,刘邦认为他像只猎狗,有"狗功";不及萧何能发现猎物在什么地方,有"人功",论功行赏,萧

---

① 苏轼著,孔凡礼点校:《苏轼文集·渊明无弦琴》,北京:中华书局,1986年版,第2043页。

何居先。苏轼说这不公平。还有韩信,他帮刘邦打了天下,最后却应了"飞鸟尽,良弓藏;狡兔死,走狗烹;敌国破,谋臣亡"的老话,被杀害了。于是苏轼说"哀哉亦可羞,世路皆羊肠",他自觉没有必要奔竞于官场的"羊肠"小道,弄不好会落得个身死名裂的悲惨结局。苏轼这里说的是历史,他借鉴历史来选择自己人生的道路,看似明智,可他自己晚年又遭贬,让人怎么评价呢?

苏轼《和陶杂诗十一首》还咏了其他历史人物,如其四咏司马相如,其五咏曹孟德,其六咏老聃、关尹喜,其八咏庄子寓言中的南荣趎等。他借助这些人物讲述从前的故事,抒发自己的情感。

苏轼和陶诗表现自己的生活是很自然的事。他最初的和陶诗个人情怀较重,这源于离别未久时对亲人的念想。他是一个善于把自己融入当地生活、当地百姓中的人,和陶诗也会表现儋州百姓的生活及自己的想法,也就有了相应的思想和情绪表达。他的《和陶示周掾祖谢》是游儋州古学舍之作。开篇说"闻有古学舍,窃怀渊明欣",这"渊明欣"说的是陶渊明在《五柳先生传》中自述的"好读书"。他看了儋州学舍之后,感慨学舍有古风,但"先生馔已缺,弟子散莫臻。忍饥坐谈道,嗟我亦晚闻",在他看来不当如此却竟然如此,难免有些伤感。他的《和陶劝农六首并引》则是忧农之作。其序云:"海南多荒田,俗以贸香为业,所产粳稌,不足于食,乃以薯芋杂米作粥糜以取饱。余既哀之,乃和渊明《劝农》诗,以告其有知者。"在这组四言诗里,他说了儋州百姓贫困的六个原因:一是"天祸尔土,不麦不稷",受自然条件的限制,海南只能生产稻米及薯芋,不能种植麦稷;二是"播厥熏木,腐余是穑",耕种方法落后,放火烧荒以后,以植物的灰烬作为肥料;三是"贪夫污吏,鹰鸷狼食",当地的贪官污吏像恶鹰猛狼一样盘剥百姓;四是"惊麕朝射,猛豨夜逐",当地人好猎,早晚射逐,不能沉下心来从事农业生产;五是"逸谚戏侮,博弈顽鄙",一些人放纵不羁,赌博顽劣。

苏轼很希望改变海南这些落后面貌,还抄写过柳宗元的《牛赋》,想革海南"以巫为医,以牛为药"的陋习;抄写过杜甫的《负薪行》,想革海南男女分工不均的陋习。只能说当时海南儋州实在穷困,不是他以一己之力能够改变的。如他在《和陶田舍始春怀古二首》里说到与儋州黎子云兄弟的友谊,但黎子云兄弟"茅茨破不补""菜肥人愈瘦"的境况让他感叹不已,尽管他表示如果能学黎民的方言,愿意"化为黎母民"。儋州荒凉贫乏的现状、苏轼艰难的生活境况与其恬淡的心理状态交织在一起,激发了他对陶渊明的生活及诗的强烈共鸣,让他的心灵有了栖身之所。而这一时期和陶诗的创作全然是苏轼的生活方式,发乎性情,止乎平和。

(三)"和陶诗"的陶味与苏轼味

苏轼"和陶诗"跨越时空,与陶渊明心灵相通。但陶渊明生活在东晋,卒于 427 年;苏轼生于 1036 年,生活在北宋中晚期。两人在时间上相距六百余年,生活的空间也相当不同。在人生的旅途,陶渊明只有做地方官的经历;而苏轼长期担任京官或地方官,有诸多的官员朋友。苏轼虽然在被贬黄州、惠州、儋州时都有田园生活,但他躬耕田园时,仍然是官宦之身,不可能真有陶渊明那样的田园趣味。他借重陶渊明,并在"和陶诗"里顽强地表现自己的生活状态和感受,自然不同于陶渊明的原诗。

这里且不说苏轼儋州时期之前的"和陶诗",只就他在儋州所作的"和陶诗"论说,不妨从他《和陶杂诗十一首》中选两首作一点比较。如《和陶杂诗十一首》其四:

> 相如偶一官,嗤鄙蜀父老。不记挞鼻时,涤器混佣保。著书曾几许,渴肺灰土燥。琴台有遗魄,笑我归不早。作书遗故人,皎皎我怀抱。余生幸无愧,可与君平道。

其五：

孟德黠老狐，奸言嗾鸿豫。哀哉丧乱世，枭鸾各腾翥。逝
者知几人，文举独不去。天方斫汉室，岂计一郗虑。昆虫正相
啮，乃比蔺相如。我知公所坐，大名难久住。细德方险微，岂
有容公处。既往不可悔，庶为来者惧。

陶渊明原诗即《杂诗十二首》其四：

丈夫志四海，我愿不知老。亲戚共一处，子孙还相保。觞
弦肆朝日，樽中酒不燥。缓带尽欢娱，起晚眠常早。孰若当世
士，冰炭满怀抱。百年归丘垄，用此空名道。

其五：

忆我少壮时，无乐自欣豫。猛志逸四海，骞翮思远翥。荏
苒岁月颓，此心稍已去。值欢无复娱，每每多忧虑。气力渐衰
损，转觉日不如。壑舟无须臾，引我不得住。前途当几许，未
知止泊处。古人惜寸阴，念此使人惧。

从苏轼这两首诗来看，苏轼步陶诗之韵，和陶以学陶，但并没有
达到陶诗的境界而有纯粹的"陶味"。陶渊明是"适性"的诗歌创作
者，他的诗歌难学，"关键不是语言风格，而是那真淳率直的心性以
及在名利之外的平淡"①。苏轼的真淳率直可与陶渊明颉颃，他的率
直甚至胜过陶渊明，敢于不畏官场险恶而颠沛于流贬之中，但他处
世的平淡不及陶渊明。他没有像陶渊明那样果断地舍弃官场，还自

① 阮忠：《中古诗人群体及其诗风演化》，武汉：武汉出版社，2004年版，第239页。

己自然之身,居于田园,做一个平凡人。苏轼的田园诗不及陶渊明,他自己也承认这一点,但苏轼的才学远在陶渊明之上,因为苏轼所处的是一个重才学的时代,诗人兼学问家或者学问家兼诗人是很常见的现象。具体到苏轼,他既是才子型的诗人,也是学者型的诗人,不像陶渊明真正地独居田园,疏离当时的玄言诗坛,做一个另类的诗人。苏轼则选择在自己诗坛上,做一个雄浑高亢的歌手。

所以看两人的这四首诗,陶渊明的诗比苏轼的诗本色得多。陶诗其四说自己不像别人有四海之志,希求不知老之将至的家庭生活,儿孙绕膝,酒歌终日,不屑于像当世的权势之士那样彼此斗争,冰炭不容。关键在于他看透了人生的终极道路,人终究会死,死后一抔黄土,归于丘垄,所求的名利有何意义?苏轼在唱和诗里讲述了西汉司马相如的故事。司马相如因为给汉武帝献了《天子游猎赋》被封为郎,后出使西南,讥笑、鄙视蜀地的父老乡亲,借此歌颂汉武帝创业垂统、兼容并包。苏轼说,司马相如不记得贫困时在临邛穿着短裤裈卖酒的日子,那时他和佣人有什么区别呢?还有,司马相如善赋,因文思迟缓而著述不多。不过,成都的琴台留下了司马相如和卓文君传情的遗迹,"我"却不能像他早归家园。而"我"平生无愧,像在成都为人占卜的严君平一样,还是为社会做了一点小事。相较而言,陶渊明的直抒人生情怀和苏轼借司马相如的故事来说人生,各自诗中表现的人生境界和情趣不同。陶渊明归于自然,在享受天伦之乐时把世俗的名利淡化了,并以死亡作考量,鄙薄争名夺利者。而苏轼说历史人物,借对历史人物的评述留下他的影子,比照之下,让自己仍然处在世俗之中。

再说陶渊明《杂诗十二首》其五。他在诗中回忆少壮时生活的安逸和愉快,那时的他怀兼济天下之志,欲大展鹏程。随着岁月流逝,四海之志消磨了,本当欢乐,却多忧愁。想到气力渐衰,时光飞驰,人生几何?不知道人生的小船突然会停在哪里,要紧的是珍惜人生,故说"古人惜寸阴,念此使人惧"。苏轼则在和诗其五中讲东汉末年曹孟德即曹操的故事。他说世道混乱,奸贼与贤者各骋其才,而贤者多避难;曹操奸猾,挑拨郗虑和孔融之间的关系,孔融知道前途多险,却留下来支撑摇摇欲坠的东汉王朝。但天不祚汉,并非只有一个郗虑那样的小人。可恨郗虑还被比作战国时的蔺相如。苏轼说,他理解孔融,大名之下,难以久居。孔融不为奸邪所容,最后被杀是必然的。"既往不可悔,庶为来者惧",希望后人从孔融身上吸取教训。苏轼这里讲的曹操和孔融的故事,涉及对二人的评价。评价本身尽可见仁见智,而他这番评论看起来更像是牢骚之言。他为孔融鸣不平,也借孔融自陈怀抱。"大名难久住",对他来说不也是一样的吗?这样委婉的表达和陶渊明在诗中直抒己志有很大的差异。陶渊明坦率陈述自己的所思所想,把过去和现在勾连起来。他的作品在平静中蕴含着人生忧愁,是从生命本身生发出来的,与复杂的社会保持着相当远的距离。不像苏轼,借历史回顾消解自我在现实中的情绪。

以史寓情,是苏轼儋州"和陶诗"的重要特点,或说是他"和陶诗"苏轼味所在。陶渊明也有咏史的诗,最典型的是《咏三良》《咏荆轲》。如后者,他重在讲述荆轲的故事:

> 燕丹善养士,志在报强嬴。招集百夫良,岁暮得荆卿。君子死知己,提剑出燕京。素骥鸣广陌,慷慨送我行。雄发指危冠,猛气冲长缨。饮饯易水上,四座列群英。渐离击悲筑,宋意唱高声。萧萧哀风逝,淡淡寒波生。商音更流涕,羽奏壮士惊。心知去不归,且有后世名。登车何时顾,飞盖入秦庭。凌厉越万里,逶迤过千城。图穷事自至,豪主正怔营。惜哉剑术疏,奇功遂不成。其人虽已没,千载有余情。

故事从战国时燕太子丹招募刺客欲刺杀秦王嬴政开始,中有易水送别,再到图穷匕见,荆轲刺杀失败。最后陶渊明以"其人虽已没,千载有余情"抒发了对荆轲的缅怀和景仰。而苏轼引史入诗时,史中有情,诗中还有理,通过叙议并举或说夹叙夹议来体现,是宋人为诗好理的反映。

不仅如此,在宋代诗歌创作中,苏轼的时代确实流行着以学问为诗的风尚。当时以学问为诗最具影响的是苏门弟子黄庭坚,他提出了"点铁成金""夺胎换骨"的创作理论,并以生新瘦硬的诗歌风格产生了深远的影响,被尊为"江西诗派"之祖。苏轼以学问为诗也是常事。所以他有的和陶诗学问味甚浓,如《和陶始经曲阿》。陶渊明的《始作镇军参军经曲阿作》是这样写的:

> 弱龄寄事外,委怀在琴书。被褐欣自得,屡空常晏如。时来苟冥会,宛辔憩通衢。投策命晨装,暂与园田疏。眇眇孤舟逝,绵绵归思纡。我行岂不遥,登降千里余。目倦川途异,心念山泽居。望云惭高鸟,临水愧游鱼。真想初在襟,谁谓形迹拘。聊且凭化迁,终返班生庐。

陶渊明这首诗述说自己成人后的贫困生活与琴书趣味,同时也含蓄地表达了对于一度疏离田园、投身仕途的内疚,尽管他终究还是归于田园了。正如他说的"望云惭高鸟,临水愧游鱼",好在迷途知返,"聊且凭化迁,终返班生庐"。这"班生庐"是班固《幽通赋》中所说的"仁庐",是"穷则独善"的另一种表述方式。除此之外,这首诗的用典还有"凭化迁"的"化迁",出自西晋陆机《遨游出西城》中的"迁化有常然,盛衰自相袭"。而苏轼的《和陶始经曲阿》写道:

> 虞人非其招,欲往畏简书。穆生责醴酒,先见我不如。江左古弱国,强臣擅天衢。渊明堕诗酒,遂与功名疏。我生值良时,朱金义当纡。天命适如此,幸收废弃余。独有愧此翁,大

名难久居。不思牺牛龟,兼取熊掌鱼。北郊有大赉,南冠解囚
拘。眷言罗浮下,白鹤返故庐。

这首诗用典相当密集。开篇的"虞人"句,用了《孟子·万章
下》的"以大夫之招招虞人,虞人死不敢往",以见他最初听说大赦
消息时内心的惶恐犹疑;"穆生"句,用了西汉楚元王不为鲁穆生
设醴酒的故事,穆生感到王意已怠,故请辞去,苏轼说自己没有穆
生这样的先见之明;"江左"句用东晋王朝的故事,以东晋之国势
衰微、强臣擅权暗喻他出仕前北宋的社会状态;"朱金"句用扬雄
《法言》的"使我纡朱怀金,其乐不可量已",说自己本当能够实现
人生理想;"不思牺牛龟,兼取熊掌鱼"用《庄子·列御寇》的牺牛、
《庄子·外物》的神龟、《孟子·告子上》的鱼和熊掌的故事,表示自
己不像庄子能够舍利而求全身避祸,也不像孟子当鱼和熊掌不可
得兼的时候,舍鱼而求熊掌,而是兼取二者,欲望太大;"南冠"句
用《左传·成公九年》钟仪的故事,说自己身为贬官,此时终于遇
赦,得到解脱了。最后说遇赦后希望回到惠州的白鹤峰,在那儿与
家人团聚,安度晚年。

苏轼这首诗大量用典,以诉说自己的人生抉择,和陶渊明原诗
的风格有很大的差异,而与"江西诗派"的学问之诗相近。我在拙
著《唐宋诗风流别史》的"江西诗风"一章中专门谈到江西诗派以
学问为诗的问题,举了好几个例子,其中有黄庭坚的咏物诗《和答
钱穆父咏猩猩毛笔》,不妨引在这里,作一点比较。黄诗写道:

爱酒醉魂在,能言机事疏。平生几两屐,身后五车书。物
色看王会,勋劳在石渠。拔毛能济世,端为谢杨朱。

钱穆父名钱勰,杭州人,曾任中书舍人。他出使高丽的时候,
得到一支猩猩毛笔,并写了一首诗。黄庭坚唱和了三首,这是其中

的一首。另两首题为《戏咏猩猩毛笔二首》,前一首赠钱穆父,后一首赠苏轼。这首诗咏笔,以典故的有机组合,讲述了猩猩毛笔的故事。猩猩好酒。唐代裴炎取《华阳国志》和《水经注》中的猩猩故事,作《猩猩说》,说猩猩好酒及屐,饮酒辄醉,然后穿屐而行,故在山谷间为人捕获。黄庭坚从这里切入,化用《礼记·曲礼》的"猩猩能言,不离禽兽"和《易经》的"机事不密则害成",成"能言机事疏"一句。随后用《晋书·阮孚传》中的阮孚叹"未知一生能着几两屐",《庄子·天下》的"惠施多方,其书五车",《汲冢周书》的"王会",《孟子·尽心上》的"杨子为我,拔一毛而利天下,不为也"等典故,婉转地告诉人们它的功用和贡献,间接地说钱穆父用这支猩猩毛笔会建立功勋。黄庭坚以学问入诗,有意酿造诗歌的韵味以娱情怡性,不同于苏轼《和陶始经曲阿》以用典叙说自己的人生。但在以学问为诗上,二者的风格很相近。

苏轼的"和陶诗"还有一些不以史寓情说理、不以用典抒情的,而是以叙事说理、以叙事兼及抒情。这在表现形式和风格上与陶渊明的原诗更接近,也就是说更具有陶味。陶诗偏于叙事,也常叙事而又说理,苏轼和陶诗与之相类。如苏轼和陶的三送张中诗,即《和陶与殷晋安别·送昌化军使张中》《和陶王抚军座送客·再送张中》《和陶答庞参军·三送张中》。一送张中诗里说"暂聚水上萍,忽散风中云。恐无再见日,笑谈来生因",尽管是人生离别,并没有特别的悲戚,情理俱存。再送张中诗里的"汝去莫相怜,我生本无依。相从大块中,几合几分违",说在天地之间,人生离合是常事,何况"我生本无依"呢?诗中说理的成分依然很重。

苏轼刚到儋州时,难免有些诉苦之词,情绪也难免有所波动,但他在和陶诗中总易趋于宁静平和。如他《和陶怨诗示庞邓》中称道陶渊明"当欢有余乐,在戚亦颓然。渊明得此理,安处故有年",乐则乐,悲则悲,一任自然。陶渊明深刻领悟了人生之乐,乐于归田园而喜静穆。苏轼身陷官场,如他自己所说的"我昔堕轩

冕""困来卧重裀",享受荣华时"忧愧自不眠";"如今破茅屋,一
夕或三迁。风雨睡不知,黄叶满枕前"。此时,苏轼身居破屋,内心
反而这样宁静,连夜来的风雨声都没能让他从睡眠中醒来。于是,
他对没有早点明白这个道理感到悔意,说道:"但恨不早悟,犹推渊
明贤。"在因事而议论自己的人生或对人生的思考上,苏轼和陶渊
明一样。

这里说说苏轼的《和陶戴主簿》。陶渊明四十九岁时写了《五
月旦作和戴主簿》,诗中说时光倏忽,往复无穷,人生于世,终有完
结;然后再发议论:"居常待其尽,曲肱岂伤冲。迁化或夷险,肆志
无窊隆。即事如已高,何必升华嵩。"他面临生死,依旧泰然,感觉
人生既然如此,"居常"以等待死亡的到来也就可以了。"居常"说
得隐讳了一点,其实就是安贫乐道,也即"曲肱"。"曲肱"展开说,
是"饭蔬食,饮水,曲肱而枕之,乐亦在其中矣"①。于是陶渊明说,时
运的变化有平坦和险阻之分,只要放纵性情,就无所谓穷通。如果
认识到这一点,自然不必上华山、嵩山求仙了。

苏轼《和陶戴主簿》不像陶渊明这样讲人生的哲理,而是直面
居儋生活。诗写得很畅快:

> 海南无冬夏,安知岁将穷。时时小摇落,荣悴俯仰中。上
> 天信包荒,佳植无由丰。锄耰代肃杀,有择非霜风。手栽兰与
> 菊,侑我清宴终。撷芳眼已明,饮酒腹尚冲。草去土自隤,并深
> 墙愈隆。勿笑一亩园,蚁垤齐衡嵩。

海南四季不分明是自然的现象;他目睹万物变化,叙写躬耕辛
劳和饮酒佐欢,全然是田园生活的享受。而诗的最后似乎不经意
说出的"勿笑一亩园,蚁垤齐衡嵩"有点深意。蚂蚁筑起的小土堆

---

① 朱熹:《四书章句集注·论语·述而》,北京:中华书局,1983年版,第97页。

和衡山、嵩山是一样高的,这其实是庄子万物齐同思想的另一种表述。不过他真正要说明的是,人生终归虚无,卑微与高贵有什么不同呢？他的《和陶郭主簿二首》也是如此。诗的小引说:"清明日,闻过诵书,声节闲美。感念少时,怅焉追怀先君宫师之遗意,且念淮、德二幼孙,无以自遣,乃和渊明二篇,随意所寓,无复伦次也。"这两首诗不像陶的原诗从田园风光生发出人生的感慨,而是在叙事中表达对人生的感悟,并保持了率真的风格。如其一说:"今日复何日,高槐布初阴。良辰非虚名,清和盈我襟。孺子卷书坐,诵书如鼓琴。"在率真的表达中,他有时也引用典故,如其二的"诵我先君诗,肝肺为澄澈。犹为鸣鹤和,未作获麟绝。愿因骑鲸李,追此御风列"。诗中的"鸣鹤"用了《易经》"中孚"卦的"鸣鹤在阴,其子和之","获麟"用了《左传·哀公十四年》中孔子"绝笔于获麟"的故事,"骑鲸李"用了杜甫《送孔巢父谢病归游江东兼呈李白》中的"若逢李白骑鲸鱼,道甫问信今何如","御风列"用了《庄子·逍遥游》中的"列子御风而行"。诸如此类,诗的陶味与苏味就这样交织在一起的。

陶渊明还有一首《游斜川》,是义熙十年(414)写的。诗的序言说,那年正月初五,天气爽朗,风物闲美,和几位邻居一道游斜川,见鱼跃鸥飞,"悲日月之遂往,悼吾年之不留",于是写了这首诗。诗很好读:

> 开岁倏五十,吾生行归休。念之动中怀,及辰为兹游。气和天惟澄,班坐依远流。弱湍驰文鲂,闲谷矫鸣鸥。迥泽散游目,缅然睇曾丘。虽微九重秀,顾瞻无匹俦。提壶接宾侣,引满更献酬。未知从今去,当复如此不。中觞纵遥情,忘彼千载忧。且极今朝乐,明日非所求。

陶渊明在诗中说自己开年就五十岁了,人生进入晚年,想到此,邀了几个邻居朋友出游。他们在斜川旁依次坐下,鱼儿在缓缓流动的水中穿梭,鸟儿在山谷里高声鸣叫。他看着远方浩渺的湖泊和独立无匹的曾丘,酒兴更浓,及时行乐,把"吾生行归休"的念头抛到脑后了。再看苏轼的《和陶游斜川》,题注为"正月五日与儿子过出游作"。苏轼被贬儋州,随行陪侍的只有小儿苏过,后人称"小坡"。《宋史》为苏轼立传,后附有《苏过传》,以见他深受父亲的影响。在儋州苏轼与儿子苏过出游,不像陶渊明有三朋四友那样热闹。诗写道:

> 谪居儋无事,何异老且休。虽过靖节年,未失斜川游。春江渌未波,人卧船自流。我本无所适,泛泛随鸣鸥。中流遇洑洄,舍舟步层丘。有口可与饮,何必逢我侪。过子诗似翁,我唱而辄酬。未知陶彭泽,颇有此乐不。问点尔何如,不与圣同忧。问翁何所笑,不为由与求。

苏轼在儋州毕竟身为贬官,不像陶渊明退身自隐田园。但他这首诗张扬的自我快乐不亚于陶渊明。就年龄来说,他的确过了"靖节年",比陶渊明那时大了十多岁,山水之游的兴趣却仍然浓。先是船行水上,任船随鸣鸥,类似他当年游于黄州赤壁之下的"纵一苇之所如"[1]。然后登上重叠的山峦,与儿子苏过一道,有酒则饮,有诗则和。这样自在的日子可谓是对陶渊明"中觞纵遥情,忘彼千载忧"的呼应。回想他在扬州的《和陶饮酒二十首》其一说:"我不如陶生,世事缠绵之。云何得一适,亦有如生时。"这时苏轼对世事不再那样纠缠。他禁不住问陶渊明,你有我这样的快乐吗?暗示自己的快乐为陶渊明所不及。诗最后是他与苏过的简单答问或说是他的自问自答。苏轼以孔子问曾晰的口吻来问苏过,

---

① 苏轼著,孔凡礼点校:《苏轼文集·赤壁赋》,北京:中华书局,1986年版,第6页。

你将过怎样的生活呢？苏过回答的"不与圣同忧"，出自《易经·系辞上》的"鼓万物而不与圣人同忧"，表明自己只想沉浸于自然中，与万物和谐相处而不忧心于天下之事。苏轼听罢，笑着说自己"不为由与求"。其中"由"即子路，他在答孔子问志向时，说自己可以治理拥有一千辆兵车的国家；"求"即冉求，他说自己可以治理方圆六七十里或者是五六十里的国家。苏轼说"不为由与求"在本质上也是不与圣人同忧，不以天下为己任。这时，苏轼的心与陶渊明靠得更近了。

尽管苏轼曾说"人间无正味，美好出艰难。早知农圃乐，岂有非意干"①，但他和陶渊明的思想有别，从上述的和陶诗中可以看出来。同时需要提到的是，陶渊明在田园诗外，还有一组很有玄言意味的哲理诗，就是他的《形影神》三首：《形赠影》《影答形》和《神释》。陶渊明的小序说："贵贱贤愚，莫不营营以惜生，斯甚惑焉。故极陈形影之苦，言神辨自然以释之。好事君子，共取其心焉。"②他把这组诗的创作用心说得很清楚，并在诗中说"形"之苦在于"得酒莫苟辞"③的以酒消忧，"影"之苦在于以酒消忧则苦身，殊不知身灭形亦尽，何不立善以传名？《神释》则说日醉促龄，立善谁誉，人生最应该做的就是"委运"即顺应天命，"纵浪大化中，不喜亦不惧。应尽便须尽，无复独多虑"。这就是所谓的"神辨自然"，把人生全然放开了，对任何事情都无所谓。

据说，苏轼和陶的《形影神》三首是在抄了陶渊明的原诗送给苏过后，随即步陶诗韵写的。在《和陶形赠影》里，他说天地运行，日月有常，形与影相依相成，忽然乘物化，岂论生灭？他做了一个梦，说"形"有哀乐，"影"也有哀乐，"梦时我方寂，偃然无所思。胡

---

① 苏轼著，孔凡礼点校：《苏轼诗集·和陶西田获早稻》，北京：中华书局，1982年版，第2315页。
② 陶渊明著，逯钦立校注：《陶渊明集·形影神》，北京：中华书局，1979年版，第35页。
③ 陶渊明著，逯钦立校注：《陶渊明集·形赠影》，北京：中华书局，1979年版，第36页。

为有哀乐,辄复随涟洏"。而在《和陶影答形》中,影之随形,被他描写得非常形象,语言也很诙谐:"我依月灯出,相肖两奇绝。妍媸本在君,我岂相媚悦。君如火上烟,火尽君乃别。我如镜中像,镜坏我不灭。"但他认为影的哀乐是形的哀乐所致,"无心但因物,万变岂有竭?"这是很自然的。不过,"形"与"影"的醉与醒都是梦,没有优劣之分,其中暗寓了苏轼的人生理念。

随后苏轼在《和陶神释》中说,"形"非金石,"影"不可能永远依附于"形",在这种情况下,既不要信成仙之道,也不要信佛教的来生,"仙山与佛国,终恐无是处";最好是追随陶渊明,在酒乡度日。不过酒醉酒醒,还是有止境,逃不脱人生的悲剧命运;最好是没了形体,那人生的好恶都不存在了,而且"既无负载劳,又无寇攘惧",完全超脱于尘俗之上。同时,他说到孔子:"仲尼晚乃觉,天下何思虑。"仲尼是孔子的字,他五十六岁时离开鲁国游说诸侯,七十岁时回到鲁国,读《易》而"韦编三绝"。"仲尼晚乃觉"正是说他读《易》的事。"天下何思虑"则出自《易经·系辞》的"天下何思何虑?天下同归而殊途,一致而百虑",苏轼用这个典故想说明的是人生还是在于自然。

这一组诗表现了苏轼思想的复杂性。他是一个怀有儒家、佛家和道家思想的人,虽说他以儒家思想为主导,但佛、道思想此起彼伏。相比之下,陶渊明的思想就单纯得多了。陶渊明想的是生命的自然、生活的自然、性情的自然,苏轼则在心态日趋平和的同时,思想在儒、佛、道之间徘徊。

苏轼在儋州写下了大量的和陶诗,这是他谪居黄州、惠州时诗文创作的延续,也是他一生的好尚。他好陶渊明的诗,也好陶渊明的率真性情与隐居田园的生活;但他做不了陶渊明,只是权将自己的谪居当隐居,其中有和陶诗之乐,也有生活之乐。当然,苏轼和陶诗的陶味和苏味兼备,他在和陶诗中习惯述史、用典,这固然是他张扬学问的方式,但诚如南宋陈善《扪虱新话》中说的,苏轼和

陶诗追求创作的工巧,也伤于工巧,不及陶渊明诗的自然。之所以
会如此,既与苏轼深谙学问且在重学问的社会氛围中相关,又与苏
轼的性情有关。他好以诗和陶,是出自对陶渊明的仰慕和与陶渊
明的性情相投;而他在和陶诗中排解自己的情绪,也从中获得新的
人生快乐,在这样的时候,却又只有自我而无陶渊明。清代王文诰
曾把屈原和苏轼相较,说道:"灵均之贬,全以怨立言,公之贬,全以
乐易为言。"① 这话虽不尽然,但苏轼在儋州,初以为苦、后以为乐则
是真的,他的和陶诗也是一个说明。同时,苏轼毕竟和陶渊明有不
同的生活际遇,这种际遇造就了他性情中的坚持和变通,这必然促
成了其和陶诗中陶味与苏味的融合。

苏轼晚年愈趋平和,诗歌创作更生活化,也更显琐碎,"和陶
诗"就是体现之一。但他的性情却依旧未改。他在儋州填过一首
《千秋岁》词,题为"次韵少游",词道:

> 岛边天外,未老身先退。珠泪溅,丹衷碎。声摇苍玉佩,
> 色重黄金带。一万里,斜阳正与长安对。 道远谁云会,罪大
> 天能盖。君命重,臣节在。新恩犹可觊,旧学终难改。吾已
> 矣,乘槎且恁浮于海。

他对自己的人生有太多的感伤,感伤过后却是"旧学终难改"
的表白,以及"吾已矣,乘槎且恁浮于海"的决绝。

最后想说的是,今人杨松冀说:"经过苏轼对陶渊明人品和诗
风的大力揄扬,陶渊明的形象才真正地在思想史和诗歌史上树立
起来。"② 虽然苏轼尽和陶诗,但用诗歌大力揄扬陶渊明的,在苏轼

---

① 苏轼著,王文诰编注:《苏文忠公诗编注集成总案·苏海识余》卷一,成都:巴蜀书
社,1985年版,第15页。
② 苏轼著,杨松冀校注:《苏轼和陶诗编年校注·前言》,北京:人民文学出版社,2016
年版,第2页。

之前有盛唐诗人李白。李白常在诗歌里吟咏陶渊明,如《赠崔秋浦三首》其一的"吾爱崔秋浦,宛然陶令风。门前五杨柳,井上二梧桐",《寄韦南陵冰余江上乘兴访之遇寻颜尚书笑有此赠》的"梦见五柳枝,已堪挂马鞭。何日到彭泽,长歌陶令前"。李白对陶渊明充满了敬慕,以陶渊明作为自己的人生榜样。当然,如果以和陶诗来看对陶渊明的高度揄扬,在古代诗歌史上唯有苏轼,无人能出其右。

十四、苏轼居儋己卯年上元夜的"得失"之问

苏轼流贬儋州北归途中,在镇江金山寺写过一首六言小诗《自题金山画像》:"心似已灰之木,身如不系之舟。问汝平生功业,黄州惠州儋州。"这首诗的前两句表现的是北归途中的心态,他已是六十五岁的老人。四十七岁时,他在黄州写下《念奴娇·赤壁怀古》,举酒酹月,吟诵"大江东去,浪淘尽、千古风流人物"。此时,这样的豪情不再,朝廷风波未平,人生已无重展宏图的可能。他用庄子的"心如死灰"说,表明自己对政治已无任何期望。回想一生,无论是升迁还是被贬,果真如不系之舟,四处漂泊,备尝酸辛,这两句诗也因此显得格外意味深长。遗憾的是,此中所折射出的人世沧桑之感,却常为后两句遮蔽;后两句直率道出的"平生功业"之问,成为他饱含人生况味的著名"自问"。所谓"功业"有流贬的深刻烙印,有何"功业"可以言说?倒是黄州、惠州、儋州三州因与苏轼命运相系,从此声名驰于天下。不过,苏轼的另一"自问"也当受到重视,那就是他在儋州感慨人生的"孰为得失"之问。

(一)儋州"上元节"的忆想与自问

己卯年即元符二年(1099)的上元夜,苏轼随当地几位老书生

游了儋州集市之后,回到家中写了随笔《书上元夜游》,全文如下:

> 己卯上元,予在儋州,有老书生数人来过,曰:"良月嘉夜,先生能一出乎?"予欣然从之。步城西,入僧舍,历小巷,民夷杂揉,屠沽纷然。归舍已三鼓矣。舍中掩关熟睡,已再鼾矣。放杖而笑,孰为得失?过问:"先生何笑?"盖自笑也,然亦笑韩退之钓鱼无得,更欲远去,不知走海者未必得大鱼也。①

这篇小文先叙己卯上元夜事,再因事有思,发点出自本心的议论,表现自己的趣味和思想。最值得注意的是,他在言及自己的所思所想时,自叙"放杖而笑",然后自问"孰为得失"。这一年,苏轼六十四岁。

上元节是北宋最重要的节日之一。《宋史·礼志》记载:"三元观灯,本起于方外之说。自唐以后,常于正月望夜,开坊市门燃灯。宋因之,上元前后各一日,城中张灯,大内正门结彩为山楼影灯,起露台,教坊陈百戏。天子先幸寺观行香,遂御楼,或御东华门及东西角楼,饮从臣。四夷蕃客各依本国歌舞列于楼下。东华、左右掖门、东西角楼、城门大道、大宫观寺院,悉起山棚,张乐陈灯,皇城雉堞亦遍设之。其夕,开旧城门达旦,纵士民观。"遵循传统习俗,北宋历朝皇帝都在汴京的宣德楼上观灯。御座两旁站立大臣、宫妃;楼下有四夷蕃客以及身着锦袍的禁卫。楼前还搭一座露台,让歌舞百戏尽展其能,万姓山呼,君臣同乐。《宋史·乐志》说:"每上元观灯,楼前设露台,台上奏教坊乐,舞小儿队。台南设灯山,灯山前陈百戏,山棚上用散乐、女弟子舞。余曲宴会、赏花、习射、观稼,凡游幸但奏乐行酒,惟庆节上寿及将相入辞赐

---

① 苏轼著,孔凡礼点校:《苏轼文集·书上元夜游》,北京:中华书局,1986年版,第2275—2276页。

酒,则止奏乐。"这些活动在孟元老的《东京梦华录》里有较多的记载。

汴京上元节的欢乐,成为文人重要的生活记忆。稍早于苏轼,欧阳修《御带花》(青春何处风光好),张先《玉树后庭花·上元》,柳永《倾杯乐》(禁漏花深)、《迎新春》(嶰管变青律)都以上元节为表现对象,尽叙上元夜之乐。晚于苏轼,从北宋入南宋的女词人李清照在《永遇乐》(落日熔金)里无限眷恋地说:"中州盛日,闺门多暇,记得偏重三五,铺翠冠儿,捻金雪柳,簇带争济楚。"她感慨北宋灭亡,江山沦陷,昔日青春已逝,欢乐不再:"如今憔悴,风鬟霜鬓,怕见夜间出去。不如向、帘儿底下,听人笑语。"苏轼亦然。他居汴京时,有诗《上元侍饮楼上三首呈同列》;贬惠州时,写了《上元夜》;到海南儋州,则是逢上元节就有诗文。

苏轼流寓儋州三年,经历了三个上元节。元符元年(1098)的上元夜,昌化军使张中邀请苏轼饮酒。苏轼在儋州家中,看着窗外挺拔的椰树,听着远远传来的阵阵风声,诗情顿涌,写了《上元夜过赴儋守召独坐有感》。第二年的上元夜,苏轼于儋州游玩过后,写了《书上元夜游》。第三年的上元夜,苏轼用《上元夜过赴儋守召独坐有感》的韵,写下《追和戊寅岁上元》。他因上元节有所思,形于诗文,成为儋州生活的重要记忆。

张中对苏轼相当友善,派士兵修建了伦江驿租给无栖居之所的苏轼居住,不意为朝廷不容,张中受牵连而被贬为雷州监司。离开海南之际,苏轼以和陶诗的形式,写了三首诗为他送行。其一《和陶与殷晋安别》说"恐无再见日,笑谈来生因";其二《和陶王抚军座送客》说"梦中无与别,作诗记忘遗",流露了对张中的深情和不舍;其三《和陶答庞参军》则为张中感慨"才智谁不如,功名叹无缘"。而《上元夜过赴儋守召独坐有感》是这样写的:

> 使君置酒莫相违,守舍何妨独掩扉。静看月窗盘蜥蜴,卧
> 闻风幔落伊威。灯花结尽吾犹梦,香篆消时汝欲归。搔首凄
> 凉十年事,传柑归遗满朝衣。

诗的首联和颔联说张中邀请苏过饮酒,他劝苏过前去,不要顾
及他而迟疑。他在家可以"静看月窗盘蜥蜴,卧闻风幔落伊威"。
海南地气潮湿,蜥蜴盘窗、伊威轻鸣是常有的现象,与它们和谐相
处也是生活的常态,可见他内心相当平静。这里需要略略交代一
下苏过。苏过(1072—1123),字叔党,为苏轼第二位妻子王闰之
所生。其上有长兄苏迈(王弗所生)、次兄苏迨(同胞兄),其下有
弟苏遁(王朝云生,幼年夭折)。苏过侍父时间最长,他在成年早
期陪伴了苏轼的晚年,在文学和绘画上受苏轼影响最深,人称"小
坡"。《宋史》没有为他哥哥苏迈和苏迨立传,却在《苏轼传》后附
了《苏过传》,可见殊荣。苏轼流寓儋州,唯有当年二十六岁的苏过
随行。

在这首诗里,苏轼恍恍惚惚想起往事。他所说的"梦",发生
在元祐八年(1093)正月十五。那时他在汴京陪哲宗皇帝过上元
节,曾写过一组《上元侍饮楼上三首呈同列》的绝句,其三说:"老
病行穿万马群,九衢人散月纷纷。归来一盏残灯在,犹有传柑遗
细君。"[①]对此诗苏轼有说明:"侍饮楼上,则贵戚争以黄柑遗近臣,
谓之传柑。"细君指他的妻子王闰之。这两个上元节相距只有五
年,而另一首诗中"搔首凄凉十年事"指元祐三年(1088)他又陷
于党争,乞任外郡,先到杭州等地,再贬惠州、儋州,真的是十年
凄凉。

《追和戊寅岁上元》是他自我唱和之作,诗前自跋:"戊寅上

---

① 苏轼著,孔凡礼点校:《苏轼诗集·上元侍饮楼上三首呈同列》,北京:中华书局,
1982 年版,第 1956 页。

元在儋耳,过子夜出,余独守舍,作迨字韵诗。今庚辰上元,已再期矣。家在惠州白鹤峰下。过子不眷妇子,从余来此,其妇亦笃孝。怅然感之,故和前篇,有'石建''姜庞'之句。又复悼怀同安君,末章故复有'牛衣'之句,悲君亡而喜余存也。书以示过,看余面,勿复感怀。"① 全诗如下:

春鸿社燕巧相违,白鹤峰头白板扉。石建方欣洗腧厕,姜庞不解叹螭蜮。一匏京口嗟春梦,万炬钱塘忆夜归。合浦卖珠无复有,当年笑我泣牛衣。

这首诗比《上元夜过赴儋守召独坐有感》更有意味。诗以"春鸿社燕巧相违"喻苏过与妻子的分离,以西汉孝子石建、东汉孝子姜诗及其妻庞氏说苏过夫妇之孝;同时想到自己当年与苏过的母亲同安君王闰之的甘苦与共,吟出"合浦卖珠无复有,当年笑我泣牛衣"的诗句。这里用的是西汉王章的故事:王章穷病,卧牛衣中,与妻子诀别,妻子怒斥王章应激昂而非涕泣。后王章官至京兆尹,上封事而下狱死,其妻迁到合浦,采珠致富,并赎回原来的田地房产。苏轼的这些忆想,是对王闰之的思念,情真意切。但与第二个上元节的情绪和思想的表达很不相同。

元符二年(1099)上元夜,苏轼应几位老书生相邀,逛儋州城。他们进寺庙、穿小巷,看到汉黎百姓和谐相处,卖肉的、卖酒的,嘈杂熙攘,热闹非凡。那时的儋州集市很热闹,他曾在一篇教诲江阴人葛延之怎样写文章的小文里,以儋州集市打过比方,说写文章的关键是要以"意"统摄,就像在儋州集市买东西需要用"钱"一样。苏轼对儋州集市情况的叙说和描写,只是通常的情形。他回到家

---

① 苏轼著,孔凡礼点校:《苏轼诗集·追和戊寅岁上元》,北京:中华书局,1982年版,第2345页。

里,已是三更,儿子苏过虚掩着门睡着了。他"放杖而笑"的声音,惊醒了苏过,也引出了"孰为得失"之问。这"孰为得失"问的是他被贬海南儋州,是"得"还是"失",其中有深厚的人生内涵。

苏轼在儋州还有一问也很有意味。他在《自述》一文说:"嗟呼,渊明不肯为五斗米一束带见乡里小儿,而子瞻出仕三十余年,为狱吏所折困,终不能悛,以陷大难。"然后问:"欲以桑榆之末景,自托于渊明,其谁肯信之!"①苏轼自流贬黄州始,因自己的遭遇而仰慕陶渊明,唱和陶渊明的《归去来兮辞》,将《归去来兮辞》檃栝为词《哨遍》(为米折腰),甚至说陶渊明是他的前身。他在儋州,遍和陶渊明诗,而担心没有人相信他在晚年把余身依托于陶渊明。陶渊明不愿为五斗米折腰向乡里小儿,在辞去彭泽县令回到田园之后,归于静穆。虽然苏轼的儋州诗多有平和,但未达到陶诗静穆的境界。他本性难改,刚上岛时,从琼州赴儋州途中写下的《儋耳山》,有"突兀隘空虚,他山总不如。君看道旁石,尽是补天余"之句;最后离开海南所写的《六月二十日夜渡海》,依旧充满了愤懑和自得。他欲自托渊明,果真是"其谁肯信"。

(二)儋州印象的原色与自我调适

苏轼接到被贬儋州的诏书和初到儋州时,对海南的感觉非常不好。他在给朋友王敏仲的信中说:"某垂老投荒,无复生还之望。昨与长子迈决,已处置后事矣。今到海南,首当作棺,次便作墓,乃留手疏与诸子,死即葬于海外。"②这固然是他对自己人生的安排,而这一安排出自他的"海南感觉"。苏轼从广东徐闻的递角

---

① 苏轼著,孔凡礼点校:《苏轼文集·自述》,北京:中华书局,1986年版,第2550页。
② 苏轼著,孔凡礼点校:《苏轼文集·与王敏仲其十六》,北京:中华书局,1986年版,第1695页。

场渡海,登上海南岛,再从琼州到儋州。他在给宋哲宗报告业已到达时说:"臣孤老无托,瘴疠交攻,子孙恸哭于江边,已为死别,魑魅逢迎于海外,宁许生还? 念报德之何时,悼此心之永已。俯伏流涕,不知所云。"① 后来,他又住在仓促建起的桃榔庵,说此庵"海氛瘴雾,吞吐吸呼;蝮蛇魑魅,出怒入娱"②。如此恶劣的环境,怎么能够生存得下去? 他还对友人程儒秀才说:"仆离惠州后,大儿房下亦失一男孙,亦悲怆久之,今则已矣。此间食无肉,病无药,居无室,出无友,冬无炭,夏无寒泉,然亦未易悉数,大率皆无耳。惟有一幸,无甚瘴也。近与小儿子结茅数椽居之,仅庇风雨,然劳费已不赀矣。赖十数学生助工作,躬泥水之役,愧之不可言也。"③ 这当是他初到儋州时生活状态最真实的写照。所需"大率皆无",难怪他在给另一位友人张逢的信中说自己"久逃空谷,日就灰槁而已"。这样艰难的生活处境,在他的儋州诗中也有反映。如《和陶连雨独饮二首》的小引说,"吾谪海南,尽卖酒器以供衣食"④,从中可见一斑。

本来苏轼贬惠州后,先住合江楼、嘉祐寺,再筑室白鹤峰,让长子苏迈携家人来团聚,生活渐趋安逸。接着,很意外地又贬儋州,何况他当时已是六十二岁的老人了。儋州与惠州一海相隔,但对儋州的未知增长了他的恐惧感。所幸这恐惧期很短暂,随后他融入了海南,爱上了海南。

苏轼之所以会如此,一方面与生活大环境的改变有关。他当年因不赞同王安石变法而被连续外放为地方官时,说过一句深有

① 苏轼著,孔凡礼点校:《苏轼文集·到昌化军谢表》,北京:中华书局,1986年版,第707页。
② 苏轼著,孔凡礼点校:《苏轼文集·桃榔庵铭》,北京:中华书局,1986年版,第570页。
③ 苏轼著,孔凡礼点校:《苏轼文集·与程秀才其一》,北京:中华书局,1986年版,第1628页。
④ 苏轼著,孔凡礼点校:《苏轼诗集·和陶连雨独饮二首序》,北京:中华书局,1982年版,第2252页。

意味的话："余性不慎语言,与人无亲疏,辄输写腑脏,有所不尽,如茹物不下,必吐出乃已。而人或记疏以为怨咎,以此尤不可与深中而多数者处。"① 其后,他在《思堂记》里说得更加激烈:"言发于心而冲于口,吐之则逆人,茹之则逆余。以为宁逆人也,故卒吐之。"② 宁逆于人而吐,真要勇气和胆量。苏轼的理由是:"君子之于善也,如好好色;其于不善也,如恶恶臭。岂复临事而后思,计议其美恶,而避就之哉! 是故临义而思利,则义必不果,临战而思生,则战必不力。若夫穷达得丧,死生祸福,则吾有命矣。""有命"说也即对既定命运的接受,让他一仍率性,即使身在儋州,还因头戴椰子冠而生发出"更着短檐高屋帽,东坡何事不违时"的感慨,与他一生的行事相勾连。但他所交者多为当地百姓,少与旧友来往,因为他担心自己负罪在身,可能会连累到他们。他刚到海南时,曾对琼州太守张景温说:"某垂老投荒,岂有复见之期? 深欲一拜左右,自以罪废之余,当自屏远,故不敢扶病造前,伏冀垂察。"尽管他在儋州多有诗文,但他的诗多叙说日常琐碎生活,和陶诗、与弟弟苏辙的唱和诗等都是如此;而文章除通信和记录日常生活、思想的札记、随笔外,多涉历史,如《论管仲》《论范蠡》《论商鞅》《论封建》等。这些文章尽管就历史事实生发出了一点人生道理和感叹,但与社会现实还是保持了一定的距离。

另一方面,与苏轼对心境的自我调适有关。元符元年(1098)九月十二日,他在与客人饮酒略有醉意之后,信笔写了当时的想法:

> 吾始至南海,环视天水无际,凄然伤之,曰:"何时得出此岛耶?"已而思之:天地在积水中,九州在大瀛海中,中国在少海中,有生孰不在岛者? 覆盆水于地,芥浮于水,蚁附于芥,

---

① 苏轼著,孔凡礼点校:《苏轼文集·密州通判厅题名记》,北京:中华书局,1986 年版,第 376 页。

② 苏轼著,孔凡礼点校:《苏轼文集·思堂记》,北京:中华书局,1986 年版,第 363 页。

茫然不知所济。少焉,水涸,蚁即径去,见其类,出涕曰:"几不
复与子相见,岂知俯仰之间,有方轨八达之路乎?"念此可以
一笑。①

此前,他还有《行琼、儋间……》诗,诗中的"登高望中原,但见
积水空。此生当安归,四顾真途穷",与这里说的"环视天水无际"
相类。那时他觉得无路可走,北归只是遥远的梦。可现在他想到
了战国时齐国邹衍的天地观:"中国名曰赤县神州。赤县神州内自
有九州,禹之序九州是也,不得为州数。中国外如赤县神州者九,
乃所谓九州也。于是有裨海环之,人民禽兽莫能相通者,如一区中
者,乃为一州。如此者九,乃有大瀛海环其外,天地之际焉。"②邹衍
对天地的认识并不清晰,泛言神州之内有九州、中国之外有九州,
以见天下之大,所有的州都在海水的包围之中。苏轼说,有谁不是
生活在被海水包围的岛上呢?既然如此,那么生活在海南岛与生
活在大陆不是一样吗?

这里,苏轼还发展了《庄子·逍遥游》"覆杯水于坳堂之上,则
芥为之舟"的比喻,开了一个玩笑。为水所困的蚂蚁最终有四通八
达的道路,人生何处不是四通八达的道路呢?他豁然开朗。原以
为是人生绝境的海南,此时不再是人生绝境了,他放松身心,开启
了自我快乐的生活之门。所以他在《与侄孙元老四首》其一中说
自己和儿子苏过相对,尽管像两个苦行僧,"然胸中亦超然自得,不
改其度"③。

更何况,他的生活空间也有了变化,从桄榔庵搬到了新居,
新居的环境不像桄榔庵那么恶劣。当年他躬耕于黄州东坡,现

① 苏轼著,孔凡礼点校:《苏轼文集·试笔自书》,北京:中华书局,1986 年版,第 2549 页。
② 司马迁:《史记·孟子荀卿列传》,北京:中华书局,1959 年版,第 2344 页。
③ 苏轼著,孔凡礼点校:《苏轼文集·与侄孙元老四首其一》,北京:中华书局,1986 年
版,第 1841 页。

在则如《新居》诗中写道："结茅得兹地,翳翳村巷永。数朝风雨凉,睡菊发新颖。俯仰可卒岁,何必谋二顷。"他逐渐适应了儋州生活,这使得他在儋州度过的第二个上元节与第一个上元节截然不同。

在《书上元夜游》里,苏轼说苏过问他"何笑",他说是"自笑",这样简洁含混的表达让人很难明白他笑的是什么。也许是想到朝廷把他贬到儋州,本想让他备尝生活的艰辛以作惩戒,而他的确有过缺食少医以及内心恐惧的痛苦,现在却享受着安逸的生活,尽管远离了家乡和京城。苏轼以"放杖而笑"表现出的人生达观,让人想起他在惠州时写下的《记游松风亭》,这篇游记同样短而有趣:

> 余尝寓居惠州嘉祐寺,纵步松风亭下,足力疲乏,思欲就林止息。仰望亭宇,尚在木末,意谓如何得到。良久忽曰:"此间有什么歇不得处?"由是心若挂钩之鱼,忽得解脱。若人悟此,虽两阵相接,鼓声如雷霆,进则死敌,退则死法,当恁么时,也不妨熟歇。

而这都不过是随缘委命的另一种表达,一切皆顺应自然而已。

苏轼在《书上元夜游》的"笑"还在继续,他说自己"亦笑韩退之钓鱼无得,更欲远去,不知走海者未必得大鱼也"。韩愈写过一首《赠侯喜》的诗,诗中叙说和侯喜一道钓鱼,"晡时坚坐到黄昏,手倦目劳方一起",好不容易有所得,所得却是一寸长的小鱼。于是韩愈说他自己的人生也是这样,"半世遑遑就举选,一名始得红颜衰",生活没有什么趣味;感慨"人间事势岂不见,徒自辛苦终何为。便当提携妻与子,南入箕颍无还时",并劝侯喜"君欲钓鱼须远去,大鱼岂肯居沮洳"。"箕颍"是河南登封东南的箕山和颍水,相传是唐尧时隐士许由隐居的地方。显然韩愈是劝同乡侯喜不要入仕,最好还是过隐居生活。但苏轼说,韩愈以为远去就可以钓到大鱼,其实不尽然;再说远也是钓鱼,近也是钓鱼,是很无所谓的事。意思是隐于箕山、颍水是隐,隐于朝市也是隐,何必一定要远离朝市呢? 何况自西汉东方朔以来,就有"大隐隐于朝,小隐隐于野"的说法。苏轼这种无所谓的态度和他在《记松风亭游》中说的"此间有什么歇不得处"的情怀相一致,关键是自己的心态。

(三)流寓儋州"得失"的自解与北归

北归是苏轼的心结,他流寓儋州之初就想北归。在渡过琼州海峡到海南儋州之前,他曾手抄自撰的《松醪赋》(一名《中山松醪赋》),以抄写的正误预测海南之行是否有北归的可能,当时无一错漏,他欣欣然喜形于色。而南宋朱弁的《曲洧旧闻》说:"东坡在儋耳,谓子过曰:'吾尝告汝,我决不为海外人。近日颇觉有还中州气象。'乃涤砚索纸笔焚香,曰:'果如吾言,写吾平生所作八赋,当不脱误一字。'既写毕,读之大喜,曰:'吾归无疑矣!'"这传说确有真实的影子。但那时他念及会老死海南,对北归不敢奢望。徽宗即位,大赦天下,使他的北归成为现实。他一时兴奋至极,形于文,道是"虽天地有化育之德,不能使臣之再生;虽父母有鞠育之恩,不能全臣于必死。报期碎首,言岂渝心"[1],对徽宗感恩不尽;形于诗,便是"垂天雌霓云端下,快意雄风海上来"[2],并在元符三年(1100)乘舟离开海南时写下了《六月二十日夜渡海》:

---

[1] 苏轼著,孔凡礼点校:《苏轼文集·移廉州谢上表》,北京:中华书局,1986年版,第717页。

[2] 苏轼著,孔凡礼点校:《苏轼诗集·儋耳》,北京:中华书局,1982年版,第2363页。

> 参横斗转欲三更,苦雨终风也解晴。云散月明谁点缀,天容海色本澄清。空余鲁叟乘桴意,粗识轩辕奏乐声。九死南荒吾不恨,兹游奇绝冠平生。

这首诗别有意味。参横斗转、苦雨终风之喻,说自己流贬生活终于结束,迎来了渴盼已久的北归的这一天。其"苦雨终风"用了《诗经·终风》"终风且暴"等典故,表明他对流贬生活的基本认知,而这迫害终于成为过去。无论"云散月明谁点缀"中是否暗含了对施害者章惇等人的批评,"天容海色本澄清"里闪烁着的是依然故我的苏轼形象。"鲁叟"孔子曾说过"道不行,乘桴浮于海",黄帝轩辕氏曾"张咸池之乐于洞庭之野","奏之以人,征之以天,行之以礼义,建之以大清"①。而苏轼说,他不再想漂泊江湖、独善其身,似乎能够理解徽宗重振山河之意,他也可以再有所作为了。但他最后说的"九死南荒吾不恨,兹游奇绝冠平生"与上面三联没有逻辑联系,"兹游奇绝"是他的海南之"得",这一"得"他宁愿用生命作交换。

苏轼流寓海南不单纯是"兹游奇绝"。此前他写了《别海南黎民表》,说出"我本海南民,寄生西蜀州。忽然跨海去,譬如事远游。平生生死梦,三者无劣优。知君不再见,欲去且少留"。首句"我本海南民"一作"我本儋耳人"。他起初说自己会死在海南,表示到海南要做棺造墓,那是对海南无知时本能的恐惧,那时他不愿做一个海南人。而这时本是眉州人的他,居然说自己是海南人;现在要离开海南,不过是出门远游,有一天还会回来的。他忽然说"平生生死梦,三者无劣优",生犹死、死犹生,生生死死,又都像一场梦。他在定州写过一首《被命南迁,途中寄定武同僚》,诗里写道:"人事千头及万头,得时何喜失时忧。只知紫绶三公贵,不觉黄粱一梦

---

① 郭庆藩:《庄子集释·天运》,北京:中华书局,1961 年版,第 501—502 页。

游。"人生如梦,得无须喜,失无须忧,以至于生、死、梦被视为一体,这又可见出庄子梦蝶、生死齐同的影响。尽管如此,他毕竟表白了"我本海南民",对海南由衷的爱都在其间。海南拥有他,他也拥有海南,这时,曾经的人生之失不觉演化为人生之得了。

元丰八年(1085),苏轼写过一首称赞友人王定国的歌伎宇文柔奴的《定风波》。那时王定国受"乌台诗案"的牵累,被贬为宾州监酒,南迁北归后,与苏轼相遇。苏轼问柔奴:"广南风土,应是不好?"柔奴回答:"此心安处,便是吾乡。"苏轼深为感动,在这首词的上阕称赞柔奴貌美歌甜,下阕则引入了自己和柔奴的对话,词的收束就是柔奴说的"此心安处是吾乡"。白居易曾写过"身心安处为吾土""大抵心安即是家",柔奴这一说法是否源于白居易不得而知,但苏轼在引述中使之成为他自己对人生的认同。这与他十年前在密州任上写的《超然台记》说自己"无往而不乐者,盖游于物之外也"并不一样。"此心安处"是现实的,是苏轼习惯表达的"随缘委命"。所以他会对侄孙元老说:"海南连岁不熟,饮食百物艰难,及泉、广海舶绝不至,药物鲊酱等皆无,厄穷至此,委命而已。"[①]"委命"无奈,却也是心安的另一种表述方式。而他的"游于物外"在谪居黄州时所写的《赤壁赋》里有这样的描写:"且夫天地之间,物各有主,苟非吾之所有,虽一毫而莫取。惟江上之清风,与山间之明月,耳得之而为声,目遇之而成色,取之无禁,用之不竭。是造物者之无尽藏也,而吾与子之所共适。"这二者都有助于苏轼淡化人生之失,甚至化人生之失为人生之得。

苏轼在黄州时的《记承天寺夜游》负有盛名。试对现行的《中国散文史》《中国古代散文史》《中国古代散文发展史》等进行调查,各史引用最多的苏轼作品即《记承天寺夜游》,其次是《前赤壁

---

① 苏轼著,孔凡礼点校:《苏轼文集·与侄孙元老书》,北京:中华书局,1986年版,第1841页。

赋》,随后是《文与可画筼筜谷偃竹记》《方山子传》《石钟山记》《超然台记》。这是很有意思的现象。《记承天寺夜游》与《书上元夜游》可以一比,不妨把它引在这里:

> 元丰六年十月十二日,夜,解衣欲睡,月色入户,欣然起行。念无与为乐者,遂至承天寺,寻张怀民。怀民亦未寝,相与步于中庭。庭下如积水空明,水中藻荇交横,盖竹柏影也。何夜无月?何处无竹柏?但少闲人如吾两人者耳。

人们重视这篇小文的原因是它情景交融产生的优美与韵味,刘振东说它写苏轼"贬谪中自我排遣的特殊心境","清冷的月光和清冷的心境交融在一起,充满诗情画意"①。漆绪邦说:"此文几笔写出一个澄净空明的境界,如诗如画,'何夜无月,何处无竹柏,但少闲人如吾两人耳'数语,起着三毛传神的作用。而笔墨之精,也令人叹为观止。苏轼的散文艺术,此时确已到炉火纯青的地步了。"②而《书上元夜游》是叙事和说理的融合。这两篇相隔近二十年的小文,写作方法与风格迥异,但淡然、不在意得失的人生趣味相近。只是《记承天寺夜游》中二人在享受月下美景时忘却了外部世界;而《书上元夜游》则描绘了月下集市之乐,记取的不是外部世界的名利,而是平淡的百姓生活。

这一年上元节过后,立春时苏轼填了一首《减字木兰花·己卯儋耳春词》:"春牛春杖,无限春风来海上。便丏春工,染得桃红似肉红。 春幡春胜,一阵春风吹酒醒。不似天涯,卷起杨花似雪花。"词中一连用了七个"春"字,立春之际的儋州是这样充满了浓浓的春意。苏轼依旧心情很好,分明是天涯的儋州,这时他说"不

---

① 刘振东等:《中国古代散文发展史》,郑州:中州古籍出版社,1991 年版,第 429 页。
② 漆绪邦主编:《中国散文通史》,长春:吉林教育出版社,1994 年版,第 1004 页。

似天涯",因为杨花飞舞起来像北方的雪花。他把儋州和北方连接在一起,是心底北方情结的含蓄显现。这里说到杨花,他曾写过一首《水龙吟·次韵章质夫杨花词》,以拟人的手法把飘摇欲坠的杨花写成恋郎的娇羞美女,最后说"春色三分,二分尘土,一分流水。细看时,不是杨花,点点是离人泪",满是悲情,不像这里"卷起杨花似雪花"全是乐意。这时的苏轼难以掩饰逢春的无比愉悦,哪里像身处天涯的贬官? 不说酒让他醉,春也让他醉了。难怪《书上元夜游》里的"放杖而笑,孰为得失"尽显人生快乐,在这样的快乐中,是"失"还是"得"呢?

苏轼北归是从量移廉州开始的。他在给徽宗的《移廉州谢上表》里说:"使命远临,初闻丧胆。诏词温厚,亟返惊魂。拜望阙庭,喜溢颜面。否极泰遇,虽物理之常然;昔弃今收,岂罪余之敢望。伏膺知幸,挥涕无从。"果真是喜极而泣,他压抑在内心、看似已经远去的"北归"之念在那一刻泛起,以至于说出"否极泰遇"的话来。随后他被授舒州团练副使,着永州安置,还没有抵达永州就改任朝奉郎、提举成都玉局观。然而苏轼在北归途中因暑热(他自言是"瘴毒")病倒了,建中靖国元年(1101)六月中旬到常州,生命危殆。他最后一次给朝廷上书,即《乞致仕状》,其中说自己"于五月间至真州,瘴毒大作,乘船至润州,昏不知人者累日。今已至常州,百病横生,四肢肿满,渴消唾血,全不能食者,二十余日矣。自料必死。臣今行年六十有六,死亦何恨,但草木昆虫有生之意,尚复留恋圣世,以辞此宠禄,或可苟延岁月,欲望朝廷哀怜,特许臣守本官致仕"①。七月二十八日,苏轼在常州溘然长逝,距离元符三年(1100)六月二十日离开海南只有一年多时间。如果苏轼不离开海南,他依然会在海南百姓中时时"放杖而笑",还会有儋州所写

---

① 苏轼著,孔凡礼点校:《苏轼文集·与侄孙元老书》,北京:中华书局,1986年版,第2431页。

的《被酒独行》那样的生活："总角黎家三四童,口吹葱叶送迎翁。莫作天涯万里意,溪边自有舞雩风。"尽管身在儋州,却有着像孔子所希求的晚春"浴乎沂,风乎舞雩,咏而归"的美妙状态。自由自得之下,哪还有贬官流寓的悲愁?

韩愈曾说贬死柳州的柳宗元:"子厚斥不久,穷不极,虽有出于人,其文学辞章,必不能自力以致必传于后如今,无疑也。虽使子厚得所愿,为将相于一时,以彼易此,孰得孰失,必有能辨之者。"①这话是说为将相于一时,倒不如为文学辞章流传永久;失于将相而得于文学辞章,人生有更大的意义。我们固然可以以此来审视苏轼,但他本可以流寓儋州,安享余生,最终却在北归途中死于暑热,北归之"得"又成了永辞人世之"失",人生的"得"与"失"就是这样纠结。

---

① 韩愈著,屈守元等校注:《韩愈全集校注·柳子厚墓志铭》,成都:四川大学出版社,1996 年版,第 2393 页。

十五、苏轼"死不扶柩"
与"葬我嵩山"辩说

苏轼病逝常州,苏辙从其愿,葬之于郏县小峨眉山。河南刘继增《三苏为什么葬在郏县》一文中就三苏(实为苏轼、苏辙)之葬地归纳了明以来学者的五点看法:一是形胜,郏之山水类似家乡峨眉山;二是家境不济,无力归葬;三是表示对皇帝的忠诚;四是祭祀方便,时苏氏子孙居颍昌;五是郏县小峨眉山土厚水深,宜于安息。他首肯第五种说法,认为有苏轼、苏辙文字为证。但他没有说苏轼为何没有归葬于眉山父母的坟墓旁。[①]此外,说者尚多,多就苏轼为何葬郏发论,如乔建功《三苏葬郏考略》一书,在《苏轼葬郏探因》一文中提出苏轼葬郏有"练汝说""形胜说""求是说",然后将之归结为无奈中的选择。还有洪本健谈欧阳修致仕后未归江西吉安事,他同时列举了赵普、杜衍、范仲淹、范镇、苏轼、苏辙等人死后未归葬故里事,说上述这些大臣葬地集中在河南不是偶然的,功绩卓著的大臣葬在巩县的皇陵区,是皇帝的隆盛褒奖,然后说:"北宋诸多大臣虽未陪葬于巩县,但都葬于两京(东京开封、西京洛阳)一带,显然是归葬原籍之外的一种充满荣耀的选择。当然,大臣们卒葬河南,跟他们未归本籍养老有关,如不少大臣在洛阳养老,有田宅庄园置于彼处,辞世后也就安葬于洛阳的周围。由此看来,欧

---

① 见《文史知识》2010 年第 11 期,第 152—154 页。

阳修致仕后居于颍州,逝世后葬于离颍州不远而位于两京之间的新郑,应视之为顺理成章之举。"① 那么,苏轼葬郏,是"一种充满荣耀的选择"。

苏轼葬郏诸说且置而不论,本文欲说的是,苏轼为何没有归葬故乡眉山。他自己有"死不扶柩"为"东坡家风"说,最终还是死亦扶柩,只是没有扶柩回眉山,而是扶柩到了郏县嵩山。这让人疑惑,故有必要再作探讨,以明究竟。

（一）"死不扶柩"的"东坡家风"说

苏轼有一封信常为人引用,这就是《与王敏仲书》其十六。全信如下:

> 某垂老投荒,无复生还之望,昨与长子迈诀,已处置后事矣。今到海南,首当作棺,次便作墓,乃留手疏与诸子:死即葬于海外,庶几延陵季子嬴博之义。父既可施之子,子独不可施之父乎？生不挈棺,死不扶柩,此亦东坡之家风也。此外燕坐寂照而已。②

这封信写于他在惠州接到再贬海南、安置昌化军做琼州别驾的诏令后。那时,再贬诏令让他聚儿孙于惠州的生活瞬间破灭。且他对一海之隔的海南疏于了解,所以说了一句让世人也为他悲伤不已的话,"今到海南,首当作棺,次便作墓",自以为必死于海南无

---

① 洪本健:《欧阳修致仕卒葬未归江西刍议》,湖州师范学院学报,2001 年第 8 期,第 39 页。
② 苏轼著,孔凡礼点校:《苏轼文集·与王敏仲书》,北京:中华书局,1986 年版,第 1695 页。

疑。他心怀死志,与长子苏迈及诸孙诀别,后来又与弟弟苏辙在徐闻诀别,只携小儿苏过渡琼州海峡赴海南儋州,一去便是三年。这信还有一句话引人高度关注,即"生不挈棺,死不扶柩,此亦东坡之家风也"。按字面的意思当是:活着,不携棺同行;死后,不扶柩还乡。他说这是"东坡家风",合于庄子的顺应自然、陶渊明的自然迁化,死在哪儿就埋在哪儿。庄子告诉弟子,说自己死后的葬法是扔在荒郊野外,乌鸢要吃就做乌鸢的食物,不必埋在地下做蝼蚁的食物。而苏轼说死后棺材是要的,坟墓也是要的。庄子死后,葬地莫考,今山东东明的庄子墓乃后人所建;陶渊明辞官归乡,死后葬在家乡九江。

这里"生不挈棺"的"挈棺",孔凡礼《苏轼文集》据《永乐大典》所收《东坡先生外集》,而四库文渊阁本作"挈家"。"挈棺"说让人费解,因为苏轼在惠州时,无作棺之事,怎会携棺同行? 再则,既然携棺同行,又怎会到海南"首当作棺,次便作墓"? 而他不携家同行则是真的,故表明把家眷留在惠州。因此,当以"生不挈家"为是——随他前往海南的只有小儿苏过,并无长子苏迈及诸孙等家眷。苏轼以此为家风,好像回答了他死后为什么没有回乡的问题。死在哪里就埋在哪里,回乡就不必了。因此,他估计自己贬到海南后性命不保,告诉友人王敏仲,说是将来就埋在海南,不必扶柩还乡。然而苏轼是否有这样的家风,细想有点问题。

苏洵著有《苏氏族谱》,自言"苏氏出自高阳,而蔓延于天下"[1]。高阳是五帝之一的颛顼,《史记》有传。高阳是苏氏的远祖,从高阳以降,苏洵历数诸祖,近祖是唐武后时代的眉州刺史苏味道。苏洵说:"眉之苏,皆宗益州长史味道。"[2] "味道"即苏味道

---

[1] 苏洵著,曾枣庄等笺注:《嘉祐集笺注·苏氏族谱》,上海:上海古籍出版社,1993 年版,第 373 页。

[2] 苏洵著,曾枣庄等笺注:《嘉祐集笺注·族谱后录》,上海:上海古籍出版社,1993 年版,第 379 页。

（648—705），赵州栾城（今河北栾城）人，唐武则天时官至凤阁鸾台平章事。但苏氏的家世、家风仍不清晰。苏洵也不讳言："自吾之前，而吾莫之知焉，已矣；自吾之后，而莫之知焉，则从吾《谱》而益广之，可以至于无穷。"[①] 苏洵的父亲苏序也说过类似的话，先人已亡，先世之行不及有闻。故不知苏洵这一支何时不再归葬栾城。苏序少孤，喜为善而不好读书，他与夫人史氏育有三子，苏洵行三。年轻时，苏洵受其父性情影响，也不好读书，二十七岁折节读书，赖夫人程氏支撑家庭生活，养育儿女。程夫人喜读书而识大义，治家睦邻，居乡甚有美誉。嘉祐二年（1057），苏轼、苏辙兄弟在京城为同榜进士，名震天下；同年，程夫人不幸病逝于家乡眉山，享年四十八岁。苏洵非常伤心，急率二子还乡奔丧，还在《祭亡妻文》中写道："与子相好，相期百年。不知中道，弃我而先。我徂京师，不远当还。嗟子之去，曾不须臾。子去不返，我怀永哀。"他的悲痛且不说。治平三年（1066），五十八岁的苏洵卒于京师，轰动一时，"自天子辅臣至闾巷之士，皆闻而哀之"[②]。司马光前来吊唁时，苏轼、苏辙兄弟请求他为母亲程夫人写一篇墓志铭；同时，请欧阳修为父亲写墓志铭，请曾巩写哀辞。司马光在《苏主簿夫人墓志铭》中记其事：

> 治平三年夏，苏府君终于京师，光往吊焉。二孤轼、辙哭且言曰："今将奉先君之枢归葬于蜀。蜀人之祔也，同垄而异圹。日者吾母夫人之葬也，未之铭，子为我铭其圹。"光固辞不获命，因曰："夫人之德，非异人所能知也，愿闻其略。"二孤奉其事状，拜以授光。[③]

① 苏洵著，曾枣庄等笺注：《嘉祐集笺注·族谱后录》，上海：上海古籍出版社，1993年版，第380页。
② 曾巩著，陈杏珍等点校：《曾巩集》，北京：中华书局，1984年版，第560页。
③ 司马光著，李文泽等校点：《司马光集》，成都：四川大学出版社，2010年版，第1554页。

曾巩在《苏明允哀辞》里说：

> 治平三年春，明允上其礼书，未报。四月戊申以疾卒，享年五十有八……二子，轼为殿中丞直史馆，辙为大名府推官。其年，以明允之丧归葬于蜀地，既请欧阳公为其铭，又请余为辞以哀之，曰：铭将纳之于圹中，而辞将刻之于冢上也。余辞不得已，乃为其文。①

这说明苏轼兄弟很重视为父母死后留名，司马光、欧阳修、曾巩均为一时名流。有司马光的《苏主簿夫人墓志铭》，程夫人不朽；有欧阳修的《故霸州文安县主簿苏君墓志铭》、曾巩的《苏明允哀辞》，苏洵不朽。另外，苏轼还请曾巩为他祖父苏序作墓志铭，他曾给曾巩写信说，自己十二岁时，祖父去世，他还记得祖父的为人以及当时父亲想请曾巩作墓志铭的事，当时未就。直到治平三年（1066）他送父亲的灵柩回乡，"偶与弟辙阅家中旧书，见先君子自疏录祖父事迹数纸，似欲为行状未成者，知其意未尝不在于此也"②，故在熙宁元年（1068）请曾巩为祖父作墓志铭。曾巩在《赠职方员外郎苏君墓志铭》中也叙及此事。这反映了苏轼与祖父苏序之间的关系，其孝亲也可从这几件事反映出来。曾巩还因与苏轼是同榜进士，亲切地称他为"同年友"。

苏轼把父母葬在眉州彭山安镇乡，还遵父嘱将死于京城的妻子王弗移葬在父母墓旁，这说明苏家习惯归葬，并非"死不扶柩"。"东坡家风"说，当是苏洵死后苏轼自立，告诉其子在他死后当如是。苏轼对生死是很通达的，但在人生尽头，还是流露出了对生的留恋和对死葬的在意。他死于常州，没有按自己的"东坡家风"说

---

① 曾巩著，陈杏珍等点校：《曾巩集》，北京：中华书局，1984 年版，第 560—561 页。
② 苏轼著，孔凡礼点校：《苏轼文集·与曾子固》，北京：中华书局，1986 年版，第 1467—1468 页。

葬在常州,而是让三子扶柩葬于嵩山。

苏轼一生,因父母之死两次回乡,其后再没有回乡。《东坡志林》中有一则逸事:"今年吾当请广陵,暂与子由相别。至广陵逾月,遂往南郡,自南郡诣梓州,溯流归乡,尽载家书而行,迤逦致仕,筑室种果于眉,以须子由之归而老焉,不知此愿遂否? 言之怅然也。"① 据说这是元祐七年(1092)苏轼知扬州军州事以前的事,最后他说"不知此愿遂否"。所谓回乡,显然没有如愿,因为接下来他从颍州到扬州,离开扬州又回京城做了兵部尚书,除端明殿学士兼翰林侍读学士。他还在其他诗文里流露过回乡的念头。熙宁七年(1074)他在杭州通判任上,将赴密州做太守,与四川绵竹人杨元素小聚话别,填了《南乡子·和杨元素,时移守密州》,词中说:"何日功成名遂了,还乡。醉笑陪公三万场。"这虽是对立功和还乡的畅想,总还有还乡之念。元丰二年(1079)苏轼在湖州时,见湖州湖山风光美丽,自己"衰病不堪烦,但有归蜀之兴耳"②,这也只是说说而已,没有付诸践行。元丰六年(1083),他贬居黄州时有《临江仙》(诗句端来磨我钝)给弟弟苏辙,词中说"应念雪堂坡下老,昔年共采芸香。功成名遂早还乡"。从海南北归途中,改授舒州团练副使,安置永州,他在谢表里说:"天日弥高,徒极驰心于魏阙;乡关入望,尚期归骨于眉山。"③ 表达了生感陛下之恩,死则葬于家乡眉山的意愿。又对郑靖老说:"本意专欲归蜀,不知能遂此计否? 蜀若不归,即以杭州为佳。朱邑有言:'子孙奉祀我,不如桐乡之民。'"④ 朱邑是西汉良吏,入《汉书·循吏传》。他曾为桐乡吏,因桐乡人爱

---

① 苏轼著,王松龄点校:《东坡志林·请广陵》,北京:中华书局,1981年版,第31页。
② 苏轼著,孔凡礼点校:《苏轼文集·答范纯夫其一》,北京:中华书局,1986年版,第1454页。
③ 苏轼著,孔凡礼点校:《苏轼文集·谢量移永州表》,北京:中华书局,1986年版,第719页。
④ 苏轼著,孔凡礼点校:《苏轼文集·与郑靖老其四》,北京:中华书局,1986年版,第1676页。

之,故死前嘱其子葬他于桐乡,说子孙的奉祀不及桐乡百姓。苏轼的意思是死后首选归蜀,如不能,则归葬杭州。他曾两次为官杭州,为民拥戴。但他终究没有回乡,归蜀或归骨眉山没能实现,也没有以杭州为安息地。另外,他曾给堂兄苏不危写信,感谢他照管父母坟墓。并说自己倦游在外,心情有时不好,想回乡为父母扫墓,以尽孝道。

(二)"此心安处是吾乡"理应不葬郏说

至和二年(1055),苏轼兄弟随父先进京赶考。此一去,他一生只回过两次家乡,即母逝奔丧和父逝归葬时。他曾对眉守黎希声说:"某久去坟墓,贪禄忘家,念之辄面热,但差使南北,不敢自择尔。"[①] 所谓的"贪禄忘家",不能归蜀,根本还是"差使南北,不敢自择"的身不由己。他的归蜀之念又在《答范纯夫》其一里表现过:"此间湖山信美,而衰病不堪烦,但有归蜀之兴耳。"那时他在湖州做知州,是遭"乌台诗案"的前夜。他说自己身体衰病,不堪烦躁,心情也不太好。他到湖州后,恰逢忘年交词人张先去世;又与王安石新法不合,时有牢骚,并在《湖州谢上表》和诗歌里流露出来。故新党的御史中丞李定、监察御史里行舒亶等人以诽谤新法治他的罪,使他身陷囹圄,随后又被贬黄州。他有归蜀之念,但终究没有归蜀。苏轼还在《临江仙·送王缄》里说:"忘却成都来十载,因君未免思量。"王缄是苏轼的第二个妻子同安君王闰之的弟弟,他因王缄想到自己离家已有十年,有"此身如传舍,何处是吾乡"的深切感慨。但他同样没有因为思乡而回乡。

① 苏轼著,孔凡礼点校:《苏轼文集·与眉守黎希声三首其二》,北京:中华书局,1986年版,第1562页。

"此身如传舍",这传舍是驿站、旅店,它传达出苏轼浓郁的人生漂泊感。他一生在多地任职,"何处是吾乡"?他说"此心安处是吾乡"。这句词出自苏轼的《定风波》(常羡人间琢玉郎),词前有序:"王定国歌儿曰柔奴,姓宇文氏,眉目娟丽,善应对,家住京师。定国南迁归,余问柔:'广南风土,应是不好?'柔对曰:'此心安处,便是吾乡。'因为缀词云。"词的下片道:"万里归来年愈少,微笑,笑时犹带岭梅香。试问岭南应不好,却道:此心安处是吾乡。"王定国是苏轼的老友,也因他受牵连被贬。苏轼贬黄州后,曾对王定国说:"某启:罪大责轻,得此(黄州)幸甚,未尝戚戚。但知识数十人,缘我得罪,而定国为某所累尤深,流落荒服,亲爱隔阔。每念至此,觉心肺间便有汤火芒刺。"[①]王定国歌儿柔奴道出的"此心安处是吾乡",也是苏轼的心声。

"此心安处是吾乡"在他诗歌里有两个对应点。一是《和子由渑池怀旧》说的"人生到处知何似,应似飞鸿踏雪泥。泥上偶然留指爪,鸿飞那复计东西"。人生到处,飞鸿雪泥,处处都是吾乡,心安即成。二是他遭了"乌台诗案",以为必死,有诗和弟弟诀别,那就是《狱中寄子由》,诗序说:"予以事系御史台狱,狱吏稍见侵,自度不能堪,死狱中,不得一别子由,故和二诗授狱卒梁成,以遗子由二首。"其一道:"是处青山可埋骨,他年夜雨独伤神。与君世世为兄弟,更结人间未了因。"既然"是处青山可埋骨",何处又不是故乡呢?

苏轼一生三贬,首先是以诗讽王安石新法而得罪的"乌台诗案",使他被贬至黄州,时为元丰二年(1079);继而是哲宗绍圣年间对王安石变法时旧党的清算。绍圣元年(1094),来之邵等人弹劾苏轼"诋斥先朝"[②],诏谪惠州,授建昌军司马,着惠州安置;绍圣四

---

① 苏轼著,孔凡礼点校:《苏轼文集·与王定国其二》,北京:中华书局,1986 年版,第 1513 页。

② 脱脱等:《宋史·哲宗本纪》,北京:中华书局,1975 年版,第 341 页。

年（1097）追贬元祐党人，"苏轼责授琼州别驾，移昌化军安置"①，
具体地点是儋州（今儋州中和镇）。就三地之贬看，"此心安处是吾
乡"最深刻的内涵是庄子式随缘委命和陶渊明式自然迁化。他曾
给表弟程德孺写信说："老兄罪大责薄，未塞公议，再有此命，兄弟
俱窜，家属流离，污辱亲旧。然业已如此，但随缘委命而已。"② 随缘
委命，故易心安。他在黄州，虽然有"一蓑烟雨任凭生"的孤傲，有
"人生如梦，一樽还酹江月"的孤愤，有"小舟从此逝，江海寄余生"
的孤独，但他安于黄州的生活。他在给友人毕仲举的信中说：

> 黄州滨江带山，既适耳目之好，而生事百须，亦不难致，早
> 寝晚起，又不知所谓祸福果安在哉？偶读《战国策》，见处士
> 颜蠋之语"晚食以当肉"欣然而笑。若蠋者，可谓巧于居贫者
> 也。菜羹菽黍，差饥而食，其味与八珍等；而既饱之后，刍豢满
> 前，惟恐其不持去也。③

黄州的生活物资丰富，饥而食之，菜羹菽黍与美味佳肴相同，他很
满足；还说在黄州"有屋五间，果菜十数畦，桑百余本，身耕妻蚕，
聊以卒岁也"④。他安心调气，节食少欲，"躬耕渔樵，真有余乐"⑤。他
这时最仰慕陶渊明，用"和陶诗"开启了心灵与诗歌双重的拟陶历
程，并在《江城子》中写道：

> 梦中了了醉中醒。只渊明，是前生。走遍人间，依旧却躬

---

① 脱脱等：《宋史·哲宗本纪》，北京：中华书局，1975 年版，第 346 页。
② 苏轼著，孔凡礼点校：《苏轼文集·与程德孺其一》，北京：中华书局，1986 年版，第 1687 页。
③ 苏轼著，孔凡礼点校：《苏轼文集·答毕仲举》，北京：中华书局，1986 年版，第 1671 页。
④ 苏轼著，孔凡礼点校：《苏轼文集·与李公择其九》，北京：中华书局，1986 年版，第 1499 页。
⑤ 苏轼著，孔凡礼点校：《苏轼文集·答吴子野》，北京：中华书局，1986 年版，第 1734 页。

耕。昨夜东坡春雨足,乌鹊喜,报新晴。　　雪堂西畔暗泉鸣。
北山倾,小溪横。南望亭丘,孤秀耸曾城。都是斜川当日境,
吾老矣,寄余龄。

当时只有四十多多岁的苏轼,说将在黄州度过余生,打算老死黄
州。他还对赵晦之说,"某谪居既久,安土忘怀,一如本是黄州人,
元不出仕而已"①,干脆就把自己当作黄州人。苏轼在黄州乐于
做个闲人,如其《行香子·述怀》所说的"对一张琴,一壶酒,一溪
云"。这时,他的老师欧阳修已去世十年,这种生活正是欧阳修晚
年自号"六一居士"时恬淡自适的状态。只是他做不成欧阳修的
样子,在黄州承父命基本完成了父亲未完成的《易传》,又独自完
成了《论语说》五卷。他曾给文潞公即文彦博写信,忧己寿命不
长,托付此事。此后,在经历十多年的官场起伏后,他又以"多托
文字,讥斥先朝"的罪名于绍圣元年(1094)被贬惠州。在惠州,
他曾寄居合江楼和嘉祐寺,后来在白鹤峰买地结茅,建了新房,把
苏迈诸儿孙召至惠州,作终焉之计。他在给孙志康的信中是这样
说的:

> 某谪居已逾年,诸况粗遣。祸福苦乐,念念迁逝,无足留
> 胸中者。又自省罪戾久积,理应如此,实甘乐之。今北归无
> 日,因遂自谓惠人,渐作久居计。正使终焉,亦有何不可。②

居惠州有何不可? 惠州荔枝鲜美,"日啖荔枝三百颗,不辞长作岭

---

① 苏轼著,孔凡礼点校:《苏轼文集·与赵晦之其三》,北京:中华书局,1986年版,第
　1711页。
② 苏轼著,孔凡礼点校:《苏轼文集·与孙志康其一》,北京:中华书局,1986年版,第
　1681页。

南人"①,其间不乏诗人的浪漫。而这信说得平实,不是不想北归,想而不能;既然如此,就做惠州人。类似的话他还对王定国说过:

> 某既缘此绝弃世故,身心俱安,而小儿亦遂超然物外,非此父不生此子也……南北去住定有命,此心亦不念归,明年买田筑室,作惠州人矣。②

绍圣四年(1097),苏轼的白鹤峰新居建成,他与苏过自嘉祐寺迁入。搬家时,他还咏了陶渊明的《时运》诗,觉得诗中的"斯晨斯夕,言息其庐"就是自己此时的状态。这时,长子苏迈携诸孙来到惠州,苏轼忧患之余,深感欣慰。相传他自咏《纵笔》惹祸,诗说:"白头萧散满霜风,小阁藤床寄病容。报道先生春睡美,道人轻打五更钟。"这诗的前两句他去海南后改成"寂寂东坡一病翁,白须萧散满霜风",亦题为《纵笔》。后两句还出现在他居惠州时写的《白鹤新居上梁文》的第一支曲子里,有一字之易:"儿郎伟,抛梁东,乔木参天梵释宫。尽道先生春睡美,道人轻打五更钟。"对手章惇得知,不说他的白头、病容,只见"春睡美",顿时恨生,再贬苏轼于儋州。但这只是传闻,根本原因还是朝廷对元祐党人的追贬。

前面提到苏轼去儋州前给王敏仲的信,说要先作棺,再作墓;在海南,他承受了荒凉、孤独以及所需皆无的痛苦,还在《到昌化军谢表》里向哲宗皇帝诉说:"臣孤老无托,瘴疠交攻。子孙恸哭于江边,已为死别;魑魅逢迎于海外,宁许生还?"但他在海南没有关于作棺作墓的记载,反而在诸物皆无的艰难中渐趋平和恬静。他告诉友人郑靖老,在儋耳"近买地起屋五间,一龟头在南污池之

---

① 苏轼著,孔凡礼点校:《苏轼诗集·食荔支二首其二》,北京:中华书局,1982年版,第2193页。

② 苏轼著,孔凡礼点校:《苏轼文集·与王定国其四十》,北京:中华书局,1986年版,第1531页。

侧,茂木之下,亦萧然可以杜门面壁少休也。但劳费窘迫尔。此中枯寂,殆非人世,然居之甚安"①。苏轼在儋州全然和百姓融为一体,或说"借我三亩地,结茅为子邻。鴃舌倘可学,化为黎母民"②,或说"天其以我为箕子,要使此意留要荒。他年谁作舆地志,海南万里真吾乡"③。他还有一则《试笔自书》的随笔,说到大海以南,感伤不知何时能出此岛,如《行琼、儋间……》诗所说的:"登高望中原,但见积水空。此生当安归?四顾真途穷。"但他一想,有谁不是生活在大海的环绕中,有谁不是在岛上?于是心下释然,北归之际写的《别海南黎民表》彰显了这一点:"我本海南民,寄生西蜀州。忽然跨海去,譬如事远游。平生生死梦,三者无劣优。知君不再见,欲去且少留。"他生在西蜀,这时说是寄生西蜀,本是海南民(一作"儋耳人")。他告慰送别的乡亲,自己只是暂时远游,还会再回来的。但在这首小诗里,他表达了一个重要思想:"平生生死梦,三者无劣优。"生、死、梦三者被他等而视之,是对人生最通透的认知。这种认知不仅超越了他在《西江月·黄州中秋》里说过的"世事一场大梦,人生几度秋凉",也超越了《西江月·平山堂》里的"休言万事转头空,未转头时是梦",以及《满庭芳》里的"百年里,浑教是醉,三万六千场"。在这些关于"梦""醉"的表达中,仍有人世的不平。而这时,他在喜悦中平静地说人生,生、死、梦无别,忧喜哀乐都被淡化,回到了人的本真。随后,他在《六月二十日夜渡海》里吟出:"参横斗转欲三更,苦雨终风也解晴。云散月明谁点缀?天容海色本澄清。空余鲁叟乘桴意,粗识轩辕奏乐声。九死南荒吾不恨,兹游奇绝冠平生。"话说回来,苏轼学庄、学陶,在

---

① 苏轼著,孔凡礼点校:《苏轼文集·与郑靖老其一》,北京:中华书局,1986 年版,第 1674 页。

② 苏轼著,孔凡礼点校:《苏轼诗集·和陶田舍始春怀古二首其二》,北京:中华书局,1982 年版,第 2280 页。

③ 苏轼著,孔凡礼点校:《苏轼诗集·吾谪海南,子由雷州,被命即行,了不相知。至梧乃闻其尚在藤也,旦夕当追及。作此诗示之》,北京:中华书局,1982 年版,第 2243 页。

随缘委命、自然迁化的理念影响之下，自言"此心安处是吾乡"，所以他贬黄州则安于黄州，贬惠州则安于惠州，贬儋州则安于儋州。但他在弥留之际。写信给弟弟苏辙："即死，葬我嵩山下。子为我铭。"①

苏轼北归，先量移廉州、永州安置，后行至英州，得诏命恢复他朝奉郎的官职，提举成都府玉局观，许他京城之外，任便居住。这时，苏轼面临去宜兴还是去颍昌的选择。他早年离开黄州后，在宜兴置产，买了一座庄园，故最初想去宜兴。弟弟苏辙在颍昌，力劝他去颍昌同住，兄弟相伴。他给苏辙的信中说：

> 兄近已决计从弟之言，同居颍昌，行有日矣。适值程德孺过金山，往会之，并一二亲故皆在坐。颇闻北方事，有决不可往颍昌近地居者。今已决计居常州，借得一孙家宅，极佳。浙人相喜，决不失所也。更留真十数日，便渡江往常。逾年行役，且此休息。恨不得老境兄弟相聚，此天也，吾其如天何！……此行不遂相聚，非本意，甚省力避害也。②

他思想的转变，是因为表弟程德孺等亲友说到的"北方事"。他们劝他别靠京城太近，以免再遭人忌恨，要图"省力避害"，所以他选择了宜兴。苏轼在常州写的《乞致仕状》里说："臣素有薄田，在常州宜兴县，粗了饘粥，所以崎岖万里，奔归常州，以尽余年。"无论哪种选择，他都没有考虑回家乡眉州。他最后请求致仕时，自料必死，既没有让苏迈、苏殆、苏过三子扶柩还乡，也没有嘱咐就地葬在常州，而是让葬在河南嵩山，即今河南平顶山下辖的郏县小峨眉

---

① 苏辙著，陈宏天等校点：《苏辙集·亡兄子瞻端明墓志铭》，北京：中华书局，1990年版，第1117页。
② 苏轼著，孔凡礼点校：《苏轼文集·与子由书其八》，北京：中华书局，1986年版，第1837页。

山。这违背了他"死不扶柩"的家风说。话说回来,"此心安处是吾乡"的苏轼,死后随地安葬最符合他人生顺应自然的思想,本不用扶柩至郏。

(三)归葬眉山"势不克从"而葬郏说

苏轼元丰八年(1085)离开黄州,为汝州团练副使。他乞居常州,求为常州安置。虽说他写了《谢量移汝州表》,但未到汝州就任,而是从南京去了常州,接着知登州。绍圣元年(1094)二月,苏辙因以汉武故事比拟先帝失当,准以端明殿学士知汝州,四月抵汝州。闰四月,苏轼降知英州。他从定州赴英州,途中到汝州看望苏辙。苏轼之所以葬汝州郏县,苏辙在《再祭亡兄端明文》里这样说:

> 先垄在西,老泉之山。归骨其旁,自昔有言。势不克从,夫岂不怀。地虽郏鄏,山曰峨眉。天实命之,岂人也哉。我寓此邦,有田一廛。子孙安之,殆不复迁。兄来自西,于是磐桓。卜告孟秋,归于其阡。颍川有苏,肇自兄先。

苏辙说明了苏轼死后葬郏县的原因:山似峨眉,天意葬此而怀家乡;当时苏辙在那里有田产子孙,不会迁徙;苏轼来此时,曾卜葬地,决定归葬于此。卜葬说在苏辙《再祭亡嫂王氏文》中有见证:"兄没有命,葬我嵩山,土厚水深。"苏辙还在《再祭八新妇黄氏文》里说:"嗟哉吾兄,没于毗陵,返葬郏山。兆域宽深,举棺从之,土厚且坚。"嵩山风水甚佳,他乐于安眠。苏辙还提到,苏轼本想归葬于父母安葬的老泉之山,但"势不克从,夫岂不怀"——不是不想归葬,而是不能归葬。关于这一点,苏辙没讲明具体原因。他在《卜居赋序》里讲述了贡少翁和谯允南的故事,前者八十一岁,有几年方十二,故自忧不能归葬,汉元帝命人护其柩还乡;后者七十二岁时死于洛阳,家在巴西,遗令轻棺以归。苏辙说前者不敢奢望,后者差不多可行,并在赋中写道:

> 念我先君,昔有遗言:父子相从,归安老泉。阅岁四十,松竹森然。诸子送我,历井扪天。汝不忘我,我不忘先。庶几百年,归扫故阡。

他在这里说明,死后兄弟二人都当归葬。其后,徽宗崇宁三年(1104)八月,他派次子苏适回乡,代他祭拜父母,还写了《遣适归祭东茔文》,自言"西望松楸,即怀归志",可是"孤拙多难,事与心违","有志不获,涕泗垂膺",表明了归葬的愿望。苏辙居颍昌的第六年,也就是徽宗崇宁五年(1106)正月,雷电毁了崇宁元年(1102)立的"元祐党人碑"。徽宗惧天谴,诏令大赦天下,撤销党人一切禁锢。九月,苏辙写了《颍滨遗老传》,最后说:

> 家本眉山,贫不能归,遂筑室于许。先君之葬眉山之东,昔尝约祔于其庚,虽远不忍负也,以是累诸子矣。

这话有两层意思:一是他晚年定居于颍昌,并非不想回眉山,而是因贫而不能归,居颍为一时之计。二是父母葬眉山之东,生前曾约定,皆葬眉山之东。他不忍背负父母,死后让子孙送他归葬。这说明苏轼如想归葬也是可能的。但他遗嘱葬郏县,欲归而未归,从当时的情势看,苏辙说的"势不克从"之"势"是什么呢?

元符三年(1100)四月,登基后的徽宗循旧例颁诏大赦天下,苏轼量移廉州居住。从这年六月至建中靖国元年(1101),他渡海后途经梧州、广州、英州、韶州、虔州、真州、江州、润州,历时一年方到欲定居的常州。次年，天下一仍太平，没有灾害或战争成为苏轼归骨眉山的阻碍。

苏轼北归，元符三年十一月行至英州时，得旨复朝奉郎，提举成都府玉局观。他写了《提举玉局观谢上表》，说到准他在外州、军任便居住。他自省性多忤物，"咎由自取"，表示此后"敢不益坚素守，深念往愆。没齿何求，不厌饭蔬之陋；盖棺未已，犹怀结草之忠"。建中靖国元年（1101）六月在常州上《乞致仕状》时，苏轼已是"百病横生，四肢肿满，渴消唾血，全不能食者，二十余日矣"。既已如此，许他外州、军可任便居住的徽宗，不可能不允许他在京城外"任便安葬"，葬嵩山就是任便安葬的结果。

父亲死后，苏轼和苏辙兄弟二人可以扶柩还乡；苏轼死后有弟弟苏辙，儿子苏迈、苏迨、苏过，不会无力让其归葬。苏辙说的谯允南轻棺而行，如苏轼想归葬眉山，也是可行的。但苏轼北归途中刚病时就有遗嘱给苏辙，"即死，葬我嵩山下"；后来病倒，又写信给苏辙交代后事："葬地，弟请一面果决。八郎妇可用，吾无不可用也。更破千缗买地，何如？留作葬事，千万勿徇俗也。"[1]苏辙不违兄命，三子不违父命。

苏轼当年从定州被贬至英州，途中路过汝州，看望苏辙，他正是在这时卜葬嵩山的。稍晚，他还写过一首《过高邮寄孙君孚》，其中说的"故园在何处，已偃手种松。我行忽失路，归梦山千重"，可以反映他当时的心境。苏辙这样描述："予兄子瞻，亦自惠再徙昌化，士大夫皆讳与予兄弟游，平生亲友无复相闻者。"[2]已近晚年，身陷党祸，又遭流贬，原本欲归葬的苏轼，放弃了归葬。

---

① 苏轼著，孔凡礼点校：《苏轼文集·与子由弟其八》，北京：中华书局，1986 年版，第 1837 页。
② 苏辙著，陈宏天等校点：《苏辙集·巢谷传》，北京：中华书局，1990 年版，第 1139—1140 页。

苏洵说："观吾之《谱》者,孝弟之心可以油然而生矣。"① 苏轼的孝心,从他与苏辙请托司马光、欧阳修、曾巩为父母作墓志铭或哀辞的事情中可见一斑;而他与弟弟苏辙之间的友爱,苏辙说过"手足之爱,平生一人",苏轼也说过类似的话。两人友爱至深,终生以诗相唱和。

关于孝的理念,《孝经·开宗明义章》说："身体发肤,受之父母,不敢毁伤,孝之始也;立身行道,扬名于后世,以显父母,孝之终也。夫孝,始于事亲,中于事君,终于立身。"这是孝道最基本的精神。西汉司马谈临终前告诉儿子司马迁,说自己有写一部史书的愿望,遗憾未能实现。于是他对司马迁说："余死,汝必为太史;为太史,无忘吾所欲论著矣。且夫孝始于事亲,中于事君,终于立身。扬名于后世,以显父母,此孝之大者。"② 这是司马迁写作《史记》的原动力之一。他视"立名"为行为的最高准则,在遭"李陵之祸"后隐忍完成《史记》,不肯为自己的尊严和名节引决自裁。他在《报任安书》中说:

> 仆以口语遇遭此祸,重为乡党戮笑,污辱先人,亦何面目复上父母之丘墓乎?虽累百世,垢弥甚耳!是以肠一日而九回,居则忽忽若有所亡,出则不知其所如往。每念斯耻,汗未尝不发背沾衣也! ③

司马迁遭遇宫刑,自认为污辱了先人,没有脸面上父母坟墓。完成《史记》后,不知所终。欧阳修也做过贬官,先贬夷陵,再贬滁州,但贬而复起,官至枢密副使、参知政事。他本可以七十岁致仕,

① 苏洵著,曾枣庄等笺注:《嘉祐集笺注·苏氏族谱》,上海:上海古籍出版社,1993年版,第374页。
② 司马迁:《史记·太史公自序》,北京:中华书局,1959年版,第3295页。
③ 班固:《汉书·司马迁传》,北京:中华书局,1962年版,第2736页。

却从六十一岁开始就连续上表请求致仕,这固然是因为身体多病,但想摆脱朝廷内因变法产生的矛盾,保全自己的名节也是重要原因。他在皇祐五年(1053)写了《先君墓表》,熙宁三年(1070)又为父母立碑,写了《泷冈阡表》记叙父母的一生。他立这块碑时,父亲已死了六十年。为这一天,他等待了十七年,只为自己功成名就,能够让先人获得尊封。这一天终于等到了。在《泷冈阡表》里,欧阳修具陈祖宗三代所受的朝廷封赠:曾祖累赠金紫光禄大夫、太师、中书令,曾祖妣累封楚国太夫人;祖父累赠金紫光禄大夫、太师、中书令,祖妣累封吴国太夫人;父亲累赠金紫光禄大夫、太师、中书令兼尚书令、崇国公,母亲累封越国太夫人、魏国太夫人。封赠制文由王安石代写,内容大体相同,其中封其祖父欧阳偃的制文是:

> 朕惟有天下者,得推其祖考,上配于天,盖孝子慈孙所以极其尊崇之意。推是心以及夫在位,则其宠禄之厚者,岂不欲以及其所谓尊亲者哉?此朕所以褒宠大臣之先以尊爵贵官,而有至乎三世者也。具官某祖某,积德累善,施于后嗣,为予辅弼,始大厥家。东宫之孤,既以命汝。增荣一品,尚克享哉! 可。[1]

当时欧阳修任参知政事,有这样的夸赞之词和尊封,是孝子慈孙之荣,为苏轼所不及。而苏轼并非不希望有这样的尊荣。

《宋史·苏洵传》记载,苏轼在父亲死时,退还了朝廷所赐的缣银二百,只求赠官。朝廷允其请,特赠苏洵光禄寺丞。元丰元年(1078),苏轼祭父,焚帝命黄文,有《祭老泉焚黄文》叙其事:

---

① 王安石著,李之亮校笺:《王荆公文集校笺上·参知政事欧阳修三代制六道·祖赠某官》,成都:巴蜀书社,2005年版,第648页。

乃者熙宁七年、十年，上再有事于南郊，告成之庆，覃及幽显，我先君中允赠太常博士累赠都官员外郎。轼、辙当奔走兆域，以致天子之命。王事有程，不敢言私。谨遣人赍告黄二轴，集中外亲，择日焚纳，西望陨涕之至。

只做了霸州文安县主簿的苏洵，获赠太常博士累赠都官员外郎，这是苏轼也重门庭光耀的明证。当时他在徐州太守任上，说是要上父亲坟墓，焚黄文以告之。而苏轼最后以朝奉郎，提举成都府玉局观致仕，远不及他曾经做过的兵部尚书、礼部尚书、吏部尚书。他最后没有能够为父母、祖父母、曾祖父母赢得任何尊封，反而长期是戴罪之身，有何面目"归葬"老泉之山？

苏轼在《贺赵大资致仕启》里说："窃谓富贵不为至乐，功名非有甚难。乐莫乐于还故乡，难莫难于全大节。"母亲程夫人的操行对他有深刻的影响。司马光《苏主簿夫人墓志铭》记载："轼、辙之幼也，夫人亲教之，常戒曰：'汝读书勿效曹耦，止欲以书生自名而已。'每称引古人名节以励之曰：'汝果能死直道，吾亦无戚焉。'"程夫人读《后汉书·范滂传》时，苏轼问，如果我成为范滂那样的人，母亲愿意吗？程夫人说，如果你成为范滂那样的人，我就可以做范滂母亲那样的人。苏轼所处的时代虽与范滂不同，但他始终坦荡磊落，正直善良，节操不变，人格不移，大节不亏，但遭遇不济，晚年在海南自述了得《易传》《书传》《论语说》三书，托付给门人钱济明，预言三十年后方为人知。

这"经学三书"的前两种是他在黄州就基本完成了的。他曾将之托付给官至参知政事、同中书门下平章事，封潞国公的文彦博，并说自己"穷苦多难，寿命不可期，恐此书一旦复沦没不传。意欲写数本留人间，念新以文字得罪，人必以为凶衰不祥之书，莫肯收藏；又自非一代伟人，不足托以必传者。莫若献之明公，而《易传》文多，未有力装写，独致《论语说》五卷。公退闲暇，一为读之，就使无取,亦足见其穷不忘道,老而能学也"①。晚年,他把"经学三书"托付给钱济明,缘由与上述相似,可以归结为三条:一是"人必以为凶衰不祥之书,莫肯收藏"。他当时虽然得到赦免,但"乌台诗案"使他有了原罪,他并未能彻底摆脱其影响。他死后,厄运还在发生。就在他归葬于郏县峨眉山的前夕,朝廷党祸复炽,徽宗下诏,追降苏轼为崇信军节度行军司马,置于冗散官之列。其后,诏令在全国各地立"元祐党人碑",斥元祐党人为"奸人",苏轼、苏辙名在其中;苏轼父子和秦观、黄庭坚等人的文集被销毁,宗室不得与元祐党人的子女通婚。二是"自非一代伟人,不足托以必传者"。他在海南,虽为琼州别驾,实为一介平民;复官为提举成都玉局观,是个祠禄官,故让他任便居住,不是非前往成都不可。三是他内心的功名意识。孔子晚年修《春秋》,功成有"后世知丘者以《春秋》,而罪丘者亦以《春秋》"②说,司马迁撰《史记》有"藏之名山,传之其人"③说,这两种观点都深受春秋以来立名以求不朽思想的影响。

　　好道乐佛、学庄效陶的苏轼,最近庄子之道和孔子之儒。他的个人生活近庄、陶的自然,近陶是近庄的延伸;他的家国情怀则近儒,好孔的德治天下,仁以待民。他死后葬于嵩山,其中隐含的怀乡情结,是近儒的必然结果。他的《上神宗皇帝书》言治理天下的九字方略"结人心,厚风俗,存纪纲",是他的儒家思想在政治理论上的典型表现。苏辙在颍昌完成了《诗集传》《春秋集传》等书,自谓得圣贤之意,后世达者必有取焉,与苏轼完成"三书"的期待一致。

　　《史记·孔子世家》记载,孔子曾说:"君子病没世而名不称焉。吾道不行矣,吾何以自见于后世哉?"苏轼死后,苏辙说归葬

① 苏轼著,孔凡礼点校:《苏轼文集·黄州上文潞公书》,北京:中华书局,1986 年版,第 1380 页。
② 司马迁:《史记·孔子世家》,北京:中华书局,1959 年版,第 1944 页。
③ 班固:《汉书·司马迁传》,北京:中华书局,1962 年版,第 2735 页。

的"势不克从",在苏轼有功名未显、因"乌台诗案"所获原罪未脱，归葬恐污辱先人的深忧。虽说他的诗文在生前有巨大而广泛的社会影响，但他晚年未提及自己诗文的成就，他最看重、最让他瞑目无憾的"经学三书"尚未传播。至于说"葬郏是一种荣耀的选择"，在苏轼当时绝无可能。苏轼在《书经·序卦传》说过："人穷则反本，疾痛则呼父母，故伤则反于家。"①前两句出自司马迁对屈原的评说。当苏轼如是说的时候，内心痛苦的深切是可以想见的。他死后未能归乡，只能在郏县的小峨眉山怀乡或望乡。

---

① 舒大刚等校注：《三苏经解集校·书传》，成都：四川大学出版社，2017年版，第163页。

十六、苏轼海南文学研究的
相关史料问题

　　关于苏轼海南文学研究的相关史料,这里首先要说明的是:苏轼六十六年的人生主要是在海南之外的地域度过的,他在海南的文学创作活动始于宋哲宗绍圣四年(1097)六月十一日,当时,他渡过琼州海峡,来到了海南岛,直到元符三年(1100)五月遇赦,六月二十日夜渡海北归。这就是常说的苏轼海南三年,或居儋三年。苏轼文学研究涉及的史料繁多,他本人的诗集、词集、文集、笔记,后人的注释、解读、年谱、传记、资料汇编、研究专著等不胜枚举,难以尽言。苏轼的海南文学研究,无疑当立足于这些史料。本文讨论的是他在地域和时间双重限定下的海南文学研究相关史料。从这一个案,以期对总体的文学史料研究有一点观照的意义。

(一)苏轼海南文学史料的地理问题

　　文学史料因文学与自然万物、社会生活、作家人生等千丝万缕的联系,呈现出包罗万象的状态。这一点不用过多解说,或者说无须去认定"文学史料"是什么,而是可以反问,什么不是"文学史料"。对具体作家而言,这一点不难回答。任何作家,总会受到生活环境的局限,因此总会有一些事物与他们毫无关联,而不成为他们的文学史料。然而,这不妨碍我们放开视野,审视苏轼海南文学相关史料的问题,它是研究苏轼海南文学的基础。

潘树广等将史料分为三类,即文字史料、实物史料和口述史料。关于实物史料,他说:"指历史上的事物以其固有的物质形态流传于后世者,包括地面保存和地下发掘的遗迹、遗物。"[①] 但他在言及中国文学史料时,主要指的是文字性的史料,诸如文学作品本身、文学理论批评著作、作家传记资料以及其他涉及创作背景的资料,没有谈到实物史料即遗迹、遗物,而遗迹应该是地理环境,还包括在这一环境中的风物习俗。《诗经》中的南北民歌,南北朝时的南方文学与北方文学,都有地理环境的深刻影响。屈原作《离骚》,司马相如作《子虚赋》《上林赋》,李白作《蜀道难》,苏轼作赤壁二赋等,无一没有地理环境的作用,这一点不应忽略。

近些年友人曾大兴等人着力的文学地理学、王兆鹏等人研究的文学现场学,都不离地理环境。尽管千年来沧海桑田,地理形势难免有变化,但大体相对稳定。追寻历史的遗迹,探讨文学在自然地理或人文地理中的发生,既有意味,也有必要。苏轼居琼的实物史料无存。儋州中和镇的"东坡书院"是明代嘉靖年间的建筑,他居儋时,并无书院;书院内享有盛名的"载酒堂",并非苏轼和张中、黎子云等人原来在黎家前面的水塘旁建起的那个。苏轼《和陶始春怀古田舍二首》小引叙其事:"儋人黎子云兄弟,居城东南,躬农圃之劳。偶与军使张中同访之。居临大池,水木幽茂。坐客欲为醵钱作屋,予亦欣然同之。名其屋曰载酒堂。"如是的地理环境让他在其二中想象,"借我三亩地,结茅为子邻。鴂舌傥可学,化为黎母民"。无此地则无此诗。

苏轼当年住桄榔庵,为此写过一篇《桄榔庵铭》,文传而桄榔庵早已不存。现有明代成化年间儋守罗杰立的"中正碑",以

---

① 潘树广等:《中国文学史料学》,上海:华东师范大学出版社,2012 年版,第 3 页。

证此地为桄榔庵旧址。唯有中和镇的"东坡井",明代《万历儋州志》记载位于儋州城西,"传云东坡所筑"①。苏轼《天庆观乳泉赋》说:"吾谪居儋耳,卜筑城南,邻于司命之宫。百井皆咸。"甘甜的泉水出自天庆观的司命宫,他说:"吾尝中夜而起,挈瓶而东……锵琼佩之落谷,滟玉池之生肥。吾三咽而遄返,惧守神之诃讥。却五味以谢六尘,悟一真而失百非。"②他把汲水于天庆观的事写得滋味横生。另外,《海外集》中还有一首《汲江煎茶》诗(或认为作于惠州),写汲水于儋州城外的北门江,没有言及东坡掘井出泉之事。苏轼在海南所到之处常会留下诗文,并表明它们因何事何物而作。如他在儋州建新居、载酒堂都有诗文为证,为何与他朝夕相伴的"东坡井"无一诗文记载? 这终是一桩疑案。

苏轼在琼州曾短暂居住过两个时期,一是从他登上海南岛到前往儋州之前;二是在他离开儋州,开始北归之旅之后。他抵琼州写过三封信,其中两封是给琼州太守张景温的。按理,他作为一介贬官,当在琼州拜访张景温。当年他贬黄州时,在《与章子厚参政书》里说自己:"初到,一见太守,自余杜门不出。"以往有见太守事,如今不见,对此,他解释说:"某罪大责薄,复窜海南,知舟御在此,以病不果上谒,愧负深矣","某垂老投荒,岂有复见之期? 深欲一拜左右,自以罪废之余,自当屏远,故不敢扶病造前,伏冀垂察"③。苏轼应见张景温却避而不见,称因病或因罪在身。如说是病,这病当为在惠州即复发、在徐闻渡海前加剧的痔疮。苏辙为他送行,嘱其戒酒,苏轼心为所动,写了《和陶止酒》诗表明戒酒的心志,自言"微疴坐杯酌,止酒则瘳矣""从今东坡室,不立杜康祀"。

① 曾邦泰等:《万历儋州志》,海口:海南出版社,2004 年版,第 28 页。
② 苏轼著,孔凡礼点校:《苏轼文集·天庆观乳泉赋》,北京:中华书局,1986 年版,第15—16 页。
③ 苏轼著,孔凡礼点校:《苏轼文集·与张景温》,北京:中华书局,1986 年版,第 1763 页。

而罪则是元祐党人的老账及他后来在制文里对新党吕惠卿等人的批评。贬惠州时,他在给程正辅的信说:"某获谴至重,自到此旬日,便杜门自屏,虽本郡守,亦不往拜其辱,良以近臣得罪,省躬念咎,不得不尔。"[1] 他到惠州不见郡守,意味着他到琼州不见张景温也是合理的。李公羽曾论及苏轼贬至琼州为何执意不见张景温,他说张景温在王安石变法时,是榷盐法的积极推行者,与苏轼的政见不合,故不相见。这个说法有一定的道理,但也不能排除他因其他原因不愿见,故托病、托罪不见的可能。他在黄州时,曾对滕达道说,黄州当江路,来往人多,"人情难测,不若称病不见为良计"[2]。他不见张景温究竟是何原因,姑且存疑。三封信中余下一封是给雷州知州张逢的信,苏轼在信中感激在雷州时他对自己的照顾,说托他的福,过琼州海峡平安无虞。

　　冒着六月的酷暑,六十二岁的苏轼从琼州出发,前往儋州。途中,他经过了临高。临高的"苏来村"即传是因为苏轼来过该村,故名。"苏来村"有口古井,后人把它与苏轼联系在一起,说他为民凿井,造福于民,其实是附会之言,不可能实有其事。有一天,在赶路时,他坐在肩舆上睡着了,并做了一个梦,梦中得句云:"千山动鳞甲,万谷酣笙钟。"醒来后,他足成五古一首,有"我行西北隅,如度月半弓"句,人或说这描述的便是他行于临高山间的情景。关于"苏来村"一说,何以端在《琼崖古驿道》中如是解释:"至于苏来村,最早出现该村的出版物也许是1981年的《临高县标准地名表》,这类地名表是早前国务院安排各县市统一调查印制的。在该表中,波莲公社属下既有苏来村,也有武来、鲁来、美来等村,南面还有加来公社……其实这些都是古壮语系地名。汉字译音无

① 苏轼著,孔凡礼点校:《苏轼文集·与程正辅其二》,北京:中华书局,1986年版,第1589—1590页。
② 苏轼著,孔凡礼点校:《苏轼文集·与滕达道其二十》,北京:中华书局,1986年版,第1481页。

解,更可能是今人附会。"① 关于苏轼的这首五古,何以端也有说法:
"'肩舆坐睡','如度月半弓'——正是古代琼儋间官商跋涉于驿
道的经典状态。"② 他说苏轼从琼至儋,走的是澄迈的古驿道。而李
公羽据"我行西北隅"推论,写此诗时苏轼当在临高境内。光绪壬
辰年间重修的《临高县志》卷十一"宦绩·流寓"记载,苏轼到海
南,从琼州出发,"未至儋耳时,寓临高,尝自铭端砚及赋飓风"。那
么,苏轼从琼州到儋州,走的究竟是临高驿道还是澄迈驿道呢? 学
界一般认为,苏轼是先到澄迈,经临高再到儋州的。这里说的"尝
自铭端砚及赋飓风"有疑,《飓风赋》实为苏过所作,后面还会谈
到。苏轼这一路的诗,还有《次前韵寄子由》,"前韵"指《行琼、儋
间……》。待他写下《儋耳山》时,已在儋州境内了。近千年来,曾
激发苏轼写下"突兀隘空虚,他山总不如。君看道旁石,尽是补天
余"的儋耳山(当地人又称"松林岭")依旧,犹若他在《念奴娇·赤
壁怀古》里说的"大江东去,浪淘尽、千古风流人物"——一代代
的英雄随江水流走,然而江山依然如画,只是人事已非。在苏轼之
前,儋耳山旁也走过一代代人,如今苏轼来了,儋耳山还是从前的
儋耳山。

　　苏轼北归时,给在海南过从亲密的姜唐佐写信道:"某已得合
浦文字,见治装,不过六月初离此。只从石排或澄迈渡海,无缘更
到琼会见也。"③ 只是他后来似乎没到临高石排港,也没当即从澄迈
驿渡海离开海南,而是到了琼州。伴随他的澄迈足迹,他写了《余
来儋耳,得吠狗,曰乌嘴,甚猛而驯,随予迁合浦,过澄迈,泅而济,
路人皆惊,戏为作此诗》《澄迈驿通潮阁二首》。苏轼临时改变主
意,不知何故。元符三年(1100)六月十七日,应琼州太守承议郎

① 何以端:《琼崖古驿道》,海口:海南出版社,2022 年版,第 44 页。
② 何以端:《琼崖古驿道》,海口:海南出版社,2022 年版,第 5 页。
③ 苏轼著,孔凡礼点校:《苏轼文集·与姜唐佐其六》,北京:中华书局,1986 年版,第
　　1740 页。

陆公之邀，苏轼作《泂酌亭并引》，叙及当初在琼山发现双泉（即今苏公祠内的"浮粟泉"）一事："琼山郡东，众泉觱发，然皆洌而不食。丁丑岁六月，轼南迁过琼，始得双泉之甘于城之东北隅，以告其人。自是汲者常满。"亭名取自《诗经·大雅·泂酌》。苏轼还在《泂酌亭诗》里说双泉"自江徂海，浩然无私"；因物及人，还说"岂弟君子，江海是仪"。同一天，苏轼还应琼州之东五十里的三山庵惟德和尚之请，为庵内味类惠山的泉水题名"惠通泉"，并写了《惠通泉记》。今琼北有瑶城，瑶城有口古井，时人称为"惠通泉"，请海南书家妙胜用苏轼的"石压蛤蟆体"书写了《惠通泉记》，但这与原始的"惠通泉"是两回事。因此，苏轼从石排或澄迈渡海北归之说，引人疑惑：他离开澄迈到了琼州，又在六月二十日夜渡海，意味着三天内他又从琼州折回了澄迈？据今人何以端考证，两地驿道六十华里左右，以他六十五岁的高龄，会如此折腾？琼州州府所在地琼山没有能停泊船舶的通商口岸吗？因此，关于苏轼到达海南及离开海南时下船、上船的地点，或说在澄迈，或说在琼山，学人索解，尚无定论。

关于苏轼曾经到访昌江，有两块碑可以一说。

一是治平寺碑，现位于昌城乡新城村，上有小亭护之。碑高二百厘米，宽八十厘米，厚十厘米。额横文直。据说碑文是清代昌化县陶元淳撰写的，记述东坡自昌化双溪馆下步寻溪源到治平寺一事。然碑文说，其遗址清时皆为黄沙白草，已荒废了三百年。今传苏轼《自昌化双溪馆下步寻溪源至治平寺二首》，其一云："乱山滴翠衣裘重，双涧响空窗户摇。饱食不嫌溪笋瘦，穿林闲觅野茅苗。却愁县令知游寺，尚喜渔人争渡桥。正似醴泉山下路，桑枝刺眼麦齐腰。"[①]诗描写当时治平寺的情景。查慎行注引《太平寰宇记》云："昌化县在杭州西二百四十里。"可知并非儋州昌化。查注

---

① 苏轼著，孔凡礼点校：《苏轼诗集·自昌化双溪馆下步寻溪源至治平寺二首其一》，北京：中华书局，1982年版，第449—450页。

又引徐冠《新亭记》云："县治之前,溪分南北流,旧有双溪馆。熙宁间,县令陆元长临北流为亭,东坡经游亭上,题诗纪事,有'双涧响空'之语。"当是熙宁五年至六年(1072—1073)他在杭州任通判时,而非晚年贬昌化军,着儋州安置时。只是地名和寺名恰巧相同,此事终不足信。

另一是峻灵王庙碑。苏轼写了《峻灵王庙碑》一文,收在《海外集》。"峻灵王"本是一块巨石,耸立于昌化大岭,当地渔民有时把它视为航标。庙碑说:"自徐闻渡海,历琼至儋,又西至昌化县西北二十里,有山秀峙海上,石峰巉然,若巨人冠帽,西南向而坐者,俚人谓之'山胳膊'。而伪汉之世,封其山神为'镇海广德王'……皇宋元丰五年七月,诏封山神为峻灵王,用部使者承议郎彭次云之请也。"苏轼还说:"绍圣四年七月,琼州别驾苏轼以罪遣于儋,至元符三年五月,有诏徙廉州。自念谪居海南三岁,饮咸食腥,陵暴飓雾而得生还者,山川之神实相之。谨再拜稽首,西向而辞焉,且书其事,碑而铭之。"[1] 这时是元符三年(1100)五月,他得诏量移廉州,离琼前,专程至昌化,感谢峻灵王护佑,并在碑铭中称颂"峻灵独立秀且雄"。峻灵王是山神,故苏轼说昌化大岭是它的"别宫"。

苏轼在琼州时,住在琼山郡东,旧址在今海口苏公祠内。除了作《洞酌亭并引》及《琼州惠通泉记》外,还有他与学生姜唐佐的一段故事。苏轼居儋,收了学生姜唐佐。他在《书柳子厚诗后》记载了这件事,说居儋的第二年闰九月,琼士姜君到儋耳向他求学,第三年三月才回琼州。临别时,苏轼书柳子厚《饮酒》《读书》二诗相赠。他和姜唐佐不仅有多封书信往来,还为姜唐佐题了"沧海何曾断地脉,白袍端为破天荒"[2]一联,鼓励他积极上

① 苏轼著,孔凡礼点校:《苏轼文集·峻灵王庙碑》,北京:中华书局,1986年版,第510—511页。
② 苏轼著,林冠群编注:《新编东坡海外集·书赠姜唐佐联》,郑州:中州古籍出版社,2015年版,第296页。

进。苏轼获赦北归之际，本来已有信给姜唐佐，说自己不会到琼州，恐无缘相见；随后改变主意，又到琼州姜家。而姜唐佐恰巧不在。生性诙谐的苏轼见到姜唐佐的母亲吃槟榔的模样，不禁提笔再书一联：“张睢阳生犹骂贼，嚼齿穿龈；颜平原死不忘君，握拳透爪。”① 联句用了中唐张巡和颜真卿的故事，两个故事本身很有历史韵味，但这里主要是以“嚼齿穿龈”“握拳透爪”形容姜母吃槟榔的模样。第二天，姜唐佐来看他，苏轼又约了吴复古，三人一起吃“蕈馒头”，即香菇馒头或形似香菇的馒头，有诗道：“天下风流笋饼餤，人间济楚蕈馒头。事须莫与缪汉吃，送与麻田吴远游。”②

除上述之外，苏轼在海南的所有诗文都作于儋州。这些诗文创作主要因社会生活、自然风物而发，性情渗透其间。这些在下面言及苏轼《海外集》或《居儋录》时会涉及。苏轼在海南的文学创作与社会、自然关联。要深刻理解苏轼海南文学的本质，就必须运用孟子所说的“知人论世”法，这虽然过于传统，但两千多年来仍是文学研究者奉行的圭臬。其后南朝梁刘勰说的“情以物迁，辞以情发”③“人禀七情，应物斯感，感物吟志，莫非自然”④，亦为文学创作的基本规律。明末清初学者王夫之说得更绝对：“身之所历，目之所见，是铁门限。即极写大景，如‘阴晴众壑殊’‘乾坤日夜浮’，亦必不逾此限。”⑤ 诗文创作是离不开所历所见的，特定地域的地理环境自在其中。因此，人们对文学史料学中的作家所处地域、生活

① 苏轼著，林冠群编注：《新编东坡海外集·书联句赠姜唐佐》，郑州：中州古籍出版社，2015 年版，第 425 页。
② 苏轼著，林冠群编注：《新编东坡海外集·约吴远游与姜唐佐吃蕈馒头》，郑州：中州古籍出版社，2015 年版，第 426 页。
③ 刘勰著，范文澜注：《文心雕龙注·物色》，北京：人民文学出版社，1958 年版，第 693 页。
④ 刘勰著，范文澜注：《文心雕龙注·明诗》，北京：人民文学出版社，1958 年版，第 65 页。
⑤ 王夫之：《姜斋诗话》卷下第七条，见《清诗话》上册，上海：上海古籍出版社，1963 年版，第 9 页。

环境应有充分的关注。文学受制于这些外在因素，不同地域、不同生活对象必然产生不同的思想情怀及文学作品，这在苏轼的琼州、澄迈、昌江的诗文创作中表现得尤为明显，他的居儋创作亦然。同时，当文学史料学借重考古的时候，应该不局限于考古发掘所获得的文字类的文学史料，还应该注重实物、实地一类的史料，它们可能是触发作家创作的基本动因。至于辨伪求真，当辨则辨，以求史料的客观真实。不过，苏轼身后近千年的海南，故土旧物都发生了变化，对于他因地因物生情而创作的诗文，读者不可能回到当年的旧境中去解读，理解的同情以及对作家创作实地的考察仍然是需要的。

（二）苏轼文学史料的海南地方志问题

苏轼进入海南地方志是必然的。他居儋三年，最应出现在儋州志中，其次便是琼山志、临高志、澄迈志和昌江志。可以看到，苏轼还出现在除以上五地之外的地方志中，如郑行顺点校的潘廷侯等编《陵水县志二种》、刘宇等点校的钟元棣等编《光绪崖州志》都收录了苏轼的诗文。但苏轼足迹未到过海南陵水和崖州，苏轼诗文作品为非寓居地的方志所录，是编纂者有意拉名人炫耀地方，超越了方志编纂地方性的基本原则。

苏轼及其作品通常为海南地方志的人物、流寓、艺文等类目所收录。

明唐胄编《正德琼台志》记载："苏轼，字子瞻，眉州人。绍圣中，以御史论掌制日词命讥斥先朝，连三贬至琼州别驾，昌化安置。初至（四年七月二日），僦官屋以居，有司犹谓不可，寓城之东天庆观，结廪桄榔庵（本传作'买地筑室'）。儋人运甓畚土助之。独与幼子过处，著书（本传：居海南，作《书传》。又《艺文志》:《海南集》十八卷）以为乐，时时从其父老游，若将终身。凡三载，徽宗立，移廉州（元符三年五月诏，六月二十日渡海）。"①

明曾邦泰等编《万历儋州志》记载："苏轼，字子瞻，别号东坡，眉州人。绍圣中，以御史论掌制日词命讥斥先朝，连三贬至琼州别驾，昌化军安置。初至，四年七月二日。至傃官屋以居，有司犹谓不可，寓城之东天庆观，结息桄榔庵。本传作'买地筑室，儋人运甓畚土助之。独与幼子过处，著书以为乐'。本传：'居海南，作《书传》。'又《艺文志》：'《海外集》十八卷。'时从父老游，若将终身。凡三载，徽宗立，移廉州。元符三年五月诏，六月二十日渡海。更三赦，复提举玉局观。后卒于常州。"②

清韩佑编《康熙儋州志》袭用《万历儋州志》所载，这里不再赘引。

正德（1506—1521）是明武宗朱厚照的年号，万历（1573—1620）是明神宗朱翊钧的年号，康熙（1662—1722）是清圣祖爱新觉罗玄烨的年号。上述三种地方志相较，后两种显然来自第一种，且把括号里的说明文字变为正文，并略有补充。而第一种源自《宋史·苏轼传》，文字上大加简省。如"绍圣中"至"若将终身"一段，《宋史·苏轼传》有载："绍圣初，御史论轼掌内外制日，所作词命，以为讥斥先朝，遂以本官知英州，寻降一官，未至，贬宁远军节度副使，惠州安置。居三年，泊然无所蒂芥，人无贤愚，皆得其欢心。又贬琼州别驾，居昌化。昌化，故儋耳地，非人所居，药饵皆无有。初傃官屋以居，有司犹谓不可，轼遂买地筑室，儋人运甓畚土以助之。独与幼子过处，著书以为乐，时时从其父老游，若将终身。"尽管唐胄化繁为简，删详取略，但承《宋史》之说的痕迹甚深。当与《宋史·苏轼传》并存时，方志中的这些文学史料价值不大。后继者也

① 唐胄：《正德琼台志》，海口：海南出版社，2021年版，第654页。
② 曾邦泰等：《万历儋州志》，海口：海南出版社，2004年版，第154页。

无新增史料,唯在文字上有所调整、修饰,同样缺乏史料价值。如清阮元、陈昌齐等编《道光广东通志·琼州府》关于苏轼虽有较详细的记载,材料也出自《宋史·苏轼传》。

这种情形在海南地方志的"文艺"类目收录的东坡诗文里也有体现,不妨看儋州志、琼州志。

明曾邦泰等编《万历儋州志》收录了苏轼文《到昌化军谢表》《伏波庙记》《峻灵王庙记》,赋《乳泉赋》《飓风赋》,诗《真一酒歌》《题宁济庙》。

清韩佑编《康熙儋州志》收录了苏轼文《伏波庙记》《峻灵王庙记》,赋《乳泉赋》《飓风赋》,诗《真一酒歌》《题宁济庙》。

清焦映汉编《康熙琼州府志》收录了苏轼文《伏波庙记》《峻灵王庙记》,赋《飓风赋》,诗《吾谪海南,子由雷州,被命即行,了不相知。至梧,乃闻其尚在藤也。旦夕当追及,作此诗示之》《儋耳即事》《汲江煎茶》《庚辰岁人日作,时闻黄河已复故流,老臣旧数论此,今斯言乃验》《载酒堂》。

清牛天宿、朱子虚编《康熙琼郡志》收录了苏轼文《伏波庙记》《峻灵王庙记》,赋《飓风赋》《乳泉赋》,诗《吾谪海南,子由雷州,被命即行,了不相知。至梧,乃闻其尚在藤也。旦夕当追及,作此诗示之》《儋耳即事》《汲江煎茶》《庚辰岁人日作,时闻黄河已复故流,老臣旧数论此,今斯言乃验》《载酒堂》。

清明谊、张岳崧编《道光琼州府志·流寓》,介绍了葛延之、苏过,没介绍苏轼;收录了苏轼的表《到昌化军谢表》《自昌化军量移廉州谢表》,诗《洞酌亭并引》、《和劝农六首》、《行琼、儋间……》、《和陶渊明怀古田舍》、《午窗坐睡》、《夜坐濯足》、《新居》、《息轩》、《迁居之夕闻邻舍儿诵书欣然而作》、《和陶示周续之祖企谢景夷三郎》、《和陶拟古九首》(选六)、《五色雀》、《食槟榔》。

上述方志所收录诗文,《飓风赋》虽亦为孔凡礼点校的《苏轼文集》收录,校记中却已注明:"《文鉴》卷十收此文,谓为苏过作。"① 张志烈等《苏轼全集校注》收录,校记更详:"《宋文鉴》卷十收此文,谓为苏过作。明焦竑《刻苏长公外集序》亦谓苏过作。见明万历刊《重编东坡先生外集》卷首……今案,此《飓风赋》实为苏轼幼子苏过作。"② 其最有力的依据是《宋史·苏轼传》后附《苏过传》说苏过"有《斜川集》二十卷。其《思子台赋》《飓风赋》早行于世"③。故舒星校补,蒋宗许、舒大刚等笺注《苏过诗文编年笺注》予以收录,并注明该赋为苏过"绍圣二年(1095)随父贬居惠州至元符三年(1100)居海南期间作"④。海南林冠群编注《新编东坡海外集》、郑行顺点校《苏文忠公海外集》均持苏集误收说。另《吾谪海南,子由雷州,被命即行,了不相知。至梧,乃闻其尚在藤也。且夕当追及,作此诗示之》一诗非居儋所作,诗题"至梧"已明示此诗作于广西梧州。

其他作品都见于苏轼的《居儋录》或《海外集》。上述作品被方志收录,固然可以说明其社会影响,但作为苏轼海南文学研究史料的价值,却完全为《海外集》或《居儋录》遮蔽了。而能间接有助于苏轼海南文学研究的,是方志里的相关研究资料,如《万历儋州志》里明人曾邦泰的《重修〈居儋录〉序》《谒苏长公祠三首》《登载酒堂》,《康熙儋州志》里元人范梈的《东坡祠记》,《康熙琼郡志》里明人王佐的《重建载酒堂记》、王弘诲的《拜苏文忠公》等。苏轼《海外集》所收诗文量大,不同时期的方志编纂者对所收诗文的选取准则或考量已难知晓。他们距离苏轼的年代相当久远,所能获得的资料是史册已有的记载、诗文集以及相关笔记,如《康熙

① 苏轼著,孔凡礼点校:《苏轼文集·飓风赋》,北京:中华书局,1986年版,第19页。
② 苏轼著,张志烈等校注:《苏轼全集校注》,石家庄:河北人民出版社,2010年版,第92页。
③ 脱脱等:《宋史·苏轼传》,北京:中华书局,1975年版,第10818页。
④ 苏过著,舒星校补,蒋宗许、舒大刚等笺注:《苏过诗文编年笺注》,北京:中华书局,2012年版,第605页。

琼郡志·杂志》所载东坡与春梦婆、过黎子云遇雨戴笠着屐以及赠诗葛延之等故事。而苏轼居琼虽有"我本海南民,寄生西蜀州"这样的诗性表达,但他毕竟是四川眉山人,流寓儋州,儋州志、琼山志等对他的先世没有记载,也没有其他轶事。因此,海南方志里的苏轼诗文的点滴收录,文学史料的价值十分有限。

（三）苏轼文学史料的《居儋录》《海外集》问题

苏轼诗文南宋即广为流传,别集外,有前集、后集、全集、遗集等。元人基于宋之诸集,有《东坡七集》,明人有《苏文忠公集》,清人有《东坡全集》等,苏轼的海南作品存于诸集中。值得注意的是,这些作品自宋以后就有刊行。周泉根对苏轼的《居儋录》《海外集》作了全面的梳理,言及明万历前的宋刊本《海上老人集》、《海南集》(非苏轼专集),明万历前《遗思录》,诸本均已亡佚。今存明万历二十三年(1595)陈荣选辑校《宋苏文忠公居儋录》五卷,卷前有时任整饬兵备兼提督学校副使胡桂芳序。胡序言:"儋故有公《遗思录》,然编次失伦,渔采太滥,览者病之,系以遗思,亦无取焉。爰檄儋守晋安陈君重校之,要在记公当时言动与所为诗文,垂之海外,以风百世。更其名为《居儋录》,重纪实也。"①《遗思录》编纂者为谁已不可考,序所说的"儋守晋安陈君"为陈荣选。陈荣选辑校本后有明人曾邦泰于万历年间重刊,惜已亡佚,唯存《重修〈居儋录〉序》,载《万历儋州志》。曾序盛赞苏轼风神,言及《居儋录》,称读来"真令人之臆也清"②。

2022年,海南出版社出版了王全点校的王昌嗣补修本《宋苏

---

① 苏轼著,王全点校:《苏文忠公居儋录》,海口:海南出版社,2022年版,第2页。
② 林冠群点校:《万历儋州志》,海口:海南出版社,2004年版,第265页。

文忠公居儋录》,收入"琼崖文库",并于前言中说明,"整本为明代
陈荣选辑校"[①],"明万历二十三年陈荣选刻,清顺治十八年王昌嗣
补修"[②]。王昌嗣曾任定安县令,代摄儋州事。补修本共五卷,卷一
为年谱、古迹、言行,卷二至卷四为苏轼诗文,卷五为附录,主要收
入后人怀念苏轼的诗文,如范梈的《东坡祠记》、王佐的《载酒堂
记》等。然被胡桂芳批评为"渔采太滥"的《遗思录》已不可见。
陈荣选辑校本有后序,说到《居儋录》的成书过程。他任儋州知
州时,见东坡祠岁久渐颓,委人修葺,"旧录曰《遗思》者,多讹舛失
次,则尚有志而未逮也。今年夏,观察胡公行部至,阅公录,病其漫
蚀芜秽,属荣选校之……长公文章气节,乃荣选所忻慕,愿为执鞭
者。即不敏,其曷敢不为后? 于是忘其固陋,取前录校正,谬者划
之,逸者补之,紊者铨之,要以备公居儋时实录为止"[③]。然陈荣选
有明显的误收,如苏过的《飓风赋》,苏轼早年作于凤翔的《和子由
渑池怀旧》,作于惠州的《荔枝叹》《荔枝诗》都在其中。这尚是他
"谬者划之"之后的结果,足见苏轼诗文的辨析和归类在当时就是
问题。胡桂芳促成此事,并为之作序。王昌嗣补修本前除胡序外,
还有未具名的《苏文忠公居儋录序》,王全推断即为王氏本人所作。
序中叹苏、仰苏、敬苏,并将从朋友处获得的《居儋录》付梓。时为
清顺治十八年(1661)。

　　除王昌嗣补修本外,陈荣选辑校本还有康熙四十三年(1704)
的韩佑刊本,韩佑在序中讥讽妒苏者,尽呈敬苏之情,并说"今而知
当时之妒先生者,适以成先生;陷先生者,适以伸先生;而摈逐先
生者,又适足以成先生于千古也"。进而说,莅任儋州,幸得陈荣选

① 苏轼著,王全点校:《苏文忠公居儋录·前言》,海口:海南出版社,2022年版,第
　　1页。
② 苏轼著,王全点校:《苏文忠公居儋录·前言》,海口:海南出版社,2022年版,第
　　3—4页。
③ 苏轼著,王全点校:《苏文忠公居儋录》,海口:海南出版社,2022年版,第100页。

《居儋录》真本,"用是按卷分编,重付剞劂"①。其后,清光绪间又有刘凤辉重辑本《东坡居儋录》六卷。刘凤辉在《东坡居儋录序》中对王时宇编本有褒贬,褒其详备,贬其"收录未当,徒分体格,无所发明",因此他在此基础上再行补编,书名不变。

《居儋录》之外,还有《海外集》诸版本。其祖本为明万历戴熺编的《宋苏文忠公海外集》四卷,今藏日本内阁文库的国立公文书馆,以"乾""坤"别上下册。戴本自序于前,紧承胡桂芳序,与王昌嗣补修本《居儋录》胡序居前不同。戴本自序后署时间为"万历己未",即万历四十七年(1619),以陈荣选辑校本《居儋录》为底本,比原刻本晚二十四年。戴序说他广搜东坡全集、年谱及琼儋志,"补阙订误,而海外所撰著,鸿章片语,始毕登简,因更《海外集》"。白金杰作过比对,戴本《海外集》化《居儋录》的五卷为四卷,共三百九十四篇,删掉了《居儋录》附录的第五卷,增补了和陶诗、铭、赋、书若干篇。其后有清康熙樊庶点评本《苏文忠公海外集》,樊得定安友人王沂元出示的《居儋录》,补订为五百七十一篇。樊本前有翁嵩年、方正玉的序,樊序奉儒而讥申韩杨墨,崇苏轼而贬王安石,说苏轼诗文"沉雄激射,无非忠君体国",比之于儒学经典。关于是编,他说:"自公渡海以迄移廉,中间诗文不尽儋耳之作,而独系以'居儋',毋亦隘乎?……用是搜罗残缺,正其伪谬,加以编注,评骘卷帙,遂黟设附庸于十三经之末,持身经世,无不可也。更其名曰'海外集',匪为景行前哲,亦欲与海外士共相劝勉焉。"就此而论,樊当未见戴本《海外集》,仍就陈荣选辑校本《居儋录》再下功夫。

至清乾隆四十年(1775),有王时宇编本《海外集》,这时情形有了变化。此前已有陈本《居儋录》、王本《居儋录》,王时宇在自

---

① 苏轼著,林冠群编注:《新编东坡海外集》,郑州:中州古籍出版社,2015年版,第455页。

作的《苏文忠公海外集序》对《居儋录》有"割裂舛错"的批评,称
其"漫灭难稽",未明言是陈本还是王本。虽说王本是对陈本的修
订,且王本年代近,较陈本易得,但王时宇所见未必一定不是陈本。
王时宇说:"迩从春圃学师案头得《海外集》读之,视《居儋录》加
什之六七,几几乎称善本矣。第取之太博,往往将前后之作阑入。"
他明言该书刻版已被樊庶带走,琼人鲜有见之者,遂"不揣固陋,取
先生全集与施注、查注诸书,细加考校,凡非海外所作者,概不录。
而间补其一二。惟《书传》诸篇,则颖滨所谓在海外所作,以推明
上古绝学者,故悉录之,以表先生羽翼经传之功。书成付梓,仍以
《海外集》名之,不必区区以居儋域也"。他基于陈本或王本《居儋
录》和樊本《海外集》,唯取苏轼海外之作,使《海外集》臻于纯粹。
王时宇本前还有乾隆四十年(1775)琼守皖江萧应慎、琼州郡丞
金陵陈景埙的序。其后,则有 1935 年《儋县志》所收之《居儋录》
本,取自王时宇所编《海外集》。

　　苏轼《居儋录》《海外集》的版本流传从明万历年间至 20 世
纪 30 年代,前后历三百五十年,大体情况如上。无论是《居儋录》
还是《海外集》,后编者往往不满于前编者,于是重编再刊。即便如
此,苏轼《海外集》仍没有最为全备精当的刊本,令人遗憾,倒是给
今人重编、重校、重刊留下了空间。

　　《海外集》的现代排印本中,上面提及的王全校本晚出。此前,
1992 年,海南出版社出版了林冠群注释本《新编东坡海外集》,分
体而不编年;2006 年,他在香港银河出版社出版了修订后的注释
本《新编东坡海外集》,不分体而编年;2015 年,该书经再次修订
后,在中州古籍出版社出版。对于编注该集时所依据的版本,他没
有说得很明确,但从字里行间可以看出来:王文诰在清王时宇编的
《苏文忠公海外集》之后编了《苏文忠公诗编注集成总案》,将东坡
身后诗文集收罗备至。因此林下结论:此前已有《海外集》传世。
王时宇之前有无名氏刊《居儋录》和康熙年间樊庶刊《海外集》流

行,为王时宇重编提供了参考。他同时提到儋州学政刘凤辉在王时宇编本的基础上重编《居儋录》。林对王、刘二本都有批评,称《儋县志》收录的《居儋录》"较王、刘二集精确得多"。刘不满王集,在《居儋录序》就该集编纂说道:"夫忠公文满天下,文章烁古今,何借此区区一编之传?然公不必在儋传,儋实以公而光。补而编之,俾后之人得以景仰流风遗韵,百世下犹想见蛮烟瘴疠之乡,当日其事其人其文之有如是者,以是知公之大有造于是邦也。书成,又得王君时宇《海外集》一编,颇详备,然收录未当,徒分体格,无所发明,兹补编之,仍曰《居儋录》,从其旧也。"① 刘补编了王本,而林不满于刘本,取《儋县志》重辑的《居儋录》进行了考订和增补。然郑行顺说:"1935年,儋县重修《儋县志》,辑载入其《艺文志》中的苏轼《居儋录》,实即王时宇编本《海外集》海南书局铅印本,只是改了书名;另载入康熙年间知州韩佑为旧本《居儋录》所作序,而不采用刘凤辉编本及其所作序。"

2017年,海南出版社将郑行顺点校的王时宇本出版,收入"琼崖文库"。郑在该书前言里也叙及《海外集》《居儋录》的编纂情况,称林冠群的《新编东坡海外集》"与王时宇本《海外集》相比较,所录诗文或增或减各数十篇,取舍更为精准"② 。而他点校的《苏文忠公海外集》取清乾隆四十年(1775)王时宇编《海外集》为底本。这表明林本和郑本都以王时宇编本为底本,在此基础上林本用编年体。林自言:"这次新编《海外集》……编年以王文诰《总案》为主要线索,作了部分调整和补充。"③ 郑本依旧用分体形式,收录表、记、赋、诗(诗分五言古、七言古、五言律、七言律、五言绝、七

---

① 刘凤辉:《居儋录序》,见苏轼著,林冠群编注《新编东坡海外集》,郑州:中州古籍出版社,2015年版,第458页。
② 苏轼著,郑行顺点校:《苏文忠公海外集·前言》,海口:海南出版社,2017年版,第5页。
③ 苏轼著,林冠群编注:《新编东坡海外集》,郑州:中州古籍出版社,2015年版,第14页。

言绝）、论、铭、颂、说、书跋、启、尺牍、杂著、言行、古迹。后有补遗，仍旧分体。林本将他认为是误收的作品剔除，如《答丁连州朝奉启》《答陈提刑启》《与元米章书》等；郑本一仍收入，只在题注里说明作于何时何地，明其非居儋之作。

至林、郑二本出，苏轼《海外集》的作品基本完备，二者有编年和分体的差异，但苏轼的诗文大体趋同，作为苏轼海南文学的史料，多为人采用。林本附录集评、轶事、旧本《海外集》《居儋录》序及他自己的论文数篇。林冠群、郑行顺、王全本外，另有高智的《苏轼海外集笺注》，以王时宇编《海外集》为底本。

（四）苏轼文学史料的"经学三书"问题

"经学三书"因最后成就于海南，又称"海南三书"，即《书传》《易传》和《论语说》。

苏轼承父苏洵遗命作《易传》始于黄州。他贬居黄州时，曾对滕达道说因贬居闲，欲专治经书，一二年间，了却《论语》《书》《易》三书；后又给文彦博写信，告诉他自己已完成《易传》和《论语说》，并视之为"穷不忘道"的佐证。元符三年（1100），他在儋州曾为"三书"写过题记："孔壁、汲冢竹简科斗，皆漆书也，终于蠹坏。景钟、石鼓益坚，古人为不朽计亦至矣。然其妙意所以不坠者，特以人传人耳。大哉人乎！《易》曰：'神而明之，存乎其人。'吾作《易》《书》传《论语说》，亦粗备矣。呜呼，又何以多为。"[1] 这话说书于竹简者易朽，铸于钟鼎、刻于石鼓者虽可不朽，然在他看来更为不朽的是将己意存于人心，以人传人。这话有特殊的意味，

---

[1] 苏轼著，孔凡礼点校：《苏轼文集·题所作〈易〉〈书〉传〈论语说〉》，北京：中华书局，1986年版，第2073页。

苏轼当时身陷元祐党争中，著述难以刊行，死后还有著作遭毁版的事发生，故说不朽的良方是人与人之间的口耳相传。

他在从海南北归之前对友人李端叔说："某年六十五矣，体力毛发，正与年相称，或得复与公相见，亦未可知。已前者皆梦，已后者独非梦乎？置之不足道也。所喜者，海南了得《易》《书》《论语》传数十卷，似有益于骨朽后人耳目也。"[①] 这里的"了得"，令人想到他在黄州对文彦博讲过的话，说明在黄州时已完成《易传》与《论语说》，此后经过修订，定稿于海南。人生过往无非皆梦，真实留存的是可新后人眼目的"三书"。北归途中，苏轼又对苏伯固说："某凡百如昨，但抚视《易》《书》《论语》三书，即觉此生不虚过。如来书所谕，其他何足道。"[②] 所谓"其他何足道"，包括了他的一切诗文，

苏轼的"经学三书"无疑是他海南文学史料的有机组成部分，它们在客观上具有双重性质：既是其他诗文创作的思想根基，同时本身也具有文学价值。

今传"经学三书"，《论语说》原本散佚，现在的版本为后人辑佚而成。舒大刚在《三苏经解集校》的"叙录"里说："此次整理，系在卿、马二氏辑本的基础上，复广稽宋金文献，得苏轼《论语》之说四十余条，加卿、马所辑，已达一百三十余条。"《论语》原本有二十篇、四百九十二章，相较可见苏轼《论语说》未辑得的部分尚有大半。《书传》与《易传》得以流传。但《易传》之作起于苏洵，且有苏辙参与，故后人又称《易传》为《苏氏易传》，也不乏称之为《东坡先生易传》的。两种提法都难分辨其中苏洵、苏辙及苏轼各自所撰部分为何，但可以断言苏洵、苏辙所撰得到了苏轼的修订或

---

① 苏轼著，孔凡礼点校：《苏轼文集·答李端叔十首其三》，北京：中华书局，1986 年版，第 1540 页。
② 苏轼著，孔凡礼点校：《苏轼文集·答苏伯固四首其三》，北京：中华书局，1986 年版，第 1741 页。

认同,称《东坡先生易传》亦无不可。

苏轼文学创作的丰富性与其思想紧密相系。在儒、佛、道并行的社会文化背景之下,苏轼深受三者影响,而有自己独特的人生情怀与格局。这一点贯穿在他的一生中。就苏轼海南诗文而言,有体现佛家思想者,如《和陶和刘柴桑》的"万劫互起灭,百年一踟蹰",《题过所画枯木竹石三首》其一的"山僧自觉菩提长,心境都将付卧轮",以及《十八大罗汉颂》等;有体现道家思想者,如《题过所画枯木竹石三首》其二的"散木""鸣雁""要以空中得尽年",以及《别海南黎民表》的"平生生死梦,三者无劣优"等;有体现道教思想者,如《广利王召》《峻灵王庙碑》《陈太初尸解》等;还有对仙、佛的否定,如所谓"莫从老君言,亦莫用佛语。仙山与佛国,终恐无是处"。这些与"经学三书"的思想不同。"三书"之所以称为"经学",本质原因是《书》《易》《论语》乃儒学原典,苏轼所传以奉儒为主导,虽说其中亦存在以道解《易》的情况。如《易传》"蛊卦",巽下艮上,经曰:"元亨,利涉大川。"苏氏解为:"夫下巽则莫逆,上止则无为,下莫逆而上无为,则上下大通而天下治也。"[1]"巽"为顺从,在八卦里代表风。上无为、下莫逆即顺从,相应的意味是下效上也无为,最终归于老、庄的无为而天下治。这种理念在"三书"中并不多见。

"三书"奉儒,最核心的是儒学之仁。《论语说》解孔子的好仁恶不仁说,在《书传》里批申韩、俗儒而说仁等,都让人看到与他出川应科考时写的《刑赏忠厚之至论》及后来《上神宗皇帝书》所表明的相似的仁者立场。所以,也就不难理解他居儋时的种种思想和行为:哀田野多荒、民以薯芋杂米为食而劝农事耕作,哀民宰牛祈神治病而劝民从医,哀黎汉之民多纠葛而劝和,乐于看到"华夷

---

[1] 舒大刚等校注:《三苏经解集校·书传》,成都:四川大学出版社,2017年版,第46页。

两樽合,醉笑一欢同"①的和谐景象。以上莫不形诸诗咏,体现仁者之心。因此,"经学三书"与苏轼海南诗文创作之间的关联,自然赋予了其文学史料的特性,从事苏轼海南诗文研究,理当关注"经学三书"在其中的地位和影响。

舒大刚在《三苏经解集校》的前言里说到三苏"六经五子"的经学体系,并说人们对三苏的研究集中在文学领域,对经学的价值缺乏重视。北宋末年,三苏经学研究不兴,这一方面是由于元祐党争下朝廷的打压,另一方面是因为他们的经学著作在当时并未刊行。南宋尤其是明焦竑刊行《两苏经解》以后,三苏经学研究是可以渐盛的。撇开苏洵、苏辙的经学不论,苏轼经学不能与苏轼文学相颉颃,尽管苏轼说过"三书"之外,其余皆不足道,但世人喜欢他自认为不足道的诗文,少有人喜欢甚至知道他的"经学三书",更难在研究上下功夫,更少有人把"经学三书"视为文学,这一点值得高度关注。

经学与史学、文学共生,如《诗经》《左传》同为经学,亦为史学和文学,一体而花开三朵,这是人们最熟知的。"经学三书"从诗文的角度说,"三书"中的《尚书》是记言体历史散文,《论语》是语录体诸子散文,《易经》的卦爻辞介于诗文之间,一般认为偏于诗。这说的是文体形式。还有"三书"的表述、说理方法与结构,哪一点是绝对非文学的? 傅道彬著《"六经"文学论》,说儒者明道要依赖文学,经学与文学的关系是经学借助文学。文以明道、文以载道、文以传道,从不同的角度说明了文学的工具特质,韩愈在中唐倡古文就是如此。由此,傅道彬言及钱钟书从"六经皆史"引申出"史即诗也"的立论。在钱氏逻辑里,"如果可以说'六经皆史',那么更可以强调'六经皆诗'"②。不单是六经皆诗,又有"从'六经皆

① 苏轼著,孔凡礼点校:《苏轼诗集·用过韵冬至与诸生饮酒》,北京:中华书局,1982年版,第2325页。
② 傅道彬:《"六经"文学论》,北京:北京大学出版社,2021年版,第19页。

史'到'六经皆文'再到'六经皆诗'的理论转变,体现着经典的经学、历史学和文学多重解读的历史过程"①。在具体论述中,傅道彬有"礼典仪式与《尚书》'六体'的文学写作""'易文似诗'与《周易》的诗体结构形式",均是经学亦为文学的佐证。既然如此,认为经传亦为文学,是自然而然的。

苏轼解《论语·为政》里孔子说的"诗三百,一言以蔽之,曰'思无邪'"时说:"凡有思者,皆邪也,而无思则土木也。何能使有思而无邪,无思而非土木乎?"②并说孔子不过是"断章取义",取有会于心者说之,而诗人之意未必如此。孔子说的"思无邪",前人多以"邪"为邪僻,言其思归于正。苏轼说有思则有邪,思想难免外溢,不然,"思无斁""思无疆"又当作何解?《论语·卫灵公》中孔子所说的"辞达",苏轼解为:"夫言止于达意,即疑若不文,是大不然。求物之妙,如系风捕影,能使是物了然于心者,盖千万人而不一遇也。而况能使了然于口与手者乎?是之谓辞达。辞至于能达,则文不可胜用矣。"③这一条辑自苏轼《与谢民师推官书》,他强调言之达意,当了然于心方能了然于手之成文、口之发论,他启发学人的追求,也为学人指出了为文的基本方略。这只是表明苏轼"经学三书"同样具有文学性的两个例子,这里想借此说明的是,它们理当是苏轼海南文学史料的一部分。

以上从四个方面阐述了苏轼海南文学研究的史料问题,以期深化相关领域的研究。需要注意的是:眼界与格局决定了研究的广度与深度,苏轼海南文学研究绝不能局限于海南的文学史料,应浸淫于苏轼所有的文学史料中,而不宜自囿于海南。这是因为,苏轼在海南的文学成长,与他海南之外的经历与文学创作紧相关联,

---

① 傅道彬:《"六经"文学论》,北京:北京大学出版社,2021年版,第20页。
② 舒大刚等校注:《三苏经解集校·论语说》,成都:四川大学出版社,2017年版,第751页。
③ 舒大刚等校注:《三苏经解集校·论语说》,成都:四川大学出版社,2017年版,第799页。

就像他有黄州、惠州之贬,方有儋州之贬一样。他曾经对二郎侄说:"凡文字,少小时须令气象峥嵘,采色绚烂。渐老渐熟,乃造平淡。其实不是平淡,绚烂之极也。汝只见爷伯而今平淡,一向只学此样,何不取旧时应举时文字看,高下抑扬,如龙蛇捉不住,当且学此。"[①] 少时峥嵘,老来平淡,这平淡正是苏轼文学的境界。在海南遍和陶渊明诗的苏轼,曾对弟弟子由说到前后和陶渊明诗一百零九首,得意处不愧陶渊明;并说陶诗"质而实绮,癯而实腴"[②]。这与他自道的老造平淡说相类,平淡中有深厚的人生韵味。苏轼居儋诗文的平淡,正在如此。在这个意义上,研究苏轼海南文学实在不能不了解他海南之外的诗文,从而对他有更深刻的理解和认知。

---

① 苏轼著,孔凡礼点校:《苏轼文集·与二郎侄》,北京:中华书局,1986 年版,第 2523 页。

② 苏轼著,孔凡礼点校:《苏轼文集·与子由其六》,北京:中华书局,1986 年版,第 2515 页。

附录

一、苏洵古文的历史审视
及其尚古风格体认

　　苏洵曾修礼书,自认为礼书属史,深知"遇事而记之,不择善恶,详其曲折,而使后世得知而善恶自著者,是史之体也"①,足见其撰史的实录精神。这种对历史的审视是文人常有的行为,在文学史上,没有几个文人不正眼看看历史,然后对历史有批评或认同。苏洵的历史审视之所以特别值得注意,是因为他有明确的历史观、历史方法以及依据历史人物或事件产生的谋略思想。这与他的文风是有关系的,或者说,他在审视历史之际,会把历史观念与方法渗入自己的文章写作中,形成他与历史交流之后的新风范。可在北宋的文坛上,苏洵这个充满情感与批判精神的古文家,其文章一经面世,却往往被人们视为带有传承印痕的作品;关于他具体传承了谁,尚有诸说并行的现象,这是颇有意味的。

（一）以礼与仁为历史审视的基本出发点

　　苏洵的历史审视,最集中的是《史论》上、中、下三篇。他将对

---

① 苏洵著,曾枣庄等笺注:《嘉祐集笺注·议修礼书状》,上海:上海古籍出版社,1993年版,第434页。

历史的清醒认识明确地表述为："史何为而作乎？其有忧也。何忧乎？忧小人也。何由知之？以其名知之。楚之史曰《梼杌》，梼杌，四凶之一也。君子不待褒而劝，不待贬而惩；然则史之所惩劝者独小人耳。"① 这话有点片面。以史为鉴的古训，蕴含的是国之兴替、人之君子与小人等难以尽言的教训和启示，并非只有惩小人或说忧小人一端。况且史之名也不是只有"梼杌"，《孟子·离娄下》提到的"晋之《乘》，楚之《梼杌》，鲁之《春秋》"，《乘》与《春秋》之说，与"小人"没有必然的关联。从这里出发，苏洵看到了史与经的关系。他的《史论》说："其义一，其体二，故曰史焉，曰经焉。"史与经的义一体二说意味着二者"义一"即思想趋同，使二者可以互为辅佐，用他的话说，当是"经不得史无以证其褒贬，史不得经无以酌其轻重；经非一代之实录，史非万世之常法：体不相沿，而用实相资焉"。在这个意义上，经即史，史也为经。在此之前，《尚书》《春秋》等史书均被列入儒学经典，虽然可以印证苏洵思想与前人相合，但可见这一想法也不新奇。不过，他倒是将史与经从"体"即不同写作方法上区分开来："大凡文之用四：事以实之，词以章之，道以通之，法以检之。此经、史所兼而有之者也。虽然，经以道、法胜，史以事、词胜。"这表明史重事实的语言表达，而经则重思想的原则掌控。"史待经而正，不得史则经晦"，他举了五经为证，说其详于道、法而略于事、简于辞。

然后，他在《史论》中篇以司马迁和班固为例，说明史家重事、词而兼用道、法。于是在《史记》和《汉书》中，就有"不可以文晓而可以意达者"。具体有四种状况：隐而章者、直而宽者、简而明者、微而切者。苏洵用司马迁的"本传晦之，而他传发之"说明隐

---

① 苏洵著，曾枣庄等笺注：《嘉祐集笺注·史论上》，上海：上海古籍出版社，1993 年版，第 229 页。

而章,以"于传详之,于论于赞复明之"说明直而宽,凡此等等,彰显了他对历史表现方法多样性的认识。不过,这些方法在他看来也是服务于历史家思想观念的,自有其社会功用。他没让人去揣度,自己随后就说明了:"隐而章,则后人乐得为善之利;直而宽,则后人知有悔过之渐;简而明,则人君知中国礼乐之为贵;微而切,则人君知强臣专制之为患。"这就不再是历史,而是历史事件的现实惩劝意义,人们借重历史,自我反思,推进现实生活中的自我修为以及社会治理。就此而言,苏洵的历史方法论其实是社会政治论,他对司马迁和班固的认同,并没有妨碍对他们的严厉批评。他在《史论》下篇说司马迁不当"裂取六经、传、记、杂于其间,以破碎汩乱其体";说班固不当"袭蹈迁论以足其书者过半",同时又袭用司马迁、扬雄的自叙之词。他用了一个"剽"字,使所言蕴含的批评显得格外尖锐。

　　具体的马、班批评且不说,更值得注意的是所谓"经非一代之实录,史非万世之常法"。客观上,以经为史应当符合"实录"的史学原则,按苏洵的说法,可以理解经重道、法与实录之间的距离,但他的"经非一代之实录"说意味着经中存在着一定的虚浮成分。与之相应,"史非万世之常法"则表明历史记载的社会演化过程充满了变数,绝不是天不变、道亦不变的形而上哲理,"然万世帝王之计,常先定所上,使其子孙可以安坐而守其旧。至于政弊,然后变其小节,而其大体卒不可革易。故享世长远,而民不苟简"①。参照起来看,史之大体不变而小节变,是国家的长远之道,那么"史非万世之常法"要变的即为小节。

　　所以,他在《六经论》的《易论》中好说历史上的圣人之崇礼。圣人不能以一人之力胜天下之民,而能取信于民,夺民之乐而易之

---

① 苏洵著,曾枣庄等笺注:《嘉祐集笺注·几策·审势》,上海:上海古籍出版社,1993年版,第1页。

以苦,使民弃逸就劳,欣然以之为君师,遵守法纪,不避生死。这是礼的作用。他又在《礼论》中说圣人想以礼治民,所以先自治其身,以取信于天下。他大谈礼对治理天下的作用,又在《乐论》中以自然的风、雨、日、雷来说音乐,说"用莫神于声,故圣人因声以为乐。为之君臣、父子、兄弟者,礼也";在《诗论》中说"礼之权止于死生,天下之事不至乎可以博生者,则人不敢触死以违吾法";在《书论》中谈风俗之变,所谓"圣人因风俗之变而用其权",其实是以礼移风易俗而治天下;在《春秋论》谈周公先自治而后治人,自然归于礼了。

从这里可以看到,苏洵说的大体不可革易,是天下之礼不能变。而礼对于治理天下的重要作用,在《礼记·曲礼》中就有完整的表述,如说"道德仁义,非礼不成;教训正俗,非礼不备;分争辩讼,非礼不决;君臣、上下、父子、兄弟,非礼不定"。这种思想可上溯到《荀子·礼论》乃至孔子的礼论,礼是道德律令、行为准则、伦理秩序,凡此等等,"天下从之者治,不从者乱;从之者安,不从者危"①。也是本着这样的道理,苏洵在《孔子论》里认为可以用礼制止春秋时的齐国田氏之乱。对于所有的人来说,在品性与行为上归于礼,也就获得了"仁"。这是孔子说的"克己复礼为仁,一日克己复礼,天下归仁焉"②。好说礼的苏洵也好谈兵,自云"《权书》,兵书也。而所以用仁济义之术也。吾疾夫世之人不究本末,而妄以我为孙武之徒也。夫孙氏之言兵,为常言也。而我以此书为不得已而言之之书也。故仁义不得已,而后吾《权书》用焉。然则权者,为仁义之穷而作也"③。

这之前苏洵还说了一句,人道是儒者不言兵,这在某种程度

---

① 司马迁:《史记·礼书》,北京:中华书局,1959 年版,第 1171 页。

② 朱熹:《四书章句集注·论语·颜渊》,北京:中华书局,1983 年版,第 131 页。

③ 苏洵著,曾枣庄等笺注:《嘉祐集笺注·权书序》,上海:上海古籍出版社,1993 年版,第 26 页。

上是孟子不谈论齐桓、晋文的霸道而说王道之事的翻版。显而易见，他的自叙是自辩之辞，并不愿意旁人说他好谈兵，特别声明仁义穷而用兵，是把仁义置于社会政治首位的。因此，他《权书》的首篇是《心术》，说"为将之道，当先治心"，不让战士怀有一己之怨怒而宣泄于沙场，其实也是仁心的表现。他给韩琦写信，谈到自己的《权书》，自许深晓古人成败兴坏之由，说用兵是要消除天下的不仁不义；而天子仿佛是天下人的父母，将相仿佛是天下人的老师，既应"推深仁以结其心"，又须"厉威武以振其堕"，他称之为"威怀天下之术"①。在这里，苏洵同样叙说了许多历史事实，如社会太平之后有奸诈、混乱再生。他举了刘邦、项羽灭秦及相争天下的例子，以及宋太祖、宋太宗定天下，且传天下到宋仁宗朝；还提到唐代郭子仪、李光弼等人之事，最后归结为天子当威怀天下。

　　苏洵审视历史的基本出发点，不仅反映了他的历史观，也体现了他现实的思想意识取向。他曾对欧阳修说："自孔子没，百有余年而孟子生；孟子之后，数十年而至荀卿子；荀卿子后乃稍阔远，二百余年而扬雄称于世；扬雄之死，不得其继千有余年，而后属之韩愈氏；韩愈氏没三百年矣，不知天下之将谁与也。"②这番话有点类似唐代韩愈在《原道》中数说儒学的道统，不同的是韩愈对荀、扬传孔、孟之学的"择焉不精，语焉不详"很不满意，而苏洵则肯定了二人在孟子之后的地位和贡献。同时，他这里表现出来的深切忧虑，出自对孔子礼与仁的深厚情感，与孟子的仁爱乃至仁政观、荀子的礼制乃至礼治观相系。

---

①　苏洵著,曾枣庄等笺注:《嘉祐集笺注·上韩枢密书》,上海:上海古籍出版社,1993年版,第 304 页。

②　苏洵著,曾枣庄等笺注:《嘉祐集笺注·上欧阳内翰第二书》,上海:上海古籍出版社,1993 年版,第 334 页。

（二）以历史评说勾连古今的谋略视角

进而言之，苏洵的历史审视除《史论》三篇之外，在他的《权书》较为集中，另在杂论中有数篇。从题目上看，可以分为历史事件审视与历史人物审视。其中《权书》所论与军事相关，历史审视的基本路径是行军用兵之道。不过，这里关注的是苏洵对历史事件和人物的重新评价，从中可以感受到他独特的谋略视角。

苏洵对历史事件的审视，最有名的是《六国论》。秦灭六国，西汉贾谊曾在《过秦论》上篇探究过六国灭亡的缘由，将之归结为秦的强大。六国初抗秦，失败后赂秦，终致灭亡，而秦统一天下。在这里，贾谊为秦的统一唱赞歌，没有深究六国自身存在的问题，而苏洵《六国论》则是对六国的批判。他说："六国破灭，非兵不利，战不善，弊在赂秦。赂秦而力亏，破灭之道也。"于是，贿赂者因贿赂而亡，不贿赂者因贿赂者灭亡而亡，唯有用兵抗秦者后亡。在他看来，六国当"以赂秦之地封天下之谋臣，以事秦之心礼天下之奇才，并力西向，则吾恐秦人食之不得下咽也"。他站在六国的立场上作了深刻的反思，看到了六国之弊，并认为秦的强大并非不可抵御，关键在于贿秦还是抗秦。可以说，苏洵的六国批判虽有叹惋之情，但根本是事后的谋略论。这一谋略的核心内容是他引用的战国苏代对魏安釐王说的"以地事秦，犹抱薪救火，薪不尽，火不灭"①。难怪茅坤说他"一篇议论，由《战国策》纵人之说来"②。他同时还说苏洵这篇文章可以与《战国策》相伯仲。这话虽然说得有些大，但可以注意到苏洵对苏代思想的深入阐发，把以地事秦则亡

---

① 司马迁：《史记·魏世家》，北京：中华书局，1959 年版，第 1854 页。
② 高海夫主编：《唐宋八大家文钞校注集评》，西安：三秦出版社，1998 年版，第 4431 页。

的理论作了历史的还原。在"诸侯之地有限，暴秦之欲无厌"的状态下，诸侯国君大凡奉秦弥繁者，秦则侵之愈急，亡也愈速。这是社会历史的规律。

有趣的是，苏洵次子苏辙也作了《六国论》，所论和其父有异，认为六国之所以以五倍于秦之地、十倍于秦之众而灭亡，关键是秦以韩、魏为腹心之疾，齐、楚、燕、赵等国只知道以韩、魏为屏障，而"莫知厚韩、亲魏以摈秦"，反而彼此相残，以致先后灭亡。苏辙也是在作六国批判，他所看到的韩、魏问题不失为一种谋略，但不及苏洵来得婉转而深切。后人多认为苏洵明论六国，而暗说大宋王朝不断以银两和丝绸等对契丹作出妥协，高步瀛在《唐宋文举要·六国论》注里列举宋真宗、宋仁宗时的割地捐银，以见大宋王朝之赂契丹。因此，苏洵的《六国论》就有了很强的现实意义，是可以与他《法制》《强弱》《攻守》《用间》等篇论述的用兵之道参照起来读的。

对历史人物，苏洵审视了子贡、项籍、刘邦等人。在《子贡》里，他主要针对《史记·仲尼弟子列传》记载的子贡乱齐、灭吴、存鲁发论。子贡听从孔子之命，为制止齐伐鲁而至齐游说田常，要齐伐吴；又至吴游说吴王夫差，要吴伐齐；再游说越国卑谦以事吴，促成吴胜齐后伐晋，晋败吴之后，越趁吴虚而灭吴。苏洵说子贡不过是邀一时之功，而一时之间见其功而不见其祸。"吾闻之：王者之兵，计万世而动；霸者之兵，计子孙而举；强国之兵，计终身而发，求可继也。"他以这一理性的用兵法则批评子贡的短视，说今日可用，而明天就不可用了。于是他据当时的情形为子贡谋划：齐内有田常欲篡之患，伐鲁则给了田常可乘之机，不如请鲁压兵于境，观齐之变以除田氏之祸。这样，齐不乱、吴不灭，同时"齐必德鲁，数世之利也"。苏洵的谋划比子贡简单得多，虽说他虑及长远的成效应该说只是一厢情愿。

又如《项籍》，他说项籍"有取天下之才，而无取天下之虑"，死于垓下是不奇怪的；甚至说项羽成名的巨鹿之战就有其后败亡的征兆，实在有点语出惊人。苏洵对项籍缺乏取天下意识的批评，乃为提出自己的谋略作铺垫。他说："方籍之渡河，沛公始整兵向关，籍于此时，若急引军趋秦，及其锋而用之，可以据咸阳，制天下。不知出此，而区区与秦将争一旦之命。既全巨鹿，而犹徘徊河南、新安间，至函谷，则沛公入咸阳数月矣。夫秦人既已安沛公而仇籍，则其势不得强而臣。故籍虽迁沛公汉中，而卒都彭城，使沛公得还定三秦，则天下之势，在汉不在楚。楚虽百战百胜，尚何益哉？"这一谋略的关键是项籍当据咸阳，得秦则得天下；他却一再自失良机，使沛公刘邦先有咸阳且得咸阳民心，退出后又得故秦之地。同时，苏洵在这篇文章里还假设他人诘问"籍必能入秦乎"，进一步论说项籍必能入秦，尽管这只是对历史的再设定。苏洵从谋略角度审视项籍，是以"古之取天下者，常先图所守"为根基的。他还用富人和穷人打比方，富人居四通八达的都城，财富流向天下，也取天下之利；穷人得一金就用木盒藏于家中，关门紧守，焉知大盗不至，至则必失。用这个比方来看项籍，项籍实在是胸襟太小，失了天下也很自然。

苏洵《高祖》论汉高祖刘邦的谋略。他说刘邦用术制一时利害不如陈平，用术制项羽不如张良，但为后世子孙计则陈、张均不如刘邦。他以刘邦死后，吕氏之祸平而刘氏天下安为例，说明"高帝之智，明于大而暗于小，至于此而后见也"。其子苏辙也写过刘邦，即《汉高帝》，主要论述刘邦入咸阳"此天也，非人也"，其中的缘由有二：一是秦章邯北击赵导致刘邦得以避实而击虚；二是项羽和章邯在河北相持不下，章邯不能还兵救秦，使刘邦坐收渔翁之利。显然，苏辙所论不在刘邦的谋略，而在其机遇，所以他会说是天意。这与其父苏洵之论的特点是不一样的。苏洵在《衡论·御将》中说刘邦"一见韩信而授以上将""一见黥布而以为淮南王""一见彭越而以为相国"，让三人享有富贵而为己所用。所以他认为"高帝可谓知大计矣"。这里不说黥布和彭越，单说韩信。韩信初弃项羽而投奔刘邦，并未及时受到重用，故有萧何月夜追韩信之事，劝刘邦设坛以隆重的礼仪任命他为大将。苏洵所说与这段史实有所出入，从中透露出他评价历史的谋略视角有为我所用的倾向，注重突出他对谋略的认同与阐发。

　　苏洵曾说："始吾作《权书》，以为其用可以至于无穷，而亦可以至于无用。"① 这里的有用与无用和他在《权书叙》里的思想相一致：无战争则用仁义，故《权书》无用；相反则《权书》是有用的。这在理论上的确如此。苏洵在世时，虽然宋有契丹、西夏扰边之患，但他死在宋英宗治平三年（1066），距北宋在宋钦宗靖康元年（1126）灭亡还有六十年，苏洵所论不过是居安思危。他是一个危机意识很强的人，特别忧虑国家将来的命运，说过："夫不知一身之势者，一身危；而不知天下之势者，天下不危乎哉？"② 因此，他主张广士和养才，养于无事之时，用于有患之际。他以周公时天下大治尚重才士能人为例，说当今大宋天下并不太平，卿大夫并不是全都称职，礼法风俗不如周公时，奇杰之士又未尽用，更要广纳贤士和养才。喜欢关注历史的苏洵，历史评价的落脚点与为历史谋划的根本都是社会现实。他曾对韩琦说："洵著书无他长，及言兵事，论古今形势，至自比贾谊。所献《权书》，虽古人已往成败之迹，苟深晓其义，施之于今，无所不可。"③ 这话可与《权书》等参看，以见他的用世之心。

　　以上就苏洵的单篇文章涉及的历史事件与历史人物论，其实他在一些并非专论事件和人物的文章中，也往往表现出谋略视角。

① 苏洵著，曾枣庄等笺注：《嘉祐集笺注·衡论叙》，上海：上海古籍出版社，1993年版，第79页。
② 苏洵著，曾枣庄等笺注：《嘉祐集笺注·衡论·重远》，上海：上海古籍出版社，1993年版，第99页。
③ 苏洵著，曾枣庄等笺注：《嘉祐集笺注·上韩枢密书》，上海：上海古籍出版社，1993年版，第301页。

如《谏论》,说古今谏论,谏法有五,即理论、势禁、利诱、激怒、隐讽,分别举了触龙、子贡、田生、苏秦、苏代的故事进行说明,并说"龙逢、比干吾取其心,不取其术;苏秦、张仪吾取其术,不取其心,以为谏法",这不同的取舍,本质上也是他的谋略。只是他距离所评说的历史事件和历史人物都很远,作为非当事人,他的冷峻与理智是很难与当事人相提并论的。好在他以谋略说古,怀有很强烈的当下意识。

(三)走向文学的尚古阅读与文风体认

苏洵的思想从历史或传统中走过来,在审视或批评中有自己的持守。他"以古今成败得失为议论之要"①,所著《权书》《衡论》《几策》,"多言今世之事"②,并不是泥古之人。何况他在嘉祐三年(1058)上书给宋仁宗,谈天下十事,诸如选贤任能等都有很强的现实针对性。不过,他的历史审视、尚古的阅读与文风的认知趋向是一体的。他读古人书、学古人文,然后出己见自成一家。

苏洵之文生前就很得人称道。《宋史·苏洵传》说他嘉祐元年(1056)率苏轼、苏辙入京应进士试时,欧阳修把他的二十二篇文章献给朝廷,一时在士大夫中广为流传,"学者竞效苏氏为文章"。元代脱脱的《宋史》后出,类似的话较早见于与苏洵同时的张方平的记录。张方平在《文安先生墓表》中说,苏洵"至京师,永叔一见,大称叹,以为未始见夫人也,目为孙卿子,献其书于朝。自是名动天下,士争传诵其文,时文为之一变,称为老苏"。这里的"孙卿"即荀卿,因避汉宣帝刘询的讳,故称。苏洵最初率二子出川时,在

① 苏辙著,陈宏天等校点:《苏辙集·历代论引》,北京:中华书局,1990年版,第958页。
② 苏洵著,曾枣庄等笺注:《嘉祐集笺注·答雷太简书》,上海:上海古籍出版社,1993年版,第362页。

益州拜会过张方平,请张方平引荐,张方平让他去拜会欧阳修,故有苏洵献书欧阳修,得其赞赏之说。苏辙甚至在《颍滨遗老传上》记录了欧阳修当时的惊喜之词:"予阅文士多矣,独喜尹师鲁、石守道,然意常有所不足。今见君之文,予意足矣。"这些对于苏洵称得上是莫大的荣耀。

可少时的苏洵不好读书,他自己说:"少年喜奇迹,落拓鞍马间。纵目视天下,爱此宇宙宽。"[①]这放荡游娱的经历持续了相当长的时间,"吾后渐长,亦稍知读书,学句读、属对、声律、未成而废"[②]。又过了十多年,他才悔悟,折节向学。他曾向欧阳修诉说自己读书的经历与方法,其中说到二十五岁时才懂得读书,当时"不遂刻意厉行,以古人自期。而视与己同列者,皆不胜己,则遂以为可矣。其后困益甚,然后取古人之文而读之,始觉其出言用意,与己大异。时复内顾,自思其才则又似夫不遂止于是而已者。由是尽烧曩时所为文数百篇,取《论语》《孟子》《韩子》及其他圣人、贤人之文,而兀然端坐,终日以读之者七八年矣"[③]。在他的读书经历中,初以古人自期,次取古人之文读之,再次是读《论语》等七八年。如是的三阶段,他对自己的肯定与否定都在发生,无论是前者还是后者,都以古人及其文章为楷模,可谓是在走向传统的同时不断感悟,自觉寻求对古人的承传然后光大之。

这是唐宋古文家通行的阅读之路,苏洵说得不全面或较为抽象。他的《六经论》《洪范论》《太玄论》《史论》等,都表明了他的阅读取向,其经历与韩愈《答李翊书》自述学古文二十余年的状态有些相近。韩愈说自己"始者非三代两汉之书不敢观,

---

① 苏洵著,曾枣庄等笺注:《嘉祐集笺注·忆山送人》,上海:上海古籍出版社,1993年版,第452页。
② 苏洵著,曾枣庄等笺注:《嘉祐集笺注·送石昌言使北引》,上海:上海古籍出版社,1993年版,第419页。
③ 苏洵著,曾枣庄等笺注:《嘉祐集笺注·上欧阳内翰第一书》,上海:上海古籍出版社,1993年版,第329页。

非圣人之志不敢存,处若忘,行若遗,俨乎其若思,茫乎其若迷",
"如是者亦有年,犹不改,然后识古书之正伪","如是者亦有年,
然后浩乎其沛然矣。吾又惧其杂也,迎而距之,平心而察之,其
皆醇也,然后肆焉"。这里,韩愈明确地说所学是要游于诗书而
行于仁义,阅读与写作并行不悖,且以他人之"笑誉"为权衡文
章纯杂的准则。笑之则喜辞为己出,誉之则忧他人之说犹存。苏
洵则在力求与古人之道相同时,有尽焚旧作的惊人之举,如是的
否定自我,其实要借此贴近古人,不苟合于时俗。他还说自己在
这一过程中的心态和成效:"方其始也,入其中而惶然,博观于
其外而骇然以惊。及其久也,读之益精,而其胸中豁然以明,若
人之言固当然者,然犹未敢自出其言也。时既久,胸中之言日益
多,不能自制,试出而书之,已而再三读之,浑浑乎觉其来之易
矣。然犹未敢以为是也。"其惶然—骇然—豁然,是从茫然不安
到明白,读书积累多了,自然形于文章。这无异于韩愈的养根俟
实、加膏希光论,意谓锲而不舍地以读养学,以读养识,终将有所
成就。

欧阳修评说过苏洵这一段人生,说他在不满且焚己作之后,更
加潜心于闭门阅读,五六年不事写作,"乃大究六经、百家之说,以
考质古今治乱成败、圣贤穷达出处之际,得其粹精,涵蓄充溢,抑而
不发。久之,慨然曰:'可矣!'由是下笔,顷刻数千言,其纵横上
下,出入驰骤,必造于深微而后止"[1]。类似的话张方平在《文安先
生墓表》、曾巩在《苏明允哀词》里也说过,说明苏洵的读书生活为
时人共知。他们认同苏洵,关键在于其自我修为、敏捷文思和思想
深度。

进而言之,韩愈的《进学解》可作为其务学之说的补充,"上

---

① 欧阳修著,洪本健校笺:《欧阳修诗文集校笺·故霸州文安县主簿苏君墓志铭并
序》,上海:上海古籍出版社,2009年版,第902页。

规姚姒,浑浑无涯;周诰殷盘,佶屈聱牙;《春秋》谨严,左氏浮夸;
《易》奇而法,《诗》正而葩。下逮《庄》《骚》,太史所录,子云相如,
同工异曲"。这被他自我评价为"闳其中而肆其外",算得上是自许
之词。与他同时的柳宗元则在《答韦中立论师道书》中,阐述自己
之学本于《诗》《书》《礼》《易》《春秋》以取其道,并说:"参之谷
梁氏以厉其气,参之《孟》《荀》以畅其支,参之《庄》《老》以肆其
端,参之《国语》以博其趣,参之《离骚》以致其幽,参之太史公以
著其洁,此吾所以旁推交通而以为之文也。"他称之为"旁推交通
而以为之文",是取诸书之长而为文,与韩愈的闳中肆外之法是相
通的,都是广为吸纳以成就己学,只是各自所取的传统文本的风格
不同。苏洵也有可为自己上述读写生活作补充的文字,就是他的
《上田枢密书》。

　　他在《上田枢密书》里先自我批评因"饥寒穷困乱其心,而声
律记问又从而破坏其体",以致写得"浅狭可笑";然后说:"数年
来退居山野,自分永弃,与世俗日疏阔,得以大肆其力于文章。诗
人之优柔,骚人之精深,孟、韩之温淳,迁、固之雄刚,孙、吴之简
切,投之所向,无不如意。"① 他还表示不取董仲舒文之迂,也不取
晁错文之诈,而好贾谊文之俊。清代刘熙载就此说他:"苏老泉迁
董诈晁,谓贾生'有二之子才而不流',余谓老泉文取径异于董,而
用意往往杂以晁。迁董,于董无损;诈晁,恐晁不服也。"② 这自当
别论。

　　不过,苏洵的退居山野说其实是仕途不顺。他先举进士,再
举茂才异等科,均金榜无名,故居家读书、写作。后率苏轼、苏辙二
子入京应试,宋仁宗、梅圣俞、雷简夫等人都劝他应试,他对仁宗皇
帝说自己才性疏拙,担心不合有司之意以辱陛下之明;对梅圣俞

① 苏洵著,曾枣庄等笺注:《嘉祐集笺注·上田枢密书》,上海:上海古籍出版社,1993
　　年版,第319页。
② 刘熙载:《艺概·文概》,上海:上海古籍出版社,1979年版,第29页。

说自己年已五十,衰病在身,不能奔走千里苟进以求荣利,其中难免有对自己应试能力的不自信;对雷简夫则说了下面一番话:"仆已老矣,固非求仕者,亦非固求不仕者。自以闲居田野之中,鱼稻蔬笋之资,足以养生自乐,俯仰世俗之间,窃观当世之太平;其文章议论,亦可以自足于一世。何苦乃以衰病之身,委曲以就有司之权衡,以自取轻笑哉?"① 从这段话中,可以理解苏洵这时的心境,他用了两个"足"字,一是生活上的养生自足,二是文章议论取名于当世的自足。前者之足,或多或少地寄寓了对赋闲田园的不满;后者之足,实以文章自许。折节读书甚晚的他,这时候有些自傲了。

这种情绪他不止一次流露过,他对韩琦说:"自闲居十年,人事荒废,渐不喜承迎将逢,拜伏拳跽。王公大人苟能无以此求之,使得从容坐隅,时出其所学,或亦有足观者。"② 苏洵淡泊仕途与年岁渐老、性情转变有关,他早年求荐的恳切之状这时荡然无存。他务学虽晚,而文章之名远播,唯以文章自许倒是不改常态。他在《上田枢密书》里以文人论,不同于上述韩、柳论学多以文本论。三人所论不一,试取相同者审视之。于《诗》,韩愈看到的是思想纯正与语言华丽;柳宗元所重的是恒久不变的精神,却又语焉不详;苏洵所取的"优柔"偏于情感的表现风格。于《离骚》,韩愈称其好而未再置一词;柳宗元说"致其幽",即取其寄托;苏洵说"精深",则有精美深厚之意。于司马迁,韩愈仍称其好;柳宗元则说"著其洁",取其语言的峻洁;苏洵说"雄刚",即雄健刚劲。相较而论,苏洵重在文风,他对孟子、韩愈和孙武、吴起的认识也是如此。

---

① 苏洵著,曾枣庄等笺注:《嘉祐集笺注·答雷太简书》,上海:上海古籍出版社,1993年版,第362页。
② 苏洵著,曾枣庄等笺注:《嘉祐集笺注·上韩舍人书》,上海:上海古籍出版社,1993年版,第350页。

　　苏洵对前人文风的体认,促成了其文风的多重性。历来对他的文风有不同的评价,或说类荀子,或说类司马迁,或说类纵横家等。这既在于他运用不同文体产生的自然需求,又在于他阅读古文之后的不同取法及其性情在不同方面的张扬,只是其礼与仁的基本思想、好谋略的现实关怀没有变。

二、苏洵古文风格的"多似性"解读

苏洵古文风格的"多似性"指的是前人在评说其古文风格时，有不同的比拟和走向，或说似此，或说似彼。与苏洵同时的张方平在《文安先生墓表》里提到了一些不同的评述，如欧阳修说苏洵为文像荀卿；韩琦则将他比为贾谊，甚至说论天下之事，贾谊不及苏洵。张方平还说苏洵兼有《国语》、司马迁的叙事，贾谊的善明王道等。此外，尚有其他说法。这些属于苏洵及其作品批评的常态，让人想起苏洵说的："圣人之道一也，大者见其大，小者见其小，高者见其高，下者见其下，而圣人不知也。"[1]鲁迅先生说读者看《红楼梦》的眼光各不相同，经学家见《易》，道学家见淫，才子见缠绵，革命家见排满，流言家见宫闱秘事，这和苏洵这一见地相似。这样审视众人对他的评说，并非把苏洵拟为圣人，而是任何阅读都会因读者的学养或境界差异有所不同，众人的目光之下同样的审美对象会产生不同的审美效果，就像他随后更具体地阐发的："夫子之道一也，而颜渊得之以为颜渊，宰我、子贡、有若得之以为宰我、子贡、有若，夫子不知也。"[2]这不正是几百年后莎士比亚说的"一千个读者就有一千个哈姆雷特"？

---

[1] 苏洵著，曾枣庄等笺注：《嘉祐集笺注·三子知圣人污论》，上海：上海古籍出版社，1993年版，第268页。

[2] 苏洵著，曾枣庄等笺注：《嘉祐集笺注·三子知圣人污论》，上海：上海古籍出版社，1993年版，第269页。

　　张方平的一番评述在苏洵给欧阳修的信里有另一种表述方式。苏洵说,孔子之后,能以文传孔子之道者有孟子、荀子、扬雄和韩愈,而韩愈死了三百年,有谁能够继其踵武、与其同列呢? 然后说:"洵一穷布衣,于今世最为无用,思以一能称、以一善书而不可得者也。况夫四子者之文章,诚不敢冀其万一。顷者张益州见其文,以为似司马子长。洵不悦,辞焉。夫以布衣,而王公大人称其文似司马迁,不悦而辞,无乃为不近人情? 诚恐天下之人不信,且惧张公之不能副其言,重为世俗笑耳。若执事,天下所就而折衷者也。不知其不肖,称之曰:'子之《六经论》,荀卿子之文也。'平生为文,求于千万人中使其姓名仿佛于后世而不可得。今也,一旦而得齿于四人者之中,天下乌有是哉? 意者其失于斯言也。"① 他这话看似自谦之词,说自己之文怎可与司马迁等人之文相提并论,却实有自许之意,享受着文章被如是评述的荣耀。

（一）引物托喻的似墨、韩及庄子说

　　不妨先看苏洵的短文《名二子说》:

　　　　轮、辐、盖、轸,皆有职乎车,而轼独若无所为者。虽然,去轼吾未见其为完车也。轼乎,吾惧汝之不外饰也。天下之车莫不由辙,而言车之功者,辙不与焉;虽然,车仆马毙,而患亦不及辙。是辙者,善处乎祸福之间也。辙乎,吾知免矣。

　　这篇小文因言及苏轼、苏辙兄弟的人生命运而享有盛名。孔

---

① 　苏洵著,曾枣庄等笺注:《嘉祐集笺注·上欧阳内翰第二书》,上海:上海古籍出版社,1993 年版,第 334 页。

凡礼在《苏轼年谱》中说这篇文章大概写在苏轼十四岁、苏辙十一岁的时候,就车轼说苏轼,"吾惧汝之不外饰也";就车辙说苏辙,"善处乎祸福之间也。辙乎,吾知免矣"。这只是苏洵的预言,当时二子的性情也许让他看出了他们未来人生的端倪。后人很服膺苏洵的预言,南宋楼昉就说他"逆料二子之终身,不差毫厘"[①];明代唐顺之说:"老泉所以逆探两公之终身也。卒也,长公再以斥废,仅而能免;而少公终得以遗老自解脱,攸攸卒岁,亦奇矣。"[②] 如是的评说并不尽然,苏辙一生并非真的善处祸福之间,他虽不及其兄苏轼的性情外露,但也耿直而不圆滑。他在参加宋仁宗的策试时,批评宋仁宗"无事则不忧,有事则大惧"[③];王安石变法之初,他批评其青苗法,并在宋哲宗元祐元年(1086)任右司谏时四上请罢青苗状,要求废除青苗法;他还三告王安石的属下吕惠卿,陈述吕惠卿善辩诈、实奸凶,恳请削其官职,流放四裔。他思想的锋芒实不在苏轼之下。苏轼晚年被贬儋州,苏辙被贬雷州,二人为琼州海峡阻隔在海之南与海之北。宋徽宗即位后,大赦天下,兄弟二人均北归。苏轼北归后死在自己晚年选定的居住地常州,苏辙最后终老于颍昌。当时苏轼已获准致仕,与官场彻底告别,无奈身染沉疴,未能攸攸卒岁。不然的话,他会有与苏辙类似的晚年生活。

这里并非要就《名二子说》作苏氏兄弟的文章,而是从中审视苏洵论说文的比拟方法。显然,他以物之性来说二子之性是主观推断,二子的人生实际与他的预言也有一定的距离;但这不影响他借助比拟写下绝妙的议论文字。他从车轼的功用推言苏轼,从车辙的功用推言苏辙,语言简洁而明快。同为以比拟法作议论的还有《诗论》中的"夫桥之所以为安于舟者,以有桥而言也。水潦大

---

① 楼昉:《崇古文诀评文》,见王水照编《历代文话》,上海:复旦大学出版社,2007年版,第1册,第491页。

② 高海夫主编:《唐宋八大家文钞校注集评·名二子说》,西安:三秦出版社,1998年版,第4539页。

③ 脱脱等:《宋史·苏辙传》,北京:中华书局,1959年版,第10821页。

至,桥必解而舟不至于必败。故舟者,所以济桥之所不及也"。他在这里当然不是要说桥与舟的功用,而是借桥与舟相济说《礼》与《易》、《易》与《乐》、《乐》与《诗》的相济为用,只是《礼》《易》《乐》《诗》相济为用是真的,却不是前行后续的关系。

苏洵还有叙事性的比拟。他在《御将》一文中,为了说明御将的先赏大才、后赏小才,用养骐骥和养鹰作比拟:"夫养骐骥者,丰其刍粒,洁其羁络,居之新闲,浴之清泉,而后责之千里。彼骐骥者,其志常在千里也。夫岂以一饱而废其志哉?至于养鹰则不然,获一雉,饲以一雀;获一兔,饲以一鼠。彼知不尽力于击搏,则其势无所得食,故然后为我用。"这番比拟,虽让人感到有韩愈《杂说四》以千里马喻贤才的影子,但所用比拟的思想趋向并不一致。这样的比拟通常生动形象,不过是比拟方法形于文的一般套路。当然,以比拟说理的苏洵有明确表达思想的用心,他在比拟之后往往要用议论交代比拟中寄托的道理是什么,《名二子说》是如此,《御将》中的这节比拟也是如此。他在养骐骥和养鹰的比拟后写道:"才大者,骐骥也,不先赏之,是养骐骥者饥之而责其千里,不可得也;才小者,鹰也,先赏之,是养鹰者饱之而求其击搏,亦不可得也。"这就直接揭示出所用比拟的根本意蕴,削弱了比拟本身的含蓄而增强了说理的透彻和力度。

这样的比拟方式在《墨子》和《韩非子》里可以看到。人们常说墨、韩之文好用寓言明理,而寓言是比喻的高级形式。比喻与比拟都具有借此说彼的特征,在一定程度上也可以说寓言是比拟的高级形式。墨、韩的寓言有别,《墨子》寓言的故事性不及《韩非子》,但二者表现形式与风格相似。如《墨子·兼爱》中的灵王好士细腰:"昔者楚灵王好士细腰,故灵王之臣,皆以一饭为节,胁息然后带,扶墙然后起。比期年,朝有黧黑之色。"然而说:"是其何故也?君说之,故臣能之也。"寓体与寓旨的对应表现,前者的思想蕴含借助后者得到揭示,与比拟的拟体与拟旨的对应表现在风格上相近。墨子随之讲了"越王勾践好士之勇"以强化"君说之,故臣能之"的道理。在《韩非子·外诸说左上》里,韩非子讲述了"买椟还珠"的寓言,说明墨子之言为什么多不华美,随后点明:"墨子之说,传先王之道,论圣人之言以宣告人,若辩其辞,则恐人怀其文,忘其直,以文害用也。"这样的例证在《韩非子》中俯拾皆是。作为思想家的韩非和墨子一样,战国的时代氛围和游说风气酿造了以寓言明理的说理方式,寓言的两途即径用寄托和先寄托后揭示旨意,或此或彼,是作者的主动选择,不足为奇。苏洵比拟的表现形式受他们的影响,也是古文艺术的常态。

苏洵的比拟还有描写的文字,较突出的是他评价韩愈之文说的:"韩子之文,如长江大河,浑浩流转,鱼鼋蛟龙,万怪惶恐,而抑遏蔽掩,不使自露。"①他同时也评价了孟子和欧阳修之文,唯有对韩愈之文的评述是如此。其后的解说不是揭示这段描写的内涵,而是自我心灵的告白,说明他对欧阳修之文"纡余委备"等的称道,不是为了取悦欧阳修,而是情不自禁地流露出来的。如是的比拟实有比喻的特征,它的模糊或朦胧与上述的比拟相较,在思想的表达上有先隐后显与隐而不显的差异。如果说前者是一种常态,那么后者未尝不是常态。可以在苏洵的同时人中找几个例子。一是早于苏洵的石介,他说:"唐之文章,所以坦然明白,揭于日月,浑浑灏灏,浸如江海,同于三代,驾于两汉者,吏部与数十子之力也。"②二是晚于苏洵的毛滂,他说苏氏父子"怀才抱道,吐秀发奇,又相鸣于翰墨之囿,如长江大河,浩无畔岸,崇岩峭壁,万仞崛起,此天下所以目骇耳回,而披靡于下风也"③。以上两段和苏洵的韩愈

---

① 苏洵著,曾枣庄等笺注:《嘉祐集笺注·上欧阳内翰第一书》,上海:上海古籍出版社,1993年版,第328页。
② 石介著,陈植锷点校:《徂徕石先生文集·上赵先生书》,北京:中华书局,1984年版,第137页。
③ 毛滂:《上苏内翰书》,见曾枣庄等编《全宋文》,上海/合肥:上海辞书出版社/安徽教育出版社,2006年版,第132册,第231页。

文风批评一样,以山形水势比拟文章的气势。苏洵为文大多明快,但这里没有明快的特征,而以怪谲见长。

苏洵有诗云:"十年读《易》费膏火,尽日吟诗愁肺肝。"[1] 这与中唐苦吟诗人孟郊《夜感自遣》"苦吟神鬼愁"的创作态度相似,苏轼曾说孟郊"诗从肺腑出,出则愁肺腑"[2]。相形之下,可见苏洵在写作上的苦心经营。因此,他才会有尽焚旧稿而务新的写作过程。他不仅这样评价韩愈之文,还说故交史彦辅"以气豪,纵横放肆,隼击鹏骞,奇文怪论,卓若无敌,悚怛旁观"[3]。在这样的感受中,同样很难让人明确地认知史彦辅文章的风格是什么,缺乏真正可以说得清、道得明的断语。他对吴道子画的评述也是如此。不过,苏洵要的就是一种感觉,借此赋予人们丰富的想象,让人们心有所知却难以准确地表述。这样比拟所形成的文章风格显然不是来自墨、韩,倒与庄子"谬悠之说,荒唐之言,无端崖之辞"[4] 的表现风格相似。于是可知苏洵比拟方法之下的文风具有双重性,即平实与奇谲,二者共同构成了苏洵古文的纡余婉转。其实这一点早为曾巩所言,即"引物托喻"[5],只是今人很少涉及它。

（二）说理叙事似荀子、司马迁说

苏洵文章被称为似荀子之文的,他自己说是《六经论》。其子

① 苏洵著,曾枣庄等笺注:《嘉祐集笺注·送蜀僧去尘》,上海:上海古籍出版社,1993年版,第 494 页。
② 苏轼著,孔凡礼点校:《苏轼诗集·读孟郊诗二首》,北京:中华书局,1982 年版,第797 页。
③ 苏洵著,曾枣庄等笺注:《嘉祐集笺注·祭史彦辅文》,上海:上海古籍出版社,1993年版,第 424 页。
④ 郭庆藩:《庄子集释·天下》,北京:中华书局,1961 年版,第 1098 页。
⑤ 曾巩著,陈杏珍等点校:《曾巩集·苏明允哀词》,北京:中华书局,1984 年版,第560 页。

苏辙则有《五经论》,较之苏洵的《易论》《礼论》《乐论》《诗论》《书论》和《春秋论》,少了《乐论》。苏洵在携二子进京赶考时,给欧阳修写信叙所学以求助,其中谈到献所作《洪范论》《史论》凡七篇给欧阳修,询问欧阳修对自己文章的看法。而在第二次给欧阳修的信中,则提及了欧阳修对他的《六经论》所作的评价——"荀卿子之文"。这就意味着欧阳修在苏洵给他写第二封信之前,就读到了苏洵的《六经论》。

为什么欧阳修会这样评说?苏洵的《六经论》表达了什么且具有怎样的风格?苏洵的《六经论》以《易论》居首,开篇说:"圣人之道,得礼而信,得《易》而尊。信之而不可废,尊之而不敢废,故圣人之道所以不废者,礼为之明而《易》为之幽也。"很有意思的是,其子苏辙《易论》的首句是:"《易》,卜筮之书也。挟策布卦,以分阴阳而明吉凶,此日者之事,而非圣人之道也。"这和苏洵所言背道而驰,可谓是父子有不同的易学观。苏洵视礼与《易》为圣人之道"明""幽"的两面,正因为有这两面,才使得圣人之道存而不废。这也彰显出苏洵对礼的尊崇,尽管他说自己尊礼且尊《易》。

苏洵尊礼的主要出发点是希望能以礼治天下,所以他会说:"一圣人之力固非足以胜天下之民之众,而其所以能夺其乐而易之以其所苦,而天下之民亦遂肯弃逸而即劳,欣然戴之以为君师,而遵蹈其法制者,礼则使然也。"[①] 从这里来看,苏洵以礼为圣人的御民之道。人之常性爱乐而恨苦,好逸而恶劳,在礼的作用下,人可以弃所爱而乐所恶,守法而不违纪。同时,他在《礼论》以至《春秋论》中建构了一套关于礼的施行与传播理论,即圣人当身为表率,先以礼治其身,后以礼治天下,与儒家主张修齐治平理论的基本立

① 苏洵著,曾枣庄等笺注:《嘉祐集笺注·易论》,上海:上海古籍出版社,1993 年版,第 142 页。

场相同。他认为统治者当致力于社会风俗的变革,以风俗教化百姓;注重情感的内敛与自抑,自制其忿而不弃其身;治乐而传礼,因礼不能及的,乐则可及。凡此交相为用,表现了苏洵关于礼治的完整思想。这大概是欧阳修说苏洵文似荀卿文的核心所在。

　　荀子继承孔子重礼的修身观和行为观,明确地发展成为儒学的礼治思想。荀子有"礼三本"论,即"天地者,生之本也;先祖者,类之本也;君师者,治之本也。无天地,恶生? 无先祖,恶出? 无君师,恶治? 三者偏亡,焉能安人。故礼,上事天,下事地,尊先祖而隆君师,是礼之三本也"①。他从人之生与人之教审视礼之所生,对于他这个人性恶论者来说,基于人性恶的前提而讲究人后天的教养或改造是很自然的。所以他劝人学习,以"隆礼"即尊礼而为好礼之士,端正自己的行为路径;劝人修身,以礼调节血气意念、饮食起居等,甚至说"人无礼则不生,事无礼则不成,国家无礼则不宁"②。礼的作用如斯,显然把孔子"不学礼,无以立"所具的社会意义扩展到人的生理需求,强调人不隆礼是绝对不行的。荀子类似的理念尚多,诸如"礼者,贵贱有等,长幼有差,贫富轻重皆有称者也"③,"人之命在天,国之命在礼","非礼,昏世也;昏世,大乱也"④。从这些看来,他把礼之用的最高境界定位在国家兴亡,有礼则兴,无礼则亡,在这一意义上说礼是国家的命脉就很自然了。相较之下,荀子的礼治思想是苏洵礼治思想的先驱,难怪欧阳修会对苏洵有那样的评价。

　　苏洵与荀子在礼治思想上一脉相承,形于文的风格会不会相

① 国学整理社:《诸子集成·荀子集解·礼论》,北京:中华书局,1954 年版,第 2 册,第 233 页。
② 国学整理社:《诸子集成·荀子集解·修身》,北京:中华书局,1954 年版,第 2 册,第 14 页。
③ 国学整理社:《诸子集成·荀子集解·富国》,北京:中华书局,1954 年版,第 2 册,第 115 页。
④ 国学整理社:《诸子集成·荀子集解·天论》,北京:中华书局,1954 年版,第 2 册,第 211、212 页。

近？如果把荀子民歌体的《成相》和赋体的《赋》置而不论，其论说在《劝学》里以博喻与铺排张扬了文章的气势与华彩，可谓是局部的别具一格。其他的论说文重"言之成理，持之有故"，显得整饬庄重。如他的《礼论》写道："礼之理诚深矣，'坚白''同异'之察入焉而溺；其理诚大矣，擅作典制辟陋之说入焉而丧；其理诚高矣，暴慢、恣睢、轻俗以为高之属入焉而队（坠）。故绳墨诚陈矣，则不可欺以曲直；衡诚县（悬）矣，则不可欺以轻重；规矩诚设矣，则不可欺以方圆；君子审于礼，则不可欺以诈伪。故绳者，直之至；衡者，平之至；规矩者，方圆之至；礼者，人道之极也。"这里，荀子采用的也是铺排的手法，文辞质实而无《劝学》博喻的丽色，但说理因句式的大体整齐及语气的果决显得厚重强劲。其中绳、衡、规矩的比拟有助于明理，却无灵动之姿。又如他的《乐论》写道："君子以钟鼓道志，以琴瑟乐心，动以干戚，饰以羽旄，从以磬管。故其清明象天，其广大象地，其俯仰周旋有似于四时。故乐行而志清，礼修而行成，耳目聪明，血气和平，移风易俗，天下皆宁，美善相乐。故曰：乐者乐也，君子乐得其道，小人乐得其欲。以道制欲，则乐而不乱；以欲忘道，则惑而不乐。"这与上述《乐论》文字的风格相近，注意语言整齐，且不苟言笑地说理，从音乐说到人的生理心气、社会的安宁平和，以极为深厚的蕴含造就了雄峻有余而灵动不足的风格。

这里有意选择了荀子《礼论》和《乐论》的两节文字，主要是苏洵有同名的文章便于比较。苏洵在《礼论》中说："圣人之始作礼也，不因其势之可以危亡困辱之者以厌服其心，而徒欲使之轻去其旧，而乐就吾法，不能也。故无故而使之事君，无故而使之事父，无故而使之事兄。彼其初非如今之人知君父兄之不事则不可也，而遂翻然以从我者，吾以耻厌服其心也。"又如《乐论》："天下未知君之为君，父之为父，兄之为兄，而圣人为之君父兄；天下未有以异其君父兄，而圣人为之拜起坐立；天下未肯靡然以从我拜起坐立，而圣人身先之以耻。呜呼！其亦难矣。天下恶夫死也久矣，圣人招之曰：来，吾生尔。既而其法果可以生天下之人，天下之人视其向也如此之危，而今也如此之安，则宜何从？故当其时，虽难而易行。"显然，苏洵之文也用铺排的方法，但他们思想存在差异，理论表述的着眼点也不同。

　　在语言艺术的表现上，苏洵之文与荀子之文虽然都称得上古文，但苏洵之文因语言的散荡更富有生气，没有荀子之文的厚重之感，这与苏洵受纵横家影响以及荀子思想更为深沉有关。苏洵曾说："言无有善恶也，苟有得乎吾心而言也，则其词不索而获。"[①] 他所说为文的"心""言"，荀子何尝不是？其"心合于道，说合于心，辞合于说"[②] 的理论逻辑，思想的归宿尽管是"道"，"辞"之根底还是在人的内心。不过，荀子更趋于学者的深沉之思，也更富有理性；而苏洵则率性得多，语言相当自由，这与那时欧阳修倡导的古文风气盛行相联系。况且，当荀子在《非十二子》里透出他受前辈诸子的影响而自成一家之时，苏洵有更多的学习与参照对象，文风不同于荀子也很自然。

　　也许正因为如此，张方平对苏洵文章的评价不同于欧阳修。苏洵与张方平有旧谊。当年，苏洵携二子出川时，首先在成都拜访张方平，说自己年近五十，疏懒而无意于仕进，但不希望二子成为湮沦弃置之人，希望得到张方平的引荐。苏洵的记叙文不多，与张方平关系最密切的是《张益州画像记》。张益州即张方平，曾以户部侍郎的身份知益州，故称。《张益州画像记》缘起是至和元年（1054），张方平奉仁宗皇帝之命，以和平的方式平息了蜀地边乱。第二年，蜀人感激，欲在净众寺挂张方平的画像。张方平不能

————————

①　苏洵著，曾枣庄等笺注：《嘉祐集笺注·太玄论上》，上海：上海古籍出版社，1993年版，第169页。

②　国学整理社：《诸子集成·荀子集解·正名》，北京：中华书局，1954年版，第2册，第281页。

止,苏洵代为游说蜀人,称张方平之恩在蜀人心中,传于子孙,功业则在史册,不必以画像彰显。蜀人不肯,说"意使天下之人,思之于心,则存之于目;存之于目,故其思之于心也固"①。于是,苏洵写了这篇文章。该文是张方平人生片段的记叙,以苏洵与蜀人对话构成行文的方式,言辞的疏宕从容,有司马迁纪传的风格。故茅坤说它"词气严重,极有法度。益州常称老苏似司马子长,此记自子长之后,殆不可多得"②。这话有点夸张,但茅坤对张方平评价苏洵文章的认同,还是有一定的道理。

苏洵类似《张益州画像记》的记文还有《彭州圆觉禅院记》《极乐院造六菩萨记》《木假山记》,以及在风格上可归于此类的《老翁井铭》。它们在夹叙夹议方面均不及《张益州画像记》写得那么舒展。前三者稍偏重于议论,即使是《木假山记》状景,却也是描写与议论相间,如:"予见中峰魁岸踞肆,意气端重,若有以服其旁之二峰。二峰者庄栗刻峭,凛乎不可犯,虽其势服于中峰,而岌然无阿附意。呀!其可敬也夫!其可以有所感也夫!"而《老翁井铭》在"铭序"里记叙老翁井的由来,文字虽短,也是史传之笔,有司马迁之风。然而,与张方平、苏洵同时的雷简夫在至和二年(1055)《上欧阳内翰书》里有另一种说法:"眉州人苏洵,年逾四十,寡言笑,淳谨好礼,不妄交游,尝著《六经》《洪范》等论十篇,为后世计。张益州一见其文,叹曰:'司马迁死矣,非子吾谁与?'"③这与张方平自述有所不同。雷简夫明确指出张方平是就苏洵的《六经》和《洪范》而言,在张方平的慨叹中,蕴含了称赞苏洵有司马迁之才的意味。苏辙曾在《上枢密韩太尉书》里说司马迁为文疏荡而有奇气,苏洵之文往往也是如

---

① 苏洵著,曾枣庄等笺注:《嘉祐集笺注·张益州画像记》,上海:上海古籍出版社,1993年版,第395页。
② 高海夫主编:《唐宋八大家文钞校注集评》,西安:三秦出版社,1998年版,第4528页。
③ 曾枣庄等编:《全宋文》,上海/合肥:上海辞书出版社/安徽教育出版社,2006年版,第661卷,第31册,第109—110页。

此。所以他虽然受荀子的影响,但议论说理比荀子要舒展自由
得多。

（三）谋略与骈辞似战国纵横家说

苏洵文章有纵横家气,据南宋邵博《邵氏闻见后录》卷十四记
载,最早是王安石说的:"东坡中制科,王荆公问吕申公:'见苏轼
制策否?'申公称之。荆公曰:'全类战国文章,若安石为考官,必
黜之。'故荆公后修《英宗实录》,谓苏明允有战国纵横之学云。"这
番话本来是针对苏轼制策而言的,王安石对苏轼之文类战国纵横
家之文的不满,截然不同于欧阳修对苏轼文章的高度称许。他因
此推及苏洵,认为苏洵"有战国纵横之学"。其后,明代的茅坤也
持这种观点,他在评述苏洵的《子贡》时说:"苏氏父子之学,出于
战国纵横者多。故此策大略亦窃陈轸、苏秦之余,而为计甚工。"[①]
从茅坤所说来看,苏洵在《子贡》里设计的鲁、齐、吴三国共存同
安之术用的是战国陈轸、苏秦之策,且有刘向为《战国策》定名时
说的"战国时,游士辅所用之国,为之策谋,宜为《战国策》"[②]的
"策谋"之说,可见他们所言的战国纵横之学是"策谋"之学。曾
巩说"明允为人聪明辩智,遇人气和而色温,而好为策谋,务一出
己见,不肯蹑故迹。颇喜言兵,慨然有志于功名者也"[③],也可作为
佐证。

我曾在《苏洵散文的历史审视及其尚古风格体认》一文中,专
门论述了苏洵在历史评说中勾连古今的谋略视角,对他在《六国

---

①　高海夫主编:《唐宋八大家文钞校注集评》,西安:三秦出版社,1998年版,第4426页。
②　严可均辑:《全上古三代秦汉三国六朝文·战国策书录》,北京:中华书局,1983年
　　版,第331页。
③　曾巩著,陈杏珍等点校:《曾巩集·苏明允哀词》,北京:中华书局,1984年版,第
　　561页。

论》《子贡》《项籍》诸篇中表现出来的政治或军事策谋作了具体的探析。除了这些涉及历史的篇章之外,其他的一些篇章同样表现出他的策谋。如《几策·审势》中说:"天下之势有强弱,圣人审其势而应之以权。势强矣,强甚而不已则折;势弱矣,弱甚而不已则屈。圣人权之,而使其甚不至于折与屈者,威与惠也。夫强甚者,威竭而不振;弱甚者,惠亵而下不以为德。故处弱者利用威,而处强者利用惠。乘强之威以行惠,则惠尊;乘弱之惠以养威,则威发而天下震栗。故威与惠者,所以裁节天下强弱之势也。"这全然是策谋之论。面对天下之势的强弱,圣人行威与施惠有方,以节制天下的强弱之势,并说历史上东周诸侯太盛,天子拘于惠而不知权衡;秦得天下以后用威而不以惠为本,都不明天下之势。而今大宋则应审天下之势,当用威则用威,当用惠则用惠。

苏洵为大宋出谋划策,又如他在《几策·审敌》中说匈奴之患,引晁错削藩与七国之祸事,说晁错为己谋则愚,为天下谋则智,人君当用其天下之谋。然后说:"今日匈奴之强不减于七国,而天下之人又用当时之议,因循维持以至于今,方且以为无事。而愚以为天下之大计不如勿赂。勿赂则变疾而祸小,赂之则变迟而祸大。畏其疾也,不若畏其大;乐其迟也,不若乐其小。"苏洵视此为"宏远深切之谋",并说当趁匈奴之君内乱而取之,"天与不取,将受其弊"。他深忧北宋的重重外患,为朝廷献自强之策,惜其人微言轻,策谋不为朝廷所用。六十年后,北宋在金人的铁蹄下灭亡了。

不仅是《几策》,苏洵的《心术》谈为将之道,《法制》《强弱》《攻守》等说用兵之道,《御将》论人君御臣之道,《上皇帝书》陈治理天下之道,无一不有他的策谋,王安石所言信然。苏洵好策谋并不是书本上的学问,而是在对历史与现实的审视中,看到历史的教训而力图以之服务于社会现实,可惜这只是他在政治上的自恋。

苏洵的文章似纵横家,因之我们自然也需要关注他文章的风格。张方平说:"得其所著《权书》《衡论》阅之,如大云之出于山,忽布无方,倏散无余;如大川之滔滔东注于海源也,委蛇其无间断也。"[①] 曾巩则说苏洵的文章:"其雄壮俊伟,若决江河而下也;其辉光明白,若引星辰而上也。"[②] 张方平、曾巩对苏洵文章的感受相当真切。但如是的表述又是那样抽象,其中以云为喻,意指其文之变化多端;以水为喻,意指其文之曲折而富有气势。就前者来说,苏洵文章的善变在于语言的跳跃,如《心术》先从为将之道当先治心说起;再说士尚义,以义怒士而战,未战养财,将战养力,既战养气,既胜养心等,环环相扣而下;最后说"善用兵者以形固。夫能以形固,则力有余矣"。这篇文章不长,正如吴楚材等所说的:"逐节自为段落,非一片起伏首尾议论也。然先后不紊,由治心而养士,由养士而审势,由审势而出奇,由出奇而守备,段段鲜明,井井有序,文之善变化也。"[③]

《心术》出自《权书》,它不仅善变,而且文气畅达,有其自止方能止之之势。这一风格还可从他的《衡论·远虑》里看到。《远虑》论为君之道,称不可一日无腹心之臣,先以"圣人之道,有经,有权,有机;是以有民,有群臣,而又有腹心之臣"开篇,然后纵论宋以前历史,说禹、汤、周武王等有腹心之臣而功成,曹魏、陈胜、吴广无腹心之臣而业败,取天下如此,守天下亦如此。汉高祖有遗臣周勃,汉武帝有遗臣霍光,二帝虽死而天下依然稳定。然后说宋太祖用赵普可谓得人,寇准当用却遭放逐,致使"天下几有不测之变"。苏洵纵论古今,尽显纵横捭阖之势,正像茅坤说的"文如怒马,奔逸绝尘而不可羁制。大略老苏之文,有此一段奇迈奋迅之气,故读之往

---

① 张方平:《文安先生墓表》,见曾枣庄等编《全宋文》,上海／合肥:上海辞书出版社／安徽教育出版社,2006 年版,第 38 册,第 300 页。

② 曾巩著,陈杏珍等点校:《曾巩集·苏明允哀词》,北京:中华书局,1984 年版,第 560 页。

③ 吴楚材等:《古文观止》,北京:中华书局,1959 年版,第 465 页。

往令人心掉"①。这让人想到苏洵曾说的一句话:"丈夫生不为将,得为使折冲口舌之间足矣。"②他年轻时游荡不学,老来无意于仕进,真是"生不为将"。他所想的"折冲口舌之间",倒是通过上书或论说时政部分地实现了。

苏洵文章的气势之大,大在视野开阔与襟怀博大,这在战国纵横家那儿是常有的现象。最典型的例子是《战国策·秦策》中苏秦游说秦惠王连横、张仪游说秦惠王连横破纵,都是虎视天下,侃侃陈词。如苏秦说:"大王之国,西有巴蜀、汉中之利,北有胡貉、代马之用,南有巫山、黔中之限,东有肴、函之固。田肥美,民殷富,战车万乘,奋击百万,沃野千里,蓄积饶多,地势形便,此所谓天府,天下之雄国也。以大王之贤,士民之众,车骑之用,兵法之教,可以并诸侯,吞天下,称帝而治。"《战国策·齐策》记载,后来苏秦放弃连横而主合纵,去游说齐宣王时说:"齐南有太山,东有琅琊,西有清河,北有渤海,此所谓四塞之国也。齐地方二千里,带甲数十万,粟如丘山。齐车之良,五家之兵,疾如锥矢,战如雷电,解如风雨……临淄甚富而实,其民无不吹竽鼓瑟,击筑弹琴,斗鸡走犬,六博蹋鞠者。临淄之途,车毂击,人肩摩,连衽成帷,举袂成幕,挥汗成雨。家敦而富,志高而扬。"在这样的铺陈中,地理的方位感构成的不仅是山川形胜之美,物产人力之富,而且彰显了苏秦的视野与襟怀,使其言在铺排中气势充沛,深具文学的感染力。

这样的铺排并没有在苏洵的文章中出现。苏洵通常是据实骋辞,不以夸饰营建文章华美虚浮的风格,即使是被人们认为最具《战国策》风采的《六国论》也是如此。清代刘熙载说:"文之快者每不沉,沉者每不快,《国策》乃沉而快。文之隽者每不雄,雄者每

① 高海夫主编:《唐宋八大家文钞校注集评》,西安:三秦出版社,1998年版,第87页。
② 苏洵著,曾枣庄等笺注:《嘉祐集笺注·送石昌言使北引》,上海:上海古籍出版社,1993年版,第420页。

不隽,《国策》乃雄而隽。"^① 其实,这里的沉快、雄隽用来评价苏洵在《战国策》影响下的古文风格更为允当。

　　关于苏洵古文风格的"多似性",还有人说他受孟子、孙子等的影响,这里不拟再作深入解说,但从上述已经可以感知他散文风格的复杂性。这与他 "不见用于当世,幸又不复以科举为意,是以肆言于其间而可以无嫌"^② 的率性表达是紧密相关的。

① 　刘熙载:《艺概·文概》,上海:上海古籍出版社,1979 年版,第 5 页。
② 　苏洵著,曾枣庄等笺注:《嘉祐集笺注·上文丞相书》,上海:上海古籍出版社,1993年版,第 314 页。

三、苏辙古文批评的审视及风格

三苏的古文研究，无论是从苏洵、苏轼之文看苏辙之文，还是关于苏辙之文的独立研究，客观地说苏辙及其文为人们关注是不够的。人们对传统的批评多有遵循，但最贴近苏辙的批评，诸如其兄苏轼的批评等，很难说是不能易移之论，使得遵循传统批评可能失之偏颇。不过，这些批评给了我们思考的空间，使本文能够从传统批评开始作一点探讨，以期看到苏辙古文风格的另一面，增进我们对苏辙的再认识。

（一）文风与性情批评质疑

关于苏辙古文风格的评价，以其兄苏轼所论最具影响。他曾说："子由之文实胜仆，而世俗不知，乃以为不如。其为人深不愿人知之，其文如其为人，故汪洋澹泊，有一唱三叹之声，而其秀杰之气，终不可没。作《黄楼赋》，乃稍自振厉，若欲以警发愦愦者。而或者便谓仆代作，此尤可笑。"[①] 这番苏氏兄弟文章成就的高低说，人们通常不以为然，觉得苏轼有"谀弟"之嫌。不过，其"汪洋澹泊"说多为人引用，以见苏辙古文的风格所在。

---

① 苏轼著，孔凡礼点校：《苏轼文集·答张文潜县丞书》，北京：中华书局，1986年版，第1427页。

　　《宋史·苏辙传》用"为文汪洋澹泊"总结苏辙文章的风格,并在前加了一句"辙性沉静简洁",以见其为人与为文风格的一致。然而,这"汪洋"所见的气势宏大与自然、"澹泊"所示的语言平和简易,在苏辙古文中有怎样的体现? 苏轼没有明言。联想到苏洵曾说欧阳修之文"纤余委备,往复百折,而条达疏畅,无所间断;气尽语极,急言竭论,而容与闲易,无艰难劳苦之态"①,其"纤余委备,往复百折""容与闲易"之说,与苏轼评说苏辙文风有类似的地方;而欧阳修在嘉祐二年(1057)主持科考时,以平淡造理为审美原则和文章标准,可以印证苏轼评价苏辙之文当是欧阳修所倡的古文。

　　这里,苏轼说《黄楼赋》有人认为是他代苏辙所作,"可笑"。这种说法可证《宋史》苏辙本传说的"其高处殆与兄轼相迫",以致有人不能分辨。另外也说明《黄楼赋》与苏辙之文惯常的风格不太一样。这从苏轼"稍自振厉"的评价也可以看出来。不过,这"振厉"是一种怎样的状态呢? 苏辙的《黄楼赋》作于熙宁十年(1077),时年三十九岁。他在《黄楼赋叙》里说,熙宁十年秋,黄河在澶渊决口,漫及彭城(今江苏徐州);其时苏轼为徐州太守,率民抗水患,水患消解以后,百姓拥戴,在城东门建黄楼,因之作《黄楼赋》。赋中假客之言,说西汉元光年间,黄河在瓠子决口之后,汉武帝率群臣塞河;然后说彭城水患既除,将饮酒作乐以相庆;继而假苏轼之口说彭城水患,从东、南、西、北四个地理方位铺排山形水势,如"东望则连山参差,与水背驰。群石倾奔,绝流而西,百步涌波,舟楫纷披。鱼鳖颠沛,没人所嬉。声崩震雷,城堞为危"。全赋以描写山水的雄奇与声势让人感受到的"振厉",是自然景观对人精神的激发,读之令人惊叹不已。而他自己说,《黄楼赋》是学班固《两都赋》之作。他晚年没有再写这样的文字。

------

① 苏洵著,曾枣庄等笺注:《嘉祐集笺注·上欧阳内翰第一书》,上海:上海古籍出版社,1993年版,第328—329页。

然而，《黄楼赋》是散体赋，与他的骚体赋如《巫山赋》《屈原庙赋》有别，与之相近的则有《超然台赋》《服茯苓赋》《墨竹赋》等。这些赋承袭汉赋的传统风格，在铺陈中既重气势，又重文采，风格不可与其"汪洋澹泊"之文画等号。譬如，苏轼在密州重修旧台，苏辙将之命名为超然台，并作《超然台赋》，赋中说："曾陟降之几何兮，弃涓浊乎人间。倚轩楹以长啸兮，袂轻举而飞翻。极千里于一瞬兮，寄无尽于云烟。"这里所描写的人超越浊世而飞天的情景，是"超然"的极致。苏轼读后说道："子由之文，词理精确，有不及吾；而体气高妙，吾所不及。虽各犹以此自勉，而天资所短，终莫能脱。至于此文，则精确、高妙，殆两得之，尤为可贵也。"①

进而言之，在时间上很贴近苏辙的南宋何万在《苏文定公谥议》中说："公之文汪洋澹泊，深醇温粹，似其为人。"这"深醇温粹"是说苏辙的思想纯正而温厚，自然不同于"汪洋澹泊"。不过，苏辙说："辙生好为文，思之至深，以为文者，气之所形，然文不可以学而能，气可以养而致。"②这一说法与曹丕的文气说相应，重视自身品性的修为，从而影响到文章的写作。这也为清代的金圣叹所关注。金圣叹读了苏辙的《上枢密韩太尉书》之后说："上书大人先生，更不作喁喁细语，一落笔，便纯是一片奇气。"③从这些来看，苏辙古文风格是较为复杂的，不是苏轼说的"汪洋澹泊"可以尽括。

在上述论说中，还有苏轼说苏辙的"其文如其为人"。文如其人说的本质是文风与人品性的关系，以及人的品性对文风的深刻影响。苏辙是怎样的人？《宋史》本传说他"沉静简洁"。如是说

---

① 苏轼著，孔凡礼点校：《苏轼文集·书子由超然台赋后》，北京：中华书局，1986年版，第2059页。
② 苏辙著，陈宏天等校点：《苏辙集·上枢密韩太尉书》，北京：中华书局，1990年版，第381页。
③ 金圣叹选编，朱一清等校注：《天下才子必读书》，合肥：安徽文艺出版社，1992年版，第920页。

有相当复杂的内涵。苏辙真正的"沉静简洁"体现在他被贬筠州、雷州之后。他那时"杜门复理旧学,于是《诗》《春秋传》《老子解》《古史》四书皆成"①。苏轼死后,他居颍昌,号颍滨遗老,对于苏轼之死非常伤感,在《和子瞻归去来辞》里吟着"世无斯人谁与游",终日独坐,直至与世长辞。

　　从苏辙的"沉静简洁"中,我们也应看到他十九岁应进士试时,在策问里直陈宋仁宗朝政得失。他说:"古之圣人,无事则深忧,有事则不惧。夫无事而深忧者,所以为有事之不惧也。今陛下无事则不忧,有事则大惧,臣以为忧乐之节易矣。"又指斥宋仁宗好色、滥赏:"陛下无谓好色于内不害外事也。今海内穷困,生民愁苦,而宫中好赐不为限极,所欲则给,不问有无。"这一番话连苏辙自己都深感激烈,觉得会遭黜免,幸好宋仁宗说召人直言,不该因人直言而废之,才得幸免。这大概可以被称为"简洁",但怎么理解他的"沉静"?如说这时的苏辙刚出茅庐,率性而言,那么其后呢?

　　在王安石施行熙宁变法期间,至少可以从两件事上看出苏辙可谓是相当不沉静。一是对参与熙宁变法的吕惠卿,他先后写了《乞诛窜吕惠卿状》《再乞罪吕惠卿状》《论吕惠卿第三状》。他在《乞诛窜吕惠卿状》里先说西汉武帝时的张汤"挟持巧诈",然后写道:"前参知政事吕惠卿,怀张汤之辩诈,兼卢杞之奸凶,诡变多端,敢行非度,见利忘义,黩货无厌。王安石初任执政,用之心腹。安石,山野之人,强狠傲诞,其于吏事冥无所知。惠卿指摘教导,以济其恶。"这样声色俱厉的批判,痛恨之情溢于言表,欲除吕惠卿而后快。二是他对王安石等施行的青苗法也深恶痛绝。他写了《论青苗状》《再论青苗状》《三乞罢青苗状》《申三省请罢青苗状》。他说青苗法之下,"无知之民,急于得钱而忘后患,则虽情愿之法有不

---

① 苏辙著,陈宏天等校点:《苏辙集·颍滨遗老传》,北京:中华书局,1990年版,第1040页。

能止也;侵渔之吏,利在给纳而恶无事,则虽无定额有不能禁也"。他内心涌动的社会关怀,与对吕惠卿态度的出发点是一致的。这样的时候,看不到他性情的沉静。

再则,苏辙在其兄遭"乌台诗案"后给宋神宗上书,直言:"臣闻困急而呼天,疾痛而呼父母者,人之至情也。臣虽草芥之微,而有危迫之恳,惟天地父母哀而怜之。"随后,无论是说苏轼"狂狷寡虑,窃恃天地包含之恩,不自抑畏",还是说自己"欲乞纳在身官,以赎兄轼,非敢望末减其罪,但得免下狱死为幸"①,都充满了难以言表的骨肉亲情,令人感同身受。苏轼之于他,亦师亦友。苏轼曾说:"嗟予寡兄弟,四海一子由。"② 子由则说:"手足之爱,平生一人。"③ 当苏轼命悬一线之际,苏辙哪能"沉静"?又如在《兄除翰林承旨,乞外任札子四首》其一中,他根据兄弟当朝应有所回避的制度,恳请让自己外任于一郡,以全公道私义。其中说:"故臣以谓陛下只可使弟避兄,不可使兄避弟;只可使不肖避贤,不可使贤避不肖。区区愚恳,竭尽于此。"如是的兄弟之情,也不是沉静可以解释。更不用说他和着眼泪写的《祭亡兄端明文》《再祭亡兄端明文》和《亡兄子瞻端明墓志铭》等文。

于是,人们可以在他斥责吕惠卿、批评青苗法等文中看到一个拍案而起的苏辙,可以在他关于苏轼的文章中看到一个亲情浓郁的苏辙,当然也可以在他晚年的流贬生活中看到一个真正沉静简洁的苏辙。如果以文如其人的尺度来评价苏辙,苏辙古文的风格也应该是多样的,并不取决于他人的仁智之见。当然,苏辙也和其他古文家一样,其古文风格受文体的影响或制约,如其论历史之文

① 苏辙著,陈宏天等校点:《苏辙集·为兄轼下狱上书》,北京:中华书局,1990 年版,第 621—622 页。
② 苏轼著,孔凡礼点校:《苏轼诗集·送李公择》,北京:中华书局,1982 年版,第 816 页。
③ 苏辙著,陈宏天等校点:《苏辙集·祭亡兄端明文》,北京:中华书局,1990 年版,第 1099 页。

不同于游记之文,游记之文不同于书信之文,书信之文又不同于祭吊之文。

（二）时政与历史沉思之际的笔势纵横

苏辙古文的风格难以一言尽括,在于其情感的复杂性和文体的多样性。其实,他的古文在对于历史与时政的沉思之际表现出来的笔势纵横,倒可以用苏籀《栾城遗言》所记载的苏辙自言“子瞻之文奇,吾文但稳耳”中的“稳”来理解。这“稳”说的平和与苏轼的“澹泊”有内在的一致性。而这“稳”还有另一层意思,即说理的妥帖。当然,是他自己认为的。

苏辙以散文论理最集中地体现在《历代论》中,他曾说:“予少而力学。先君,予师也;亡兄子瞻,予师友也。父兄之学,皆以古今成败得失为议论之要。以为士生于世,治气养心,无恶于身。推是以施之人,不为苟生也;不幸不用,犹当以其所知,著之翰墨,使人有闻焉。”[1] 这里,他较为明确地说明了自己的写作用心,即要用古今成败得失的经验或教训作为当今之人或后世之人的鉴戒,可谓是间接地追求能够为世所用。不过,他对社会的关怀不仅体现在《历代论》中,论历史而在本质上可归于“历代论”的还有《六国论》《秦论》《汉论》《三国论》《晋论》等。而除了“历代论”还有“时政论”,如《君术策》五道、《臣事策》五道、《民政策》五道以及《新论》《上神宗皇帝书》《论时事状》等。

从上述提到的苏辙在对策中对宋仁宗的严厉批评,可以看到他有强烈的变革社会现状的意愿。不仅如此,他的时政论常常指陈社会的弊端,无疑是意欲治世的体现。如他说:“当今之世,无

① 苏辙著,陈宏天等校点:《苏辙集·历代论引》,北京:中华书局,1990 年版,第 958 页。

惑乎天下之不跻于大治而亦不陷于大乱也"①,"今世之患,莫急于无财而已。财者为国之命而万事之本,国之所以存亡,事之所以成败,常必由之"②,"今者天下之患,实在于民昏而不知教,然臣以为其罪不在于民,而上之所以使之者或未至也"③。的确,他不满国家安于不乱亦不治的现状,寻求的是社会大治;不满国家无财,认为事关国家存亡;不满百姓愚昧,认为是为上者的教化不足。如此看来,他应当不会反对王安石变法。可实际上,他与兄长苏轼都是新法的激烈反对者,尤其是王安石推行的青苗法。这主要是他们变革社会的取径不一样。他说"介甫急于财利而不知本,吕惠卿为之谋主,辙议事多牾"④。苏辙与他们政见的不合,因此对青苗法和吕惠卿有猛烈抨击。

这里不探讨苏辙古文关于时政与历史沉思的内涵,而在意他运用怎样的笔法来表现自己对社会的思考。在他的思考中,不乏因事的罗列论说,如宋神宗熙宁二年(1069),他在《上神宗皇帝书》中,先说善为国者当循自下而登高、自迩而陟远的常理;历述陛下即位以来亲政的聪明睿智和功德,而当今社会之患在于乏财及陛下的不妥举措;指出陛下"出秘府之财,徙内郡之租赋"的失当及善为国者当"常使财胜其事而事不胜财,然后财不可尽而事无不济"。然后,苏辙为宋神宗指陈害财之弊有三:冗吏、冗兵、冗费;进而献丰财三法:"其一,使进士诸科增年而后举,其额不增,累举多者无推恩","其二,使官至于任子者,任其子之为后者,世世禄仕于朝,袭簪绶而守祭祀,可以无憾矣","其三,使百司各损其职掌,而多其出职之岁月"。进而推言冗吏、冗兵、冗费三者之弊与富

---

① 苏辙著,陈宏天等校点:《苏辙集·新论》,北京:中华书局,1990年版,第349页。
② 苏辙著,陈宏天等校点:《苏辙集·上皇帝书》,北京:中华书局,1990年版,第368页。
③ 曾枣庄等主编:《三苏全书·民政策上》,北京:语文出版社,2001年版,第18册,第320页。
④ 苏辙著,陈宏天等校点:《苏辙集·颍滨遗老传上》,北京:中华书局,1990年版,第1015页。

国强兵之道,最后说:"三冗既去,天下之财得以日生而无害,百姓充足,府库盈溢,陛下所为而无不成,所欲而无不如意。"且没有忘说一句因批评了朝政而自谦自责的话:"今陛下不事其本,而先举其末,此臣所以大惑也。臣不胜愤懑,越次言事,雷霆之谴,无所逃避。"

　　这里不惮烦地叙说苏辙《上神宗皇帝书》的论理格局,是因为它是苏辙对时政思考的基本论述模式,且由此形成了其散文的风格。明代茅坤如是说:"凡读先秦、《史》《汉》,往往言简而意尽,固古人所不可及处。及读子由之文,往往如游丝之从天而下,袅娜曲折,氤氲荡漾,令人读之情畅神解而犹不止,亦非今人所及处。此书专言理财,中多名言,但冗吏一节未见的确。"① 他对苏辙的理财说有不同的意见,自当别论;在文学表现上,他以游丝、袅娜、氤氲来形容这篇文章的文气,认为它显得那么温情和顺,其条达理畅是自然的,但笔势稳健而乏纵横的气势。他的《制置三司条例司论事状》《陈州为张安道论时事书》等,都采用这种模式,只是不像《上神宗皇帝书》那样洋洋洒洒。

　　然而,苏辙的《新论》就不一样了。今传《新论》分上、中、下三篇,论天下形势及治天下之道,往往是笔涉古今而用语急促。《新论上》说古之君子能立世,往往先论其他,首称伏羲、神农、黄帝之所为,然后说尧、舜、禹三代之君因所缺而时补之,"故尧命羲和历日月以授民时;舜命禹平水土以定民居,命益驱鸟兽以安民生,命弃播百谷以济民饥。三代之间,治其井田沟洫步亩之法,比闾族党州乡之制。夫家卒乘车马之数,冠昏丧祭之节,岁时交会之礼,养生除害之术,所以利安其人者,凡皆已定,而后施其圣人之德"。这里,虽然不像战国策士的游说之辞多用夸饰,使语意更显宏博之姿而不免于虚浮,但苏辙在思及远古的

―――――――――

① 高海夫主编:《唐宋八大家文钞校注集评》,西安:三秦出版社,1998 年版,第 5886 页。

构想中,运用策士惯用的铺排句法,辅之以"命"的口吻,是构成文章纵横笔势的基本要素。很明显,苏辙论理尚实,这源于他救时政得失的写作意图。又如《君术第一道》的"臣常以为天下之事,虽其甚大而难办者,天下必有能办之人。盖当今所为大患者,不过曰:四夷强盛,而兵革不振;百姓雕弊,而官吏不饬;重赋厚敛,而用度不足;严令峻刑,而奸宄不止。此数四者,所以使天子坐不安席、中夜太息而不寐者也,然臣皆以为不足忧",这与上述采用类似铺排以明理的表现方法相似,语言少了夸饰,说理较为质实而乏空灵,而这正是苏辙说理古文的基本特征。由此形成的笔势纵横的风格,同样也表现在他的《臣事》《民政》等篇中。

苏辙的《历代论》及未入其中而实为历代论的《六国论》诸篇,主论天下兴亡。在这些篇章中,他并不作全面论说,如《历代论》的《尧舜》,以农耕论为政缓急;《汉高帝》以刘邦反秦时先项羽而入咸阳,论此为天命而非人谋;《晋武帝》以人君不幸而立幼主,当托付贤臣,但晋武帝不知择福求重,择祸求轻,以致一败涂地。《历代论》共四十四篇,基本上是这样一种论史的风格。《历代论》之外的《六国论》《秦论》《汉论》等,是历史上的朝代论,始于夏,止于唐,不像《历代论》主要是历史人物论,显然视野更为开阔。

上述无论是人物论还是朝代论,都不为长篇巨制,点到即止。清人金圣叹曾说苏辙的《六国论》"看得透,写得快,笔如骏马下坂,云腾风卷而下,只为留足不住,故也"①。这一评价也适用于苏辙其他的史论之文,如他在《王衍》中论不守礼之弊:"至魏武始好法术,而天下贵刑名;魏文始慕通达,而天下贱守节。相乘不已,而虚

---

① 金圣叹选编,朱一清等校注:《天下才子必读书》,合肥:安徽文艺出版社,1992年版,第916页。

无放荡之论盈于朝野。何晏、邓飏导其源，阮籍父子涨其流，而王衍兄弟卒以乱天下。要其终，皆以济邪佞，成淫欲，恶礼法之绳其奸也。故蔑弃礼法，而以道自命，天下小人便之。君臣奢纵于上，男女淫佚于下，风俗大坏，至于中原为墟而不悟。"在这样的论述中，苏辙引述了较多的历史事实，意在说明上行而下必效，礼坏则风俗坏，最终导致的是国家败亡。苏辙言及此，心中似乎郁积了太多的悲愤，笔势也若"骏马下坂，云腾风卷"。

又如关于楚汉相争，刘胜项败，他在《三国论》中先写道："昔者项籍，乘百战百胜之威，而执诸侯之柄，咄嗟叱咤，奋其暴怒，西向以逆高祖，其势飘忽震荡，如风雨之至。天下之人，以为遂无汉矣。"寥寥数语，项籍当初的英雄气盛，不可一世，尽露笔端。再说汉高祖刘邦："然高帝以其不智不勇之身，横塞其冲，徘徊而不进，其顽钝椎鲁，足以为笑于天下，而卒能摧折项氏而待其死，此其何故也？夫人之勇力，用而不已，则必有所耗竭；而其智虑久而无成，则亦必有所倦怠而不举。彼欲就其所长以制我于一时，而我闭门而拒之，使之失其所求，逡巡求去而不能去，而项籍固已败矣。"苏辙对刘邦的评价不高，在《汉高帝》里曾说刘邦入咸阳是天命所致，在这里则说刘邦之胜，实因项籍之失，而不是刘邦有取天下的能耐。但这番叙说与上面的项籍论，一急一缓，一扬一抑，构成文气的跌宕，也是他笔势纵横之所至。当然，这篇文章题为《三国论》，说刘邦一节是因刘备之才近于刘邦，但无自用之方，从而有"夫古之英雄，惟汉高帝为不可及也夫"的感慨。

苏辙在《上两制诸公书》中谈到自己的读书经历，说是少时读书，不求其博；及长，遍观百家之书，纵横颠倒，无所适从；后来又读《孟子》，这才遍观百家之书而不淆乱，其学可谓是出于《孟子》。况且他还有《孟子解二十四章》。《孟子》之文气足而通透，确为他所取，使其文具有纵横之势。当然，他评说历史兴亡，最终是为现实提供治世的经验或方法,而重现实与论理畅达平易,不取"工巧组绣钻研离析之学"①,是思想与趣味的取向所之。

(三)适意之下山水情怀的自然表达

元丰三年(1080)正月,苏轼被贬黄州,苏辙受到牵连被贬到筠州,二人同时离开京城各赴贬所。这年四月,他到黄州与苏轼相会,二人同游武昌西山,建亭于西山之上,苏辙受兄命作《武昌九曲亭记》。其中写道:"昔余少年,从子瞻游。有山可登,有水可浮,子瞻未始不褰裳先之。有不得至,为之怅然移日。至其翩然独往,逍遥泉石之上,撷林卉,拾涧实,酌水而饮之,见者以为仙也。盖天下之乐无穷,而以适意为悦。方其得意,万物无以易之;及其既厌,未有不洒然自笑者也。"这番话谈论的主要是游山水之乐,但提到天下之乐"以适意为悦",则是很高的人生境界。

苏辙年轻时抱负远大,入京时,他在写给太尉韩琦的信中坦言:"辙生十有九年矣,其居家所与游者,不过其邻里乡党之人,所见不过数百里之间,无高山大野可登览以自广,百氏之书虽无所不读,然皆古人之陈迹,不足以激发其志气。恐遂汨没,故决然舍去,求天下奇闻壮观,以知天地之广大。"②他如是的雄心在以后的岁月里没有得到很好的践行,而是或在京城,或在地方官场上徘徊,实在是未能适意。他又不趋炎附势,所以才会像其兄苏轼一样不得志于新旧两党,一再被流贬。

---

① 苏辙著,陈宏天等校点:《苏辙集·上两制诸公书》,北京:中华书局,1990年版,第386页。
② 苏辙著,陈宏天等校点:《苏辙集·上枢密韩太尉书》,北京:中华书局,1990年版,第381页。

　　苏辙曾说："古之君子不用于世，必寄于物以自遣。"① 这只是人生的常态和无奈。情感郁积的抒发，诸如苏辙看到阮籍寄托于酒、嵇康寄托于琴，都是具体的方式，与陶渊明寄托于田园、谢灵运寄托于山水没有本质的差异。苏辙对人生的清醒认识在《超然台赋》里有很好的表现。当时，苏轼为密州太守，苏辙将苏轼所筑之台命名为"超然台"，并在叙文中借苏轼之口说道："今夫山居者知山，林居者知林，耕者知原，渔者知泽，安于其所而已。其乐不相及也，而台则尽之。天下之士，奔走于是非之场，浮沉于荣辱之海，嚣然尽力而忘反，亦莫自知也。而达者哀之，二者非以其超然不累于物故邪？"② 这番话表明人生的复杂状态，山居者、林居者、耕者、渔者、士者各不相同。但他所欲表达的是现实生活中有两类人生，即超势利人生与势利人生。前者在东汉张衡的《归田赋》里可以看到，表现为隐者与自然相拥的生活；而后者，苏辙说"达者"悲之，这"达者"也当是他自己。他似乎希求这种生活，但没有真正享有。

　　同样是在元丰三年，他在筠州监盐酒税，十二月作《东轩记》，因身陷于"勤劳盐米之间，无一日之休"而想到颜渊甘贫乐道，不以贫贱而害学，于是感慨道："士方其未闻大道，沉酣势利，以玉帛子女自厚，自以为乐矣。及其循理以求道，落其华而收其实，从容自得，不知夫天地之为大与死生之为变，而况其下者乎？故其乐也，足以易穷饿而不怨，虽南面之王，不能加之，盖非有德不能任也。"这与他在《超然台赋叙》中所言一致。人生的选择固然有超势利与势利两途，他处在势利场上，憧憬的是超势利的"从容自得"，认为当知天地之大与死生之变的自然。这与苏轼在《前赤壁

① 苏辙著，陈宏天等校点：《苏辙集·答黄庭坚书》，北京：中华书局，1990 年版，第392 页。
② 苏辙著，陈宏天等校点：《苏辙集·超然台赋并叙》，北京：中华书局，1990 年版，第331 页。

赋》里表现的庄子式的物我为一的人生精神相吻合。

在这样的人生观念之下，苏辙追寻的人生适意，必然与山水相系。元丰六年（1083），他又赴黄州，为其友张梦得建的"快哉亭"作《黄州快哉亭记》。因江风拂面，他就宋玉《风赋》中楚襄王说的"快哉此风"发论："夫风无雌雄之异，而人有遇不遇之变。楚王之所以为乐，与庶人之所以为忧，此则人之变也，而风何与焉？士生于世，使其中不自得，将何往而非病？使其中坦然，不以物伤性，将何适而非快？今张君不以谪为患，窃会计之余功，而自放山水之间，此其中宜有以过人者。将蓬户瓮牖无所不快，而况乎濯长江之清流，揖西山之白云，穷耳目之胜以自适也哉！"①在这里，苏辙通过楚襄王与庶人对风的态度，强调了外物的客观性及人的审美感受，说人生主要在于"自得"，自得的基本原则是"不以物伤性"，也就是保持物性或说人性的自然，这样才会有无所不在的"自适"之乐。由此可知，苏辙所崇尚的人生当是自然人生，或说是人与自然一体化的人生。吴楚材等评价这篇文章说："文势汪洋，笔力雄壮，读之令人心胸旷达，宠辱都忘。"②

有意思的是，苏辙的山水情怀以自然山水作表达时，再现出来的往往不是池塘春草、园柳鸣禽之类的小巧景致，而是着力于山水的雄奇壮阔。如他在元丰三年（1080）过庐山时，状庐山之景："留二日，涉其山之阳，入栖贤谷。谷中多大石，岌嶪相倚。水行石间，其声如雷霆，如千乘车行者，震掉不能自持，虽三峡之险不过也。故其桥曰三峡。渡桥而东，依山循水，水平如白练。横触巨石，汇为大车轮，流转汹涌，穷水之变。院据其上流，右倚石壁，左俯流水，石壁之趾，僧堂在焉。狂峰怪石，翔舞于檐上。杉松竹箭，横生

---

① 苏辙著，陈宏天等校点：《苏辙集·黄州快哉亭记》，北京：中华书局，1990 年版，第 410 页。
② 吴楚材等：《古文观止》，北京：中华书局，1959 年版，第 522 页。

倒植,葱蒨相纠。每大风雨至,堂中之人疑将压焉。"① 这里的描写有两个重心,一是流动之水,二是不动之石。水声若雷霆、水变而汹涌,都因绕巨石或触巨石所生变化,况有狂峰怪石的翔舞和杉松竹箭横生倒植的妙姿,共同构成奇壮的景观。还有,他在武昌西山,行进于松柏之间,历九曲羊肠小道之后抵山半的平地,然后说:"游者至此必息,倚怪石,荫茂木,俯视大江,仰瞻陵阜,旁睨溪谷,风云变化,林麓向背,皆效于左右。"② 其中,石是怪石,木是茂木,更有俯察的江之大、仰视的山之高,看似平常而不平常。所谓溪谷本不生奇,但他以"风云变化"让人感受其奇;以"效"说不动之林麓仿佛在因游人运动一般,别生趣味。

再看苏辙状黄州快哉亭旁的景致:"盖亭之所见,南北百里,东西一舍。涛澜汹涌,风云开阖。昼则舟楫出没于其前,夜则鱼龙悲啸于其下,变化倏忽,动心骇目,不可久视。"③ 状吴氏浩然堂旁的江水之势:"秋雨时至,沟浍盈满,众水既发,合而为一。汪濊淫溢,充塞坑谷。然后滂洋东流,蔑洲渚,乘丘陵,肆行而前,遇木而木折,触石而石陨,浩然物莫能支。"④ 前者,以观江水之际的"动心骇目"表现江水波涛汹涌之状;后者,以江水之威猛表现江水波涛汹涌之状,异曲同工,江水之奇壮尽在目前。

苏辙的记体文不多,对山水景观的把握体现出以奇壮为美的意趣。这同时也表现在他的辞赋中,如《巫山赋》《黄楼赋》《墨竹赋》等,其文辞有汪洋之姿,乏澹泊之味;感情有奔放之势,少沉静之性。这让人想到钱基博先生在《中国文学史》里说的:"轼、

① 苏辙著,陈宏天等校点:《苏辙集·庐山栖贤寺新修僧堂记》,北京:中华书局,1990年版,第402页。
② 苏辙著,陈宏天等校点:《苏辙集·武昌九曲亭记》,北京:中华书局,1990年版,第407页。
③ 苏辙著,陈宏天等校点:《苏辙集·黄州快哉亭记》,北京:中华书局,1990年版,第409页。
④ 苏辙著,陈宏天等校点:《苏辙集·吴氏浩然堂记》,北京:中华书局,1990年版,第408页。

辙之文,有余于汪洋,不足于澹泊;工于用尽,而不善于用有余;可振厉以警发愦愦之意,而未能唱叹以发人悠悠之思。"这是因苏轼和苏辙的文章风格而论,未尝没有道理。之所以会如此,与苏辙受孟子浩然之气和司马迁为文奇气的影响相关。苏辙曾说:"孟子曰:'我善养吾浩然之气。'今观其文章,宽厚宏博,充乎天地之间,称其气之小大。太史公行天下,周览四海名山大川,与燕、赵间豪俊交游,故其文疏荡,颇有奇气。此二子者,岂尝执笔学为如此之文哉?其气充乎其中而溢乎其貌,动乎其言而见乎其文,而不自知也。"①尽管他只是在评说孟子和司马迁之文,但自己也在不自觉地接受着他们的影响,造就为文的汪洋气势,所谓的澹泊自然被淡化了。

上述从三个方面审视苏辙古文的风格,重在讨论其不同于传统批评的地方,当然这只是一孔之见,对苏辙古文风格的研究是有待进一步深入的。

---

① 苏辙著,陈宏天等校点:《苏辙集·上枢密韩太尉书》,北京:中华书局,1990年版,第381页。

四、苏过海南"志隐"论

苏过是苏轼的第三个儿子,为苏轼第二个妻子王闰之于熙宁六年(1073)生于杭州。因同父异母弟苏遁幼年夭折,他成了最小的一个,人称"小坡"。他陪同父亲到过黄州、惠州和儋州,在儋州侍父时,"凡生理昼夜寒暑所须者,一身百为,不知其难"[①]。苏轼病逝,他与哥哥苏迈、苏迨扶柩到河南郏县"小峨眉"山安葬,之后先是在颍昌(今河南许昌)闲居多年,后来做过太原监税、郾城知县等官,宣和五年(1123)病卒于颍昌。

苏氏父子苏洵、苏轼、苏辙特别是苏轼诗文的巨大影响,遮蔽了苏过的文学光辉,使苏过的文学才能鲜为人知。他叔父苏辙说过:"吾兄远居海上,惟成就此儿能文也。"[②] 这话不尽然,因为苏过在惠州时写的《飓风赋》《思子台赋》都是佳作,且当时还有诗歌传世。不过苏辙的话说明苏过在儋州侍父时,诗文更加成熟了。

苏过元符元年(1098)在儋州写下了《志隐赋》(一作《志隐》)。二十年后,他在郾城清理书箧时偶见旧稿,于是写了一篇跋文,说明当时的写作情形。其中说:"昔余侍先君子居儋耳,丁年而往,二毛而归。盖尝筑室,有终焉之志。遂赋《志隐》一篇,效昔人《解嘲》《宾戏》之类,将以混得丧、忘羁旅,非特以自广,且以为老

---

① 脱脱等:《宋史·苏轼传附苏过传》,北京:中华书局,1985年版,第10818页。
② 脱脱等:《宋史·苏轼传附苏过传》,北京:中华书局,1985年版,第10818页。

人之娱。先君子览之,欣然嘉焉。"① 苏过的《志隐赋》及其 "志隐"
问题,是本文所欲讨论的。

(一)"志隐"的自嘲模式与传统接受

苏过说在儋州作《志隐赋》,"效昔人《解嘲》《宾戏》之类"。
《解嘲》为西汉扬雄所著,《宾戏》即《答宾戏》,作者是东汉班固。
扬雄身为辞赋大家,在创作上最仰慕前辈司马相如。司马相如在
汉武帝时,因作赋被授予郎官,代表作《子虚赋》《上林赋》确立了
汉代散体大赋的基本格局。扬雄在赋的创作上主要以司马相如为
榜样,同时还效法西汉的东方朔。东方朔著《答客难》,开启了 "答
客体" 的先河。其后,《解嘲》《宾戏》以及东汉张衡的《应间》仿
其体,相继而生。东汉后,这一文体仍有很强的生命力,中唐韩愈
作《进学解》,影响深远,苏过作《志隐赋》也用 "答客体",以自嘲
为基调。

东方朔在汉武帝时有 "狂人" 之名,自称避世深山中、蓬庐下,
不如避世金马门,隐于朝廷中。曾有宫中儒学博士责难,说战国的
苏秦、张仪当万乘之主,居卿相之位,泽及后世,为何你东方朔自以
为海内无双,却官不过侍郎,位不过执戟? 东方朔说,苏秦、张仪
时,诸侯力征,以决雌雄,得士者强,失士者亡,故苏秦、张仪得其
用。今天下太平,贤与不贤无异,难以建立功业。如果他们在今
天,只怕连侍郎也当不上。东方朔没有想到《答客难》成为辞赋的
一种模式,自设问者发难,借此婉转地发牢骚,感慨怀才不遇。

扬雄继之,在《解嘲》里写道,"客嘲扬子",人生一世当上尊人

---

① 苏过著,舒星校补,蒋宗许、舒大刚等笺注:《苏过诗文编年笺注·志隐跋》,北京:中
华书局,2012 年版,第 829 页。

君,下荣父母,为高官享厚禄,你扬雄遇明盛之世,处不讳之朝,不能出谋划策而高谈太玄,然官不过侍郎,提拔了也才是给事黄门,"何为官之拓落也？"扬雄笑言,"客欲朱丹吾毂,不知一跌将赤吾之族也"。然后滔滔雄辩,述说殷商以来的社会发展史,归结为"世乱则圣哲驰骛而不足,世治则庸夫高枕而有余"。而他所处的汉成帝、汉哀帝时代,"言奇者见疑,行殊者得辟,是以欲谈者宛舌而固声,欲行者拟足而投迹"。既然如此,他乐于以《太玄》谈玄守道,安于平淡寂寞。随后他又以范雎、蔡泽、张良、陈平等人为例,说人生当为于可为之时,不可为之时则不为;说自己比不了蔺相如、商山四皓、公孙弘、霍去病等人,只能独守《太玄》。

　　从东方朔《答客难》和扬雄《解嘲》,可以清楚地看到"答客体"在西汉时最初的状态。不过,"答客体"的主客问答不是东方朔时才有的。在他之前,西汉初年枚乘《七发》里有"吴客"和"楚太子"的问答,司马相如《子虚赋》《上林赋》里有"子虚先生""乌有先生""亡是公"的问答,可见秉承战国诸子、策士的论辩,以问答成文在东方朔时代蔚为风气。其后扬雄的《长杨赋》、班固的《两都赋》、张衡的《二京赋》都用主客问答的形式。苏过提到班固《答宾戏》以"宾"与"主人"设为问答,没有提到张衡《应间》以"宾"与"余"设为问答。相沿而下,韩愈《进学解》以"国子先生"与"诸生"设为问答,苏过《志隐赋》以"苏子"与"客"设为问答,各自以此构成文章的格局。

　　这一格局的基本套路是客嘲主,主则以自辩的方式解嘲,也就此形成新的自嘲。客的嘲主,通常认为"主"不进取或应更进取才是;而"主"的自辩则以自我批评委婉地批评社会,最终的落脚点不是从此进取,而是淡泊处世或干脆隐而不仕。如上述东方朔、扬雄的自辩。又如班固《答宾戏》"宾"戏主人身当帝王之世,"然而器不贾于当己,用不效于一世",应当使计运策,"使存有显号,亡有美谥"。而主人说"宾"见势利而失道德,殊不知功不虚成,名不伪立,怎可处汉世而论战国,耀所闻而疑所睹呢?他以孔子、颜回为师表,表示安贫乐道即足,实际上说的是社会不明,自己怀才不遇。张衡在《应间》序里首先就说明了,有人指责他五年没做史官却又回来再做史官,"非进取之势"。张衡说"时有遇否,性命难求",何况"君子不患位之不尊,而患德之不崇;不耻禄之不夥,而耻智之不博"。既然如此,何妨效法老子归隐,效法颜回安贫乐道,待价而沽。他还写过一篇《归田赋》,感慨自己无明略佐时而欲归隐,与世事长辞。凡此,可见东方朔、扬雄、班固和张衡在自嘲、自解中的立场和情怀。

苏过《志隐赋》以"隐"为主题,比上述数子更为清晰地张扬自己的人生取向。他在表述上因袭了前人。开篇有"客"来海南慰问他,鼓励他进取,说"君子之修身也,病没世而无闻"。这话出自孔子,《史记·孔子世家》记载孔子曾说:"君子病没世而名不称焉。吾道不行矣,吾何以自见于后世哉?"进而"客"说:"古人有言:'岁云暮矣,时不我与。'如子之年,鸣钟鼎食者多矣,曷亦有意于世乎?"而苏过回答道:"功高则身危,名重则谤生。枉寻者见容,方枘者必憎。"他说出这样的话来,固然是观史而见前人的教训,但他截然不同于前人,现实中有父亲苏轼做榜样。且不谈功高名重,苏轼至少是"方枘者",曾说:"余性不慎语言,与人无亲疏,辄输写腑脏,有所不尽,如茹物不下,必吐出乃已。而人或记疏以为怨咎,以此尤不可与深中而多数者处。"[1]而他正是因为对王安石变法持不同政见,遭遇了"乌台诗案",开始了跌宕起伏的流贬人生;晚年北归,途中在《自题金山画像》里写下的"问汝平生功业,黄州惠州儋州",却又是平淡之后的极度悲愤。苏过从父亲身上看到了严酷的现实,以致说出这样苦涩的话,仍然有前人思维逻辑及

---

[1] 苏轼著,孔凡礼点校:《苏轼文集·密州通判厅题名记》,北京:中华书局,1986年版,第376页。

语言表达的影子。

苏过《志隐赋》受前人自嘲模式的影响不限于此。从东方朔的《答客难》到张衡的《应间》，都属汉赋。枚乘在《七发》里说博辩之士，"原本山川，极命草木，比物属事，离辞连类"，正是汉赋写作的基本方法。后来传为司马相如的汉赋创作论，即讲究辞藻、铺陈、宫商起伏的"赋迹"说和"苞括宇宙，总揽人物"的"赋心"说，意味着汉赋写作方法的成熟。但从《答客难》问世起，它就走了与《七发》《子虚赋》《上林赋》等不同的道路。这些新体赋用南朝梁代刘勰的话来说，多是"铺采摛文，体物写志"[①]，其中，对山川草木描述的"繁类成艳"是不可少的。但《答客难》有战国策士骋辞的风貌，在纵横捭阖的论辩中，以富有气势的铺排表现对社会现实和人生的认知，理中含情。《志隐赋》中，有"客"对苏过的劝进之词："天之生物，类聚群分。蠢动飞走，不相夺伦。鱼宅于渊，兽伏于榛。蚕之于冰，鼠之于焚。失其所则病，因其性则存。且非独虫鱼然也，楚之橘柚不植于燕代，晋之枣栗不繁于闽越。非天地之所私，繄物性之南北，况于人乎。"这番谈物性的话，看似与劝进不相关联，实际上"客"要表达的是：物各有性，性各有属，苏过本非海南人，性不属儋耳，理当离儋而去；去则宜求钟鸣鼎食，身入宦海，得官而传名。它们少了铺采摛文的风物之美，却多了内心世界的自我揭示，有辩证法和理性的光彩。

不仅如此，苏过受"问答体"自嘲文的影响，离开以文"体物"，把目光转向了历史人物及其生活。上述的东方朔赋里提到苏秦、张仪，扬雄赋里提到范雎、蔡泽、张良、陈平等人，班固《答宾戏》提到鲁仲连、虞卿、商鞅、李斯、仲尼、孟轲等人，张衡《应间》提到咎单、巫咸、申伯、樊仲、惠施、孟轲等人，而苏过在《志隐》里提到彭

---

① 刘勰著，范文澜注：《文心雕龙注·诠赋》，北京：人民文学出版社，1958年版，第134页。

祖、老聃、介之推、鲁仲连、接舆、庄子等人。这些增加了赋的历史厚重感,但并不是为了追求历史的厚重感而为之,关键还是以历史人物为参照,审视"主人"的人生差距、得失以及追求。如《答宾戏》的"主人"说:"商鞅挟三术以钻孝公,李斯奋时务而要始皇,彼皆蹑风云之会,履颠沛之势,据徼乘邪以求一日之富贵,朝为荣华,夕而焦瘁,福不盈眦,祸溢于世,凶人且以自悔,况吉士而是赖乎。"商鞅佐秦孝公变法以强秦,孝公死后,商鞅被秦惠王车裂;李斯助秦始皇得天下,始皇死后,促成二公子胡亥篡位,后被赵高具五刑且腰斩于咸阳。班固说,他们在风云际会中固然有一时的荣华,最终是福少祸多,这高官可以做吗?而苏过在《志隐赋》里说:"患难或可以共处,安逸或可以长辞。子胥不免于属镂,范蠡得计于鸱夷。萧何缧囚于患失,留侯脱屣于先知。敌国亡而信烹,刘氏安而勃疑。"子胥即伍子胥,助越王勾践灭吴,功成后,受人谗毁,被赐剑自杀;范蠡助越王勾践灭吴,吴灭后归隐江湖,号鸱夷子皮,因经商致富,又称陶朱公;萧何为西汉开国名臣,曾因患失上林空地遭囚禁;留侯张良,亦佐刘邦建立西汉王朝,功成后求封于留,隐居自全;勃即周勃,刘邦重臣,为刘氏诛诸吕,刘氏安定天下后,因谗下狱。这些相当复杂的人及其故事,虽被苏过效仿前人作了简洁的表述,但其用典、铺排的创作风格依然是对前人赋的继承。

总之,苏过《志隐赋》的自嘲模式受前人影响甚深,他对传统的接受让《志隐赋》的创作形式缺乏新意。不过,它毕竟不同于上述作品,主要在于苏过的创作动因和趣尚。

(二)"志隐"的娱父情结与岛夷之安

苏过在《志隐赋》里说,他之所以写这篇赋,"将以混得丧、忘羁旅,非特以自广,且以为老人之娱"。这里有两层意思,其"自广"

暂且不论,先说"且以为老人之娱"。

班固《答宾戏》的结尾说,他不能与耳聪的师旷、目明的离娄、善射的逢蒙、能工的班输等人同列,"故密尔自娱于斯文",静静地为文"自娱"。这"自娱"说有点意味。且不说先秦诗文的娱乐性,西汉枚乘的庶子枚皋在父亲死后受汉武帝征召作赋,武帝有所感,辄令赋之。枚皋文思敏捷,受诏辄成,共写了两百多篇赋。但晚年回顾人生,说自己"为赋乃俳,见视如倡,自悔类倡也"[①]。所谓"俳"为"俳优","倡"为"倡优",皆指以歌舞为业的艺人。类似的话司马迁在《报任安书》里也说过。后来,辞赋家扬雄说,他少而好赋,不过是"童子雕虫篆刻","壮夫不为也"[②]。而好辞赋的汉武帝,正是以辞赋为娱乐,难怪司马相如写《大人赋》,意欲奉劝汉武帝不要痴迷求仙,汉武帝读后,居然有飘然若仙之意。因此,班固说出为文自娱的话,也符合这些辞赋的创作实情。客观地说,这些自嘲文都具娱乐性,以调侃自我和社会现实稀释内心因怀才不遇产生的忧郁之情。他们都是针对自我的,苏过也为自我,但他同时说也为了父亲,让父亲能够享有阅读的愉悦,这就不同于前人。

苏轼贬儋州是很意外的事。他在惠州时,自以为这里是人生最后的驿站,所以在惠州白鹤峰建了新居,并让长子苏迈等亲人来惠州生活。当他获旨任琼州别驾、着儋州安置时,顿时心有死志,说到了海南,先当作棺,后当作墓,人生没有归途。他到儋州后上书宋哲宗说:"臣孤老无托,瘴疠交攻。子孙恸哭于江边,已为死别;魑魅逢迎于海上,宁许生还。"[③]悲怆之下,所幸有小儿苏过相随。

从苏过现存的诗文看,他在惠州时作过一些纪行诗,或与父亲

---

①　班固:《汉书·枚皋传》,北京:中华书局,1962 年版,第 2367 页。

②　汪荣宝:《法言义疏·吾子》,北京:中华书局,1987 年版,第 45 页。

③　苏轼著,孔凡礼点校:《苏轼文集·到昌化军谢表》,北京:中华书局,1986 年版,第707 页。

唱和,如苏轼有《和陶游斜川》,苏过则作《次陶渊明正月五日游斜
川韵》;苏轼作《游罗浮山一首示儿子过》,苏过则作《和大人游罗
浮山》;苏轼游罗浮道院栖禅山寺,苏过写了《正月二十四日侍亲游
罗浮道院栖禅山寺》。苏轼在儋州,最早提到儿子苏过是在《与杨
济甫》的信中。杨济甫亦是眉州眉山人,和苏轼是同乡和朋友。他
说:"某与幼子过南来,余皆留惠州。"这"余皆留惠州"的人中,就
有苏过的妻子和儿女。苏过陪侍父亲到海南,此一去,与妻儿离别
也是三年。

　　苏轼在儋州,生活艰苦,希望北归。他曾对程儒秀才说,在儋州
"食无肉,病无药,居无室,出无友,冬无炭,夏无寒泉,然亦未易悉数,
大率皆无耳。惟有一幸,无甚瘴也"①。他一连用了八个"无"字,说明
生活的困境。后来因为有绝粮之忧,他甚至和苏过一起练"龟息法"
度日。虽说苏轼料定自己必死海南无疑,但他还是希望有一天能够北
归中原。他从琼州前往儋州,路过儋耳山时,登上儋耳山放眼远眺,写
下了"登高望中原,但见积水空。此生当安归,四顾真途穷"②,对以后
的人生很失望,以致有时难免感慨"久逃空谷,日就灰槁"③。

　　不过,生活艰苦、希望北归的忧思先后被他化解。前者,当他
筑室有所居之后,渐渐适应了儋州生活,与黎民百姓浑然一家,最
后说出"我本海南民,寄生西蜀州。忽然跨海去,譬如事远游"④,
人生的困境不复存在;后者,他以陶渊明为友,遍和陶渊明诗,还
在《和陶归去来兮辞》里说,"均海南与汉北",且"欲以桑榆之末
景,自托于渊明"⑤,心态平和。不仅如此,他受邹衍、庄子的影响,

---

① 苏轼著,孔凡礼点校:《苏轼文集·与程秀才》,北京:中华书局,1986 年版,第 1628 页。
② 苏轼著,孔凡礼点校:《苏轼诗集·行琼、儋间……》,北京:中华书局,1982 年版,第
　　2247 页。
③ 苏轼著,孔凡礼点校:《苏轼文集·与张逢书》,北京:中华书局,1986 年版,第 1766 页。
④ 苏轼著,孔凡礼点校:《苏轼诗集·别海南黎民表》,北京:中华书局,1982 年版,第
　　2363 页。
⑤ 苏轼著,孔凡礼点校:《苏轼文集·自述》,北京:中华书局,1986 年版,第 2550 页。

认为天地在积水中,海南在大海中,九州不也在大海中吗? 既然如此,在海南也犹若处九州。等有一天水干涸了,到处都会是四通八达的道路。于是北归之际不再说三年之苦,而说"兹游奇绝冠平生"①。

但苏轼曾因苏过的陪侍,内心不安。他有文字说明当时的心情,一是在《与郑靖老书》中说:"闻过房下卧病,正月尚未得耗,亦忧之。"郑靖老即友人郑嘉惠,苏轼在海南与他有多封书信来往。当时从惠州传来消息,说苏过的妻子病了,这时苏轼挂念她,不知她是否痊愈,忧虑不安。二是他读了苏过写的《志隐赋》后,"欣然嘉焉"。与苏过同时的晁说之说,苏过"其初至海上也,为文一篇曰《志隐》,效于先生前。先生览之曰:'吾可以安于岛夷矣。'"②这说明在相当长的时间内,苏轼因儿子苏过的陪侍不安,因为苏过本可不随他在流贬地生活。而苏过说自己之所以写《志隐赋》,其中的原因之一是"且以为老人之娱"。

苏过的儋州娱父,使父亲享有居岛夷之安,这在饮食、读书和作文三方面有所体现。

苏轼是美食家,在黄州时用温火炖肉、焖鱼都是美谈。他在儋州食蚝与一般人不同,一是取其小者,将蚝肉与浆入水,加酒煮食,味道鲜美;二是取其大者在火上烤食。好吃的苏轼以调侃的口吻告诫苏过不要对外人说,以免北方君子"争欲为东坡所为,求谪海南,分我此美也"③。他在儋州还写过一篇《老饕赋》,以老饕自比,尽叙儋州的饮食之美。苏过曾出奇想,用山芋作了玉糁羹,色香味奇绝。东坡吃后,称赞它是人间没有的美味,高兴地写了七绝《过子忽出新意,以山芋作玉糁羹,色香味皆奇绝。天上酥陀则不可知,

① 苏轼著,孔凡礼点校:《苏轼诗集·六月二十日夜渡海》,北京:中华书局,1982 年版,第 2366 页。
② 苏过著,舒星校补,蒋宗许、舒大刚等笺注:《苏过诗文编年笺注·宋故通直郎眉山苏叔党墓志铭》,北京:中华书局,2012 年版,第 1050 页。
③ 苏轼著,孔凡礼点校:《苏轼文集·食蚝》,北京:中华书局,1986 年版,第 2592 页。

人间决无此味也》,诗说:"香似龙涎仍酽白,味如牛乳更全清。莫将南海金虀脍,轻比东坡玉糁羹。"

再就是读书。苏轼一生与书相伴,来海南诸多不便,只带了陶渊明一集、柳子厚诗文数册,后来向惠州郑嘉惠借书多达千余卷,欣喜之余,在《和陶赠羊长史并引》里说郑嘉会"欲令海外士,观经似鸿都"。鸿都,是东汉皇家的藏书处。他还在诗中自喻为"思服舆"的老马,说自己最放不下的就是读书。苏过则说"海南寡书籍,蠹简仅编缀。《诗》亡不见《雅》,《易》绝空余《系》"[1],于是借书来读,以免寸阴流逝,没世无闻。还有苏轼曾听苏过诵书"声节闲美",感慨"孺子卷书坐,诵诗如鼓琴"[2]。于是想到当年父母也喜欢他的读书声。苏轼还很高兴苏过以抄书的方式读书。他在儋州的《与程秀才书》中说:"儿子到此,抄得《唐书》一部,又借得《前汉》欲抄。若了此二书,便是穷儿暴富也。呵呵。老拙亦欲为此,而目昏心疲,不能自苦,故乐以此告壮者尔。""穷儿暴富"是很形象的比方,苏过所为契合了他心中所愿,这时倒不是苏过有意识以自己读书取悦于老父了。

关于苏过作文,苏轼曾在《与刘沔都曹书》里说:"轼穷困本坐文字,盖愿刳形去智而不可得者,然幼子过文益奇。在海外孤寂无聊,过时出一篇见娱,则为数日喜,寝食有味。以此知文章如金玉珠贝,未易鄙弃也。"这里的"刳形去智",源于庄子的"离形去知"说。不合时宜的苏轼达不到庄子这样的境界,但他说的"过时出一篇见娱,则为数日喜,寝食有味",是苏过以文娱父的很好的证明。

苏轼在惠州时就说苏过的诗文写得好,有《游罗浮山一首

---

① 苏过著,舒星校补,蒋宗许、舒大刚等笺注:《苏过诗文编年笺注·借书》,北京:中华书局,2012 年版,第 829 页。

② 苏轼著,孔凡礼点校:《苏轼诗集·和陶郭主簿二首其一》,北京:中华书局,1982 年版,第 2351 页。

示儿子过》为证。诗中说："小儿少年有奇志,中宵起坐存《黄庭》。近者戏作凌云赋,笔势仿佛《离骚经》。"《黄庭》即道教的《黄庭经》,《离骚经》则是战国屈原的《离骚》。诗中说的"凌云赋"指的是苏过所作《飓风赋》。这篇赋长于想象,天上地下,纵横驰骋,笔势真有《离骚》的风采。在儋州,苏轼说小儿苏过时出一篇以为娱,这就不限于《志隐赋》,还包括了苏过的其他诗文创作。这些诗文在他看来也是写得很好的,故以金玉珠贝喻之。

苏过曾寄椰子冠给雷州的叔父苏辙,苏辙写了一首《过侄寄椰冠》,同时还写了《寓居二首》即"东亭"和"东楼",于是有了苏轼的《次韵子由三首》"东亭""东楼"和"椰子冠"。苏过和了"椰子冠"和"东亭"。苏辙写了《浴罢》,苏轼有《次韵子由浴罢》,苏过则唱和了《次韵叔父浴罢》。如是的唱和,虽然可见亲情交往,但为的是娱人自娱,类似中唐元白、北宋西昆体诗人的酬唱,很有游戏作乐之意。还有,苏轼写了《五色雀》,苏过则写了《五色雀和大人韵》。苏过在苏轼生日时,以诗为父亲贺寿。儋州三年,于是有《大人生日》诗五首(第二年贺寿同题三首),它们的娱亲味道甚浓。如他第一年写的《大人生日》,首联说"勿惊髀减带围宽,寿骨巉然正隐颧"。苏轼刚到海南时,听说苏辙瘦了,于是写了诗《闻子由瘦》,说你瘦了,我也瘦了,改日重逢,"相看会作两臞仙,还乡定可骑黄鹄"。苏过说,不要吃惊瘦了,衣带松了,颧骨虽然凸出,但寿骨(额骨)高正隐藏了颧骨。这样的贺寿语,满是戏谑。所以苏过的《志隐赋》"且以为老人之娱",一点都不奇怪。

苏过娱父之际,少不了对父亲的安慰,如在惠州写的《和大人游罗浮山》有句云"谪官罗浮定天意,不涉忧患那长生",说人生有忧患可以换取生命的长久,希望父亲不在意贬谪。他在儋州为父亲贺岁时也是如此。如《大人生日三首》其二写道:"天定人胜难,诚哉申子言。不须占倚伏,久已恃乾坤。"春秋时晋太子申生遭晋献公宠姬骊姬陷害,被迫自杀,死前说天定人胜难,将自己的死归于天意。苏过借此说父亲被贬也是天意,而不是人力所为。所谓"倚伏"用老子"祸兮福之所倚,福兮祸之所伏"的名言,代指祸福。苏过的意思是父亲在儋州没必要探究是祸还是福,时间长了,天地可以证明您的忠心和功德;而"勿叹乘桴远,当知出世尊"两句化用孔子说的"道不行,乘桴浮于海",劝父亲贬居海外只当是远离尘俗,可享出世的高贵。

话说回来,苏轼读了苏过的《志隐赋》,心下高兴,在海南原本因苏过陪侍带来的不安,似乎不再有了。这是因为苏过的娱父情结源于思想情趣的流露,让苏轼完全释怀而享受"岛夷之安"。那么,苏过怀有怎样的思想情趣,又是怎样表达出来的呢?

(三)"志隐"的物性自然与逭荒养生

上述谈到《志隐赋》铺排的时候,引用过"客"对苏过的劝进之词,即"天之生物,类聚群分"一节。这节说明物各有性,性各有所属。接着"客"说自己是蜀人,少游三晋,三晋之地环境太坏,恶水肆流,野兽横行,百姓多病;作了这样的铺垫之后,再说儋州在广东、广西之南,生活习俗和语言都和内地不同,加之"海气郁雾,瘴烟溟蒙","而子安之,岂亦有道乎?"随之"客"列举了战国时虞卿、娄敬、苏秦、范雎、蔺相如、毛遂等人的例子,说他们"或刀笔以自奋,或干戈以策勋,脱颖者富贵,陆沉者贱贫,希揄扬于鼎彝,耻湮没于埃尘"。"客"借此表明儋州环境艰苦,不适合你苏过生活;前人多有作为,你苏过也当如此,不能没世无闻。

"客"的这番话是苏过设问自嘲,设问中言过其实,意在使苏过解嘲时有明确的靶向,能够针锋相对地辩驳,以表达自己的襟怀。

苏过接过"客"的问话,然后说道:

> 　　大块之间,有生同之。喜怒哀乐,巨细不遗。蚁蜂之君
> 臣,蛮触之雄雌。以我观之,物何足疑?彭聃以寒暑为朝暮,
> 蟪蛄以春秋为期颐。孰寿孰夭?孰欣孰悲?况吾与子,好恶
> 性习,一致同归。寓此世间,美恶几希。乃欲夸三晋而陋百
> 粤,弃远俗而鄙岛夷。窃为子不取也。

这番话表明了苏过现实人生的理念,他用庄子万物齐同的思想为
自己辩解,说人生天地之间,喜怒哀乐、大小巨细,没什么差异。"蚁
蜂之君臣"用唐李公佐传奇《南柯太守传》中淳于棼的故事。淳于
棼南柯一梦,梦中的槐安国君臣,不过是大蚁小蚁而已。"蛮触之
雄雌"用《庄子·则阳》触蛮之争的故事。庄子的本意是讽刺好战
的诸侯,说他们无论战胜战败都是渺小的。苏过讲这两个故事,是
说为君为臣,或胜或败,是差不多的。他随后说到彭聃(即彭祖、
老聃)和蟪蛄。老聃即老子李耳,辞了周王朝的守藏史之后,西出
函谷关,不知所终。而彭祖和蟪蛄都见于《庄子·逍遥游》。相传
彭祖活了八百岁,而庄子笔下的蟪蛄不知春秋,连一年的寿命也
没有。苏过把彭祖和老聃视为长寿的象征,借此说他们以寒暑为
朝暮,寿命很长;蟪蛄以春秋为期颐(即百年),寿命很短。但彭聃
与蟪蛄到底是谁寿长,谁寿短呢?到底谁高兴,谁伤悲呢?庄子的
相对论曾说秋毫之末大而泰山小,彭祖的寿命短而一生下来就死
去的婴儿寿命长;曾说人们认为毛嫱、西施是绝世佳人,但鸟见之
高飞,鱼见之深潜,事物都是相对的。寿命的长短、人生的悲喜,
有什么差异呢?再说,你我同在人世间,好恶习性是一致的,几乎
没有好坏的区别。既然如此,三晋与百粤、远俗与岛夷不是一样
的吗?

　　随之,苏过说物性自然,下面这番话同样很有意味:

> 子知鱼之安于水也,而鱼何择夫河汉之与江湖？知兽之
> 安于薮也,而兽何择于云梦之与孟渚？松柏之后凋,萑苇之
> 易枯,乃物性之自然,岂土地之能殊？子乃以晋楚之产疑之,
> 过矣。

这里表达的鱼安于水、兽安于薮的观念,也本于庄子。《庄
子·达生》虚构了孔子观于吕梁的故事,借一善游的男人表达了
生于陵而于陵,长于水而安于水的思想,认为这是人或物的自然之
性。庄子受老子影响,从道的自然出发,延伸到物的自然,于是有
了无为而无不为的自然哲学。客观地说,环境对事物的影响是存
在的,苏过避开这一点而强调鱼安于水,至于是哪儿的水则不重
要,河汉与江湖没差别;兽安于草泽,至于是哪儿的草泽则不重要,
云梦与孟渚没差别。进而他又说,松柏、萑苇,因物性不同,前者
后凋,后者易枯,不是它们生长的土地不同造成的。言下之意,他
这个蜀人,现在生活在儋耳,与生活在蜀州之眉山是一样的,不用
质疑。

从这些来看,苏过思想受庄子的影响很深。他用庄子万物齐
同、物性自然的思想解释自己当下的生活状态,认为不复有生活的
艰难,正是源于他的"自广"之术。所以他眼中的儋州,完全不同
于"客"眼中的儋州。"客"说儋州艰苦,但苏过说儋州美好,美得
像神仙居住的地方一样:

> 天地之气,冬夏一律。物不凋瘁,生意靡息。冬缔夏葛,
> 稻岁再熟。富者寡求,贫者易足。绩蕊为衣,艺根为粮。铸山
> 煮海,国以富强。犀象珠玉,走于四方。士独免于战争,民独
> 勉于农桑。其山川则清远而秀绝,陵谷则缥缈而窈郁。虽龙
> 蛇之委藏,亦神仙之所宅。吾盖乐游而忘返,岂特暖席之与黔
> 突也哉!

　　苏过告诉人们,儋州因天地眷顾,冬夏天气温度一样,万物生生不息,不见凋零;且冬夏人们穿着一样,稻谷一年两熟。这些的确让"富者寡求,贫者易足",物产的丰饶与心理的满足同在。而他的"铸山煮海""犀象珠玉"说,用的吴越故事。西汉刘濞为吴王时,曾召人开发铜矿铸钱,煮海水制盐,以求富裕。苏轼也曾说过:"吴越地方千里,带甲十万,铸山煮海,象犀珠玉之富,甲于天下。"①当时儋州还不仅如此,苏过夸张的描述,有意彰显了儋州人据山海的富足生活。况且这里没有战争的灾难,百姓努力从事耕织,山川秀丽,山谷幽深,白云飘忽,草木葱茏,犹如神仙居所。他笔下的"岂特暖席之与黔突也哉"出自"孔子无黔突,墨子无暖席"②,说的是孔子没有熏黑的烟囱、墨子的坐席从不温暖,二人孜孜行道于世,在一地不作久留。而苏过表白自己"乐游而忘返",是甘愿长期生活在海南的。

　　苏过说,入世者想的是人生富贵和传名不朽,那"纡朱怀金,肥马轻车"不是独善其身、老死丘壑的人可以比拟。但这些人没想到求功名可能会导致悲剧,"功高则身危,名重则谤生"。这话前人也说过,他重作表述,并列举了历史上一些人物的命运和做法。他提到的这些人主要可分为三类,一是功成亡身者,如伍子胥、韩信;二是功成身退者,如范蠡、张良;三是不好功业的隐者,如接舆、庄子。相比这三种人,苏过表示自己没有过人的才能,不能"自媒"即自我推荐求得一官半职;想到良马和猎鹰受人羁绊,会觉得不寒而栗。而良马本可长鸣于冀北,见"皂栈"即马槽、马栈而害怕的说法,源于《庄子·马蹄》。庄子曾批评伯乐治马,对马烧、剔、刻、烙,把马编排固定在皂栈里,结果马死去十分之二三。这能不让人害怕吗?苏过说不能自媒,是委婉抱怨无人引荐他;他还以马、鹰所

<hr>

① 苏轼著,孔凡礼点校:《苏轼文集·表忠观碑》,北京:中华书局,1986 年版,第 499 页。
② 刘文典:《淮南鸿烈集解·修务训》,北京:中华书局,1989 年版,第 633 页。

受的羁绊,暗示身入宦海则不自由,不得不为五斗米折腰,甚至性命难保。所以他说高官是不能做的,何况还有功高身危、名重谤生的事情发生呢?

所以苏过说身在海南,最紧要的不是求取功名,而是遁荒养生:"尝闻养生之粗也,今置身于遁荒,如有物之初。余逃空谷之寂寥,眷此世而愈疏。追赤松于渺茫,想神仙于有无,此天下之至乐也。"所谓"物之初"一说见于《庄子·田子方》,庄子曾借老聃的口说"吾游心于物之初",当是游于事物的原始状态;而今苏过在这遁荒之地,犹若是物之初时,是《庄子·逍遥游》中的"无何有之乡,广莫之野"①。而"逃空谷之寂寥"语出《庄子·徐无鬼》,庄子原本说在空谷中往往闻人足音而喜,但苏过说自己乐于这虚空寂寥,与尘世更加疏远。这里,他想到仙人赤松子,自己也有成仙之念,却又以"渺茫""有无"质疑神仙的存在,最终只有顺应自然。他称这为人生"至乐"。"至乐"说出自《庄子·至乐》,庄子以人生的富贵寿善为至劳至愚,而以无为自然为至乐。苏过身居海南儋州这原始的荒远之地(不觉与他夸海南之美相矛盾),正可以享受绝对自由的快乐。

苏过对"客"的反驳最后落脚在:你希望我贪图名利,但这玷污了我,是很愚蠢的事,从而把自己与世俗的追名逐利完全割裂开了,彰显他有志于隐而不愿为官。他在《志隐跋》里揭示了自己的创作用心,称之为"混得丧,忘羁旅",欲以自广,这也是自广的根本所在。

从上述看来,苏过《志隐赋》长于用典,除了历史故事之外,主要用《庄子》之典演绎庄子思想。他引发了苏轼的共鸣,苏轼甚至有写一篇《广志隐》的想法。

苏轼受儒、佛、道的影响很深,入世与出世相兼。但他最爱的是《庄子》,曾喟然长叹说:"吾昔有见,口未能言,今见是书,得吾

① 郭庆藩:《庄子集释·逍遥游》,北京:中华书局,1961年版,第40页。

心矣。"① 所以他有很多诗文化用庄子的典故,有庄子式的旷达。如他在儋州因苏过画的枯木竹石写了《题过所画枯木竹石三首》,其二写道:"散木支离得自全,交柯蚴蟉欲相缠。不须更说能鸣雁,要以空中得尽年。"这里,苏轼用庄子的故事对苏过画的枯木作了解读。其"散木"是《庄子·人间世》里无用于社会,有用于自我生存的大树。因为"散木""以为舟则沉,以为棺椁则速腐,以为器则速毁,以为门户则液樠,以为柱则蠹。是不材之木也,无所可用,故能若是之寿"②。"支离"出自《庄子·人间世》,指庄子虚构的人物支离疏———一个严重畸形、无用于社会而能尽享天年的人。而"鸣雁"说见于《庄子·山木》——能鸣之雁遭烹杀,不能鸣之雁得保全。苏轼以散木、支离疏转述了无用即是有用的庄子思想,说雁能鸣而死,有用是不好的;而枯木"空中"即没了树心,方得尽天年。其中委婉表现出的"无心"也是庄子的重要理念,他讲"心斋""坐忘""丧我",都是修为以求无欲、无心。所有这些,可见苏轼与苏过思想的内在一致性。苏过说他写《志隐赋》要"混得丧",而苏轼在流贬儋州时,何尝不是在"混得丧"呢? 他在元符二年(1099)和儋州数位老书生游上元夜,归来已是三更,忽放杖而笑,自问"孰为得失"③,流贬之失又何尝不是人生之得?

苏过无心官场在很多时候都有表现,他在《正月二十四日侍亲游罗浮道院栖禅山寺》中流露出"人生行乐耳,四海皆兄弟。何必怀故乡,吾驾随所税"的情绪。这"税"说的是"税驾",即解驾休息,何处不是故乡,何地不能休息呢? 他还在《椰子冠》里说"平生冠冕非吾意,不为飞鸢跕堕时",官可以不做,以免有失官的悲剧。苏过一生不热衷做官,在儋州"盖尝筑室,有终焉之志";晚年定居

① 脱脱等:《宋史·苏轼传》,北京:中华书局,1985年版,第10801页。
② 郭庆藩:《庄子集释·人间世》,北京:中华书局,1961年版,第171页。
③ 苏轼著,孔凡礼点校:《苏轼文集·书上元夜游》,北京:中华书局,1986年版,第2275页。

颍昌,在颍昌湖的北面种了几亩水竹,过着陶渊明式悠然的生活。他因陶渊明的斜川而写了《小斜川》一首,吟着"胸中粗已了,浩荡欲没鸥。渊明我同生,共尽当一丘",表白要像陶渊明一样隐居,且自号为"斜川居士"。

苏过与父亲苏轼在尚庄好陶上有一样的志趣,并从庄子的物性自然走向陶渊明的淡泊静穆。而他的《志隐赋》突显出尚庄的一面,希求庄子式退荒养生的生活,让苏轼受到极大的安慰。他想到苏过心性如此,故说出自己可以安于岛夷的话来。而苏过说写《志隐赋》既是娱父,也是自我安慰。他安于海南,把儋州作为顺适自然的养生地,不以苦为苦。在这一点上,他的人生意趣与东方朔、扬雄、班固、张衡等人大有不同。他是真正的"志隐"践行者,尽管在创作模式上,《志隐赋》走了前人的老路。难怪苏轼在儋州写的《与侄孙元老书》中说自己和儿子苏过家中相对,像两个苦行僧,"然胸中亦超然自得,不改其度"。

苏过还有《飓风赋》,这篇赋误收在《苏轼文集》中,有些地方志也误收为苏轼赋。赋写得很有气势,在北宋也算是赋中佳构。值得注意的是,其父苏轼赋受庄子影响很深,他的这篇赋也很受庄子影响。如其中描写飓风的:"昔之飘然者,若为巨耶?吹万不同,果足怖耶?蚁之缘也吹则坠,蚋之集也呵则举。夫嘘呵曾不能以振物,而施之二虫则甚惧。鹏水击而三千,抟扶摇而九万,彼视吾之惴栗,亦尔汝之相莞。均大块之噫气,奚巨细之足辨?"所谓飓风飘然而吹的"吹万不同""大块之噫气"见于《庄子·齐物论》的叙风或状风,庄子说"夫大块噫气,其名为风","夫吹万不同,而使其自己也";"之二虫"与"鹏"之说见于《庄子·逍遥游》。《逍遥游》讲了这样一个寓言:北冥之鱼化为大鹏,乘海运从北海飞到南海,"水击三千里,抟扶摇而上者九万里",却遭遇决起而飞,不过数仞而下的"之二虫"即蜩与学鸠的讥笑。这样的笔法与化用确与苏轼赋有相近之处,难怪曾被后人误认为是苏轼所作。

五、苏门六君子古文风貌论

苏轼和其师欧阳修的古文魅力和影响,对宋文六大家里的王安石、曾巩及苏洵、苏辙四家的古文成就都有所遮蔽。其实北宋古文的彬彬之盛是许多文人造就的,被遮蔽者众多,其中还有苏门文人。

（一）关于苏门文人

北宋末年,翟汝文在《东坡远游赋》中感慨自己成人后苏轼已贬儋州,耳闻未能拜见,并说当时"士无贤不肖皆曰东坡之门人"①,这既在于苏轼的文学地位和名望,又在于苏轼好吸纳同道共趣的文人。与其说他待他们如门人,不如说待他们像朋友。秦观在徐州拜见苏轼,临别有《别子瞻学士》诗道:"我独不愿万户侯,惟愿一识苏徐州。"而苏轼在徐州任上,读了黄庭坚寄呈的古风二首,给黄庭坚写信称道他的诗"超逸绝尘,独立万物之表,驭风骑气,以与造物者游,非独今世之君子所不能用,虽如轼之放浪自弃,与世疏阔者,亦莫得而友也"②。苏轼这样平等而有敬意地对待仰慕他的士

---

① 曾枣庄等:《全宋文·东坡远游赋序》,上海／合肥:上海辞书出版社／安徽教育出版社,2006 年版,第 149 册,第 4 页。
② 苏轼著,孔凡礼点校:《苏轼文集·答黄鲁直五首其一》,北京:中华书局,1986 年版,第 1532 页。

人,故其门下士人芸芸。即使是身居贬地,从他问学而被视为他门人的也常见,如海南的姜唐佐、黎子云等。

乐山杨胜宽梳理过苏门文人,据他不完全统计,"苏门文人集团应有五十人左右"①。这"集团"中人,年龄与地域有很大差异,实则更宜称为不自觉形成的"文人群体"。王水照就说:"'苏门'是以交往为联结纽带的松散的文人群体。它经历了先由个别交游到'元祐更化'时期聚集于苏轼门下的自然发展过程,形成以苏轼为核心,'四学士''六君子'为骨干的不同层次的人才结构网络。"②其实,苏门文人在文学史上常为人道的是"苏门四学士""苏门六君子",四学士为黄庭坚、秦观、晁补之、张耒,后增加陈师道、李廌则成"六君子"。对此,马东瑶著《苏门六君子研究》说,"学士"是就四人的馆阁身份言,"君子"则涉及儒家道德评价而被视为典范。后者有一个重要的意味,"六君子"人格与文品的本质趋同。后人并没深究,其后苏门文人群体还在扩展,又有李格非、廖正一、李禧、董荣四人被称为"后苏门四学士",但这四人的诗文多散佚,故讨论苏门文人往往集中在"苏门六君子"。他们是苏门文人群体的核心,也被人视为"文人集团"。

"四学士"之名,最早见于《宋史·黄庭坚传》:"(黄庭坚)与张耒、晁补之、秦观俱游苏轼门下,天下称为四学士。"而"六君子"之名,最早见于南宋王十朋的诗:"斯文韩欧苏,千载三大老。苏门六君子,如籍湜郊岛。大匠具明眼,一一经选考。岂曰文乎哉,盖深于斯道。"③他把"六君子"比作韩愈门下的张籍、皇甫湜、孟郊、

---

① 杨胜宽:《苏轼与苏门文人集团的形成》,见《苏轼与苏门文人集团研究》,成都:四川人民出版社,2010 年版,第 546 页。

② 王水照:《论"苏门"的词评和词作》,见《苏轼研究》,石家庄:河北教育出版社,1999 年版,第 227 页。

③ 王十朋:《喻叔奇采坡诗一联云今谁主文字公合把旌麾为韵作十诗见寄某惧不敢和酬以四十韵》,见傅璇琮等编《全宋诗》,北京:北京大学出版社,1991 年版,第 36 册,第 22935 页。

贾岛,并说他们经苏轼遴选方入苏门。苏轼自己则说:"独于文人胜士,多获所欲,如黄庭坚鲁直、晁补之无咎、秦观太虚、张耒文潜之流,皆世未之知,而轼独先知之。"① 这是他被贬黄州时对李昭玘说的。后来他还说过:"比年于稠人中,骤得张、秦、黄、晁及方叔、履常辈,意谓天不爱宝,其获盖未艾也。比来经涉世故,间关四方,更欲求其似,邈不可得。"② 他对此很自得,苏门文人中几无人能及"六君子",只是没有道出"苏门六君子"这个称谓。而苏门文人之文,还有"苏门后学之文"的提法,概念宽泛,好之者往往着眼于四学士或六君子之后的文章,关注苏门的文学风气。

　　苏轼与"六君子"多有交往,诗词相为唱和,论诗、论文、论书法。元祐二年(1087)苏轼在京城入翰林,"六君子"聚于苏轼私宅,乐甚。其后"四学士"又参加了在王诜家的西园雅集。书法家米芾兴起作画,以纪其事。"六君子"彼此之间也有交流,多见于他们的诗文。"苏门六君子"之文的成就难与宋文六大家相较,但他们都有相当多的古文写作。《全宋文》辑黄庭坚文六十三卷、秦观文十九卷、晁补之文三十九卷、张耒文二十二卷、陈师道文九卷、李廌文四卷,其中各自除少量的辞赋和骈文,主体均为古文,且因人而异,创作的状态并不均衡,但不妨碍对他们古文风貌的整体考察。

　　"苏门六君子"生于北宋仁宗末年,生活在北宋神宗、哲宗、徽宗时期。仁宗中前期的社会政治开明,文化昌隆,在宋神宗即位后发生变化,神宗与以王安石为代表的新政派急遽的"熙宁变法",加之自范仲淹等人力主的"庆历新政"之际萌生的朋党之争,让政坛的撕裂更加剧烈。新旧党争之下,苏轼在王安石的"熙宁变法"中

①　苏轼著,孔凡礼点校:《苏轼文集·与李昭玘书》,北京:中华书局,1986年版,第1439页。
②　苏轼著,孔凡礼点校:《苏轼文集·答李方叔十七首其十六》,北京:中华书局,1986年版,第1581页。

因政见不一,站在王安石派的对立面,遭了"乌台诗案",有了"旧党"的标签。元祐年间,以司马光为首的旧党一度复盛;但进入绍圣后,朝廷重新清算旧党,苏轼被贬惠州、儋州,"六君子"尤其是"四学士"与苏轼命运相系,均受牵连,流贬也在他们身上发生。陈师道、李廌不乐仕进,仕途自不辉煌。

"苏门六君子"在南宋获得很高的赞誉。马东瑶说的后人以"君子"视之,尽管这更多是道德评价而不是文章评价,但他们均不因道德而为时所重。在此略略审视一下《宋史·文苑传六》同时收入的"苏门六君子"传。

黄庭坚(1045—1105),字鲁直,号山谷道人,晚号涪翁、黔安居士。洪州分宁(今江西修水)人。"学问文章,天成性得"[①]。他仕途平平,因编《神宗实录》遭诬被贬涪州别驾,黔州安置。后编管宜州,六十一岁时死于贬所。有《黄庭坚全集》。

秦观(1049—1100),字少游、太虚,号淮海居士,高邮(今属江苏)人。早年慷慨盛气,刚强正直。曾任太学博士、国史院编修等,因属旧党,出为杭州通判等职,后徙雷州。徽宗登基时遇赦,返京途中病死于藤州。有《淮海集》。

晁补之(1053—1110),字无咎,济州巨野(今属山东)人。官著作郎、国子监教授等。因修《神宗实录》"失实",降通判应天府,后坐党籍被贬。还居济州金乡东皋归来园,自号"归来子",病逝于知泗州任上。有《鸡肋集》。

张耒(1054—1114),字文潜,楚州淮阴(今江苏淮阴)人,少聪颖能文,从苏辙学,曾任临淮主簿、秘书省正字、著作佐郎等职。因坐党籍降职,又因为苏轼举哀,贬为房州别驾。晚年监南岳庙,主管崇福宫。有《张耒集》。

陈师道(1053—1102),字履常,一字无己,号后山居士,彭城

---

① 脱脱等:《宋史·文苑传》,北京:中华书局,1977年版,第13110页。

（今江苏徐州）人。十六岁以文章拜见曾巩,为曾巩赏识,后游学苏轼门下。曾任徐州、颍州教授,秘书省正字等职。一生无意仕途,晚年贫寒而死。有《后山集》。

李廌（1059—1109）,字方叔,号济南先生、太华逸民,华州（今陕西华县）人。早年携文拜见苏轼,却在元祐三年（1088）苏轼知贡举时落第。苏轼与范祖禹曾想同荐李廌于朝,未几,两人相继离京,不果。李廌再试仍不举,从此绝意仕进。有《济南集》。

马东瑶论述六君子与苏轼的文学之交,引用了张耒《明道杂志》中记载的与苏轼谈诗的轶事。苏轼有诗云“身行万里半天下,僧卧一庵初白头”,黄庭坚不平,说“白头”当改为“日头”,岂有用“白”对“天”的道理。张耒不以为然。苏轼对张耒说,如黄要改,也不奈他何。就此,马东瑶说“三个‘不’字具有象征性地体现出苏门文人集团在文学上的自立意识与自由辩论精神”[1],也可见苏轼对待门人的胸怀和开放态度。虽说“苏门四学士”和苏轼都上了“元祐党人碑”,但他们在政治上的相互支撑并不明显。庆历四年（1044）,欧阳修为范仲淹等人辩护,痛斥高若讷司谏,并写《朋党论》公开论战。而“四学士”却少有如此为苏轼辩护者。苏轼仕途跌宕,总还有官至三部尚书的时候,而“苏门六君子”为官卑微,除黄庭坚、张耒年及花甲外,其他四人都在诗文创作力最旺盛时辞世,人生无奈和遗憾同在。

（二）六君子以“尚韩”构成的文统

司马光元祐元年（1086）上《奏乞黄庭坚同校〈资治通鉴〉札子》,称黄庭坚好学能文,为世公认。好学正是黄庭坚以学问为诗

---

[1]　马东瑶:《苏门六君子研究》,北京:北京大学出版社,2005年版,第12页。

的根本。黄庭坚力主文章不随人后,自成一家,以至于诗歌创作上有"夺胎换骨""点铁成金"的理念和对生新瘦硬风格的追求。关于散文,他在《答洪驹父书》其二里对外甥洪驹父直陈,说驹父的文章写得尚好,但少了古人绳墨,劝他再熟读司马迁和韩愈的文章。韩愈兴古文,只读三代两汉之书,司马迁之文在其中;韩愈还在《进学解》里点到了"太史所录"。欧阳修学韩愈之文,举进士之后与尹师鲁等人倡古文,与韩愈的词必己出、文从字顺论相呼应。到了北宋西昆"四六文"风气还盛时,古文风起。当尚韩的"宋初三先生"之一石介把古文风气引向险怪而形成"太学体"的时候,年纪略小于石介的欧阳修则在尚韩时引导"天下学者亦渐趋于古,而韩文遂行于世,至于今盖三十余年矣。学者非韩不学也,可谓盛矣"①。他和石介为文取法的路径相同,但取法的风格不一。韩愈为文重平易,为诗好奇崛,石介求新,为文图"险怪",正是取了韩诗的奇崛,化韩诗之风为己之古文之风;而欧阳修承袭韩愈提出的儒学道统,取了韩文的平易。欧阳修主张切中时病而不为空言,道胜文随,"大抵道胜者文不难而自至也"②。故苏洵说:"执事之文,纡余委备,往复百折,而条达疏畅,无所间断,气尽语极,急言竭论,而容与闲易,无艰难劳苦之态。"③这种散文风格正是从韩愈过来的,而他说韩文行于世三十年,且这三十年后还有苏轼等人在延续,意味着"苏门六君子"之文是在这种风气中成长的。张耒就说过,当时"世之号能文章者,其出欧阳之门者居十九焉"④。

　　苏轼嘉祐二年(1057)科考得中之后,照旧例写了《谢欧阳内

---

①　欧阳修著,李逸安点校:《欧阳修全集·记旧本韩文后》,北京:中华书局,2001年版,第1056—1057页。

②　欧阳修著,李逸安点校:《欧阳修全集·答吴充秀才书》,北京:中华书局,2001年版,第664页。

③　苏洵著,曾枣庄等笺注:《嘉祐集笺注·上欧阳内翰第一书》,上海:上海古籍出版社,1993年版,第328—329页。

④　张耒著,李逸安等点校:《张耒集·上曾子固龙图书》,北京:中华书局,1999年版,第845页。

翰书》,数说五代之后文教衰落,当今圣上(宋仁宗)澄源疏流,招雄俊魁伟、敦厚朴直之士,罢浮巧轻媚、丛错采绣之文,以复两汉三代之风。这正是韩愈的卫儒道倡古文之路,欧阳修的古文观与之契合,故欧阳修对苏轼大加赞赏,说后世人将只知道苏轼而不知道他欧阳修。然黄庭坚却说东坡文章妙天下,其短处在好骂,慎勿袭其轨也。所谓的东坡文章短处在"好骂",是他批评的锋芒和性情的真率表达,苏轼在《与侄书》里是这样说的:"凡文字,少小时须令气象峥嵘,采色绚烂,渐老渐熟,乃造平淡,其实不是平淡,绚烂之极也。汝只见爷伯而今平淡,一向只学此样,何不取旧日应举时文字看,高下抑扬,如龙蛇捉不住,当且学此。"意谓文章的写作过程当从气象峥嵘、采色绚烂归于平淡。人也在这一过程中逐渐老去。

黄庭坚追求"凡作一文,皆须有宗有趣,终始关键,有开有阖。如四渎虽纳百川,或汇而为广泽,汪洋千里,要自发源注海耳"[①]。其所宗所趣,来自韩愈所说的三代两汉之文。他曾说:"韩退之自潮州还朝后文章,皆不烦绳削而自合矣。"[②]这就是文章的开阖自然。然后他讲了一个故事。往年向苏轼请教文章作法,苏轼让他读《礼记·檀弓》,他读过百遍,然后一眼即明后世人作文章不及古人的毛病所在。所以他会说"好作奇语,自是文章病,但当以理为主,理得而辞顺,文章自然出群拔萃"[③]。理得辞顺,要在自然,这与他在诗歌创作上化学问为诗的刻意求奇出新很不一样。他在另一封给王观复的信中说:"文章成就,更无斧凿痕,乃为佳作耳。"[④]因此,他批

① 黄庭坚著,刘琳等点校:《黄庭坚全集·答洪驹父书其二》,成都:四川大学出版社,2001年版,第474页。
② 黄庭坚著,刘琳等点校:《黄庭坚全集·与王观复书》,成都:四川大学出版社,2001年版,第470页。
③ 黄庭坚著,刘琳等点校:《黄庭坚全集·与王观复书其一》,成都:四川大学出版社,2001年版,第470页。
④ 黄庭坚著,刘琳等点校:《黄庭坚全集·与王观复书其二》,成都:四川大学出版社,2001年版,第471页。

评建安以来的文章好作奇语,故气象衰疲,而"近世欧阳永叔、王介甫、苏子瞻、秦少游,乃无此病耳"①。他把秦观和欧、王、苏同论,在于秦文不好作奇。他还在《答何静翁书》里称道何静翁,"论史事不随世许可,取明于己者而论古人,语约而意深。文章之法度,盖当如此"②。这语约意深也是他崇尚的基本手法与风格。

秦观年轻时随苏轼学文,"词采绚发,议论锋起"③,与少年苏轼相似;后在《韩愈论》中说先王之时,士大夫无意为文,周衰以来,好文者接踵纷起、各自名家,总而论之,无人可及韩愈者也。理由是文章说理、论事、托词、成体,前之作者没谁能如韩愈四体皆备,后之作者则没有谁超越韩愈。他断言"杜氏、韩氏,亦集诗文之大成者欤"④。他这里对杜甫、韩愈的推崇,和黄庭坚有同一的立场,黄庭坚说过:"老杜作诗,退之作文,无一字无来处,盖后人读书少,故谓韩、杜自作此语耳。"⑤不仅如此,秦观还在言及叙事之文时,点明"考同异,次旧闻,不虚美,不隐恶,人以为实录,此叙事之文,如司马迁、班固之作是也"⑥。不虚美不隐恶的实录,是班固对司马迁撰述《史记》的评价。撰史追求写作的真实,秦观认同这一点,和黄庭坚一样也受司马迁、韩愈之文的深刻影响。

不仅是黄、秦,还有张耒,他曾对曾巩说:"自三代以来,最喜读太史公、韩退之之文。"⑦司马迁奇迈慷慨,但"文章疏荡明白,简朴

① 黄庭坚著,刘琳等点校:《黄庭坚全集·与王观复书》,成都:四川大学出版社,2001年版,第471页。
② 黄庭坚著,刘琳等点校:《黄庭坚全集·与王观复书》,成都:四川大学出版社,2001年版,第464页。
③ 苏轼著,孔凡礼点校:《苏轼文集·辨贾易弹奏待罪札记》,北京:中华书局,1986年版,第936页。
④ 秦观著,徐培均笺注:《淮海集笺注》,上海:上海古籍出版社,1994年版,第752页。
⑤ 黄庭坚著,刘琳等点校:《黄庭坚全集·答洪驹父书其三》,成都:四川大学出版社,2001年版,第475页。
⑥ 秦观著,徐培均笺注:《淮海集笺注·韩愈论》,上海:上海古籍出版社,1994年版,第751页。
⑦ 张耒著,李逸安等点校:《张耒集·上曾子固龙图书》,北京:中华书局,1990年版,844页。

而驰骋";韩愈之文如先王衣冠、郊庙鼎俎,却"放逸超卓,不可收揽";韩愈之后有欧阳修出于孟轲、韩愈之间,"积习而益高,淬濯而益新";曾巩之文则出欧文之门,"文章论议,与之上下"①。这番话表明了张耒文章的基本取向。他还在《答李推官书》里以水喻文,但不类苏轼《自评文》里以流水自喻文章的气势与自然,而是说水顺道而决,因适生变,关键是"理"在,"江河淮海之水,理达之文也,不求奇而奇至矣"②。他以此比喻说理与文的关系,视文章为寓理之具,理胜文则文不期于工而自工,故"知文而不务理,求文之工,世未尝有是也"③。而这理又与文相应,当发于自然,他甚至说"反复咀嚼,卒亦无有,此最文之陋也"。这一点与他在《贺方回乐府序》中说的"满心而发,肆口而成,不待思虑而工,不待雕琢而丽者"④相合,为文重在发乎性情的自由与自然的表达。然为文之道,是南梁刘勰说的"人之禀才,迟速异分"⑤,不宜喜速而鄙迟。

张耒作《晁太史补之墓志铭》,说晁补之少时为文,上追《左传》、《国策》、司马迁等,下尚韩愈、柳宗元之文;而陈师道论文曰:"言以述志,文以成言。约之以义,行之以信,近则致其用,远则致其传,文之质也。大以为小,小以为大,简而不约,盈而不余,文之用也。正心完气,广之以学,斯至矣。"⑥这与他以拙朴论文相近,文之质,要在述志;文之用,要在简约。他又说:"学以明理,文以述

---

①　张耒著,李逸安等点校:《张耒集·上曾子固龙图书》,北京:中华书局,1990年版,第844—845页。

②　张耒著,李逸安等点校:《张耒集·答李推官书》,北京:中华书局,1990年版,第829页。

③　张耒著,李逸安等点校:《张耒集·答李推官书》,北京:中华书局,1990年版,第829页。

④　张耒著,李逸安等点校:《张耒集》,北京:中华书局,1990年版,第755页。

⑤　刘勰著,范文澜注:《文心雕龙注·神思》,北京:人民文学出版社,1958年版,第494页。

⑥　陈师道:《答江端礼书》,见曾枣庄等编《全宋文》,上海／合肥:上海辞书出版社／安徽教育出版社,2006年版,第123册,第285页。

志,思以通其学,气以达其文。"① 学与思相通,终归于理;志与气互融,实现于文。这在理论上都有韩愈思想的影子。

所有这些,虽达不到苏轼为文如万斛泉源,不择地而出的滔滔汩汩、行止自如的境界,但可见从司马迁、韩愈、欧阳修、苏轼相沿而下的文风脉络。欧阳修效韩愈,擢拔苏轼为进士后感慨,要避开一条路让苏轼出人头地,希望苏轼也继承韩愈的古文传统。苏轼对欧阳修说"愿长在下风,与宾客之末,使其区区之心,长有所发"②,也是一片真心。苏轼晚年对张耒说:"仆老矣,使后生犹得见古人之大全者,正赖黄鲁直、秦少游、晁无咎、陈履常与君等数人耳。"③ 这样与"古人"的关联,既为道统,也为文统,使得苏门文人彼此趣味相投,故散文有走向平易的一致性。黄庭坚不主张为文之"骂",不尚情绪激越,不重怨愤刺讥而务平和。陈师道就苏轼诗说了一句类似的话,说苏诗始学中唐刘禹锡,故多怨刺,学当谨慎。况且陈师道诗歌创作上追求的"宁拙毋巧,宁朴毋华"④ 必然会影响到他文章的拙朴。苏轼"好骂",韩愈、欧阳修也曾如此;他早年为文的"峥嵘",是学韩尚孟的结果。因之形成的文统经欧阳修到苏轼,苏轼尝自谓"学出于孟子"⑤,与韩愈相应,最终又可从司马迁上溯到孟氏的平易和畅。"六君子"亦然,尚韩文,自觉归于欧苏散文的范式之下。至于奇,则是张耒说的:"江河淮海之水,理达之文也,不求奇而奇至矣。"⑥ 说透了,这"奇"实为自然。

---

① 陈师道:《送邢居实序》,见曾枣庄等编《全宋文》,上海/合肥:上海辞书出版社/安徽教育出版社,2006 年版,第 123 册,第 320 页。

② 苏轼著,孔凡礼点校:《苏轼文集·谢欧阳内翰书》,北京:中华书局,1986 年版,第 1424 页。

③ 苏轼著,孔凡礼点校:《苏轼文集·答张文潜县丞书》,北京:中华书局,1986 年版,第 1427 页。

④ 陈师道:《后山诗话》,见何文焕《历代诗话》上册,北京:中华书局,1981 年版,第 311 页。

⑤ 晁补之二:《再见苏公书》,见曾枣庄等编《全宋文》,上海/合肥:上海辞书出版社/安徽教育出版社,2006 年版,第 126 册,第 26 页。

⑥ 张耒著,李逸安等点校:《张耒集·答李推官书》,北京:中华书局,1999 年版,第 826 页。

（三）论说理明辞达蕴含的社会忧思

　　古文入唐后文体繁多，宋人承袭之，"苏门六君子"亦在其中。他们的古文受欧、苏的影响，学欧文的条达疏畅，取苏文的随物赋形，趣味相投，文风趋同。

　　"六君子"在北宋中晚期命运不济，揣家国之忧而有社会关怀之情，因之而生时政论。黄庭坚的时政论甚少，他有《策论》其一道"圣上览观六经之治，哀元元之不逮，爰诏儒臣，典领删次，务以合古便今，可谓至德"①，认为六经是致治的成法，以此求仁义兴而百姓安。

　　秦观少时像晚唐杜牧强志盛气、好大见奇，喜读兵书，以为功誉可力致，故常虑天下之事，也使他在仕途持有积极的态度。他还说自己："淮海小臣，不闻庙堂之议、帷幄之谋，独耳剽目采，颇知当世利病之所以然者。"②所以他在元祐五年（1090）上《进策》三十篇言治国方略，《国论》说舜治秦道，劝哲宗德治天下；《主术》说人主之术在于任用善于政事之臣、敢谏之士，不然弊坏精神、竭尽精力也无益；《治势》则说治天下当审势，逢强用宽，遇弱使猛。他对时政充满忧思，如说"嘉祐之后，习安玩治，为日既久，大臣以厚重相高，小臣以苟简自便"③；元丰之后，执事者矫枉过直，"上下迫胁，民不堪命"④，因此主张中和以成自然缓势，以安天下。秦观这些策

① 黄庭坚著，刘琳等点校：《黄庭坚全集·策问》，成都：四川大学出版社，2001年版，第1558页。
② 秦观著，徐培均笺注：《淮海集笺注·进策序》，上海：上海古籍出版社，1994年版，第493页。
③ 秦观著，徐培均笺注：《淮海集笺注·治势下》，上海：上海古籍出版社，1994年版，第517页。
④ 秦观著，徐培均笺注：《淮海集笺注·治势下》，上海：上海古籍出版社，1994年版，第517页。

论纵横捭阖,忧心深重,理直气竭。元祐二年（1087）朝廷党争又起时,他写了《朋党论》上下篇。

北宋王禹偁继晚唐李德裕之后作《朋党论》,说朋党的辨识之方;欧阳修作《朋党论》,说君子有朋、小人无朋,人君当用君子之朋,图天下大治;苏轼继欧阳修之后作《续朋党论》,援古证理,借春秋、李唐之朋党,说人君当力戒如同恶草般不种而生、去之复蕃的小人朋党。秦观相沿,作《朋党论》,说君子、小人朋党在所难免,人君务辨奸邪。他在上篇引述《易》之阴阳,尧之八元、八凯、四凶,东汉三君、八顾、八俊等及唐之牛李党争之事,说人君不辨朋党,终致小人得志,君子受祸。他还在下篇说当朝之事,言及韩琦、范仲淹、欧阳修等被小人以"朋党"之名构陷,遭致罢官流贬,因之劝哲宗道:

> 臣愿陛下观《易》道消长之理,稽帝虞废举之事,鉴汉唐审听之失,法仁祖察见之明,杜媒蘖之端,窒中伤之隙,求贤益急,用贤益坚,而信贤益笃,使奸邪情沮而无所售其谋,谗佞气索而无所启其口。则今之所谓党人者,后世必为元老大儒、社稷之臣矣。[1]

秦观由史及今,其论是继欧阳修之后为韩、范等人辩解的延续。他用铺排说理,强化了论辩的力度,质实切用,不似苏文的从容,而有欧文的激昂,以达到纠正时弊的目的。与《进策》相辅,他还有论体和说体之文。论体如《变化论》《君子终日乾乾论》,彰显了自己的细密思致和军国大略,虽欲求用于今,实则沦为空谈;说体如《心说》《十二经相合义说》等,论理却落于玄妙。

---

[1] 秦观著,徐培均笺注:《淮海集笺注·进策序》,上海:上海古籍出版社,1994年版,第547页。

张耒少苦贫贱,十三岁能文,十七岁丧亲,后为官于州县,穷愁困塞不可胜言;形于文章,则舒己情怀,自慰寂寞。虽然他推崇满心而发,肆口即成之文,但他重文章之理,文章亦多好议论,不得志时仍有深刻的治国理政之思。如说"法度之弊,起于德不足而求胜其民,而败于启民之邪心而多怨"①,"夫刑戮赏赐,非不足以立畏爱也,使必陈其物,设其具,则刀锯金帛亦不给矣"②。诸如此类,还有《法制论》《悯刑论》《礼论》《敦俗论》等,关乎社会治理,系统深入,理明辞达。

晁补之古文的文体众多,他的五十五篇策问是试士的设问,有问待答。当是他中了进士,授北京国子监教授、太学正后的事。虽说这些策问在晁补之文中有问无答,但可以看到他在《亳州谢到任表》中自称的"粗知学问"的学问所指。这些学问涉及儒、道、法、兵等诸家之学,重在议论说理。如《礼乐》《兵法》《老子》《赏罚》《祭祀》《屯田》等,可见取士重学,意在经世。再如《吏部》问"由汉以来,此职浸重,其间能以鉴裁清白名一时,谁者为盛?幸条其说,以备上之采焉"③,《用威爱之道》问"将求先王所以用威爱之道,宜必有说也"④。这些文字在晁补之文章中别具一格,而他时政论的襟怀、韬略、决断、雄辩所展示的风采,主要在《上皇帝论北事书》《上皇帝安南罪言》以及《七述》里。《七述》是他十九岁时在杭州拜会苏轼后作的。当时,他与苏轼畅谈杭州的秀丽富饶,还提到了枚乘的《七发》、曹植的《七启》,故退而有作,并以之献给苏轼。只是《七述》应归于"七体"之赋,自当别论。

陈师道的时政论有《正统论》《取守论》《商君论》等,自有己

① 张耒著,李逸安等点校:《张耒集·论法上》,北京:中华书局,1999 年版,第 579 页。
② 张耒著,李逸安等点校:《张耒集·治术》,北京:中华书局,1999 年版,第 583 页。
③ 曾枣庄等编:《全宋文》,上海 / 合肥:上海辞书出版社 / 安徽教育出版社,2006 年版,第 126 册,第 216 页。
④ 曾枣庄等编:《全宋文》,上海 / 合肥:上海辞书出版社 / 安徽教育出版社,2006 年版,第 126 册,第 218 页。

见,然而规模与系统均不及秦观。他曾对李端叔(之仪)说:"少游之文,过仆数等。"①这并不完全是自谦之词。他以儒学为正统,以仁义为守天下之具,将商鞅斥为历史罪人,这些观点都与苏轼思想相承。

与时政论相关,六君子之文还有两个走向,一为论兵,二为论史。

就论兵言,好读兵书的秦观论兵,如《奇兵》说万物莫不有奇,用兵亦然,"兵之道莫难于用奇,莫巧于用奇,莫妙于用奇……用奇之法,必以正兵为主,无正兵为主而出者,谓之孤军。孤军胜败,未可知也",并以西汉霍去病之胜与李陵之败为例加以说明,这当是对《孙子兵法·势篇》说的"夫战者,以正合,以奇胜"的阐发。他策论重说理,论理往往引经史为据,由古及今,重在对当下社会治国用兵之道的改造,用心良苦。

李廌以苏轼的文章为准的,"论古今治乱,条畅曲折,辩而中理"②,因此形成的滔汩之势有苏轼文章风范。李之仪曾说李廌之文"如大川东注,昼夜不息,不至于海不止"③,如其《慎兵论》说不宜用兵:

> 人君当视人犹己,以己推人,则好战之心自平。夫士卒之痛,思己之痛;士卒之伤,思己之伤。矢石在前,白刃在左右,法令在后,万死之间,幸于一生,其危心如何?彼贵贱虽异位,而喜惧好恶之心无二,况复杀乎? ④

---

① 曾枣庄等编:《全宋文·答李端叔书》,上海/合肥:上海辞书出版社/安徽教育出版社,2006年版,第123册,第281页。
② 脱脱等:《宋史·李廌传》,北京:中华书局,1977年版,第13117页。
③ 李之仪:《李方叔济南月岩集序》,见曾枣庄等编《全宋文》,上海/合肥:上海辞书出版社/安徽教育出版社,2006年版,第112册,第120页。
④ 曾枣庄等编:《全宋文》,上海/合肥:上海辞书出版社/安徽教育出版社,2006年版,第132册,第160页。

　　他还在《将材论》中说当今选将："今天下为家，四海为畿，罔
匪臣仆，英雄尽入于彀中，多士咸在，众技自献，惟君王所择。所
谓能称筑坛告庙之礼，能胜推毂授钺之任者，固亦有之，在所选而
已。"如是之论，体制气韵俱备，气势充沛畅达。他说兵将，并不希
望有战争，故在《将心论》中批评战争的残酷，主张以仁政为重，孝
治为先，宜治心以戒杀。

　　就论史言，秦观的策论中有历史人物论，如《晁错论》说斩了
晁错，理直师壮，方能破七国用兵；《李陵论》说他率五千兵士入匈
奴是用兵的变道，不知行小变则不失大常，即孤军单进时，宜有大
军相随为后援，李陵无大军相随，故败。治当世之事，历史的经验
教训值得注意。秦观自认为有经纬世事之才，却无用于世。张耒
则在《秦论》中说秦亡的原因并非贾谊说的"仁义不施，攻守之势
异也"，而是民心本不向秦；《吴起论》说吴起之败在于明法审令而
不知与化推移当有的应时而变。他还有一系列的唐史论，如《唐
论》上中下。他已见独运，率性表达，正是典型的苏门风格。晁补
之的杂论涉春秋、西汉、唐、五代史，就史书所载发论。如《楚不
能与晋争》，取《左传·襄公九年》楚子囊说的"今吾不能与晋争"
说道：

　　　　天下有达尊三：爵一，齿一，德一。孟子以谓"乌得有其
　　一，以慢其二哉？"盖贵老敬长，所以训孝弟，而贤能所在，不
　　必老长。是以晋政类能，少者位上，群臣乐推，强国罢争，才之
　　所在，不系乎年也。①

他把楚不能与晋争的原因挑明了，"贤能所在，不必老长"，不受"达

---

① 　曾枣庄等编：《全宋文》，上海／合肥：上海辞书出版社／安徽教育出版社，2006 年
　　版，第 126 册，第 245 页。

尊三"的局限,说理简明平易。又如《陆贾交欢平勃》说西汉初年陆贾和陈平、周勃事,陈平、周勃平诸吕而定刘氏,得陆贾之助,"贾一言而两人成谋,社稷之计出其掌握,去产、禄如菟陆之易,措刘氏如太山之安。'二人同心,其利断金',岂不信哉!"不过,他的史论新锐而有见地的不多。

上述这些论说,暗透着苏门弟子对北宋末年国势走弱的深忧,论兵求实用,论史图借鉴,然均为不时用。苏轼曾说秦观是"当今文人第一流,岂可复得。此人在,必大用于世。不用,必有所论著以晓后人"①。他希望秦观获得的是前者,可秦观不为世用,享有了后者。就求用言,这也是苏门君子的悲哀。至于以论著晓后人,并非他们当时的意愿。

（四）书序平和淡定蕴含的人文关怀

苏门六君子为文少不了说人生,当他们的社会关怀转化为人生关怀的时候,在书序之文中涉及自我或他人,仍然少不了议论。相对于时论,更容易在其中蕴含自己的情怀。

书信是古代文人因生活与交往常用的文体。黄庭坚给苏轼写信说:"庭坚齿少且贱,又不肖,无一可以事君子,故尝望见眉宇于众人之中,而终不得备使令于前后。"②这是他最初对苏轼的真情表白,崇敬与战兢同在。他同时给苏轼呈上自己的古风二章,有"我思古人,实获我心"的期待。苏轼死后,他在给苏辙的信中说:"端明二丈,人物之冠冕,道德文章足以增九鼎之重,不谓遂至于此。

① 苏轼著,孔凡礼点校:《苏轼文集·与欧阳元老》,北京:中华书局,1986 年版,第 1756 页。
② 黄庭坚著,刘琳等点校:《黄庭坚全集·上苏子瞻书其一》,成都:四川大学出版社,2001 年版,第 457 页。

何胜殄瘁之悲！"内心的哀痛无比深重。黄庭坚最初写信给苏轼是神宗元丰元年（1078），而他给苏辙的这封信则写在徽宗建中靖国元年（1101），前后二十余年，黄庭坚与苏轼亦师亦友，情感如一。又如《与胡少汲书》说："治病之方，当深求蝉蜕，照破死生之根，则忧畏淫怒，无处安脚，病既无根，枝叶安能为害？"面临死亡，没有大悲；面临疾苦，没有大忧。

秦观给苏轼的信流传下来的有四通。苏轼在徐州建黄楼，嘱秦观作黄楼赋。赋成，秦观有信说："比缘杜门多暇，念嘉命不可以虚辱，辄冒不韪，撰成缮写呈上。词意芜迫，无足观览，比之途歌野语，解颜一笑可也。又多不详被水时事，恐有谬误并太鄙恶处，皆望就垂改窜，庶几观者不至诋诃，以重门下之辱。"① 他是苏门中人，说这事时言辞谦下，文风平和，实为自然。他还在《与孙莘老学士简》中说苏轼贬黄州事："苏黄州……在黄甚能自处，了不以迁谪介意，日但杜门蔬食，诵经读书而已。昔之论者常患其才高太锐，今日之事尤足以成其盛德也。"苏轼在黄州曾有"缥缈孤鸿""人生如梦"的不平之叹，秦观却在这里平静地说苏轼的黄州生活。即使是给苏辙的信里说自己生性与世异驰，似乎会有愤激之声，然说出的却是遭摈弃乃理之当然。

张耒有《投知己书》，说到古之文章十之八九出自失意之人，虽然面对世间百态，不免长歌恸哭，诟骂怨怒，但他的书信体文如《上文潞公献所著诗书》论诗人情志、《上曾子固龙图书》论君子文章，都主中正平和，认为诗出乎人的私意却能感动鬼神，唯至诚方能如此；文章刚柔缓急、繁简舒敏，都出于至诚，知之为知之，不知为不知，不浮于心，也不浮于德。至诚是他重要的思想观念。他在《上唐运判书》里说到三代社会，公卿大夫待下仁爱忠厚，"发于至诚，

---

① 秦观著，徐培均笺注：《淮海集笺注·与苏公先生简其二》，上海：上海古籍出版社，1994 年版，第 986—987 页。

而能尽下之情"；三代之下，不再有至诚之心，故无爱天下大众之心。他这样说着普泛的创作与治理社会的道理，语气平和却不失事理的深厚。

晁补之也有写给苏轼的《上苏公书》《再见苏公书》。他说苏轼"胸中千变万态，不可殚极。而要萦纡曲折，卒贯于理，然后知阁下所之为自许者，不诬也"①。所谓苏轼"卒贯于理"之"理"，是宋文也是苏文的基本精神。晁补之的书体文较黄、秦、张书体文的气势要大，总不脱理，也是自然的归宿。他在《上杭州教官吕穆仲书》中数说三代以来社会进程的成与败，及宋则道："国家承平百年，政令日新。主上慨然思有以追两汉之余，而复三代之故。焦心以问治，降意以下贤，而士之怀瑾握瑜者，纷纷籍籍，云翔蜂起，奔走自效，不待招来。"②他这番话为王朝唱颂歌，重心是陛下招贤，天下响应，天下便无隐士，万一有也是无能之人。然后说自己不自弃而求有用于世，并向吕穆仲表示，愿受教于他的门下。然而他在《答外舅兵部杜侍郎书》里说了另一种情形："补之于苏公为门下士，无所复赞。然刚洁寡欲，奉己至俭菲，而以身任官责，嫉邪爱物，知无不为。由是不忽细务，其有所不得尽，视去官职如土芥。"在求官与去官之时，他的表达都给人平和的感觉。

陈师道给苏轼、秦观、黄庭坚、张耒等人写信，叙说自己的生活状况和人生认知，如在《与黄鲁直书》其三里谈及自己："某素有脾疾，近复暴得风眩，时时间作，亦有并作时，极以为苦，若不饥死寒死，亦当疾死。然人生要须死，宁校长短？但恨与释氏未有厚缘，少假数年，积修香火，亦不恨矣。"陈师道家境不好，生活贫寒。他告诉黄庭坚，近来脾疾与眩疾并发，面临死亡，他说出人生"宁校长

---

① 曾枣庄等编：《全宋文》，上海／合肥：上海辞书出版社／安徽教育出版社，2006年版，第126册，第29页。
② 曾枣庄等编：《全宋文》，上海／合肥：上海辞书出版社／安徽教育出版社，2006年版，第126册，第31页。

短"的话来,这源自韩愈《落齿》中的"我言生有涯,长短俱死尔"。而所谓人生与释氏缘分不厚的遗憾,似乎有生死难以轮回之慨。他在给苏轼的《上苏公书》里说君子之于事,当以本位为限,劝苏轼居其位则尽己言,不必越位极论。其中言及离别:

> 士方少时,未来之日长,视天下事意颇轻之,亦易为别。至其迟暮,数更离合,又以为难。此盖志与年衰,顾影惜日,畏死而然尔。谢太傅尝谓中年以来,一与亲友别,数日作恶。谢公,江海之士,违世绝俗乃其常耳,顾以别为难者,岂酣于富贵而习于违顺也耶! 由是观之,以别为难,皆非士之正也,士亦安能免此,当以老为戒,以富贵为畏耳。

他说与苏轼相聚而再别之事,比较少年离别与老年离别,想到的是光阴倏忽,死之将至,别之难,实因重逢也难。陈师道用家常话讲述这些道理,同样体现出宋文好议论及自欧、苏以来尚平易的特点。他就此传达自己的深刻之思,给人启迪。

再说序体之文。这里有张耒的赠序如《送李端叔赴定州序》《送秦观从苏杭州为学序》等,说昔日交往,道当下别情;晁补之的名字序,如《从兄字伯顺序》《李浩字季良甫序》等,借名字生论,阐发学理,纵论古今。这里主要说六君子的文集序。他们文集序甚多。黄庭坚为王旦之孙王定国文集作序;又为晏殊之子晏几道作《小山集序》,且在词坛深具影响。这篇序多说晏几道的人生,其中说他痴绝于人的"四痴",素为人道:

> 仕宦连蹇,而不能一傍贵人之门,是一痴也;论文自有体,不肯一作新进士语,此又一痴也;费资千百万,家人寒饥,而面有孺子之色,此又一痴也;人百负之而不恨,己信人,终不疑其欺己,此又一痴也。

这番话对晏几道一生作了很好的勾勒。他的"痴"是性情的极致，不阿谀不媚俗，却又天真豪纵。说到词，黄庭坚因晏几道而说自己："予少时间作乐府，以使酒玩世，道人法秀独非余以笔墨劝淫，于我法中当下犁舌之狱，特未见叔原之作邪？"[①] 他以晏几道词为自己辩，较之书信之文，语言更为活脱。

秦观亦然，他在比拟中有灵动的叙议，如"木不能飞空，托泰山则干青云；人不能蹈水，附楼航则绝大海"[②]。这些话意旧辞新，让人产生联想。又如《逆旅集序》记叙有人说言欲纯事，书欲纯理，批评他为文驳杂不纯，儒、佛、道，医卜、鬼神都在其间。他笑而辩言：

> 鸟栖不择山林，惟其木而已；鱼游不择江湖，惟其水而已。彼计事而处，简物而言，窈窈然去彼取此者，缙绅先生之事也。仆，野人也，拥肿是师，僻怠是习，仰不知雅言之可爱，俯不知俗论之可卑。偶有所闻，则随而记之耳。又安知其纯与驳耶？

秦观除坐而论道外，也有这样"随而记之"的率性文字，这与苏轼的杂文风格相似，行所欲行。张耒说他一生作文不多，但一一精好可传。

李廌有《陈省副文集后序》说人生的三不朽——立德、立功、立言，居其一可无愧于后世。立言之"言"，形于文章，他主张言必有义，字必有法；文须有体、志、气、韵：无体不成文，无志无所用，无气憔悴无生意，无韵神色昏蒙。四者全"方"为文章的理想境界，如说陈省副文气萧散简远，即知其有洪人之量；文之理方则有正直

---

① 黄庭坚著，刘琳等点校：《黄庭坚全集·小山集序》，成都：四川大学出版社，2001 年版，第 413 页。

② 秦观著，徐培均笺注：《淮海集笺注·曹虢州诗序》，上海：上海古籍出版社，1994 年版，第 1255 页。

不回之忠；文之意渊淡冲粹，即知其有中和无邪之德。这是从文看人；反之从人看文，则是"正直之人，其文敬以则；邪谀之人，其言夸以浮。功名之人，其言激以毅；苟且之人，其言懦而愚"①。人品与文品的评说，终归还是知人论世，图真务实，尽在其中。

　　作为苏门弟子，李廌说"先生文章忠义为当世准的"②，并在《程因伯诗序》里为先生辩，斥责他的同乡才德、名望、功实均不及苏轼，却损抑苏轼，如螳螂拒轮、蚍蜉撼树，不度德量力。这在苏门六君子中算是激烈的文字。然后他仍然归于平和，称道程因伯以诗为贽，不贪富贵而求为贤人之徒。与之相应，他的《圣学论》崇经尚仁，明言不与迂儒、佞儒共学，表达朝廷当"妙选忠义正直、博学守道之士，以备顾问，则用力少而见功多，适道正而为利溥"。他承袭苏轼的思想，也为苏轼辩，希望苏轼为朝廷所用。

　　苏门六君子地位卑微，其书信与序文各自不同的表达，多是遭际不一，所感有异。他们的文章或以叙引论，或论中兼事，平和淡定，也是为文平易本身的自然品格。

（五）记文通脱超然寄寓的多元趣味

　　黄庭坚说："读书须一言一句，自求己事，方见古人用心处，如此则不虚用功。"③ 他曾说王观复下笔不凡，但读书太少。而他自己因博学而为诗文，常有意在诗文中彰显学问。如《松菊亭记》说"期于名者入朝，期于利者适市，期于道者何之哉？反诸身而已"。

① 曾枣庄等编：《全宋文·答赵士舞德茂宣义论宏词书》，上海／合肥：上海辞书出版社／安徽教育出版社，2006 年版，第 132 册，第 125 页。

② 曾枣庄等编：《全宋文·汝阴倡和集后序》，上海／合肥：上海辞书出版社／安徽教育出版社，2006 年版，第 132 册，第 135 页。

③ 黄庭坚著，刘琳等点校：《黄庭坚全集·与徐甥师川》，成都：四川大学出版社，2001 年版，第 485 页。

"反诸身"说,出自《孟子·公孙丑上》的"仁者如射:射者正己而后发。发而不中,不怨胜己者,反求诸己而已矣"。黄庭坚将之自然导入文中,写韩渐正享有富贵之后,筑堂于山川,伴松菊以就闲。又如《黔南道中行记》说他夜宿黄牛峡,想起欧阳修的诗和苏轼记丁元珍梦中事;因泉水清洌说陆羽《茶经》记黄牛峡茶可饮,令舟人求之。这样一些旧理往事,耐于寻味,启人多思。黄庭坚这样在记文中重学问而显庄肃,只是一种风格,同为六君子,最少不了的是以议论见理。黄庭坚如此,其他五人也如此。

如晁补之《近智斋记》就"近智斋"发论,说好学近智勉人。《睡乡阁记》说齐州政淳俗和、安恬舒适,太平犹"睡乡";继而说尧、舜无为之治后,"睡乡"渐失,战国、秦汉之际,"悲秋伤生,内穷于长夜之饮,外累于攻战之具,于是睡乡始丘墟矣"[①]。处士慕庄周,乐而忘归。而他反省过往,自感迂腐,欲因斯人而问津。至此,晁补之对北宋晚年的失望与悲情尽显。他还叙柳宗元"愚溪"故事。柳宗元居永州冉溪,以己因愚触罪,更其名为"愚溪",并在《愚溪对》里写溪神现梦,称己非愚,而是甚清且美。晁补之进而说自己在汶水之北、庐泉之上,以"清美"名己堂,故有《清美堂记》。

熙宁七年(1074)陈师道在金州,受命为太守刘某的"忘归亭"作记。他先叙忘归亭下的悍蛇鸷兽、狐鸣鸟声,说这里"暄寒无时,又多雾雨,疾疢易作",生存环境的恶劣使人凄然兴叹,怅然怀归。然登亭之后,则是另一种景观:

> 于是相与登斯亭以向坐,则又志意舒徐,气血和平,蘧然而笑,栩然而歌,超然而忘归。其山川之美,临观之乐,不言可知,言不能尽也。士大夫去坟墓,背田庐,捐宗姻友旧,从事于

---

① 曾枣庄等编:《全宋文·睡乡阁记》,上海/合肥:上海辞书出版社/安徽教育出版社,2006年版,第127册,第28页。

异域,故虽君子无厌苦之志而有归心。居官有守,义不得去,念岁月之永而忧不可极,作为斯亭,与人同乐,以居而忘怀,其志壮哉。①

怀归是人之常情,厌苦与否都会思乡念亲而有归心。但登亭相谈时,志意舒徐,及眺望山川美色之乐,顿失先期的忧惧而生忘归之心。陈师道款款道来,言说美景与心志契合的愉悦。又如他的《思亭记》说:"余以谓目之所视而思从之,视干戈则思斗,视刀锯则思惧,视庙社则思敬,视第宅则思安。夫人存好恶喜惧之心,物至而思,固其理也。"从这些常理出发,他说甄氏墓地之室可题为"思亭",以便睹物思亲。这些记文以议代叙,削弱了纯议论的枯燥。其《思白堂记》《二亭记》《披云楼记》也是如此。在这些记文中,他常自生波澜,言事或论理蜿蜒曲致,情理兼胜。

李廌的记文相对于时论和缓得多,也少了苏轼同类文章的潇飒风姿。他的《安老堂记》说居士耻于附炎趋势,安老于山林;《斑衣寮记》说天下之患,患在有求,"无求则无得失,无得失则无欣戚,无欣戚则泰然而乐全",如是的从容淡定,彰显的是论兵、论将之外的另一种脱俗人生。他的《合翠亭记》与陈师道的《忘归亭记》有点相类,其中写道:

> 故将军杨氏之僧居其北冈,乔林蓊郁,蔽亏云霄,望之若不可通迹以登也。乃于杂花香草中得微径,委蛇绕冈址以升,遂于冈之巅得高亭,在乔林蓊郁中,无复见日,惟苍桧樛枝,翳靡纷披,使人忘怀远想。如在邃谷之岩上,左右烟壑,浓翠皆合,不复知为市朝人也。

---

① 曾枣庄等编:《全宋文·忘归亭记》,上海/合肥:上海辞书出版社/安徽教育出版社,2006年版,第123册,第362—363页。

艰难登顶而居亭上,乔林苍桧,烟云缭绕,飘然若仙,忘怀自己为市朝人,远想随之也无。李廌状景粗放,却有优雅文辞与朦胧诗意。

六君子的记文多议论之外,也有描写与对话,好议论的晁补之还善记叙描写,如《新城游北山记》记游,说新城(今浙江富阳)北山之大松:

> 曲者如盖,直者如幢,立者如人,卧者如虬。松下草间,有泉沮洳,伏见堕石井,锵然而鸣。松间藤数十尺,蜿蜒如大蚖。其上有鸟,黑如鸲鹆,赤冠长喙,俯而啄,磔然有声。

这宛如一幅大松图,松劲泉鸣,藤之蜿蜒,鸟之啄声,各具风采。登顶,僧人相迎,转而再叙山顶之屋的景致:"曲折依崖壁为栏楯,如蜗鼠缭绕","山风飒然而至,堂殿铃铎皆鸣",于是有不知身处何境之叹。况时维九月,"天高露清,山空月明,仰视星斗皆光大,如适在人上"。晁补之这样的游记虽少,但声色相合、动静互衬、轻游重景、因物及人的写法在同类的游记中少见。而张耒的《鸿轩记》则用赋体的主客问答:

> 鸿轩者,张子读书舍也。客有言曰:"吾闻之,时其往来,以避寒暑之害,而高飞远举,能使弋人无慕者,鸿也。今子以慧暗不见事,几得谴辱于圣世,蒙垢忍耻于泥途,苟升斗以自养,而欲自比于鸿,不亦愧乎?"张子曰:"子之言是也。然予居此以己卯之秋,其迁也庚辰之春,与夫嗷嗷陂泽中猎食以活,秋至而春去者,得无类乎?"客曰:"唯。"

这一段有扬雄《解嘲》、韩愈《进学解》自嘲的意味,以鸿自比,不合于俗而超然世俗之外。较之议论,更显通脱超然。

　　记文中还有传记值得一提。如秦观用司马迁的史笔,写了一些人物传记,如《陈偕传》《眇倡传》《清和先生传》等。《眇倡传》为一眼失明的吴倡立传,吴倡家贫,无以为生,与母西游京城。人或说在京城两目全者尚难自售,何况"眇一目"者。吴倡不以为然,至京城,舍于滨河逆旅:

> 居一月,有少年从数骑出河上,见而悦之。为解鞍留饮燕,终日而去。明日复来,因大赉,取置别第中。谢绝姻党,身执爨以奉之。倡饭,少年亦饭;倡疾不食,少年亦不食。嗋嗋伺候,曲得其意,惟恐或不当也。有书生嘲之曰:"间者缺然不见,意有奇遇,乃从相矢者处乎?"少年忿曰:"自余得若人,还视世之女子,无不余一目者。夫佳目得一足矣,又奚以多为!"①

秦观用如实的记录,以见少年之宠吴倡是人间奇事,爱之所在,不在目眇。犹庄子说的美者自美,我不以为美;恶者自恶,我不以为恶。纯乎白描之笔,朴实自然。与人物传记相类者,则有行状,如《徐君主簿行状》《鲜于子骏行状》等,这些文章与他的策论风格迥异。张耒也有一些传记,特别是他为诗作传,如《嵩高传》《文王传》等,用于说理而非记叙;但有写实性的《任青传》,寓言性的《竹夫人传》《书小山》,简朴平易,率性通脱。如《竹夫人传》:

> 夫人竹氏,其族本出于渭上,往往散居南山中,后见灭于匠氏。武帝时,因缘得食上林中,以高节闻。元狩中,上避暑甘泉宫,自卫皇后已下,后宫美人千余人从。上谓皇后等曰:

---

① 秦观著,徐培均笺注:《淮海集笺注·曹辅州诗序》,上海:上海古籍出版社,1994年版,第822—823页。

"吾非不爱若等,顾无以益我,吾思得疏通而善良,有节而不隐者亲焉。"于是皇后等谢曰:"妾得与陛下亲,沾渥多矣。而不能有以风陛下,罪万死。"于是共荐竹氏,上使将作大匠铭拜竹氏职为夫人。

他以竹为"竹夫人",讲述的是竹夫人先宠后衰的故事。张耒将她与班婕妤相比,却让她读班婕妤的《纨扇诗》而有"吾与君类也"的感慨,最后遭焚于未央宫。这个故事类似韩愈的《毛颖传》,拟竹为人,似乎在讲一个人的悲剧,她既像班婕妤,又像陈皇后;又仿佛不是在说一个人的悲剧,而是为正在衰落的北宋唱挽歌,他死后,北宋只过了十二年就灭亡了。在他的诙谐里,饱含着辛酸的泪水。

苏门六君子之文还有疏表启奏、颂祭碑铭等,不过他们主要的古文风格见于上。这些古文虽各有个性,但在群体风格上也多有共通之处,作为欧、苏之文或说北宋六大家之文的尾声,其气度与风神难与前辈相较,好在他们文多坦然,光彩自生。

主要参考书籍目录

脱脱等:《宋史》,北京:中华书局,1975 年版。

曾枣庄等编:《全宋文》,上海／合肥:上海辞书出版社／安徽教育出版社,2006 年版。

傅璇琮等编:《全宋诗》,北京:北京大学出版社,1991 年版。

韩愈著,屈守元等校注:《韩愈全集校注》,成都:四川大学出版社,1996 年版。

苏洵著,曾枣庄等笺注:《嘉祐集笺注》,上海:上海古籍出版社,1993 年版。

欧阳修著,李逸安点校:《欧阳修全集》,北京:中华书局,2001 年版。

欧阳修著,洪本健校笺:《欧阳修诗文集校笺》,上海:上海古籍出版社,2009 年版。

苏轼著,孔凡礼点校:《苏轼文集》,北京:中华书局,1986 年版。

苏轼著,孔凡礼点校:《苏轼诗集》,北京:中华书局,1982 年版。

苏轼著,石声淮等编注:《东坡乐府编年笺注》,武汉:华中师范大学出版社,1990 年版。

苏轼著,邹同庆等编注:《苏轼词编年校注》,北京:中华书局,2002 年版。

苏轼著,谭新红编注:《苏轼词全集》,武汉:崇文书局,2015年版。

苏辙著,陈宏天等校点:《苏辙集》,北京:中华书局,1990年版。

曾枣庄等主编:《三苏全书》,北京:语文出版社,2001年版。

舒大刚等校注:《三苏经解集校》,成都:四川大学出版社,2017年版。

苏洵等:《宋婺州本三苏先生文粹》,上海:上海古籍出版社,2017年版。

四川大学中文系唐宋文学教研室编:《苏轼资料汇编》,北京:中华书局,1994年版。

苏轼著,曾枣庄主编:《苏文汇评》,成都:四川文艺出版社,2000年版。

洪本健编著:《宋文六大家活动编年》,上海:华东师范大学出版社,1993年版。

孔凡礼:《苏轼年谱》,北京:中华书局,1998年版。

孔凡礼:《苏辙年谱》,北京:学苑出版社,2001年版。

孔凡礼:《三苏年谱》,北京:中华书局,2023年版。

苏过著,舒星校补,蒋宗许、舒大刚等笺注:《苏过诗文编年笺注》,北京:中华书局,2012年版。

黄庭坚著,刘琳等点校:《黄庭坚全集》,成都:四川大学出版社,2001年版。

秦观著,徐培均笺注:《淮海集笺注》,上海:上海古籍出版社,1994年版。

张耒著,李逸安等点校:《张耒集》,北京:中华书局,1990年版。

后　记

2018年6月的一天，海南大学的曹兄锡仁先生打电话给我，邀我去海甸岛的寰岛泰德小聚。去了才知道，刚从海南省电视台退休的李公羽先生张罗成立海南苏学会，曹兄推荐我担任首届苏学会会长。因为是苏学会，我答应了。按海南规矩，这事得经过我所在单位海南师范大学、海南省社会科学界联合会批准以及苏学会全体会员大会通过，相当能干的公羽随后走了一阵子程序，好在一切顺利。

我2002年底从华中师范大学来到海南师范大学，不觉已有二十一年了。工作上有三个阶段。一是在海南师范大学文学院十年，在文学院任教并主持工作，和同仁将汉语言文学专业从本科建设成为一级学科博士点后离开；二是2013年初退休后去海南科技职业学院（现为海南科技职业大学）工作了五年，分管过学校的教学、行政，其中一直主管学校的专升本工作，2018年2月学校完成这项工作后离开；三是2018年3月筹备成立海南苏学研究会，11月正式成立至2023年12月苏学会换届，年过七旬的我卸下会长一职，这一阶段工作结束，从此进入完全的退休生活。十分有幸，海南苏学会2023年6月被评为"全国社科联先进社会组织"。这样，三个阶段的工作都有圆满的句号，回想起来令人欣慰。

五年来，苏学会勤恳地做着三苏学术研究和海南地方文化推广工作。学会有理事长李公羽先生操持具体事务，我的工作担子不重。但这个新的起点让我晚年的学术研究有点变化，即以前只在古代文学史的视野中研究苏轼文学,这时因苏学会的关系,对苏轼之学有格外的关注,也应苏学或东坡文化相关研讨会的需求,多写了几篇苏轼方面的研究论文。因以前我在《唐宋诗风流别史》里对苏轼诗歌有所研究,在《宋代四大词人群落及词风演化》里对苏轼词有所研究,而在《唐宋散文创作风貌与批评》中对苏轼散文研究不够,因此所写的这些文章更多偏向于苏轼经学与散文,兼及与苏轼相关的一些问题。

2023 年 10 月,海南师范大学文学院王学振院长让我把手头的苏轼论文整理一下,交付东方出版中心出版,这很合我的心愿。2023 年 4 月以来,我因河南大学李振宏先生和济南出版社邀约,承担了"中华元典学术史丛书"的《〈庄子〉学术史》一书的写作任务,为此我放下了手头古代文学史的写作;现在又因整理这本论文集,暂时放下了《〈庄子〉学术史》的写作,好在无碍大局,也没有特别大的压力。况且这些事都在我的学术研究范围内,既然因兴趣和机缘难以割舍,姑且率性而为,如此而已。

这次结集的大多论文曾在学术刊物上发表过,只有"苏氏《易传》的四个问题"和"苏轼书信的自我诉说与人生情怀"是新写的。虑及这些文章的时间跨度长,整理时顺势将过去的论文通读了一遍,作了一点文字上的修改。因为它们各自成篇,使用的材料难免有相同之处,但一仍其旧,没作大的改动,最终形成这本论文集目前的模样。本书完成后,顺应当下海南东坡文化研究的热潮,我后续的东坡研究还会再做。前面的路仍然很长,老骥伏枥,只要力所能及。

最后,感谢王学振院长的支持,感谢文学院薛俊芳博士给我的诸多帮助!

阮忠

2024 年 1 月 1 日